Johann Wilhelm Wolf

VERSCHOLLENE MÄRCHEN

Johann Wilhelm Wolf

Verschollene Märchen

Eichborn Verlag
Frankfurt am Main 1991

Copyright © Vito von Eichborn GmbH & Co. Verlag KG,
Frankfurt am Main, 1991.
Reprint der limitierten Bleisatzausgabe.
Umschlag: Uwe Gruhle.
Satz: Greno, Nördlingen.
Druck und Bindung: Wiener Verlag, Himberg bei Wien.
ISBN 3-8218-4417-5

VORREDE.

Wer mit rechtem Ernst suchen will der findet bald, das empfand ich, als ich vor einigen Jahren mit meinem Schwager Wilhelm von Ploennies diese Sammlung anlegte. In unserm Wohnort Darmstadt war natürlich für dieselbe nichts zu gewinnen, darum zogen wir in den Odenwald, um dort in der noch weniger von der sogenannten »Aufklärung« und dem »Fortschritt« angesteckten Bevölkerung die frisch duftenden Blüthen zu lesen. Unsere Streifereien lohnten sich über alle Erwartung, eine Sammlung wuchs neben der andern auf und wir sahen uns bald so reich, daß wir an eine Herausgabe denken konnten. Da öffnete sich uns plötzlich eine neue, viel näher liegende und unendlich reiche Quelle; wir erkannten, daß wir von Tausenden von Märchenerzählern umgeben waren, an die wir bisher gar nicht gedacht hatten. Wilhelm, welcher Lieutenant in Großherzoglich Hessischen Diensten ist, ließ die Soldaten Mann für Mann aufmarschiren und sagen und singen was sie wußten, Märchen, Sagen, Legenden, Beschwörungen, Aberglauben, Lieder. Da strömte der Segen so reichlich, daß an ein Ausarbeiten kaum mehr zu denken war, weil wir die Hände zum Einsammeln und vorläufigen Ordnen zu sehr gebrauchten. Mit unserm Reichthum wuchs unsere Freude an den verschiedenen Sammlungen. Wilhelm überließ mir die Soldaten; er zog während ich zu Hause sammelte, allein zu unsern alten Freunden im Odenwalde und seine Bemühungen wurden durch manchen kostbaren Fund gelohnt; so trug er u. a. eines Tages zwei der schönsten Märchen, das »von der schönen Schwanenjungfer« und »die eisernen Stiefel« heim.

Die Erzählungen, welche wir von unsern braven Soldaten gewannen, brachten diese theils frisch aus der Heimath mit, theils waren es auch solche, welche sich seit undenklichen Zeiten in dem Heere fortgepflanzt hatten, die an den Wachtfeuern früherer Campagnen bereits erzählt worden waren. Ihr Gebiet umfaßte darum nicht allein Hessen, wir erhielten Traditionen aus allen Gegenden Deutschlands, wo unsere Hessen gewesen waren, und aus denen einst Soldaten vereint mit ihnen gekämpft hatten.

Diese unsere Art hatte für die Sache selbst einen doppelten Nutzen. Unsere Sammlungen wuchsen nicht nur dadurch, auch in den Soldaten selbst wurde die Freude an den Traditionen lebendiger, als sie sich überzeugten, daß Leute der Stände, von denen sie sonst nur Spott über ihre schönen Erzählungen zu hören gewohnt waren, sie gerne hörten und »sogar aufschrieben.« Anfangs scheu, drängten sie sich bald zutraulich zu uns heran und um uns herum, die Sänger und Erzähler meldeten sich von selbst, Wilhelms Stube und Nachbarschaft widerhallte von ihren Liedern, während in der meinigen der goldne Faden der Erzählungen sich reich und immer reicher abspann.

Die Revolution und die Feldzüge der letzten Jahre brachten einen Stillstand in diesen heitern Betrieb. Ich verließ Darmstadt und zog aufs Land, in die Bergstraße. Da fand ich nun keine Spinnstuben, in denen die Traditionen noch frisch blühten, wie im Odenwalde, vielweniger kernhafte Gemüther, welche ihrer zu Hause pflegten; die Bauern meiner Gegend lieben mehr schlechte Zoten und den Schnaps im Wirthshaus. Wenige ältere Leute wurden meine Quellen, so der brave ehemalige Müller Gans in Jugenheim, der zu Hause und auf Feldzügen einen reichen Schatz von Überlieferungen gesammelt hat und dieselben sehr schön und mit größter Treue wieder erzählt, der Schmied Schmidt in Balkhausen, der von seinen Wanderjahren her ihrer eine große Fülle bewahrt. Auch ein Zigeuner, Bletz heißt er, brachte sie mir zu Dutzenden ein und auch aus aller Herren Ländern, doch weiß er genau wo und wann er jedes einzelne Stück gehört hat. Besonders viele dankt er seiner Mutter, welche ihm ebenfalls stets dabei erzählte, bei welcher Gelegenheit sie dieselben gelernt und es ist höchst interessant, ihr und ihm auf die verschiedenen Streifzüge zu folgen, auf denen sie bald um das hochlodernde »Feuer in der vollen Scheune« geschaart sich ruhig erzählen, während der Bauer eine Feuersbrunst fürchtend, ihnen gern die Thür weisen möchte und es doch nicht wagt aus Furcht vor ihrem Fluch; bald in ihren kleinen Karren, die von magern Thieren mühsam fortgezogen werden, Lieder singen, der aus dem Norden, jener aus dem Süden, der aus dem Osten, jener aus dem Westen; bald im Wirthshäuschen unheimlichen Aussehens, wohin sie durch

Zeichen an Bäumen und Häusern eigne Wege geführt, sich zusammen finden und ob auch einander unbekannt, doch als gute Freunde sich grüßen und einander erzählen. Stockt oft der Faden, dann erzähle ich selbst und es bedarf höchstens einer oder zweier Sagen, oder eines Märchens, so spinnt er sich wieder weiter. Wiederholt sich dieß Stocken, dann bleibt Bletz weg und ich sehe ihn Monate lang nicht, bis er plötzlich wieder auftaucht und mir frische Sträußer bringt. Im Sommer ist Korbflicken seine Arbeit, im Winter aber thut er wenig oder gar nichts; dann zieht er als fahrender Erzähler in den Spinnstuben herum und ist überall froh begrüßt; gegen den geringen Lohn von 48 Kreuzern erzählt er einen ganzen Abend, die kleine Summe wird von den Burschen und Mädchen zusammen gelegt. Von ihm und den beiden andern vorhin Genannten ist fast ein Drittel der Sammlung nebst zahlreichen Varianten schon bekannterer Märchen. Alle drei sind lebendige Zeugnisse für das, was Wilhelm Grimm in der Vorrede zu den Kinder- und Hausmärchen sagt: »Die noch Märchen wissen, wissen gemeinlich auch recht viel, weil die Menschen ihnen absterben, *sie nicht den Menschen.*«

Noch eines andern Wortes des herrlichen Mannes möchte ich hier gedenken. Er will die von ihm und seinem Bruder Jacob Grimm gesammelten Märchen als *Erziehungsbuch* betrachtet wissen und sagt: »Wir suchen für ein solches nicht jene Reinheit, die durch ein ängstliches Ausscheiden dessen, was Bezug auf gewisse Zustände und Verhältnisse hat, wie sie täglich vorkommen und auf keine Weise verborgen bleiben können, erlangt wird, und wobei man zugleich in der Täuschung ist, daß was in einem gedruckten Buche ausführbar, es auch im wirklichen Leben sei. Wir suchen die Reinheit in der Wahrheit einer geraden nichts Unrechtes im Rückhalt bergenden Erzählung ... Der rechte Gebrauch (des Buches) findet nichts Böses heraus, sondern, wie ein schönes Wort sagt, ein Zeugnis unseres Herzens.« Daß er darin vollkommen recht hatte, beweist die Verbreitung, welche die Kinder- und Hausmärchen fanden und immer mehr finden, der Erfolg, welchen sie gerade als Erziehungsbuch hatten. Tausende von Romanen und Jugendschriften erstanden mit und nach ihnen und verschwanden wieder vom Schauplatz, ohne daß ihrer noch mit einer Sylbe gedacht würde, während sie in zwei verschiedenen Ausgaben immer wieder neu aufgelegt werden und Alt und Jung, Reich und Arm, Gebildete wie Ungebildete in stets wachsendem Maaße erfreuen.

Über den wissenschaftlichen Werth der Märchen hat sich Wilhelm Grimm in der Vorrede zur sechsten Auflage seiner Sammlung genugsam ausgesprochen; neuerdings kam auch ich ausführlich auf denselben zurück in der Vorrede zu meinen »Beiträgen zur deutschen Mythologie«, wo ich in dem Märchenschatz den alten Mythenschatz unseres Volkes nachwies. Wie dort so möchte ich auch hier dringend bitten, daß jeder der das Glück und den Beruf hat, Märchen sammeln zu können, sich keine Gelegenheit dazu entgehen lasse, »da diejenigen die sie bewahren sollen, immer seltner werden«, da »von den Verkehrtheiten des Lebens die Phantasie immer mehr ausgelöscht« wird. Lasse man sich ja nicht einfallen, daß nichts mehr zu sammeln sei, es liegt noch viel mehr zu sammeln da, als bereits gesammelt worden und auch jede Variante eines Märchens hat ihre hohe Bedeutung. Der Pflanzenkundige forscht sorgfältig nach der Gestaltung jedes Blumenblattes, nach der Bildung jedes Kelches und der grünen Finger, welche den Kelch der Blume halten, ihm ist jede Spielart wichtig und er lernt an ihr die Familie mehr kennen, zu welcher die Blume gehört. Also ist es auch mit dem Märchen; auch es kennt ganze Familien und kein Zug ist so gering, daß der Kundige aus ihm nicht Belehrung schöpfen könnte. Und wir haben da noch so viel zu lernen! Die meisten Märchen sind uns noch Urkunden in Hieroglyphen, deren räthselhafte Züge zu erforschen wir kaum begonnen haben. Wenn irgendwo in der Wissenschaft, dann gilt hier das Wort: »Noch viel Verdienst ist übrig, hab es nur, die Welt wird's anerkennen.«

Sollte dieß Buch sich einer günstigen Aufnahme erfreuen, dann wird ihm bald ein zweiter Theil folgen, zu welchem sich von Tag zu Tage mehr und schönerer Stoff findet.

J. W. Wolf.

DER FISCHERSSOHN, DER RAPPE UND DER SCHIMMEL.

In einem großen Walde lag ein großer See, daran wohnte ein Fischer mit seiner Frau. Gott hatte ihnen fünf Söhne geschenkt, einer schöner als der andere. Jeden Tag, sobald der Morgen anbrach, zog der Fischer zu dem See und warf seine Netze aus und Abends zog er sie ein und stets hatte er sie voll guter, schöner Fische. Es war als ob ein besonderer Segen auf seiner Arbeit ruhe; der schien von einem kleinen grauen Männchen herzukommen, welches sich jeden Tag an dem See sehen ließ und in dem Kahne und an den Netzen herumsprang, als ob es den Fischen locke.

Als die Söhne größer wurden, mußten sie mit auf den Fischfang ausziehen und das ging der Reihe nach, jeden Tag ein andrer; die übrigen vier trugen derweil die Fische in die Stadt und verkauften sie um ein schön Stück Geld. Der Jüngste, welcher eben zwanzig Jahre alt war, zog auch eines Tages wieder mit zum See, aber das graue Männchen ließ sich an dem Morgen nicht blicken und Abends war kein Fisch im Netz. Schon wollten die Beiden heimgehn, da kam es daher gesprungen und frug: »Nun ihr Leutchen, ihr Leutchen, wie geht es heut?« »Schlecht, sehr schlecht«, sprach der Fischer, »wir haben nicht einen Fisch gefangen.« »Fischer, willst du mir dort deinen jüngsten Sohn verkaufen?« »Um keinen Preis verkaufe ich mein eigen Fleisch und Blut« rief der Mann. »Ich fülle dir deinen Nachen mit purem gelbem Gold, so daß du ein reicher Mann bist auf ewige Zeit« sprach das Männchen, »thust du es aber nicht, dann hast du keinen Vorsput mehr und hast gestern deinen letzten Fisch gefangen.« Da fing der Fischer doch an sich die Sache zu überlegen und sprach: »Ja wenn ich wüßte, wo er bleibt und wie es ihm geht.« »Es geschieht ihm gar nichts zu Leide, er hat mir nur zu folgen und zwei Pferde zu füttern, einen Schimmel und

9

einen Rappen. Übrigens mag er spazieren gehn oder reiten und kann thun was er will, darf dich auch alle drei Monate besuchen.« »Dann bin ich es zufrieden« sprach der Fischer, »wenn nur mein Sohn will.« Der war aber ein herzensguter Mensch und sagte: »Vater, da ich euch glücklich machen kann, so gehe ich mit dem grauen Männchen.« Der Fischer nahm Abschied von ihm und dem Männchen; als er wieder zu seinem Nachen kam, da glänzten ihm helle Haufen Gold entgegen, so daß er ein steinreicher Mann war.

Der Jüngling folgte dem Männchen, welches ihn immer weiter im Walde führte bis in ein schönes Schloß. Dort zeigte es ihm alle Zimmer und die waren so prächtig, daß es nicht zu sagen ist. In einem derselben stand eine Menge von Büchern: »die darfst du alle lesen«, sprach das Männchen, »nur das eine dort in der Ecke nicht, es wäre dein Unglück.« Zuletzt führte es ihn in den Stall, da standen zwei Pferde, ein Schimmel und ein Rappe: »Diese hast du zu füttern«, sprach das Männchen, »und das ist deine einzige Arbeit. Den Schimmel darfst du nie reiten; du mußt ihm alle Tage zwei Maas Wein geben, viel gutes Brod, ihn hart striegeln und sauber putzen, denn ich halte große Stücke auf ihn. Der Rappe bekommt Hafer und Heu und Wasser; auf ihm darfst du nach Hause und in den Wald reiten, so viel du willst. Alle Arbeit muß aber bei Tage gethan sein und du darfst nie mit Licht in den Stall gehn. Thust du das treu und fleißig und befolgst nie die Rathschläge deiner Mutter, dann hast du es gut und dein Glück ist gemacht.«

Der Jüngling versprach es und hielt auch sein Wort. Wenn er mit seiner Arbeit fertig war, las er in den Büchern und lernte viele Dinge, die nicht grade jeder weiß. Aber es hatte doch eine eigene Bewandtniß mit dem Schloß und es ging dort nicht mit rechten Dingen zu. Gewöhnlich sah er nur das Männchen, welches jeden Tag kam und ihn oft wegen seines Fleißes lobte und ermunterte nur so fort zu fahren, es werde sein Glück sein. Wenn er aber oft Abends im Garten saß und so über allerhand nachdachte, dann sah er zwei Gestalten herumwebern, von denen er nicht recht zu sagen wußte, was sie eigentlich waren. Die eine schien groß und wie ein Riese und war doch keiner, die andre schien kleiner und wie ein Weib, aber sie war doch keins. Die fuhren da herum, erschienen und verschwanden und er konnte weiter nichts bemerken, als daß die zweite immer betrübt und zu weinen schien. Er zerbrach sich oft den Kopf über sie, wurde aber darum kein Haarbreit klüger als er gewesen war.

Nachdem ein Vierteljahr herum war, bat der Jüngling das Männchen um Urlaub, er wolle einmal seine Ältern wiedersehn. Das Männchen bewilligte es ihm gern, nur rieth es ihm abermals, den Rathschlägen seiner Mutter kein Gehör zu geben. Der Jüngling ritt auf seinem Rappen weg und stand ehe er sich's versah am See. Als er aber nach seines Vaters Haus suchte, war davon nichts mehr zu sehn und an seiner Stelle stand ein prächtiges Schloß. Man kann sich denken mit welcher Freude seine Ältern ihn empfingen. Seine Brüder waren alle verheirathet und reiche Kaufleute in großen Städten. Das hielt ihm seine Mutter vor und sprach: »Diese sind versorgt, du weißt aber noch nicht, was du hast; du mußt jetzt bald an deine Zukunft denken.« Nachdem er ihr aber erst erzählt hatte, wie Alles im Schlosse war und zuging, da ließ sie ihm keine Ruhe mehr und sagte: »Sei kein Thor und überzeuge dich von Allem. Das graue Männchen mißgönnt dir dein Glück. Ich an deiner Stelle müßte vor Allem wissen, was in dem Buche steht, eher könnte ich die Nacht kein Auge zuthun und schmeckte mir weder Essen noch Trinken. Das graue Männchen erfährt ja nichts davon, du mußt es nur recht heimlich thun.« Also redete sie ihm so viel und so lange zu, bis er ihr versprach, er wolle das Buch lesen und ihr, wenn er wiederkomme sagen, was darin stehe.

Nach einigen Tagen nahm er Abschied von seinen Ältern und ritt wieder nach dem Schloß zurück. Dort besiegte er wohl Anfangs die Versuchung nach dem Buche zu greifen; nach und nach aber, als sie immer wiederkehrte meinte er, es sei ihm ja nur verboten, darin zu lesen, sehen könne er es immer. Als er es eine Zeitlang gesehen und immer wieder gesehen hatte, meinte er, ein wenig könne er immerhin darin lesen, aber als er einmal am Lesen war, da ruhte er nicht, bis er es ganz ausgelesen hatte. Jetzt wußte er wohl, daß der Schimmel eine verwünschte Prinzessin und der Riese ihr Vater sei, daß das Schloß ihr gehöre und sie jede Nacht Menschengestalt annähmen, auch wußte er, wie sie erlöst werden konnten, aber im selben Augenblick stand auch das graue Männchen vor ihm und fragte zornig: »Was hast du gemacht?« Läugnen half da nicht, das Männchen faßte ihn beim Kragen und warf ihn vor die Thür des Schlosses, indem es sprach: »Hättest du nur ein Jahr lang meinen Rathschlägen gefolgt, dann warst du glücklich auf Lebenszeit, jetzt magst du die Säue hüten. Das hast du davon« und da flog das Thor hinter ihm zu.

Da stand er nun im wilden Walde und ganz mutterseelenallein. Er faßte aber bald Muth, dachte, es sei ja nicht Alles verloren und er wisse doch, wie er die Prinzessin erlösen könne, schnitt sich einen Stock und arbeitete sich durch das Gebüsch. Viele Tage ging er also weiter und nährte sich von Wurzeln und Kräutern. Endlich wurde es lichter und er kam an ein Dorf. Da frug er die Bauern, ob es keinen Dienst für ihn gebe? »Ja wohl«, sprach einer von ihnen, »wenn du mir die Säue hüten willst, dann kannst du bei mir ankommen.« Das war allerdings hart und besonders jetzt, nachdem er es lange Zeit so gut gehabt hatte, aber was wollte er machen? Er wurde mit dem Bauern um einen geringen Lohn einig, bekam ein Eckchen neben dem Schweinestall als Schlafstelle und trieb am folgenden Morgen mit seinen Schweinen aus. Wie er nun so auf dem Felde saß und über sein Schicksal nachdachte, rauschte es gewaltig über ihm in der Luft und da flog der Vogel Greif daher und ließ sich in der Ferne auf einen Berg nieder. Er rieb sich vergnügt die Hände und lachte so recht froh in sich hinein, denn von dem Vogel Greif hatte er in dem Buche gelesen. Als der Vogel am folgenden Tage wieder kam und desselben Weges flog, erzählte er Abends dem Bauern davon. »Ich kenne ihn nur allzuwohl«, sprach der Bauer, »er hat mir mehr als ein Schwein gefressen, darum nimm dich nur in Acht, daß du dem Berge nicht zu nahe kommst.« »Ei was, *mir* holt er kein Schwein« rief der Jüngling »und jetzt treibe ich geraden Wegs nach dem Berge hin.« »Das magst du thun«, sprach der Bauer, »fehlt aber am Abend ein Schwein, dann bekommst du Prügel und ich jage dich weg.«

»Frisch gewagt ist halb gewonnen« sprach der Jüngling, als er am folgenden Morgen die Heerde austrieb und fuhr auf den Berg zu, denn auch von dem Berge stand in dem Buche geschrieben. Gegen Mittag kam der Vogel Greif herangeflogen wie eine große dunkle Wolke. Als er nahe bei dem Berge die Schweineheerde erblickte, schoß er nieder und packte eins mit seinen großen grausigen Klauen, aber der Jüngling hatte nicht vergessen, was er weiter in dem Buch gelesen hatte; er riß ihm schnell drei Federn aus, steckte zwei hinter die Ohren und nahm eine in den Mund: da war er so stark und konnte fliegen trotz dem Vogel Greif. Jetzt riß er ihm das Schwein weg, griff ihn am Halse und drückte ihm die Kehle, bis der mächtige Vogel todt dahin sank. Alsdann schnitt er ihm mit seinem Messer den Leib auf und holte ein großes weißes Ei daraus: damit konnte er die Prinzessin erlösen. Heisa, jetzt war er wieder oben und hätte mit keinem König und Kaiser getauscht. Jubelnd und singend trieb er seine Heerde heim. Der Bauer erstaunte, daß er schon so frühe zurückkam, aber ehe er noch fragen konnte, was die Ursache davon sei, erhob sich der Jüngling durch die Kraft der Greifenfedern in die Luft und der Bauer hatte das Nachgucken.

Er flog aber hoch, hoch empor und schaute sich um bis er das Schloß erblickte; in der Nähe desselben ließ er sich auf einem Baume nieder und wartete den Abend ab. Dann flog er auf einen hohen Lindenbaum, welcher in dem Garten stand und worunter er die beiden Gestalten jeden Abend hatte sitzen sehen. In den Ästen verborgen hielt er sich ganz still. Als er eine Weile da gesessen hatte, öffnete sich die Stallthür: zuerst schlupfte das graue Männchen heraus, dann kam die weinende Frauengestalt und zuletzt die Riesengestalt. Das Männchen lief ins Schloß, die beiden andern aber kamen auf den Lindenbaum zu und setzten sich unter ihm nieder. Ach wie klopfte ihm jetzt das Herz! Er griff leise in den Sack, faßte das Ei, zielte gut und patsch! flog es gegen des Riesen Stirn. Zugleich aber that es einen Donnerschlag, als breche das ganze Schloß zusammen, so daß der Jüngling sich an den Ästen der Linde halten mußte und die Augen zudrückte. Als er wieder aufschaute, waren die beiden Gestalten verschwunden und stand da ein König mit goldner Krone auf dem Haupte und eine Prinzessin so wunderschön, daß es ihres Gleichen nicht mehr gibt. Aus dem Schloß kamen die Hofherrn und Diener gerannt, alle begrüßten und küßten sich und war da eine Freude sonder Gleichen. Der König wandte sich aber um und rief dem Jüngling, er möge niedersteigen und als er das gethan, legte er des Jünglings Hand und die der Prinzessin zusammen und sprach: »Du hast es um uns verdient, daß du mein Sohn wirst; wahre dir dein gutes Herz, dann wird das Glück dich auch bewahren.« Also wurde der Fischerssohn zu einem königlichen Prinzen; wer weiß, was aus dir noch Alles werden kann? — Wo ist denn das graue Männchen geblieben? Das hatte der alte Taglöhner Hans vergessen, als er mir's erzählte, kommst du nach Jugenheim, so frage ihn, es wird ihm wieder eingefallen sein.

DAS SCHNEIDERLEIN
UND DIE DREI HUNDE.

Ein armes Schneiderlein hatte zu Hause nichts zu verlieren und ging auf Reisen. Es war schon lange marschirt, da kam es eines Tags in einen großen dunkeln Tannenwald und es pfiff und sang und war von Herzen vergnügt. Als es eine kurze Strecke in dem Walde gegangen war, kam ein großer Hund dahergelaufen, der bot dem Schneiderlein die Zeit und frug, ob es ihn mitnehmen wolle? »Ich will dich schon mitnehmen, wenn du hinter mir herlaufen und mir unterthänig sein willst.« »Das will ich« sprach der Hund und lief hinter ihm drein.

Als das Schneiderlein ein Stück Wegs weiter gegangen war, kam ein zweiter Hund gelaufen, bot ihm die Zeit und frug, ob es ihn mitnehmen wolle? »Eigentlich habe ich mit einem Hunde schon zu viel« sprach das Ritterlein von der Elle, »wenn du mir aber unterthänig sein willst und gehorsam, so magst du hinter mir herlaufen, dem andern zur Gesellschaft.« »Das will ich« sprach der Hund.

So gings weiter und weiter und als die drei Reisenden wieder ein Stück Wegs hinter sich hatten, kam ein dritter Hund, der frug auch, ob ihn das Schneiderlein mitnehmen wolle? Da stutzte es aber, denn es wußte schon nicht, woher es das Futter für die zwei andern Hunde hernehmen sollte, doch dachte es zuletzt: »Aller guten Dinge sind drei« und sprach zu dem Hunde: »Wenn du mir treu und unterthänig sein willst, magst du in Gottes Namen hinter mir herlaufen, wie die beiden andern.«

Gegen Abend kamen sie aus dem Walde und sahen ein Dorf vor sich und das erste Haus war ein Wirthshaus. Sprach das Schneiderlein: »Hunger haben wir alle vier, aber wie ein Sechskreuzerstück aussieht, habe ich seit lange vergessen.« »Nichts weiter als das?« sagte der erste Hund. »Geh du nur hinein und bestelle für vier Mann Essen und Trinken und kümmere dich nicht um das Bezahlen; dafür laß du uns sorgen.« Dem Schneiderlein wuchs der Muth, als es das hörte, es schwang seine Elle dreimal lustig überm Kopf, ging in das Wirthshaus, schlug mit der Faust auf den Tisch und bestellte vier Gedecke und Essen, soviel das Haus vermöchte, Gesottenes und Gebratenes nebst Wein und Bier. Dann warf es sein Felleisen und seinen Hut auf die Bank, die Elle in die Ecke und sich selbst in einen bequemen Lehnstuhl.

Als nun das Essen aufgetragen war, ging die Thür auf und die drei Hunde stürzten herein, sprangen jeder auf einen Stuhl und fingen an zu essen und zu trinken, wie die Menschen, so daß die Wirthin über solchen Verstand die Hände überm Kopf zusammenschlug. Nach dem Essen sprach der eine Hund: »Nimm den Weg zwischen die Beine, laß aber Alles hier liegen, es kommt dir nichts fort.« Da ging das Schneiderlein mir nichts, dir nichts weg und die Wirthin ließ ihn gehn, weil er sein Felleisen, seinen Hut und seine Elle zurückgelassen; er wird gleich wiederkommen, dachte sie, und will sich nur im Ort umsehn. Sobald die Wirthin aber den Rücken gewandt hatte, packte jeder der Hunde eins der drei Stücke, sprangen zur Thür hinaus und brachten sie ihrem Herrn; da hatte die Wirthin das Nachsehen.

Guten Muthes zog das Schneiderlein weiter; einer der Hunde lief voraus und zeigte den Weg. Bald kamen sie wieder in den Wald und nachdem sie schon manchen Schritt und Tritt darin gethan hatten, an einen freien Waldplatz, worauf ein großes Schloß stand. Da blieb der Hund stehen. »Hast du Muth?« frug er das Schneiderlein. »Mehr als Geld«, war die Antwort. »Dann binde uns an ein Seil, führe uns in das Schloß und verkaufe uns den Riesen, die da wohnen. Trau ihnen aber nicht, denn sie sind tückisch und arglistig. Damit du vor ihnen sicher bist wollen wir dir jeder etwas schenken, das wende wohl und klug an und dein Glück ist gemacht.« Sprachs und gab ihm ein Salbentöpfchen. Wenn man mit der Salbe einen Stuhl bestrich, dann blieb jeder daran hängen, der sich drauf setzte. Der zweite Hund gab ihm ein Stöcklein, wen man damit aufs Haupt schlug, der that keinen Pieps mehr. Der dritte gab ihm ein Hörnlein: »Wenn du in Noth kommen solltest, blase nur darauf und wir werden dir helfen.« »Ich muß erst versuchen ob ich auch blasen kann«, sagte das Schneiderlein, »wenn man so harte Arbeit thut wie ich, dann wird einem der Athem kurz«, setzte das Hörnlein an den

Mund und blies hinein. Ach was das für einen Klang hatte! Es war aber nicht des Schneiderleins Athem, der ihm den Klang gab, denn der war so dünn, wie eine Nähnadel.

Es steckte jetzt getrost die drei Stücke ein, band die Hunde an und ging mit ihnen in das Schloß. Da kam es oben an der großen Treppe in einen weiten und hohen Saal, wo die Riesen an einer langen Tafel saßen und aus Bechern tranken, deren jeder wohl ein Viertelohm faßte. Das Schneiderlein zog höflich seinen Hut und frug, ob die Herren Riesen nicht drei schöne Hunde kaufen wollten? Sie beschauten die Hunde rechts und links, sprachen: »Wir behalten sie und wollen sie gleich in den Stall sperren, warte du derweil, bis wir wiederkommen, dann bekommst du dein Geld.« Dabei lachten sie boshaft einander zu und warfen Blicke auf das Schneiderlein, von denen es sich nichts Gutes versprach. »Pfeift der Wind aus dem Loche« dachte der Ritter von der Elle, »dann will ich euch schon den Spaß verderben«, und er kletterte an allen Stühlen hinauf und schmierte sie mit seiner Salbe ein, oben und unten, vorn und hinten. Das war sein Glück, denn draußen hielten die Riesen Rath, wie sie das Schneiderlein mit Ehren todtmachen und fressen könnten; es sei zwar ein magerer Bissen, aber Menschenfleisch war ihnen etwas Neues und sie wollten vorlieb nehmen, bis sie etwas Besseres bekämen.

Als sie wieder herein kamen, sprachen sie das Schneiderlein habe sie im Handel betrogen, die Hunde seien nicht so viel werth und es müsse gefressen werden. Sprach das Schneiderlein: »Ich will gern sterben, wenn ich es verdient habe, aber nicht ohne Urtheil und Recht. Haltet zuvor ordentlich Gericht über mich, dann will ich mich vertheidigen.« Die Riesen lachten, rückten die Stühle in einen Halbkreis und sprachen: »Nun fange an, du Erdwurm.« »Setzt euch alle zuvor, wie es einem ordentlichen Gericht gebührt.« Als sie dieß gethan hatten, nahm das Schneiderlein einen Schemel, setzte sich vor sie hin, stopfte sich eine Pfeife und blies die dicken Wolken so vor sich hin. »Wirds bald?« frugen die Riesen. »Ei ich bin schon fertig, nun mögt ihr euch vertheidigen, denn ich verurtheile euch alle zum Tode.« Die Riesen lachten Anfangs, als ihnen die Sache aber zu lange dauerte wollten sie aufstehn und das Schneiderlein fassen, da klebten sie alle fest und keiner konnte ein Glied rühren. »Nun wirds bald?« frug das Schneiderlein und lachte, nahm sein Stöckchen und schlug sie alle auf die Köpfe, einen nach dem andern, da fielen sie hin und waren todt.

»Jetzt will ich von der Arbeit ausruhen« sprach das Schneiderlein zu sich selbst, aber darin betrog es sich gewaltig. Im selben Augenblick hörte es, wie einer mit schweren Tritten die Treppe herauf kam, die Thür flog auf und herein schritt ein Riese, noch einmal so groß als die andern. Das war aber der Riesenkönig, der eben von der Jagd nach Hause kam. Als dieser sah, was vorgegangen war, frug er das Schneiderlein, wer die Riesen ermordet habe? »Das habe ich gethan.« »Hast du das gethan dann bekommst du deine Strafe dafür. Zum Fressen bist du zu schlecht, aber als Spatzenscheuche kannst du allenfalls dienen, darum will ich dich in den Garten aufhängen.« Sprachs, hob das Schneiderlein bei den Beinen auf und trug es in den Garten, wo ein hoher Galgen stand. Er setzte es oben drauf und fing an die Schlinge zu drehen. Da besann es sich kurz, zog sein Hörnlein aus dem Sack und blies aus Leibeskräften hinein, daß es zehn Meilen in die Runde scholl. Mit einemmal standen die drei Hunde da und hatten ihre zerrissenen Ketten am Halse. »Schneiderlein steig herab!« sprach der Erste. »Ich darf nicht, der da will mich hängen.« Da fielen die drei Hunde über den Riesenkönig her und zerrissen ihn in tausend Stücke.

Das Schneiderlein warf sich vor lauter Freude den Hunden an die Hälse und tanzte wie besessen auf einem Bein herum. Der erste von den Hunden aber sprach: »Jetzt ist das Schloß von den Riesen befreit und erlöst, nun mußt du uns dreien noch die Köpfe abhauen.« »Das thue ich nun und nimmermehr« sprach das Schneiderlein. »Dann zerreißen wir dich wie den Riesen.« »Ja wenn ihr durchaus nicht anders wollt, dann thue ich euch den Gefallen.« Er holte ein Schwert, faßte es mit beiden Händen und schlug den Hunden die Hälse ab, drehte sich dann aber schnell herum, denn er konnte kein Blut sehen. Da rief es hinter ihm seinen Namen, erschrocken fuhr das Schneiderlein auf und siehe da stand ein König vor ihm mit zwei wunderschönen Prinzessinnen. Der sprach: »Du bist unser Erlöser, denn wir waren die drei Hunde und waren verwünscht. Zum Danke dafür gebe ich dir eine von meinen Töchtern zur Frau.« Da griff das Schneiderlein rasch nach der Ältesten und sie gingen zum Schlosse. Aller Zauber, welchen die Riesen darüber gesprochen, war gelöst und die Zimmer wimmelten von Hofherren und Dienern. Als sie aber durch die Fenster schauten, war der ganze Wald zu einer prächtigen Stadt geworden, die kleinen Bäume zu Häusern, die großen zu Kirchen und Kirchthürmen, die Vögel zu allerlei fleißigen Menschen und Jubel und Freude war wohin man schaute. Am folgenden Tag wurde die Hochzeit gehalten und wären du und ich dazu gekommen, denk mal, was wäre das für Freude gewesen!

DIE PRINZESSIN
VON TIEFENTHAL.

Zur Zeit als es noch schöner in der Welt war wie heut-
zutage, geschah es, daß ein Wachtmeister des Soldatenlebens
müde wurde und desertirte. Im ersten Wirthshaus über der
Gränze machte er Halt, denn er war scharf geritten und müde,
das war sein Pferd auch. Er saß nicht lange im Zimmer, da
trabte etwas über die Landstraße daher und hielt vor dem
Wirthshaus: als er herausschaute, waren es zwei Husaren.
Nun war guter Rath theuer, denn er glaubte, die kämen ihn
einzufangen; er sagte rasch dem Wirth, daß er Deserteur sei
und der gute Wirth versteckte ihn in die Nebenkammer. Die
zwei Husaren traten herein und frugen: »Ist nicht ein Wachtmeister von den Husaren hier eingekehrt?« »Daß ich nicht
wüßte« erwiederte der Wirth. »Hier hilft kein Läugnen«,
sprachen die Husaren, »wir haben sein Pferd im Stalle gesehn
und er muß hier sein, aber er mag nur hervorkommen, denn
wir sind auch desertirt.« Als der Wachtmeister das hörte,
sprang er aus der Kammer heraus und rief: »Dann seid willkommen, ihr Brüder« und sie waren alle drei lustig und guter
Dinge. Endlich sprach der Wachtmeister: »Es ist nicht gut,
daß wir drei zusammen weiter reiten, geht ihr voraus, ich
komme nach.« Das geschah, die Husaren machten sich auf
den Weg und eine Viertelstunde nachher folgte der Wachtmeister.

Er war schon eine Stunde weit geritten da traf er auf zwei
Holzhacker und frug sie, ob nicht zwei Husaren vorbei-
geritten wären? »Ja wohl vor einer Stunde« war die Antwort.
Der Wachtmeister ritt noch schärfer zu und als er wiederum
eine gute Strecke weiter war, fand er ein paar Leute am Wege,
welche Steine klopften. »Sind nicht zwei Husaren hier vor-
beigeritten?« frug er. »Ja wohl vor etwa zwei Stunden«
sprachen die Leute. Da ritt er noch besser zu und sah bald
einen Dreiweg vor sich. Was nun machen? »Ich will mein
Pferd gehen lassen« dachte er, »vielleicht weiß das besser den
rechten Weg wie ich.« Das Pferd lenkte eben rechts in den

Wald ein und ging immer und immer zu und es wurde immer dunkler und dunkler, so daß man keine Hand vor den Augen sah. Plötzlich stutzte das Pferd und wollte nicht weiter. Der Wachtmeister stieg ab und untersuchte den Boden, da fand er, daß er am Rande eines tiefen Grabens stand. Er ging zurück, band den Gaul an den nächsten Baum und legte sich nieder, um den Tag abzuwarten und dann zu sehn, was das sei. Nach einiger Zeit ging der Mond hinter den schweren schwarzen Wolken hervor und siehe, da lag ein großes schwarzes Schloß vor ihm und an einem Fenster brannte ein helles Licht. Er setzte sich wieder zu Roß und ritt um das Schloß herum. Als er an die Brücke kam, wurde dieselbe niedergelassen und er trabte in den Schloßhof hinein. Alsobald traten viele schwarze Diener auf ihn zu, nahmen sein Roß und führten es in den Stall, ihn aber führten sie in das Schloß und in einen Saal, der war ganz schwarz ausgeschlagen. Da war eine prächtige Tafel gedeckt und Speisen aller Art standen darauf, nur waren die Schüsseln und Teller, Gabeln und Messer alle schwarz. Das kümmerte den Wachtmeister nicht, denn er war müd und hatte argen Hunger und so ließ er es sich ganz vortrefflich schmecken.

Gegen elf Uhr ging die Thüre auf und herein trat eine schöne Jungfrau in königlichen Kleidern; sie war aber ganz schwarz und hatte zwei Kammerjungfern zu ihrer Seite, eine zur Rechten die andere zur Linken. Sie grüßte ihn freundlich und sprach: »Auf dich habe ich schon viele hundert Jahre gewartet, denn du sollst mein Erlöser sein. Willst du drei Nächte hier schlafen und schweigen und dich nicht fürchten, was auch um dich vorgehen mag, dann hast du das Schwerste vollbracht und wir werden glücklich sein auf ewige Zeit.« »Ei das will ich schon« sprach der Wachtmeister. »Wer so lange gedient und so viel Pulver gerochen hat, wie ich der hat verlernt was Fürchten heißt.« »Rühme dich nicht zu früh« sprach die Prinzessin, lächelte ihm holdselig zu und ging mit ihren Kammerjungfern fort. Der Wachtmeister war aber im neunten Himmel, denn die Prinzessin war gar zu schön und sein Herz in heller Liebe zu ihr entbrannt. Er warf sich ganz glückselig auf das schwarze Bett, welches nebenan in einer prächtigen schwarzen Schlafkammer stand; ans Schlafen aber dachte er nicht.

Als es zwölf Uhr schlug that es einen Schlag, als sollte die Welt untergehn. Zugleich flog die Thüre auf und drei schwarze Männer traten herein und setzten sich an den Tisch. Einer von ihnen zog Karten aus dem Sack mischte sie und sprach: »Drei sind wir, aber zum Spiel gehören vier.« »Der vierte ist der Wachtmeister, der dort in der Kammer auf dem Bette liegt« sprach der Andre. »Ich will ihn holen, er muß mit spielen« sagte der Dritte, ging zu dem Bette und lud den Wachtmeister zum Spiele ein. Der stand auf, setzte sich zu ihnen und spielte mit, schlug kräftig mit der Faust auf den Tisch, wenn er auftrumpfte, gewann und verlor, aber er sprach kein Wort. Die Andern gaben sich zwar alle Mühe, ihn zum Sprechen zu bringen, sie frugen ihn allerhand, schimpften ihn, thaten als ob sie ihn schlagen wollten, er aber hielt sich ganz ruhig und schwieg. Da schlug es ein Uhr, die drei Männer rafften in aller Eil ihre Karten zusammen und fort waren sie. Der Wachtmeister legte sich aber zu Bett und schlief bis zum hellen Tage. Die Diener brachten ihm, sobald er aufstand, sein Frühstück; sie hatten jetzt alle Gesichter weiß und roth, wie andere Menschen, die Schüsseln und Tassen weiße Ränder und die Messer und Löffel weiße Stiele; auch die Decke seines Zimmers war weiß geworden und die Laken und Kissen auf seinem Bette. Da öffnete sich die Thür und die Prinzessin trat ein, grüßte ihn noch viel freundlicher als das Erstemal und er bemerkte, daß auch sie einen weißen Schleier trug, der wallte ihr bis auf die Brust herab. »Nun halte nur noch zwei Nächte aus, mein Erlöser«, sprach sie, »und Alles ist gut. Laß dich nichts anfechten, was auch um dich herum vorgehen mag, es geschieht dir nichts zu Leide.« Alsdann reichte sie ihm holdselig lächelnd ihre Hand und verschwand wieder mit ihren beiden Kammerjungfern.

Dem Wachtmeister hüpfte das Herz im Leibe wie ein Eichhörnchen und er vergaß Himmel und Erde über der wunderschönen Prinzessin. »Wo mag die nur ihren Aufenthalt haben?« dachte er und da ihm ohnedieß nichts als das Sprechen bei der Nacht verboten war, so ging er einmal im Schlosse herum, von einem Zimmer ins andre. Nein, was das eine Pracht und Herrlichkeit war! Gold und Silber und Sammt und Seide überall wohin man blickte, so daß man sich gar nicht satt genug daran sehen konnte. Wenn der Wachtmeister mit dem letzten Zimmer fertig war, fing er wieder mit dem ersten an und that nichts anderes als sehen und sehen. Mittags stand sein köstliches Mahl auf dem Tisch und Abends wiederum. Gegen zwölf Uhr that es wiederum einen Schlag, daß die Schindeln auf dem Dach rasselten und die Fenster und Thüren fast aus den Angeln flogen. Der Wachtmeister, welcher sich schon zu Bette gelegt hatte, richtete sich auf und schaute auf die Thüre hin. Da kam einer der Männer vom vorigen Abend und brachte eine lange blutrothe Tischplatte, die beiden andern hatten Messer, Hackmesser und Schlacht- beile und waren wie auch der erste über und über mit Blut bespritzt. Sie legten die Platte über ein paar Tische und fingen an ihre Messer zu wetzen und die Hackmesser und Beile zu schleifen. Dazwischen unterredeten sie sich, wie sie den Wachtmeister schlachten wollten. Der eine sollte ihn mit dem Beil vor die Stirn schlagen, wie einen Ochsen, der andre ihn mit dem Schlachtmesser zerschneiden und der dritte das Fleisch zerhacken. Da wurde es dem Wachtmeister zwar ein wenig schwül, aber er biß sich die Zunge und hielt aus, er gab auch keinen Laut von sich, als sie kamen ihn zu packen. Ehe sie aber noch an seinem Bette waren, schlug es eins und da liefen sie was gibst du, was hast du, packten ihre Sieben- sachen zusammen und waren weg, ehe man eine Hand umdreht. Der Wachtmeister athmete frisch auf und schlief auf den ausgestandenen Schrecken wie ein Prinz. Als er wieder aufwachte, da war es gar freundlich und hell um ihn her, das ganze Zimmer war weiß geworden und nur das Schloß an der Thür noch schwarz. Als die Diener ihm das Frühstück brachten, trugen sie weiße Kleider und hatten nur noch schwarze Krägen und Handschuhe. Ebenso die Prin- zessin und ihre Kammerjungfern. Wie war die jetzt so schön und wie war sie erst jetzt so freundlich! Sie sprang ordentlich ins Zimmer herein vor lauter Freude und drückte dem Wachtmeister die Hand und sprach: »Jetzt halte nur noch eine Nacht aus, mein Erlöser, und fürchte dich nicht; dir kann nichts geschehen; dann ist das Schwerste überstanden und wir sind glücklich auf ewig.« Der Wachtmeister war ganz außer sich vor Glück und schwur ihr hoch und theuer, er wolle sie erlösen und sollte er auch in Stücke zerhackt werden.

Nachdem die Prinzessin fort war, ging der Wachtmeister wiederum durch die Zimmer des Schlosses und betrachtete sie eins nach dem andern. Er wußte die Zeit nicht besser todt zu schlagen, als daß er sie alle abmalte, denn sein Vater war ein Kunstmaler gewesen und hatte ihn in der Malerei gehörig unterrichtet, so daß er Alles malen konnte, was er nur sah. Als es kaum zwölf Uhr in der Nacht geschlagen hatte, da krachte es wieder, daß ihm fast Hören und Sehen verging. Zugleich sprang die Thür auf und einer von den Männern kam herein und trug einen ungeheuren Kessel auf den Schultern, der andre rollte ein Faß Öl herein und der dritte trug eine schwere Last Holz. Sie hingen den Kessel in der Mitte des Zimmers auf, gossen das Öl hinein und machten Feuer darunter an. Während dessen sprachen sie zu einander, heute würden sie Ernst machen und den Wachtmeister lebendig in dem Öl sieden; bis jetzt hätten sie ihn nur schrecken wollen, und sie schürten das Feuer immer ärger, so daß es ihm in seinem Bette heiß wurde und er meinte, das ganze Schloß müsse in Flammen aufgehen. Er dachte aber bei sich: Bangemachen gilt nicht und lag ruhig da und schwieg, wie der Fuchs, wenn er den Geist aufgegeben hat. Als das Öl nun recht kochte und große Blasen warf, da streiften die drei Kerle die Hemdsärmel in die Höhe, rieben die Hände und riefen: »Jetzt muß er hinein!« Also liefen sie auf ihn zu, aber da schlug es ein Uhr und es that einen Donnerschlag, daß die Fenster und Thüren aus den Angeln fuhren. Die drei Kerle, das Feuer und der Ölkessel verschwanden in einem Augenblick, dagegen entzündeten sich tausend Lichter wie von selbst in dem Saal, und war da eine Pracht, daß es nicht zu sagen ist. Draußen erscholl eine fröhliche Musik, die Thür flog auf und eine ganze Reihe von hohen Herren und Damen kam herein, zuletzt die Prinzessin und alle waren schneeschloßenweiß und in Gold und Silber gekleidet. Sie aber flog auf den Wachtmeister zu, küßte ihn und schloß ihn in ihre Arme und rief: »Sei willkommen, mein herzliebster Erlöser und Gemahl!« Und als sie das gesagt hatte, steckte sie ihm ihren goldnen Ring an den Finger und hing ihm ihre goldne Kette um den Hals; da neigten sich die hohen Herren und Damen dreimal vor ihm und Alles war Jubel und Freude.

Sprach die Prinzessin: »Jetzt bleibt uns nur noch eins übrig, wir müssen aus dem Schloß und in meines Vaters Königreich. Wir dürfen aber nicht zusammen herausgehn, auch mußt du es in deiner alten Kleidung verlassen. Reite voraus, ich folge dir mit meinem Hofgesinde nach, aber laß dich durch nichts aufhalten und laß Niemand dich mit Händen berühren, es würde uns Beiden großen Kummer bringen.« »Hab ich bis jetzt Alles fertig gebracht, dann kann ich es auch ferner«, sprach der Wachtmeister, schwang sich auf sein Roß und ritt weg. Als er über die Brücke kam, sah er am Wallende ein kleines Haus und unter der Thür saß ein altes Weibchen, welches spann. Es bot ihm die Zeit und sprach: »Ei ihr seid mir ein feiner Herr, daß ihr also euren Zopf hängen lasset und nicht aufsteckt, wie es einem ordentlichen Soldaten ziemt.« Damals trugen nämlich die Soldaten noch Zöpfe. Als der Wachtmeister an den seinen griff, da hing der in der That herab und er gab sich vergebens alle Mühe, ihn wieder aufzustecken. Indem rollte es an der Brücke, als wenn viele Wagen kämen und das Weibchen sprach: »So eilt euch doch, da kommt die Prinzessin angefahren, was wird die von euch denken.« Er konnte aber mit dem Zopfe nicht fertig werden, sprang vom Rosse und bat das Weibchen, es möge ihm den Zopf aufstecken. »Von Herzen gern« sprach es, ließ sein Spinnrädchen stehn und schlich zu ihm. Kaum aber hatte es den Zopf berührt, da sank er zu Boden und lag in einem festen Zauberschlaf. Gleich nachher kam die Prinzessin mit ihrem Hofstaat angefahren. Ach wie war sie so untröstlich über ihr trauriges Schicksal, aber was war da zu machen? Sie schrieb auf ein Papier:

> »Wenn du mich willst wiedersehen,
> Mußt du ins Königreich Tiefenthal gehen«

und gab es ihm in die Hand, steckte eine Wunschbörse, welche nie leer wurde in seinen Sack und fuhr weiter, denn hier war ihres Bleibens nicht mehr; weiter konnte sie nichts für ihn thun.

Also lag der Wachtmeister Jahr und Tag in tiefem Schlafe bis die Zeit herum war; da erwachte er, fand das Papier in seiner Hand und erkannte nun wohl, wie er von dem alten Weibchen betrogen worden war. Er zog alsbald seinen Säbel, lief ins Häuschen und griff die böse Hexe bei den Haaren, während er schrie: »Willst du mir jetzt den Weg nach dem Königreich Tiefenthal zeigen, oder soll ich dich in Fetzen hauen?« Da jammerte die Alte und versprach ihm alles Mögliche, wenn er sie nur gehen ließe, heimlich aber sann sie wiederum auf schlimmen Verrath. Nachdem er sie losgelassen hatte, wies sie ihm einen Weg, den solle er gehen, und er würde unfehlbar nach Tiefenthal gelangen. Der Wachtmeister machte ihr noch ein paarmal mit der flachen Klinge auf dem Rücken das Maaß, dann schwang er sich zu Pferde und fort gings wie der Sturmwind.

Nach drei Tagen kam er in einen Wald; als er hindurch war, sah er Abends von fern ein Licht. Er ritt darauf zu und kam an ein Haus, das sah just wie ein Einsiedlerhäuschen aus. Als er eintrat, saß da eine alte Frau, die bat er um Nachtherberge. »Ach guter Freund«, sprach sie, »wer euch zu mir gewiesen hat, der hat euch nicht wohl gewollt, denn meine Söhne sind Menschenfresser und sie verschonen Niemanden. Euch aber sollen sie nichts zu Leide thun, denn ihr habt schon genug ausgestanden, ich weiß Alles. Versteckt euch nur vor der Hand, damit sie nicht so auf euch losfallen können.« Das that der Wachtmeister und es war auch die höchste Zeit. Denn kaum war er in Sicherheit gebracht, da brauste es in der Luft, wie vom größten Sturm; dann fuhr die Thür auf und der älteste von den Söhnen polterte herein.

>>Menschenfleisch riech ich,
Menschenfleisch genieß ich!«

schrie er und tobte in der Kammer umher, aber die alte Frau packte ihn bei den Schultern und warf ihn auf eine Bank nieder, daß es krachte. »Da setz dich hin und rühre dich nicht, du bekommst schon satt« sprach sie. Indem rauschte es abermals draußen, als wenn der Vogel Greif herangeflogen käme, die Thür fuhr auf und der zweite von den Söhnen stürzte herein, schnüffelte in der Kammer herum und schrie:

>>Menschenfleisch riech ich,
Menschenfleisch genieß ich!«

Da packte die alte Frau ihn und setzte ihn unsanft neben den ersten auf die Bank nieder. »Da bleibt ihr jetzt sitzen, ihr

langen Schlingel«, sprach sie, »und hört was ich euch sage.«
Anfangs brummten sie wohl noch, aber da hob die Alte ihren
Finger und sie wurden mäuschenstill. Dann holte sie den
Wachtmeister aus seinem Versteck hervor. Als der Älteste
von den Söhnen ihn sah, rief er: »Mutter, was ist das für ein
fremdes Thier?« »Das ist ein Wachtmeister, mein Sohn«,
sprach die Frau »und ihr sollt ihn in das Königreich Tiefenthal tragen.« Da brummten sie wieder, sprachen, das wäre
gar zu weit und er wäre ihnen zu schwer, aber die Alte gab
ihnen gute Worte, erzählte ihnen seine Geschichte und
plauderte ihnen so viel vor, daß sie endlich versprachen, ihn
mit seinem Pferde nach Tiefenthal zu tragen; der jüngste
wollte ihn nehmen und der Älteste, welcher auch der stärkste
war, das Pferd. Der Wachtmeister dankte ihnen und der
Frau hunderttausendmal. Nachdem sie nun alle gegessen und
getrunken hatten kam es wie ein tiefer Schlaf über ihn und
als er wieder erwachte, lag er neben seinem Pferd im hohen
Gras und vor ihm glänzte und leuchtete eine stolze Stadt mit
hundert Thürmen. Er stieg zu Roß, ritt auf die Stadt zu und
fragte die Leute, wie die Stadt heiße? Das sei die Hauptstadt
vom Königreich Tiefenthal, sagten sie. Fröhlichen Muthes
trabte er hinein und nahm noch am selben Tage Dienst unter
den Soldaten als Rekrut. Als es am folgenden Morgen ans
Exerciren ging, hei da verstand er das viel besser als die
Corporale und Feldwebel, so daß der König ihn sogleich zum
Hauptmann machte. Die Mannschaft, welche er kommandirte, sah aber schlecht aus, sie hatte Monturen aller Art und
dazu noch zerrissene. Das konnte er nicht sehen und ließ sie
sofort neu auskleiden und die alten Kleider den Armen geben.
Was der König für Augen machte, als bei der Revue der neue
Hauptmann heranmarschirt kam! Er kannte seine eignen
Soldaten nicht mehr wieder und kurzum, er war so entzückt
darüber, daß er den Hauptmann mit an seiner Tafel speisen
ließ und drei Tage drauf ihn zum General der ganzen
Cavallerie ernannte. Jetzt wurde die Wunschbörse noch
ärger angezapft; alle Pferde vom ganzen Regiment wurden
verkauft und neue stattliche Thiere dafür angeschafft. Hundert Schneider mußten herbei und Tag und Nacht nähen, bis
das ganze Regiment neu ausgekleidet war. Dadurch kam der
General so in Gnade bei dem König, daß dieser ihm ein Stück

Land gerade neben dem Schloß schenkte und ihm erlaubte, sich daselbst ein Schloß zu bauen.

Nun setzt sich mein General hin und macht selbst den Plan von dem Schloß, und macht ihn genau so, wie das Schloß gewesen war, worin er die Prinzessin erlöst hatte. Dann ließ er, als Alles fertig dastand, ein Dutzend Maler kommen, die mußten das Schloß grade so malen, wie er es ihnen sagte und zeigte, denn er hatte die Abzeichnungen der Zimmer aus dem verwünschten Schloß mitgebracht. Endlich wurden Diener angeschafft und so gekleidet, wie die Diener der Prinzessin am Tage ihrer Erlösung gekleidet gewesen waren. Ach da war viel nicht genug und das Geld flog nur so weg. Eben war sein Schloß fertig, da kam eine Staffette an den König, die meldete, in Zeit von zwei Tagen würde die Prinzessin anlangen und gab einen Brief ab, worin stand, sie sei von einem Wachtmeister erlöst worden, aber ihr Erlöser liege im Zauberschlaf vor dem verwünschten Schloß. Sogleich ließ der König den General kommen und erzählte ihm Alles, befahl ihm auch, an der Spitze des Heeres der Prinzessin entgegen zu ziehen und sie feierlich zu empfangen. Der General sagte blos: »Ewer Majestät befehlen« und ließ sich gar nichts merken.

An dem bestimmten Tage holte er die Prinzessin an der Grenze ab und führte sie unter großem Jubel des Volkes in die Hauptstadt. Sie erkannte ihn nicht; wie hätte sie auch drauf kommen sollen, daß der von Gold und Ordenszeichen strotzende General ihr Erlöser sei, von dem sie nicht anders wußte, als daß er noch am Wall des Schlosses im Zauberschlaf liege. Als sie aber an ihres Vaters Schloß kam und das des Generals daneben neu erbaut sah, da erstaunte sie nicht wenig und ihre erste Frage bei Tische war an ihren Vater, wem doch das prächtige, stolze Schloß gehöre? »Das gehört unserm General« sagte der König und konnte ihr nicht genug von ihm erzählen. »Ei das Schloß muß ich sehen« sprach sie und nach Tische führte der König sie dahin. Als ihr die Diener entgegen kamen, sprach sie: »Vater das wundert mich.« »Was, mein Kind?« »Ei die Bedienten, die hat der General nicht nach seinem Kopf also gekleidet.« Als sie in das erste Zimmer trat, rief sie: »Vater das erstaunt mich!« »Was, mein Kind?« »Ei das Zimmer, das hat der General

nicht nach seinem Kopf also gemalt.« Als sie in das zweite
Zimmer kam, sprach sie gar nichts mehr, in dem dritten
wurde sie todtenblaß und im vierten wäre sie in Ohnmacht
gefallen, wenn der General nicht in seiner Wachtmeisters-
Uniform herbeigesprungen wäre und sie gehalten hätte. »Was
ist das, mein Kind?« rief der König erstaunt. Sie aber sprach:
»Das ist mein Erlöser und euer General« und da mußte er
ihren Ring und ihre Kette zeigen. Jetzt war des Jubels kein
Ende und eine solche Hochzeit wie die war, ist im ganzen
Odenwald noch nie gehalten worden.

VON DEN ACHTZEHEN
SOLDATEN.

Achtzehen Soldaten, nämlich ein Feldwebel, ein Sergeant, ein Corporal, ein Tambour und vierzehn Gemeine waren zusammen auf einer einsamen Wacht.

Weil nun der Dienst sehr hart und das Traktement schlecht war, so that sich die ganze Wachtmannschaft zusammen und beschloß, zu desertiren, nur der Feldwebel, der ein alter Soldat war und zwei Feldzüge mitgemacht hatte, wollte Nichts von der Sache wissen.

Da er's nicht anders wollte, so banden sie ihm Hände und Füße zusammen, auf daß er nicht in Verantwortung und Strafe käme, legten ihn unter die Pritsche und gingen alle Siebenzehen mit Sack und Pack davon. Sie waren aber kaum ein paar hundert Schritt weit gegangen, so fiel dem Corporal ein, daß er seine Pfeife auf dem Tisch hatte liegen lassen, und er ging zurück, um sie zu holen. Unterdessen hatte sich der Feldwebel unter der Pritsche die Sache noch ein Mal überlegt und weil er dachte, er könnte doch vielleicht in harte Strafe kommen, so ward er anderen Sinnes und reute es ihn, daß er nicht mitgegangen war. Als nun der Corporal wieder hereintrat sprach er: »Bind mich los, Kamerad, es liegt sich unter der Pritsche noch schlechter, als oben darauf« und als er los war, schloß er die Wachtstube zu, steckte den Schlüssel ein und desertirte mit.

Eine schöne Zeit waren sie zusammen umher gezogen, — das Geld war alle, aber der Hunger und Durst noch nicht und sie dachten Mittags zuweilen an den großen Fleischkessel in der Kaserne — da kamen sie einmal an ein einsames Waldwirthshaus. Sie gingen hinein, der Feldwebel klapperte mit dem Schlüssel und ein paar Kamaschenknöpfen im Sack, und sie ließen sich einschenken und auftragen was in der Küche und im Keller war.

Als es darnach ans Bezahlen ging, griff der Feldwebel in den Sack, als wenn er ein Paar von seinen Kronenthalern

wollte springen lassen, aber »das kann nicht sein, Herr Feldwebel« rief der Sergeant, »an mir ist das Bezahlen!« und
griff dabei in seinen Hosensack; der Feldwebel aber ging
einstweilen hinaus. »Haltet ein, Herr Sergeant!« rief jetzt der
Corporal »wollt Ihr immer die Zeche bezahlen?« dabei fuhr
er eilig in die Tasche, der Sergeant aber ging einstweilen
hinaus. Da sprach der Tambour: »an mir ist heute die Reihe,
soll ich mich immer von euch füttern lassen?« — und der
Corporal folgte den Andern. Von dem Tambour wollte sich
aber der älteste Gemeine nicht lumpen lassen und so immer
fort Keiner von dem Andern, bis herunter zu dem jüngsten
Soldaten, der noch ein Rekrut war. Der aber sprach, er
wollte die Anderen noch ein Mal alle hereinrufen, damit man
genau nachrechnen könnte, was jeder gegessen und getrunken
— fort war er und lief den anderen Siebenzehen nach.

Der Wirth hätte schwarz und blau vor Ärger werden
mögen, als er sich so geprellt sah, doch weil er ein böser
heimtückischer Mann war, machte er das Fenster auf und rief
seinen Gästen mit freundlicher Stimme nach: »was lauft ihr
also, ihr braven Bursche? Kommt zurück, euer Spaß gefällt
mir also wohl, daß ich euch noch eine Zehrung mit auf den
Weg geben will!« —

Als sie nun wiederkamen, gab er noch einem Jeden einen
halben Gulden, und sie sollten doch den Weg rechter Hand
einschlagen und dann das zweite Pfädchen links gehen, so
würden sie an einen Berg mit einer offnen Thür kommen,
wenn sie dahineingingen, so möchten sie glücklich werden
für all ihr Lebtag!

Das leuchtete den Soldaten ein, sie dankten für die Zehrung
und den guten Rath, versprachen auch, nicht wiederzu-
kommen und machten sich spornstreichs auf den Weg nach
dem Berge; der Wirth aber freute sich, daß ihm sein schlimmer Anschlag so wohl gelungen war, denn in den Berg hinein
war schon gar Mancher gegangen, aber Keiner wieder heraus.

Die Achtzehn gingen den Weg rechter Hand und an dem
großen Baum das zweite Pfädchen links und dann durch die
offne Thür in den Berg hinein. Dadrinnen war es ganz hell,
wie draussen auch, und eine schöne breite Straße führte
immer weiter hinein. Da sie ein gutes Stück darauf fort-
marschirt waren, kamen sie vor eine aufgezogene Zugbrücke;

die ließ sich aber von selber vor ihnen herab, daß sie darüber gehen konnten. Nun waren sie in einem großen Hof. Sie wanderten wieder eine Zeitlang weiter, dann kamen sie an eine zweite Zugbrücke, die sich niederließ wie die erste und über welche sie in einen andern Hof gelangten. Ebenso ging es noch ein Mal über eine dritte Brücke und in einen dritten Hof — da stand aber mitten darin ein wunderschönes Schloß.

»Rangirt euch!« commandirte der Feldwebel, ließ die Mannschaft in Reihe und Glied herantreten und die Unterofficiere auf die Flügel; »Geschwindschritt Marsch!« hieß es dann, der Tambour schlug ein, und die Achtzehn marschirten zum Schloßthor hinein, und als sie darinnen waren erklärten sie das Schloß für erobert. Sie hatten freilich gut erobern, denn es war ringsum nichts Lebendiges zu sehen und zu hören; wohl aber fanden sie einen großen Saal, wo für achtzehn Mann gedeckt und aufgetragen war, was ihnen gar wohl gefiel. Neben dem Saale waren achtzehn schöne Schlafkämmerchen, eines wie das andere, ein jedes mit einem prächtigen seidenen Bett, und das gefiel ihnen auch.

Nun setzten sie sich ohne weiteres zu Tisch, damit es nicht kalt werden sollte und lebten hoch in Freuden bis in die Nacht hinein; dann krochen sie in die weichen seidenen Betten und schliefen wie die Grafen. Der Feldwebel war der Erste, der des anderen Morgens wieder aufwachte. Er wollte sich anziehen und den Tambour wecken, daß er Reveille schlüge, doch seine Montur war fort und nirgends mehr zu sehen. Er hing sich das Bettuch um und rief seinen Kameraden — da kamen sie auch heraus, Einer nach dem Andern, aber Einer wie der Andere im Bettuch gleich dem Feldwebel, denn ihre Kleider waren auch verschwunden, als wären sie niemals dagewesen. Als sie sich im Saale umschauten, sahen sie mitten auf dem Tisch zwei große Kisten stehen; sie machten den Deckel auf, da fanden sie in dem einen Kasten eine Feldwebelsmontur, eine Sergeanten-, eine Corporals- und eine Tambours-Montur und vierzehn Stück gemeine Soldatenmonturen. Alles war funkelhagelneu, als wenn es eben vom Schneider käme, und paßte wie angegossen. —

In der anderen Kiste waren siebenzehn prächtige neue Gewehre, Säbel und Patrontaschen und eine nagelneue Trommel für den Tambour! Das war eine Herrlichkeit!

Als die erste Freude vorüber war, sagte der Feldwebel, weil sie jetzt wieder das Ansehen von ordentlichen Soldaten hätten, so wollten sie auch ihren Dienst thun wie es sich gehöre.

Darauf führte er einen Theil der Mannschaft in die Wachtstube am Schloßthor, theilte sie zum Schildwachtstehen in drei Nummern ab und von nun an mußten sie ordentlich auf Posten ziehen und alle zwei Stunden ablösen wie es sich gehörte.

Als sie es schon eine Zeit lang so getrieben hatten, da kam eines Tages eine prächtige sechsspännige Kutsche angefahren und hielt vor dem Schloßthor. Ein Bedienter in einem goldnen Rock machte den Schlag auf und eine wunderschöne Dame stieg heraus. Sie ließ sich von der Schildwache den Feldwebel herausrufen, ging mit ihm hinauf in seine Schlafkammer und sprach zu ihm: »Ich bin eine verwünschte Prinzessin, du aber sollst mich erlösen und mein Bräutigam sein. Von Morgen an wird jeden Tag eine andere Prinzessin kommen, die erste zum Sergeanten, die zweite zum Corporal und so immer fort, bis ein Jeder von euch die Seinige gesehen und mit ihr gesprochen hat. Also muß es geschehen, damit ihr uns erlösen könnt.«

Das und noch Anderes redete sie mit dem Feldwebel, ehe sie von dannen fuhr und wie sie gesagt, so kam es.

Die zweite Prinzeß kam des anderen Tages, ging mit dem Sergeanten hinauf in die Kammer und beredete sich allda mit ihm und so ging es immer weiter, jeden Tag kam eine andere und Eine immer noch schöner als die Andere. Dem jüngsten Soldaten blieb aber die Seinige gar zu lange aus und weil er dachte, wer weiß wann die Reihe an mich kommt, so entschloß er sich kurz und desertirte.

Als er aber wieder an die erste Brücke kam, so stund da der Teufel und frug ihn: »wohinaus?« »Aus dem Berg hinaus!« sprach der Soldat, da faßte ihn der Teufel und drehte ihm das Genick ab.

Als die anderen Soldaten ihren Kameraden vermißten, schickte der Feldwebel eine Patrouille aus, um ihn zu suchen. Bald fanden sie ihn denn auch todt am Boden liegen; er hatte seine alten zerrissenen Kleider wieder an, die er mitgebracht und regte kein Glied mehr. Aber noch desselbigen Tages kam die älteste Prinzessin wieder gefahren, ging mit ihrem Feldwebel hinauf und sprach zu ihm: »Daß euer Kamerad desertirt ist, das hat die ganze Erlösung verdorben; entweder müßt ihr jetzt wieder einen achtzehenten Mann herbeischaffen, daß Alles von Neuem beginnen kann, oder ihr seid des Todes alle Siebenzehen.« So sprach sie und fuhr wieder weg. Nun berief der Feldwebel die ganze Mannschaft zu sich, hielt einen Rath mit ihnen, was sie thun sollten, und sie wurden einig, daß der Corporal mit zwei Gemeinen auf Werbung ausziehen müsse nach dem achtzehenten Mann. Als nun die Drei an die erste Brücke kamen, stand der Teufel davor und frug: »wohinaus?« »Auf Werbung« sprach der Corporal. »Passirt!« rief der Teufel und ließ sie hinaus. So gelangten sie ungehindert über die drei Brücken bis vor den Berg, gingen dieselben Wege, die sie früher hergekommen wieder zurück, fanden bald auch das Waldwirthshäuslein von damals wieder. Sie setzten sich an den Tisch zu dem Wirth, der sie in den Berg hineingeschickt hatte; weil sie aber so sauber und ordentlich aussahen, erkannte er sie nicht mehr und sie thaten als ob sie ihn auch nicht kennten. Es dauerte nicht lange, so kam ein armer Handwerksbursch herein, setzte sich ganz traurig an einen anderen Tisch und ließ sich ein Stück trocken Brod geben und ein Glas Wasser dazu. Da riefen ihn die drei Soldaten zu sich, gaben ihm Wein zu trinken und Braten zu essen. Da er nun satt war und guter Dinge wurde, fragten sie ihn: ob er nicht für ein gutes Handgeld sich wolle anwerben lassen? Das gefiel dem Handwerksburschen schlecht, deßhalb antwortete er im Spott, wenn sie ihm hundert Gulden Handgeld geben wollten, so wär' er's zufrieden. Der Corporal aber, der sich aus der Schatzkammer des verwünschten Schlosses einen ganzen Tornister voll Geld mitgebracht hatte, zählte ihm auf der Stelle zweihundert Dukaten auf den Tisch und die Sache war abgemacht. Sie machten sich nun auf den Heimweg, der Teufel ließ sie ungehindert einpassiren und im Schloß gab es eine große Freude, als sie mit dem Rekruten ankamen.

Als sie aber aus dem Wirthshaus weg waren, sprach zum Wirth die Wirthin: »Du bleibst doch ein Esel all dein Lebtag, sonst hättest du gemerkt, daß der Corporal und die zwei Soldaten schon ein Mal bei uns waren, unter den achtzehen lumpigen Kerlen, die dich so schmählich angeführt haben. Und zum Lohn dafür hast du sie glücklich gemacht für all dein Lebtag!« Wie sie das meine? frug der Wirth. »Ei du Narr« sprach sie »hast du denn das viele Gold nicht gesehen? Das haben sie nirgends anders geholt, als in dem Berg, in den du sie geschickt hast, daß sie nicht wiederkommen sollten. Jetzt aber will ich auch keine Bettlerin mehr bleiben. Auf der Stelle packst du den Sack da auf und kommst mir nicht wieder, ohne daß er voll Dukaten ist!«

Einreden half dem Wirth nicht, er mußte ohne Zaudern hinaus in den Wald, den Weg rechter Hand, das zweite Pfädchen links und hinein in den verzauberten Berg. Wer aber an der ersten Brücke stand war Niemand Anderes als der Teufel, der frug ihn: »wohinaus mit deinem Sack?« »Geld holen für meine Frau!« sprach der Wirth, da erwischte ihn der Teufel am Camisol und brach ihm das Genick ab. Das hatte er nun davon. Die Wirthin daheim konnte es aber nicht aushalten vor Erwartung und Ungeduld nach dem schönen Gold; sie dachte, es möchte ihm zu schwer werden unterwegs, sie könnte ihm ja entgegen laufen und es ihm abnehmen. Sie kam bis vor den Berg und wartete erst noch eine Zeitlang vor der Thür, doch als der Wirth immer noch nicht erschien, dachte sie: er hat zu schwer geladen und kann es nicht allein auf die Achsel heben, du willst hineingehen und ihm helfen! Also ging sie hinein und kam zu der ersten Brücke, wo der Teufel stand und auf sie wartete. »Wohinaus, liebe Frau?« frug er. »Zu meinem Mann!« »Da kann sie hinkommen liebe Frau« sprach der Teufel, griff sie bei den Haaren, drehte ihr den Hals ab und warf sie hinab zu ihrem Manne. Jetzt waren sie beisammen. —

Den achtzehn Soldaten ging es besser. Da die Zahl durch den Rekruten voll geworden war, so kamen die Prinzessinnen wieder angefahren, immer Eine nach der Andern, jede zu ihrem Liebsten und Alle, bis zum Achtzehenten hielten es diesmal richtig aus. Als die letzte Prinzessin dagewesen war, da kamen sie des anderen Abends alle Achtzehen auf ein Mal, die Älteste aber sprach: »heute Nacht müßt ihr die Erlösung zu Ende bringen; eine Jede von uns legt sich zu ihrem Bräutigam, aber ruhig und stille muß ein Jeder bei seiner Prinzessin liegen und Keiner reden oder sich rühren, bis es Reveille schlägt.« So geschah's. Sie legten sich Alle Sechs und dreißig zusammen und Alle hielten tapfer aus, nur der Tambour hätte beinahe Alles verdorben. Denn gegen Morgen fiel es ihm plötzlich brühheiß ein: holla! wer kann denn die Reveille schlagen wenn ich bei der Prinzessin liege? Als er gerade herausspringen wollte, da begann es auf einmal Reveille zu schlagen, aber was für eine Reveille! So hatte der Tambour noch keine gehört! Es war gerade als ob zehn mal hunderttausend Tamboure im Schloßhof stünden und schlügen! Jetzt war Alles Liebes und Gutes. Die älteste Prinzessin blieb mit dem Feldwebel in dem Schloß wohnen, das nun erlöst war, die anderen fuhren mit ihren Männern fort, die eine dahin, die andere dorthin, wo eine jede ihr Königreich hatte. Die Brücke war jetzt gut passiren, denn der Teufel hatte nun andere Sachen zu thun, als dort Schildwacht zu stehen.

DAS GOLDNE KÖNIGREICH.

Ein reicher Herr hatte einen einzigen Sohn. Als dieser zwanzig Jahre alt war, sprach er: »Vater, ich will reisen und die Welt sehn.« Der Alte war damit zufrieden, gab ihm einen Wagen und Pferde, einen Bedienten, viel Geld und noch mehr gute Lehren und der Jüngling zog dahin.

Eines Abends kamen sie in einen großen Wald und weil es dunkel war geriethen sie vom Wege ab und gelangten zu einem kleinen Hause. Der Jüngling trat hinein und da saß eine Frau beim Feuer und kochte sich ihr Abendbrod. »Kann ich bei euch übernachten?« frug er. »Ei mit Freuden«, sprach die Frau, »setzet euch hin und thut als ob ihr zu Hause wäret.« Das war dem Jüngling gerade recht, er aß und trank nach Herzenslust, denn er hatte den ganzen Tag noch nichts in den Magen bekommen, und schlief wie ein Prinz bis die Sonne schon hoch am Himmel stand. Er sprang empor und schaute durch das Fenster in den schönen grünen Wald; da liefen Hirsche und Rehe und Hasen in ganzen Heerden herum und wilde Vögel aller Arten flogen von Baum zu Baum; dazu sangen die Lerchen und Finken und Nachtigallen, daß es ihm so wohl ward wie ihm nie gewesen war und er beschloß, den schönen Wald nicht so bald zu verlassen.

Beim Frühstück frug der Jüngling die Frau, wem der Wald gehöre? »Der Wald gehört mein«, sprach sie. Da frug er weiter ob er wohl darin jagen dürfe, denn die Jagd sei seine größte Lust und Freude. »Das mögt ihr, soviel euch beliebt, doch ich rathe euch, thut es nicht«, erwiederte die Frau. Er schlug den Rath aber in den Wind, denn er sah keinen Grund dazu, ergriff eine Büchse und sprang fröhlich in den Wald hinein. Da rief die Frau seinen Diener und sprach: »Geh und folge deinem Herrn schnell, so lieb dir sein Leben ist. Wenn ihr auf den freien Waldplatz kommt, dann springen drei weiße Hirsche vor euch her, doch darf dein Herr keinen schießen, übrigens mag er tödten, was ihm vor den Lauf kommt. Du darfst deinem Herrn aber nicht sagen, daß ich dir dieß verrathen habe, sonst ist es um dich geschehen.« Der Diener dankte der Frau von Herzen für ihren Rath, denn er liebte seinen Herrn über alles.

Kaum waren Beide einige hundert Schritte im Walde fortgegangen, da wurde es lichter und immer lichter und sie kamen auf eine große Wiese, da sprang ein Bächlein lustig über weiße Kiesel und die Vögel sangen, daß dem Jüngling das Herz im Leibe hüpfte. Da raschelte es plötzlich im Gebüsch und drei prächtige schneeweiße Hirsche mit stolzem Geweih sprangen heraus und liefen quer über die Wiese hin. Der Jüngling legte an, aber ehe der Schuß noch fiel, schlug der treue Diener ihm die Flinte in die Höhe, so daß die Kugel in einen Baum fuhr und die Hirsche unversehrt davonsprangen. Der Jüngling fuhr den Diener hart an, warum er das gethan habe, doch dieser entschuldigte sich und sprach, eine Biene habe ihn in die Hand gestochen und darüber sei er aufgefahren.

Sie gingen weiter und der Jüngling schoß noch allerlei Wild, aber die Freude war ihm verdorben, denn die drei weißen Hirsche wollten ihm nicht aus dem Kopfe. In dem Waldhäuschen nahm die Frau den Diener bei Seite und lobte ihn, er habe seinem Herrn das Leben gerettet. Sie trug in ihrer Freude die köstlichsten Speisen aller Art auf, schenkte Wein aus aller Herren Ländern ein und dem Jüngling gefiel es immer besser bei ihr.

Am andern Morgen griff er wieder zur Flinte und ging in den Wald. Da sprach die Frau zu dem Diener: »Geh und folge schnell deinem Herrn; wenn ihr auf den freien Waldplatz kommt, dann springen drei braune Hirsche daher, aber verhüte, daß dein Herr sie schießt, so lieb dir sein Leben ist, und verrathe nicht, daß ich dir dieß gesagt habe, sonst ist es um dich geschehn.« Der Jüngling ging ganz denselben Weg, wie Tags vorher, wie sehr auch der Diener suchte, ihn anderswohin zu führen. Bald kamen sie auf die schöne Waldwiese mit dem muntern Bächlein und all den tausend Vögeln. Da raschelte es wieder im Gebüsch und drei braune Hirsche mit prächtigem stolzem Geweih setzten quer über die Wiese hin. Der Jüngling schlug an, aber zugleich gab der Diener ihm einen Stoß, daß die Kugel in die Luft pfiff. Da fuhr der

Jüngling zornig auf und rief: »Wenn du dieß noch einmal wagst, dann schieße ich dich nieder«; und was der treue Diener auch sagen und wie er sich auch entschuldigen mochte, Alles half nichts, sein Herr blieb dabei. Er konnte nicht verschmerzen, daß die drei Hirsche ihm durchgegangen waren, denn schönere hatte er sein Leben lang nicht gesehn.

Die Frau in dem Waldhäuschen trug heute noch viel köstlicheres Essen auf als am Tage vorher und die guten Weine aller Art standen die Hülle und Fülle auf dem Tische. Zum Diener aber sprach sie heimlich, er habe seine Sache gut gemacht und sein Herr gehe einem großen Glück entgegen.

Als der Jüngling am folgenden Morgen wieder in den Wald sprang, sprach die Frau zu dem Diener: »Gehe und folge deinem Herrn und laß ihn nur nicht schießen, wenn er heute drei schwarze Hirsche auf dem Waldplatz sieht; heute ist der gefährlichste Tag und sein Leben hängt daran; verrathe mich aber nicht, so dir dein Leben lieb ist.« Der Diener versprach ihr es willig und eilte seinem Herrn nach. Aber heute war es ihm so traurig zu Muthe, er wußte selbst nicht wie und warum; der Wald schien ihm nicht mehr so schön und die Vöglein nicht mehr so lustig und das Bächlein nicht mehr so munter. Er versuchte wohl seinen Herrn einen andern Weg zu führen, aber der Jüngling wollte nicht, er hatte die drei Hirsche im Kopf und drohte dem treuen Diener: »Heute rathe ich dir aber gut, stoße mich nicht, sonst geht es dir schlimm.« Also kamen sie an die Waldwiese und kaum standen sie da, da brachen drei schwarze Hirsche mit mächtigem Geweih aus den Büschen und sprangen quer über die Wiese daher. Der Jüngling schlug an, da gab ihm der treue Diener einen Ruck, die Kugel sauste in den Wald und die drei Hirsche entsprangen. »Das sollst du mir büßen«, schrie der Jüngling und lud von Neuem. Wie sehr der treue Diener auch jammerte und um sein Leben bat, Alles half nichts, der Jüngling schoß ihn in seinem Zorne nieder.

Als die blasse Leiche aber so vor ihm lag, da verrauchte der Zorn bald und die Reue kam. Vergebens rief er den treuen Diener mit hundert schönen Namen, er weinte und rang die Hände, er war todt und blieb todt. Da stürzte er wild und wie ein wahnsinniger Mann durch den Wald zurück zu dem Waldhäuschen, doch es war öd und einsam, die freundliche

Frau war verschwunden. Er sattelte im Stall eins seiner Pferde, sprang darauf und ritt verzweiflungsvoll weg, wohin, das wußte er selber nicht.

Also war er in tiefster Betrübniß Stunde an Stunde dahingesprengt auf wilden Waldwegen. Die Sonne stand im Mittag und sie ging zur Rüste und der Wald wurde immer dichter; weder Dorf noch Haus war zu sehen, Hunger und noch mehr Durst quälten ihn. Die ganze Nacht ritt er fort bis an den Wipfeln der Bäume der Schein des Morgenroths wiederstrahlte, da öffnete sich der Wald und er kam auf eine große Wiese, darauf sprang eine klare frische Quelle. Er bückte sich zu ihr, um seinen brennenden Gaumen zu letzen und trank lange Züge. Als er sich aber wieder erhob, da siehe standen drei wunderschöne Jungfrauen vor ihm.

Er zog seinen Hut zum Gruße ab, doch sie schauten ihn finster und zornig an und sprachen: »Du hast in deinem bösen Zorne dein Glück verscherzt und unsere Erlösung auf lange Zeit verschoben. Jetzt wärest du im goldnen Königreich, wenn du gutem Rathe und freundlichen Bitten gefolgt hättest, nun aber mußt du noch lange wandern und viel kämpfen, bis du dahin kommen kannst.« Da stürzte der Jüngling vor ihnen auf die Kniee und rief voll Reue: »Ich will gern Alles dulden und ertragen, wenn ich nur meine That wieder gut machen kann, saget mir nur was ich thun soll.« »Das ist uns nicht gegeben«, sprachen die Jungfrauen, »doch wollen wir dir beistehen, so viel uns erlaubt ist.«

Da gab die Älteste ihm ein Schwert, dem konnte nichts widerstehen und wer von ihm getroffen wurde, der sank todt zu Boden. Die zweite gab ihm eine Börse, die blieb immer mit blanken Goldstücken gefüllt, wie viel man auch herausnehmen mochte. Die Jungfrau aber, welche die Schönste war und zu der er sogleich in Liebe entbrannte, gab ihm einen goldnen Ring, daß er ihrer nicht vergesse. Dann verschwanden sie.

Jetzt fiel dem Jüngling wie ein Stein vom Herzen, er faßte sich einen frischen Muth und dachte an weiter nichts, als an das goldne Königreich und die drei Jungfrauen, besonders an die Jüngste. Er schwang sich auf sein Pferd und ritt ruhigern Sinnes in den Wald hinein. Noch war er keine hundert Schritte weit, als er ein schreckliches Zischen und jämmerliches Brüllen in dem Gebüsch hörte. Er sprang darauf zu und da war es ein scheußlicher Lindwurm, der seinen langen Schweif um einen Löwen geschlagen hatte und ihm sein Gift entgegenspie. Kurz entschlossen faßte der Jüngling sein Schwert und that einen schweren Schlag, so daß er dem Lindwurm den Schweif abschlug und das abgehauene Stück fuhr mit solcher Gewalt in die Bäume hinein, daß es ganze Äste zerbrach. Mit einem zweiten Schlage traf er den Kopf des Drachen, so daß das Unthier hinstürzte und die Zunge armslang aus dem Halse streckte. Der Löwe aber schüttelte sich und sprang vor Freuden, wie ein getreuer Hund zu seinem Befreier, drückte seinen zottigen Kopf an ihn und suchte ihm auf jede Art seinen Dank zu beweisen, folgte ihm auch seit dem Augenblicke überall hin. Da wuchs dem Jüngling der Muth, denn nun erkannte er die Kraft seines Schwertes und er ritt heiter manche Woche lang seines Weges fort bis er endlich an das Wasser *Irrewellen* kam, welches so groß und breit ist, daß man sein Ende gar nicht absehen kann.

Da lag am Ufer ein Schiff vor Anker und nicht weit davon stand des Schiffers Haus. Der trat heraus, grüßte den Jüngling und bot ihm Speise und Trank. Das nahm der Jüngling dankbar an, denn er hatte seit vielen Tagen nur von Wurzeln und Kräutern gelebt. Dann frug er den Schiffer, ob er nicht wisse, wo das goldne Königreich liege? Der Schiffer sprach: »Wenn ihr dahin wollt, dann seid ihr schlecht berathen; das liegt weit, weit jenseits des Wassers und der Riesenländer und der Weg dahin ist schwer und gefährlich, denn die Riesen fordern von jedem, der durch ihr Land will, eine Hand oder einen Fuß als Zoll.« »Ich fürchte mich nicht vor den Riesen«, erwiederte der Jüngling, »wenn ich nur in das goldne Königreich kommen kann.« »Wenn ihr nicht anders wollt, dann fahre ich euch über«, sprach der Schiffer. Der Jüngling trat mit seinem Pferde und dem Löwen in das Schiff, der Wind blies in die weißen Segel und es flog über die Wellen dahin. Bald aber verfinsterte sich der Himmel, der Sturm erhob sich und warf das Schiff auf und nieder, wie einen Spielball, so daß man jeden Augenblick meinte, es müsse versinken, doch der Jüngling behielt seinen Muth und verzagte nicht. Nach einiger Zeit ließ der Sturm nach, es wurde wieder hell und heiter und das Schiff landete bei

freundlichem Sonnenschein. Der Jüngling lohnte dem Fährmann reichlich dankte ihm und stieg ans Land.

Noch ehe er sich recht umschauen konnte, hörte er einen
entsetzlichen Lärm und sah drei Riesen, welche mit eisernen
Stangen auf ihn zuliefen und schrieen, sie müßten seine rechte
Hand zum Zoll haben. »Gemach, gemach!« sprach der
Jüngling, »das hat nicht so große Eile« und er trat ihnen fest
entgegen, schwang sein Schwert und schlug in einem Hui
zweien den Kopf ab, den dritten zerriß sein Löwe und nahm
ihn als Frühstück ein, aber nicht ganz, denn der Riese hatte
handdickes Fett auf den Knochen und war wohl genährt.
Dann sprang der Jüngling auf sein Pferd und ritt frohern
Sinnes weiter durch Wald und Haide, Wiese und Weide, bis
er wiederum an ein großes Wasser kam. Am Strande stand
ein Haus und vor dem Hause lag ein Schiff.

Der Schiffer trat aus dem Hause als er den Tritt des Pferdes
hörte, grüßte den Jüngling und bot ihm Obdach und Labsal
in seinem Hause an. Der Jüngling nahm dieß dankbar an,
denn er hatte seit seinem Kampfe mit den Riesen nichts mehr
genossen. Nach dem Essen frug er den Schiffer, wie das
Wasser heiße und wo das goldne Königreich liege? »Das
Wasser heißt *Grausam*«, sprach der Schiffer, »weil es alles
verschlingen möchte, was auf ihm schwimmt und schwebt.
Aber wenn ihr in das goldne Königreich wollt, dann habt ihr
schlimme Wege. Das liegt weit jenseits des Wassers und der
Riesenländer. Die Riesen fordern aber von jedem, der durch
ihr Land will, eine Hand oder einen Fuß und ihrer sind viel,
darum rathe ich euch, bleibt lieber hier.« »Ich frage nichts
nach den Riesen und kämen sie auch zu Dutzenden«, sprach
der Jüngling. »Wie ihr wollt, ich fahre euch gern über.« Da
stiegen sie alle in das Schiff, der Fährmann zog die Segel auf
und der Wind blies so günstig, daß es eine Lust war. Er blies
aber mit der Zeit immer stärker und stärker, der Himmel
verfinsterte sich und ein schrecklicher Sturm mit heftigem
Gewitter brach los. Das Wasser wurde stets wilder, die
Wellen packten ordentlich das Schiff wie mit weißen Fäusten
und warfen es herum, daß dem Fährmann Hören und Sehen
verging. Aber da stellte sich der Jüngling ans Steuerruder
und stand fest und aufrecht da und je wilder das Wasser
wurde, um so mehr Freude machte es ihm. Endlich legte sich

der Sturm, die Wellen wurden immer zahmer und kleiner und zuletzt waren sie ganz still und friedlich und das Schiff glitt nur so über sie dahin. Am Lande stieg der Jüngling mit seinen Thieren aus und gab dem Schiffer überreichen Lohn. Da sprangen sechs plumpe Riesen mit schweren Eisenstangen herbei, die schrieen ihm zu, er müsse ihnen seine linke Hand als Zoll geben, wenn er durch ihr Land wolle. »Sogleich sollt ihr sie haben« rief der Jüngling, hob sein Schwert und hui sagte es, da wußten vier von den Riesen nicht mehr, wo ihnen der Kopf stand; die zwei andern nahm der Löwe zum Frühstück und fraß als ob er in acht Tagen nichts mehr bekommen sollte.

Immer weiter ging nun die Reise über Berg und Thal, bis sie an ein drittes Wasser kamen. Da lag ein mächtig großes Schiff vor Anker und am Strande stand des Schiffers Haus. Der trat heraus, grüßte den Jüngling und bot ihm Obdach und Labsal. Das ließ er sich gefallen, denn in den Bergen und Thälern war er keinem Wirthshaus begegnet und sein Magen knurrte. Nachdem er sich gestärkt hatte, frug er den Schiffer, wie das Wasser heiße und wie weit es bis zum goldnen Königreich sei? »Das Wasser heißt das *Allerschlimmste*«, sprach der Schiffer, »weil noch kein Schiff hat hinüber fahren können. Aber wenn man auch drüben wäre, dann hat man immer noch nicht gewonnen, denn da liegen neun Riesen, die lassen nicht mit sich spaßen; sie fordern von jedem die Füße als Zoll, der in das goldne Königreich will, und mit denen wird Niemand so leicht fertig.« »Die Riesen kümmern mich nicht, wenn ihr mich nur überfahren wollt.« »Dazu ist mir mein Schiff und mein Leben zu lieb« erwiederte der Schiffer, aber als der Jüngling anfing, aus der Börse blanke Goldthaler auf den Tisch zu zählen, wurde der Fährmann immer muthiger und als der Tisch vollgezählt lag, sprach er: »Nun ich will's wagen.«

Da stieg der Jüngling mit seinen Thieren in das Schiff, der Fährmann folgte und die Segel schwollen im frischen Winde. Plötzlich aber brach der Sturm los. Das Wasser wurde wie ganz schwarz, die Wellen gingen thurmhoch und packten das Schiff, als ob sie es zermalmen wollten. Dazu zischten die Blitze, so daß der Himmel wie ein Feuermeer schien, der Donner folgte sich Schlag auf Schlag, kurz es war als solle die

Welt untergehn. Der Schiffer jammerte und schrie, die Thiere wimmerten vor Angst, nur der Jüngling war ruhig und kalt. Als der Schiffer zuletzt gar Alles verloren gab, als die Segel rissen, der Mast brach, und keine Rettung mehr möglich schien, da faßte er das Steuerruder und hielt an demselben aus, bis die Wuth des Sturmes sich legte, die wilden Wasser sich ebneten und die Sonne wieder hinter den Wolken hervortrat. Da lag das Riesenland vor ihnen, der Jüngling beschenkte den Fährmann noch einmal reichlich und machte sich mit seinen Thieren auf den Weg.

Er war nicht weit gegangen, da kamen die neun Riesen schon herangepoltert, schwenkten ihre dicken Eisenstangen über den Köpfen und schrieen alle durcheinander: »Deine Füße müssen wir als Zoll haben! Her deine Füße! Deine Füße her!« »Ei schreit nicht so toll, ich höre es ja schon«, rief der Jüngling. »Wer will meine Füße haben?« »Wir wollen sie haben«, schrieen die vier Ersten und wollten über ihn herfallen, aber hui sagte das Schwert und da waren sie alle vier mäuschenstill. Dann lief er zu den fünf andern, die nicht so schnell gelaufen waren, hui pfiff das Schwert und da lagen wieder drei da, die zwei letzten nahm der Löwe zum Mittagsbrod und fraß, daß er nicht mehr von der Stelle konnte.

Voller Freude schaute der Jüngling um sich und da lag in der Ferne eine wunderschöne Stadt, die strahlte und leuchtete in der Sonne wie reines Gold. Er ruhte einen Augenblick aus, dann spornte er sein Roß und sprengte auf die Stadt zu, aber je näher er kam um so weniger konnte er den Glanz aushalten. »Das muß das goldne Königreich sein« sprach er, »oder ich finde es nie«, und er hatte Recht, denn es war die Hauptstadt vom goldnen Königreich.

Als er hinein kam, suchte und fragte er zuerst nach dem Königsschloß; dann kehrte er in einem Wirthshaus ein, welches dem Schlosse grade gegenüber lag. Da hörte er von dem Wirth, daß im Schlosse drei schöne Prinzessinnen seien, sie wären aber verwünscht und könnten nur durch den Bräutigam der Jüngsten erlöst werden; der wohne noch jenseits der drei Meere und der Riesenländer und es sei eine große Frage, wann er komme. Der Jüngling frug weiter, wie der Bräutigam die Erlösung vollbringe, das Schloß sei ja immer geschlossen und man sähe ihm nicht an, daß ein lebendes Wesen darin wohne. Sprach der Wirth, wenn der Bräutigam im rechten Wagen und mit den rechten Pferden zu dem Schlosse fahre, dann werde es sich öffnen, weiter wisse er nichts.

Nun wußte der Jüngling genug, denn es war klar, daß nur er der Bräutigam sein konnte. Am folgenden Tage that die Börse ihre Schuldigkeit, er kaufte einen schwarzen Wagen und sechs schwarze Rosse, nahm viele Diener an und kleidete alle schwarz; also fuhr er auf das Schloß zu. Als der Wagen in die Nähe des Thores kam, sprang es auf und da kam er in den großen Schloßhof. Der war aber öde und einsam und alle Thüren und Fenster gesperrt; nur dem Thor gegenüber war ein zweites Thor, das war auch offen. Der Jüngling befahl dem Kutscher hindurch zu fahren, denn er glaubte in einen zweiten Hof zu kommen, aber er fand sich auf der Straße und das Thor schlug hinter ihm zu.

Da sah er, daß dieß der rechte Wagen und die rechten Pferde nicht waren. Er kaufte sich nun einen prächtigen braunen Wagen mit sechs braunen Pferden, kleidete auch alle seine Diener braun und fuhr wieder auf das Schloß zu. Das große Thor sprang vor dem Wagen auf und der Wagen rollte in den Schloßhof. Da war es wiederum ganz still und einsam, nur waren die Fenster alle offen, so daß man in die prächtigen Zimmer sehen konnte, doch die Thüren blieben geschlossen und keine lebende Seele zeigte sich. Da befahl er dem Kutscher, durch das zweite Thor zu fahren und als er kaum hindurch war, schlug es hinter dem Wagen zu.

Am folgenden Tage kaufte er sich einen schneeschloßen-weißen Wagen mit sechs Schimmeln, kleidete alle seine Diener weiß und fuhr also nach dem Schlosse. Da sah er von weitem schon das große Thor sperrangelweit offen, auf dem Dache flatterten die Fahnen und die Kanonen schossen als er näher kam, daß der Erdboden zitterte. Als er hineinfuhr scholl ihm Musik entgegen von Pauken und Trompeten und der ganze Hof stand voll prächtig gekleideter Herren und Frauen und Diener; die schlossen seinen Wagen auf und empfingen ihn ehrerbietig, um ihn ins Schloß zu führen. Da stand an der Treppe der König mit seiner Krone auf dem Haupte, drei wunderschöne Jungfrauen zu seiner Seite. Die jüngste und schönste aber eilte dem Jüngling entgegen und sprach: »Sei gegrüßet, mein Erlöser und Geliebter!« Sie küßten sich und wurden zur Stunde mit einander vermählt und waren in treuer Liebe glücklich ihr Leben lang.

DIE KÖNIGSTOCHTER
IM BERGE MUNTSERRAT.

Es war einmal ein König der hatte drei Söhne. Als er schon
bei Jahren war, verfiel er in eine Krankheit und es wurde von
Tag zu Tag schlimmer mit ihm, bis endlich die Ärzte erklärten,
es sei ihm nicht mehr zu helfen. Vergebens bot er Geld und
Gut im Überfluß aus, wenn einer ihn retten könne, es schien
kein Kraut für ihn gewachsen.

Da träumte ihm eines Nachts, weit überm Meere liege der
Berg Muntserrat, dahinein sei König Karlequintes ver-
wünscht. In dem Berge stehe ein stolzes Schloß und vor dem
Schloß spröngen drei Brunnen, davon sei einer der Brunnen
der Schönheit, der andere der Brunnen des Lebens und der
dritte der Brunnen des Todes. Wenn nun einer hinginge und
Wasser aus dem Brunnen des Lebens hole, das sei seine
Rettung.

Am folgenden Morgen erzählte er seinen Söhnen den
Traum und sprach: »Ach wüßte ich doch einen, der mir
Wasser aus dem Brunnen des Lebens holte, ich gäbe ihm
mein halbes Königreich.« Als das der älteste von den Söhnen
hörte, sprach er: »Ich will hingehen und von dem Wasser
holen.« Er sagte das aber nicht, weil er seinen Vater liebte
und ihn vom Tode erretten wollte, sondern weil er fürchtete,
die Hälfte des Königreiches könne in andere als seine Hände
kommen. Der alte König aber glaubte nicht anders, als das
spreche die Liebe aus ihm, und war darum doppelt glücklich
darüber. Er ließ alsobald Kisten und Kasten voll Kleider und
Geld packen und schenkte sie dem Ältesten, dazu viele Wagen
und Pferde mit Kutschern und Bedienten; dann segnete er
ihn und fort ging's in die weite Welt.

Jenseits des Meeres kam der Königssohn an ein Wirthshaus, das war schöner als er noch eins gesehen. Als er abstieg
und in das Gastzimmer kam, saßen da viele vornehmen
Herren, die tranken und spielten Karten. Er frug, ob sie ihn
mitspielen lassen wollten? Jawohl, sprachen die Herren,

wenn er aber verlöre und könnte nicht bezahlen, dann müßte er sterben. Das war ihm recht, denn er meinte, sein Geld könne nicht alle werden, und so spielte er ins Blaue drauf los. Er hatte aber Unglück und verlor nicht nur Alles, was er um und an hatte, sondern er machte noch Schulden dazu und als er dieselben nicht bezahlen konnte, wurde er festgenommen und ins Gefängniß geworfen.

Als der Königssohn nicht zurückkehrte und die Krankheit des alten Königs immer schlimmer wurde, sprach der zweite Sohn, er wolle nach dem Berg Muntserrat fahren und das Wasser des Lebens holen. Er dachte jedoch dabei nicht an die Rettung seines Vaters, sondern nur an das halbe Königreich. Der alte König aber freute sich, weil er glaubte, das sei pure Liebe und rüstete ihn noch viel schöner aus, als den Ältesten, gab ihm seinen Segen und fort ging's, daß das Feuer davon stob.

Überm Meere kam der Königssohn an dasselbe Wirthshaus, wie sein Bruder. Er setzte sich auch zu den vornehmen Herren an den Tisch und wollte mit ihnen spielen. Sie sagten ihm, das könne er, aber wenn er verliere und nicht bezahle, dann müsse er sterben. Damit hat's gute Wege dachte er und spielte lustig drauf los, bis er Alles verspielt und noch Schulden dazu hatte. Da wurde er eingesteckt und die beiden Brüder konnten sich ihr Leid klagen.

Dem alten Könige wurde die Zeit gar zu lang, denn er konnte sich aus Angst vor dem Tode nicht mehr fassen, und sein Leid wurde erst recht groß, als auch der zweite Sohn nicht wieder kehrte. Sprach der Jüngste eines Tages: »Ich kann die Angst und den Jammer nicht mehr ansehen, ich will Wasser des Lebens holen.« »Nein«, rief der König, »ich lasse dich nicht fort, du sollst mir die Augen zudrücken, wenn ich sterbe, denn jetzt ist keine Rettung mehr für mich.« »Ich schaffe das Wasser des Lebens, gehe es wie es wolle«, sprach der Jüngste, nahm Abschied von seinem Vater und ritt fort, wie er eben stand und ging, denn es dauerte ihm zu lang, sich erst Wagen, Kisten und Kasten bereit machen zu lassen.

Jenseits des Meeres kam er an das Wirthshaus, ließ sein Pferd füttern und ging hinein. Da saßen die Herren, tranken und spielten und er setzte sich eine Weile zu ihnen, trank auch, aber er spielte nicht, dazu hatte er keine Lust, denn ihm stand der Sinn nur nach dem Berge Muntserrat und dem Wasser des Lebens.

Als er weiter ritt begegnete ihm nahe an dem Berge ein graues Männchen, das frug ihn, wohin er gehe? »Zu dem Schlosse im Berge Muntserrat«, sprach er. »Dich habe ich schon lang erwartet«, sprach das graue Männchen, »und wenn du thust, was ich dir sage, wird es dein Schaden nicht sein.« Er versprach dies gerne und das Männchen gab ihm viele gar guten Rathschläge mit auf den Weg, warnte ihn besonders, nicht zu lange im Schlosse zu verweilen und bald zurückzukehren, es wolle ihn erwarten. Der Jüngling dankte ihm von Herzen und ritt fröhlichen Muthes weiter.

Als er an dem Berge ankam, schlug es elf Uhr und zugleich krachte es in dem Berg, als solle die Welt vergehen, dann sprang er in der Mitte von einander und da lag das schönste Schloß, welches man mit Augen sehen kann. Alles daran war von Gold, bis zu den Ziegeln auf dem Dache, die Fenster sahen aus, als wären sie lauter große Diamanten und glänzten so sehr, daß man nicht dahin sehen konnte. Der Königssohn trat rasch hinzu und durch das große Thor, welches sich von selber vor ihm öffnete, in einen weiten Hof; darin sprangen drei Brunnen nebeneinander. Auf dem ersten stand mit goldnen Buchstaben: »Brunnen der Schönheit«, auf dem zweiten »Brunnen des Lebens« und auf dem dritten »Brunnen des Todes«. In dem ersten wusch er sich, wie ihm das Männchen gerathen hatte, und obgleich er sehr schön war, fiel es doch wie Schuppen von seiner Haut und er wurde noch zehntausendmal schöner, als er gewesen war. Dann füllte er aus jedem der Brunnen eine Flasche voll und ging in das Schloß, um dieß zu besehen. Da schienen die größten Herrlichkeiten der Welt zusammengetragen zu sein und das Schloß seines Vaters kam ihm neben diesem, wie ein schlechtes Bauernhaus vor; Alles war Gold, Silber und Edelgestein und ein Zimmer immer schöner, als das andere. In dem allerschönsten Saal aber stand ein Himmelbett mit geschlossenen Vorhängen von Sammet mit prächtigen Stickereien; vor dem Bette lagen auf einem kristallenen Tisch eine goldne Krone, eine goldne Kette, Ohrringe von Diamanten und Armbänder und am Boden standen zwei Frauenschuhe von gestickter Seide.

Neugierig trat er leise, leise hinzu und schob die Vorhänge ein wenig zurück und siehe, da lag das schönste Mädchen von der Welt vor ihm. Er küßte sie erst leise, dann kühner, er nahm sie in seine Arme, herzte und drückte sie an sich und betrachtete sie mit wonnelachenden Augen, aber sie schlief so fest, daß sie nicht erwachte. Da war ihm mit einemmale, als hörte er das graue Männchen seinen Namen rufen und es fiel ihm ein, daß es die höchste Zeit sei, zu eilen, wenn er nicht in den Berg gesperrt sein wollte. Rasch erhob er sich, nahm die goldne Kette von dem Kristalltischchen als Andenken und Wahrzeichen und lief so schnell er konnte aus dem Schlosse; kaum war er draußen, da krachte es abermals und der Berg sprang wieder zu, so daß man keine Spur mehr von dem Schlosse sah.

Draußen vor dem Berge wartete das graue Männchen schon auf ihn. »Das war Zeit«, sprach es, »du hast viel gewagt, aber nun geht Alles gut, nur mußt du meinem Rathe weiter folgen.« Der Jüngling versprach in seiner Freude Alles. »Geh nun geraden Weges nach Hause«, fuhr das Männchen fort »und gib wohl Acht, was ich dir sage: Sieh dich nicht zu viel um, kaufe kein Galgenfleisch und trau nicht der brüderlichen Liebe.« Damit nahm das graue Männchen Abschied von dem Königssohn und er ritt lustig weiter.

Als er an die Stadt kam, wo das Wirthshaus lag, hörte er das Armsünderglöckchen läuten. Das schnitt ihm durch's Herz, denn wenn man so recht froh ist, dann möchte man die ganze Welt auch froh sehen. Indem kamen auch schon die Soldaten und die Henker mit den Verurtheilten heran und das waren seine eigenen Brüder. Da vergaß er schnell das graue Männchen und seinen Rath, ließ den Zug halten und kaufte die beiden vom Galgen los, indem er ihre Schulden bezahlte.

Anfangs war die Freude und Dankbarkeit groß, als er ihnen aber erzählte, wie er das Wasser des Lebens, der Schönheit und des Todes in dem Schlosse geholt und so glücklich sei, daß er seinem Vater das Leben retten könne, und als sie seine wunderbare Schönheit sahen, da fraß der Neid den beiden Brüdern fast das Herz ab. Sie verschworen sich gegen ihn, und als sie im Schiffe auf der See waren, nahmen sie ihm die Flaschen mit dem Wasser des Lebens und der Schönheit und stellten an ihren Platz zwei Flaschen mit Seewasser; auf die mit dem Wasser des Todes aber schrieben sie »Wasser des Lebens.«

Zu Hause angekommen flüsterten sie dem alten König ins Ohr, der Jüngling wolle ihn vergiften, darum solle er sich in Acht nehmen und nur ihnen trauen. Als der arglose Jüngste nun kam und dem Vater seine Flasche brachte, sprach dieser: »Gib zuvor dem Hunde von deinem Lebenswasser, damit ich sehe, wie es wirkt.« Das that der Jüngling und kaum hatte der Hund einen Tropfen von dem Wasser genommen, als er todt hinstürzte. Da triumphirten die bösen Brüder in ihren falschen Herzen, denn der alte König gebot dem Jüngling, sogleich das Schloß zu verlassen und ihm nie wieder unter die Augen zu kommen. Er trank nun von dem Wasser des Lebens, welches der Älteste ihm gab, und wurde augenblicklich wieder kräftig und gesund; dann trank er auch von dem Wasser der Schönheit, welches der Zweite ihm reichte und er wurde so blühend und schön, als ob er erst achtzehn Jahre alt wäre.

Der Jüngling irrte unterdessen in den Wäldern umher und klagte der lieben Sonne und den Sternen seine Noth, und klagte sich selber als seines Unglücks Schmied an, weil er dem Männchen nicht gefolgt hatte. Aber es wäre doch auch allzu herzlos und grausam gewesen, wenn er seine eigenen Brüder zum Galgen hätte führen lassen. Das tröstete ihn zuletzt auch, er fand sich in sein Schicksal und trat bei einem Förster als Jägerbursch in Dienste. Nun müssen wir ihn in dem Walde bei dem Förster lassen und sehen, wie es mit dem Schloß im Berge Muntserrat steht.

Neun Monate nachdem der Jüngling in dem Schlosse gewesen war, genas die schöne Jungfrau eines Knaben und damit war der Zauber gelöst, welcher auf dem Schlosse lag. Die Ritter und Knechte, welche bis dahin verwandelt gewesen waren, bekamen ihre menschliche Gestalt wieder und das Schloß wurde so lebendig, wie es früher kaum gewesen war. Der König wollte aber vor Allem wissen, wer der Erlöser sei und fuhr jeden Tag mit der schönen Prinzessin spazieren, ließ alle jungen Männer im Lande vor sich kommen und ihre Geschichte erzählen, aber keiner konnte sich erinnern, je in dem verzauberten Schlosse gewesen zu sein.

Die Prinzessin betrübte sich darüber so sehr, daß sie immer bleicher wurde und gewiß gestorben wäre, hätte ihr Vater sie nicht mit dem Wasser des Lebens erhalten. So vergingen ihr drei ganzer Jahr des Kummers: sie mochte gar keine Menschen mehr sehen und fuhr nur auf einsamen Wegen in wilden Wäldern herum. Da trat eines Tages in der Tiefe des Waldes das graue Männchen zu ihr und frug sie, was ihr fehle? Sie klagte dem Männchen offen ihr Leid und da sagte es: »Das kommt alles davon, daß er mir nicht gefolgt hat; aber ich will ihm um euretwillen vergeben.« Darauf erzählte es ihr Alles, was sich mit dem Jüngling zugetragen hatte und versprach ihr, sie solle ihn bald wiedersehn, nur müsse sie thun, was es ihr sage und nichts Anderes. Ach wie war sie da so glücklich! Sie versprach mit tausend Freuden Alles und sie hielt auch besser Wort, wie der Jüngling. Es war aber auch leichter für sie, als es für ihn gewesen war.

Zu Hause bat sie ihren Vater, ihr alsbald ein großes Heer und viele Schiffe ausrüsten zu lassen, dann segelte sie ab und fuhr nach dem Lande, wo ihr Erlöser zu Hause war. In der Nähe der Hauptstadt am Walde ließ sie ihre Zelte aufschlagen und ringsherum mußte ihr Heer sich lagern. Vor ihrem Gezelt lief eine lange Gasse zwischen den Zelten der Soldaten her, deren Boden war mit Teppichen von Sammet belegt, worin die kunstreichsten Stickereien zu sehen waren. Nachdem dieß Alles bereitet war, sandte sie einen Boten an den König und ließ ihm sagen, er solle ihr alsbald den Prinzen zu Pferde senden, welcher das Wasser des Lebens, das Wasser der Schönheit und das Wasser des Todes im Berge Muntserrat geholt habe, denn durch ihn sei sie erlöst.

Als die Botschaft in der Hauptstadt ankam, schwang sich der Älteste alsbald zu Roß, denn die Nachricht von der schönen Frau mit dem mächtigen Kriegsheer hatte sich schnell verbreitet und der Prinz hätte sie gar zu gern zur Frau gehabt. Als er in vollem Rennen an die Gasse kam und die schönen Teppiche sah, da hielt er es für unerlaubt, darüber weg zu reiten, denn er fürchtete, sie zu verderben und er ritt nebenher, wo keine Teppiche lagen. Als die Frau das aber sah, rief sie ihm schon von ferne entgegen, er solle nur schnell wieder umkehren, so lieb ihm sein Leben sei, denn er sei nicht der Rechte. Das graue Männchen hatte ihr nämlich solches

als Wahrzeichen gesagt, ihr Erlöser würde nicht an die schönen Teppiche denken, sondern aus lauter Freude sie wieder-
zufinden darüber hinreiten, als obs gemeines Gras wäre.
Also mußte der Älteste von den Prinzen umwenden und
beschämt heimkehren.

Da machte sich der Zweite auf den Weg. Der hatte
Anfangs der Teppiche nicht Acht und ritt darauf hin, aber
sobald er bemerkte, daß das Pferd weicher auftrat und auf den
Boden sah, lenkte er es zur Seite. Als die Frau dieß sah,
erzürnte sie, befahl ihm sein Pferd an zu halten und trug ihm
auf dem Könige zu sagen, wenn er ihr ihren Erlöser nicht in
kürzester Zeit sende, dann werde sie ihn in seiner Hauptstadt
belagern und die Stadt in Brand schießen lassen. Da wandte
der Prinz rasch sein Roß um und ritt nach Hause, wie ein
begossener Hund, dem König die angenehme Botschaft auszurichten.

Boten flogen jetzt durch das ganze Königreich und riefen
an allen Straßenecken aus, der jüngste Prinz möge doch gleich
zum König kommen; die Prinzessin vom Berge Muntserrat
warte voll Sehnsucht auf ihn. Das hörte der Förster, als er
eines Tages in die nächste Stadt kam und erzählte zu Hause
davon. Da erhob sich der Jägerbursch und sprach: »Wenn
meine liebe Braut da ist, dann kann ich schon nach Hause
zurück.« Der Förster und seine Frau starrten ihn an, als ob
er wahnsinnig sei, aber er sprach: »Ich bin der Königssohn,
den man sucht«, setzte sich auf ein Pferd und ritt davon,
während die Förstersleute und die Knechte vor Schrecken
steif und stumm dastanden, wie Loths Weib, als sie zum Salz-
klumpen wurde.

Der Jüngling aber sprengte geraden Weges zu dem Lager
und Zelt der Prinzessin und kümmerte sich nicht einen Deut
um die kostbaren Teppiche. Da trat die schöne Prinzessin aus
dem Zelte und trug ihm ihr Kind entgegen, sie flogen einander in die Arme und küßten einander und weinten helle
Thränen vor lauter Lust und Freude. Dann setzten sie sich in
den goldenen Staatswagen der Prinzessin und fuhren zum
König, sechs Schwadronen Kürassier voran und sechs Schwadronen hinterdrein. Da trafen sie die beiden falschen Brüder,
welche dem König immer noch vorlogen, sie wären die
Rechten und der Jüngste nicht. Als das die Prinzessin hörte

sprach sie: »der Rechte muß ein Wahrzeichen haben, woran ich ihn erkennen kann; er hat meine goldene Kette vom Tische mitgenommen, laßt sehn wer sie hat.« Da holten die beiden ältern Brüder zwei goldne Ketten beim Goldschmied und sagten, das wären sie, aber keine wollte der Prinzessin passen, die eine war ihr viel zu groß, die andere zu klein, so daß sie ihr nicht einmal um den Hals ging. Nun zog der Jüngste seine Kette heraus und die paßte ihr gerade, war weder zu eng noch zu weit.

Jetzt erst gingen dem alten König die Augen auf und er verbannte die Beiden sogleich auf ewige Zeiten vom Hofe, den Jüngling aber schloß er an sein Herz und bat ihn tausendmal um Verzeihung für das Unrecht, welches er ihm gethan hatte. Am folgenden Tage wurde die Hochzeit prächtig gefeiert, dann schenkte der alte König dem Jüngling sein Reich und setzte sich in Ruhestand. Das junge Paar lebte noch sehr lange und regierte glückliche Menschen; jetzt werden sie wohl schon lange gestorben sein.

DIE SCHLECHTEN
KAMERADEN.

Ein Schuster und ein Schneiderlein gingen mitsammen auf die Wanderschaft; sie gelobten einander treu beizustehn, zusammen zu halten in Freud und Leid und was der Eine hätte, müsse auch der Andere haben. Sie fanden aber nirgendwo Arbeit und da ihnen das Fechten nicht länger behagte, so nahmen sie Dienst unter den Soldaten. Es war nämlich schon seit langer Zeit Frieden und kein Krieg zu fürchten, so daß ihr Muth keinen Schiffbruch leiden konnte.

Das Schneiderlein hatte flinkere Beine, wie der Schuster und kam viel schneller vorwärts; auch verstand es den Mund recht voll zu nehmen und machte viel Wesens von seiner Tapferkeit, wie es immer muthig zugestochen habe und wie es sein Eisen geführt, daß die Lappen gefallen seien und wie es stets kalten Blutes vorm Feuer gestanden. So wurde es bald Gefreiter, dann Unteroffizier und brachte es endlich selbst zum Feldwebel. Je höher es aber rückte um so hochmüthiger wurde es und zuletzt kannte sein Stolz keine Grenzen mehr. Am meisten litt der arme Schuster darunter. Der Dienst wurde ihm endlich so verleidet, daß er eines Abends sein Bündel schnürte und weglief, als ob es hinter ihm brenne.

Gegen Mittag kam er in einen Wald und da er des Weges nicht kundig war, verirrte er sich. Als er so dastand und nicht wußte wo aus noch wo ein, kam ein Jäger daher, der hatte sich gleichfalls verirrt und frug ihn um den rechten Weg. »Den sage du mir«, sprach der Schuster. »Zwei können mehr als einer ausrichten« erwiederte der Jäger, »drum laß uns zusammenhalten, dann kommen wir schon heraus.« Das thaten sie, aber es wurde Abend und finstre Nacht und der Wald wollte immer noch kein Ende nehmen. Da stieg der Schuster auf einen hohen Eichbaum, schaute sich um und sah weit weit ein Lichtchen. Frischen Muthes gingen sie in der Richtung fort und kamen an ein kleines Haus, darin saß eine alte Frau, welche Kartoffeln schälte und Suppe kochte.

»Können wir hier die Nacht über bleiben?« frug der Schuster. »Nein«, sprach die alte Frau, »geht vielmehr so schnell ihr könnt weiter, denn ihr seid in eine Räuberhöhle gerathen und wenn die Räuber euch finden, seid ihr euren Kopf los. Nachts um zwölf Uhr kommen ihrer zwölf mit ihrem Hauptmann und Mittags um zwölf Uhr kommen zwölf andere mit ihrem Hauptmann zum Essen. Die erste Parthie muß schon in der Nähe sein; sie setzen dem König nach, der sich im Walde verirrt hat, darum eilt und macht, daß ihr fortkommt, ehe sie euch treffen.«

»Das macht nichts«, sprach der Schuster, »ich will uns schon heraushelfen; sage uns nur wie die Hauptleute heißen und was ihre Erkennungszeichen sind, und du Kamerad thu mir Alles nach, wie ich es dir vormache.« Da sagte die Frau ihnen Alles, denn sie war den Räubern von Herzen feind und diente ihnen nur gezwungen.

Bald darauf gab es Lärm draußen und der erste Hauptmann kam mit seinen zwölf Leuten. Der Schuster trat aber keck auf ihn zu und sprach: »Einen schönen Gruß von unserm Hauptmann, ihr solltet uns sagen, ob ihr den König gefangen hättet oder nicht; wir haben seine Spur ganz verloren.« »Uns geht's nicht besser«, antwortete der Hauptmann, und sah den Schuster scharf an, »wir sind ihm wohl auf der Spur, aber vom Fangen war noch keine Rede. Setzt euch nun zu Tische und eßt mit, hernach sprechen wir weiter und ihr könnt dann um so besser marschiren.« Das thaten die Beiden und der Jäger gab genau auf Alles Acht, was der Schuster machte und that ebenso. Der legte aber Löffel und Gabel verkehrt, denn das war das Erkennungszeichen der andern Bande. »Jetzt sehe ich, daß ihr zu der Bande gehört«, sagte der Hauptmann, »bisher konnte ich es noch nicht glauben, denn du Jäger siehst gar nicht wie ein ächter Räuber aus.« Dann ging das Leben erst recht los, sie erzählten sich von ihren Thaten und der Schuster log ihnen den Buckel voll, mehr als ein Karrengaul ziehen kann; dazu wurde gegessen und getrunken, als sollte in acht Tagen kein Mittag mehr gehalten werden.

Nach dem Essen mußte jeder ein Kunststück machen. Als die Reihe an den Schuster kam, sprach er, jetzt wolle er ein Stückchen machen, daß Alle ihre Freude daran haben sollten, und einen Kessel mit siedendem Öl austrinken. »Das ist unmöglich«, riefen die Räuber. »Nun ihr werdet schon sehen«, sprach der Schuster und die alte Frau setzte den größten Kessel aufs Feuer und goß ihn voll Öl. Als es nun recht wallte und Blasen warf, sprach er: »Setzt euch nun im Halbzirkel um mich, damit ihr es gut sehet, und du Kamerad tritt hinter mich und mach den andern Platz.« Jetzt holte er den Kessel vom Feuer, hob ihn zum Munde empor und rief: »Nun paßt auf!« Aber er hütete sich wohl, das Öl zu trinken, sondern schwenkte den Kessel im Kreise umher, daß das glühende Öl den Räubern in die Gesichter zischte, griff dann rasch nach seinem Schwert und schlug sie nieder, einen nach dem Andern, ehe sie sich besinnen konnten.

Als der Schuster mit den Räubern fertig war, schaute er sich nach seinem Kameraden um, doch konnte er ihn lange nicht finden. Endlich zog er ihn unter einer Bank hervor, wohin er sich verkrochen hatte. »Du bist mir ein tapferer Held«, sprach der Schuster, »der die Kourage malterweise verschlungen hat. Heraus jetzt, du siehst ja, daß die Arbeit gethan ist und hilf mir die Kerle fortschaffen, ehe die andern kommen, wenn dir dein Leben lieb ist.« Da half der Jäger, aber er stellte sich schlecht an, man sah wohl, daß ihm die Arbeit nie sauer geworden war. Sie machten vor dem Räubernest ein großes Loch, warfen die ganze Bande hinein und stopften ihnen das Maul mit Erde. Die alte Frau aber reinigte derweil das Zimmer vom Öl und Blut und machte Alles wieder in Ordnung; dann kochte sie das Essen für die zweite Bande.

Mittags um zwölf Uhr kam der Hauptmann mit seinen zwölf Spiesgesellen an. Keck ging der Schuster auf sie zu und sprach: »Einen schönen Gruß von unserm Hauptmann, und er hätte den König erwischt und käme um zwei Uhr mit ihm und unsern Leuten hierher; ihr solltet auf ihn warten.« »Hat er ihn?« rief der Hauptmann. »Ärgert mich, daß ich ihn nicht fangen konnte, aber wir wollen doch lustig drauf essen und trinken. Setzt euch zu uns.« Da setzten sich die Beiden zu den Räubern und legten die Messer und Gabeln so, wie die erste Bande sie gelegt hatte. Sprach der Hauptmann: »Nun sehe ich erst, daß ihr zur Bande gehört, bisher traute ich euch nicht, besonders dir nicht, Jäger, denn du siehst aus, als könntest du keinen Floh knicken!« Der Schuster fiel ihm in die Rede und erzählte viel von Mordthaten und Räubereien, welche die andre Bande seit gestern begangen habe, so daß die Räuber den Jäger ganz vergaßen. Nach dem Essen machte jeder sein Stückchen und der Schuster machte wieder seins mit dem siedenden Öl und so vortrefflich, daß keiner von den Räubern sich beklagen konnte, er habe zu wenig bekommen. »Was könnt ihr mit euren verbrannten Köpfen noch machen«, rief er dann und hieb sie ihnen ab. Von dem Jäger war wieder keine Spur zu sehn. Als er die alte Frau frug, sprach sie, er sei auf den Boden gestiegen. Der Schuster stieg ihm nach und fand ihn in einem Bund Stroh versteckt. »Sind sie Alle todt?« frug der Jäger in großer Herzensangst. »Geh hinunter und frage sie selbst«, sprach der Schuster. »Aber du bist ein rechter Zwiebelkopf, mich so im Stich zu lassen.« Da kroch der Jäger hervor und freute sich mit dem Schuster und der alten Frau, daß Alles so gut abgelaufen sei.

Als sie das Raubnest durchsuchten, fanden sie ungeheuere Schätze von Gold, Silber und Edelgestein, Kleidern, Waffen und andern Dingen. Diese schenkten sie dem Kloster, welches in der Nähe am Saume des Waldes lag und die alte Frau folgte den Schätzen in das Kloster, denn sie wollte nichts mehr von der Welt wissen. Der Schuster nahm nur so viel Gold für sich, als in seine Taschen ging, der Jäger wollte aber nichts anrühren.

Jetzt gingen die beiden Gesellen weiter und kamen gegen Abend vor der Hauptstadt an. Da die Thore schon geschlossen waren, kehrten sie im nächsten Dorfe in einer kleinen Herberge ein. Als der Schuster am andern Morgen aufwachte und seinen Reisegefährten wecken wollte, war der durchgegangen und hatte nicht einmal seine Zeche bezahlt. »Es ist gut, daß ich den Kerl los bin« dachte der Schuster, zahlte den Wirth und ging rüstig weiter der Stadt zu.

Am Thor trat die Wache vor ihm in's Gewehr und der Offizier rief: »Präsentirt's Gewehr!« »Der hat wohl frühe schon zu tief in's Glas geguckt«, sprach der Schuster für sich und ging weiter auf das Schloß des Königs zu. Da sprang die Wache heraus, stellte sich in Reih' und Glied und der Offizier kommandirte: »Präsentirt's Gewehr!« Er ging auf den Offizier zu und sprach verwundert: »Was macht ihr denn für dummes Zeug, ich bin ja ein Schuster meines Handwerks und

möchte wissen, ob ich beim König in Dienst treten kann.«
»Ich will eure Exzellenz zu seiner Majestät führen«, sprach der
Offizier und der Schuster schüttelte den Kopf, zuckte die
Achseln und dachte: »Sind die Soldaten denn alle verrückt
geworden?«

Der König war überaus gnädig gegen den Schuster, frug
ihn, wie er heiße, woher er komme und was er verstehe? Der
Schuster erzählte Alles aufs Haar. »Würdest du denn deinen
Kameraden den Jäger wohl wiedererkennen, wenn du ihn
sähest?« »Ei den Burschen fände ich aus Hunderten heraus!«
Da ging der König fort in ein anderes Zimmer und über eine
Weile kam der Jäger herein. »Ach da bist du ja, du Hasen-
fuß!« rief der Schuster; »du bist mir der rechte Vogel, aber
ich habe dem König Alles gesagt und der wird dir einen
tüchtigen Ausputzer geben.« »Gemach, gemach, mein guter
Freund«, sagte der Jäger und knöpfte den Rock auf und zog
die Mütze aus dem Gesicht; da sah der arme Schuster, daß es
der König selber war. Er wäre vor Schrecken fast auf den
Rücken gefallen, aber der König beruhigte ihn, verbot ihm
etwas der Sache zu erzählen und schickte ihn sogleich als
Oberst zu dem Regiment, wobei das Schneiderlein Feldwebel war.

»Warte Bürschlein, jetzt sollst du mir herhalten«, dachte
der Oberst, als er zuerst in seiner prächtigen Uniform mit
dem Federhut vor die Fronte ritt und seinen alten Kameraden,
den Schneider erblickte. So oft jetzt exercirt wurde, hatte der
Oberst etwas an dem Feldwebel auszusetzen. Bald war das
Zeug nicht gut genug geputzt, oder der Säbel nicht blank,
oder der Rock nicht rein, und dann regnete es Ehrentitel wie
Fetthammel, Schmuzlappen, Faulpelz u. a. auf den Feldwebel von Morgens bis Abends. Wagte er, zu antworten
oder sich zu entschuldigen, dann gab es Arrest wegen Wider-
setzlichkeit oder undienstlichen Benehmens; schwieg er aber
zu den Vorwürfen, dann wurde er verstockt und Gott weiß
wie genannt; kurz das arme Schneiderlein konnte nichts mehr
recht machen, er mochte sich anlegen, wie er wollte, und
war mehr als einmal in heller Verzweiflung.

Nach einiger Zeit wurde es plötzlich vor den Obersten
gerufen. Der frug ihn: »Kennst du mich?« Der Feldwebel
wußte nicht, was antworten, denn sagte er ja, dann log er und

es taugte nicht für ihn, sagte er nein, was die Wahrheit war, dann taugte es ebensowenig. Endlich entschloß er sich frisch heraus die Wahrheit zu sagen, weil dieß doch das Beste sei und sprach: »Nein.« »Dann will ich dir sagen, wer ich bin«, sprach der Oberst, »ich bin dein alter Kamerad, der Schuster. Ich denke du wirst jetzt klüger geworden sein und deinen Hochmuth und Prahlerei lassen. Zum Lohn für deine Nöthen ernenne ich dich aber zum Oberfeldwebel.«

Seitdem sprach das Schneiderlein nie wieder von seinem Muth, brachte es auch nicht weiter. Der Schuster aber starb als Generalfeldmarschall.

DER GOLDENE HIRSCH.

Ein König hatte seine größte Freude an großen stolzen Soldaten und schönen weißen Schilderhäuschen und konnte es ums Leben nicht ausstehn, wenn Namen oder Sprüche oder Reimchen auf die Schilderhäuschen geschrieben waren; das hatte er bei Todesstrafe verboten.

In seiner Leibgarde hatte er einen Soldaten, der war der größte Mann im Lande, so daß für ihn ein eigenes Schilderhäuschen gebaut werden mußte. Als der eines Tages auf Wache vor dem Schlosse stand, wurde ihm die Zeit lang und er schrieb auf das Schilderhäuschen: »Geld macht Alles aus.« Der König lag zufällig im Fenster und sah das, kam sogleich herunter in den Schloßhof und an das Schilderhäuschen. Da stellte er den Soldaten scharf zur Rede, las ihm den Text und sprach: »Diesmal laß ich es dir noch einmal hingehn, aber das Nächstemal nicht mehr.« Und damit der Soldat nicht wieder in Versuchung käme, an das Schilderhäuschen zu schreiben, mußte er von jetzt an im Schloß vor der Thür der Prinzessin auf Wache stehn.

Ein Soldat hat auch ein Herz und er stand nicht manchen Tag da, als er sich sterblich in die Prinzessin verliebte. Sie war aber auch so schön, wie man nur ein Mädchen sehen konnte und dazu gar freundlich und gut, nicht hochfahrend oder stolz. »Ach«, dachte da der Soldat, »wenn ich jetzt Geld hätte, dann wäre Alles gut, dann käme ich mit vielen Wagen und Bedienten und großem Hofstaat und bäte den König um ihre Hand, statt daß ich nun wie ein armer Sünder dastehe und sie kaum anblicken darf, die schöne Prinzessin.« Und er zog sein Bleistift aus dem Sack und schrieb sein Sprüchlein mitten auf die Thür: »Geld macht Alles aus.«

Am folgenden Morgen, als der König zu seiner Tochter gehen wollte, stand der Spruch da. Sogleich wurde der Soldat vor ihn in sein Zimmer geführt und der König frug ihn, warum er sich unterstanden habe, solches an die Thür der Prinzessin zu schreiben. Der Soldat dachte: »Sterben muß ich doch, da mag der König auch Alles wissen« und er gestand ihm, daß er die Prinzessin liebe und ohne sie nicht leben könne, darum sei ihm der Tod am Ende ein willkommener Gast. »Wenn du meinst, daß Geld Alles ausmache«, sprach der König, »dann sollst du dessen haben, soviel dein Herz begehrt; hast du aber binnen Jahresfrist die Liebe der Prinzessin nicht gewonnen, dann lasse ich dir den Kopf abschlagen.« Da fiel der Soldat dem König zu Füßen und dankte ihm hunderttausendmal. Der König hielt sein Wort, er ließ den Soldaten aber in einen Thurm sperren und stellte zehn Mann Schildwache davor. Nun bekam der Soldat jeden Tag Tonnen voll Gold, aber was ihm fehlte war die Freiheit. Da fiel ihm wohl das Herz in die Schuhe, meinst du, aber ein rechter Mann verliert nicht den Muth, dem sitzt das Herz fester, als daß es so leicht zu Falle käme.

Der Soldat sann vor Allem nach, wie er seine Freiheit wiedergewinnen könnte. Er mochte die Schildwachen nicht bestechen, denn wie leicht hätte das herauskommen können und die armen Kerle wären unglücklich gewesen; das litt sein gutes Herz nicht. Sein Weg mußte viel sicherer und kürzer sein und er fand ihn bald. Er hatte nämlich einen Zwillingsbruder, der ihm ganz ähnlich sah; den ließ er kommen, vertraute ihm die ganze Sache und versprach ihm fest und heilig, wenn sein Plan und Vorhaben nicht gelinge, vor Jahresfrist wieder im Kerker zu sein. Da wechselten sie die Kleider, der Soldat ging frei aus dem Thurme und damit war schon viel gewonnen. Als er aber nach der Königstochter frug, hieß es, sie sei auf Reisen, Niemand wisse wohin und sie komme vor Monatsfrist nicht zurück. Er beschloß ihr nachzureisen; wenn er sie auch nicht finde, so sei es doch anderswo besser und sicherer für ihn, als in der Hauptstadt, und er könne unterdessen auf Mittel denken, ihre Liebe zu gewinnen.

Also zog er aus der Hauptstadt weg und kam in eine andere große Stadt, wo er in einem vornehmen Wirthshaus einkehrte. Da dachte er Tag und Nacht nach, was er machen solle, aber was er auch herausbrachte, nichts schien ihm so recht sicher, und er dachte so viel, daß er von lauter Denken ganz mager wurde, denn er war gar nicht daran gewohnt und verstand viel besser zu kommandiren: Gewehr an! Schultert's Gewehr und wie das Alles heißt.

Der Wirth war ein gar freundlicher und guter, dabei auch ein grundgescheiter Mann und er sah mit Schmerzen, wie sein Gast immer kränker und bleicher wurde. Oft versuchte er es, den Soldaten zum Bekenntniß zu bringen, was ihn drücke, aber der war nicht so leicht zum Sprechen zu bewegen. Endlich aber platzte er dennoch los und vertraute dem Wirth seine ganze Geschichte. »Wenns nichts weiter ist«, sprach der Wirth, »dann ist dir leicht zu helfen; schaffe mir nur zwei Tönnlein Gold; ich verlange für mich keinen Deut davon, denn ich bin reich genug, ich muß sie aber haben, um die nöthigsten Auslagen für dich bestreiten zu können.« Da war dem Soldaten leicht ums Herz; er schrieb seinem Bruder ins Gefängniß, daß er ihm sogleich die zwei Tönnlein Gold in das Wirthshaus sende und es währte keine acht Tage, da kamen sie schon an.

Nun ließ der Wirth zwei sehr geschickte Goldschmiede kommen, die mußten einen großen, großen Hirsch von Gold machen, der bekam Augen von dunkelm Glas, fein zum Horchen aufgerichtete Ohren und war innen hohl; auf dem Rücken war aber zwischen den dichten goldnen Haaren eine Thüre so fein angebracht, daß man sie unmöglich sehen konnte. Dann mußte auch ein Glockenmeister herbei; der machte aus lauter kleinen und großen silbernen Glöckchen ein Glockenspiel, welches so wunderbar schöne Lieder spielte, daß es das größte Meisterstück war, welches man noch gehört hatte. Das wurde in dem Kopf des goldnen Hirsches angebracht und war ein Schnürchen daran, welches in das Innere lief; zog man einmal daran, so fing das Werk an zu spielen, zog man aber zweimal dran, so hörte es auf. Als der Hirsch fertig war, lief die ganze Stadt herbei ihn zu sehn. Der Wirth steckte den Soldaten aber in den Hirsch hinein und schloß das Thürchen. Wenn nun der Wirth sagte: »Goldhirsch, spiel dein Stücklein«, so zog der Soldat einmal am Schnürchen, sagte der Wirth aber: »Goldhirsch, es ist genug«, dann zog er zweimal daran. So spielte der Hirsch, so oft der Wirth es befahl, und keiner konnte begreifen wie das zuging.

Wer war jetzt glücklicher als der Soldat. Schnell ließ er seinen Vater kommen, gab ihm die nöthigen Weisungen und nachdem er dem guten Wirthe noch von Herzen gedankt hatte, zogen sie ab geraden Weges zur Hauptstadt, wo die

Prinzessin unterdessen wieder angekommen war. Dort war der Ruf von dem wunderbaren Goldhirsch schon weit verbreitet und jeder wollte das große Kunstwerk sehen. Des Soldaten Vater aber — denn der Soldat selbst war in dem Hirsch versteckt — sprach, es dürfe keiner den Goldhirsch sehen, bevor der König ihn gesehn habe und er fuhr mit dem prächtigen Thier in den Schloßhof hinein. Dort nahm er die Decken ab, welche es verhüllten und da leuchtete der Hirsch so herrlich in der Sonne, daß man den Glanz kaum aushalten konnte. Der König kam mit seiner Tochter herbei und Beide hatten nicht Worte genug, ihre Verwunderung auszusprechen über das stolze Thier und wie Alles daran so fein gearbeitet war. Als der Vater des Soldaten aber erst rief: »Goldhirsch, spiel dein Stücklein« und die schönen Lieder erklangen, da konnte sich die Königstochter vor Entzücken nicht länger halten und rief: »Vater, ich will den Hirsch haben, koste er was es wolle.« Der König hatte seine Tochter allzulieb, als daß er ihr etwas hätte abschlagen können, darum frug er den Vater des Soldaten, was der Hirsch koste und ließ die Summe gleich bezahlen und noch mehr dazu, denn auch er hatte große Freude an dem prächtigen Goldhirsch. Der wurde jetzt ins Schloß getragen und zwar in das Schlafzimmer der Königstochter. Dort mußte der Hirsch den ganzen Abend spielen bis spät in die Nacht hinein, und die Königstochter wurde gar nicht müde zuzuhören.

Als Alles im Schlosse zur Ruhe war und die Königstochter auch, da öffnete der Soldat das Thürchen, stieg aus dem Hirsch und trat vor das Lager der schönen Königstochter. Der Mond schien hell in das Zimmer herein und da lag sie so schön und holdseelig da; leise beugte er sich über sie und gab ihr einen Kuß. Sie schrak vom Schlafe auf und schaute empor; als sie den schönen fremden Mann an ihrem Lager sah, stieß sie einen lauten Angstschrei aus und hüllte den Kopf in die Decke. Rasch sprang der Soldat in den Hirsch und schloß leise das Thürchen hinter sich zu. Kaum war er wieder in seinem Versteck, als die Kammerfrauen und endlich selbst der König hereinstürzten und frugen, was der Prinzessin fehle? Da erzählte sie zitternd und bebend Alles, man durchsuchte das Zimmer in allen Ecken, durchsuchte die Gänge und das ganze Schloß, aber Niemand war zu finden und das ist leicht begreiflich. Sprach der König zu der Prinzessin, sie habe gewiß geträumt und solle sich nur beruhigen; es könne Niemand in ihr Zimmer hinein. Das that sie auch und schlief bald wieder fest wie vorher.

Als der Soldat dieß merkte, öffnete er wiederum das Thürchen, trat zu ihrem Lager und küßte sie von neuem auf ihre schöne weiße Stirn. Erschrocken fuhr sie auf und da stand der stolze schöne Mann wieder vor ihr und hatte die Hände flehend zu ihr gefalten; sie schrie noch lauter, wie das Erstemal und verbarg sich wieder unter der Decke. Ehe man eine Hand umdreht war der Soldat verschwunden. Das ganze Schloß lief zusammen, der König kam hinzu, man fragte, man suchte, aber da war keine Spur von einem fremden Manne zu finden. Nun wurde der König böse, denn er war nicht gern im Schlafe gestört; er verwies der Prinzessin mit harten Worten ihr grundloses Geschrei und drohte, ihr den Hirsch wegzunehmen, wenn sie noch einmal schreie. Da mußte sie sich wohl zufriedengeben.

Sie beschloß nun, nicht mehr einzuschlafen, denn sie wollte wissen, woher der schöne Mann komme, und stellte sich nur, als ob sie schliefe. Es dauerte nicht lange, so hörte sie ein leises Knarren an dem Goldhirsch und gleich darauf stand der Soldat vor ihr und küßte sie auf die Stirn. Sie schaute ihn groß an, aber da stürzte er zu ihren Füßen und sprach ihr so viel von seiner Liebe und wie er sein Leben für sie gewagt habe, daß die Prinzessin ihm hold wurde und versprach ihn nicht zu verrathen.

Seitdem lebte er herrlich und in Freuden in dem Zimmer der Königstochter; nur wenn manchmal der alte König kam, um den Goldhirsch spielen zu hören, mußte er wieder in sein Versteck hinein. So ging es fort bis zum Ende des Jahres, welches der König ihm festgesetzt hatte, die Liebe der Prinzessin zu erwerben. Da sprach er, jetzt müsse er in sein Gefängniß zurück und nahm von der Königstochter Abschied. Als diese ihn um seinen Namen frug, sagte er: »Ich heiße Gold-macht-Alles-aus.« »Das ist ein sonderbarer Name«, sprach die Königstochter, »aber wenn du ihn einmal hast, ist es nicht zu ändern.«

Also ging er in den Thurm und erlöste seinen Bruder. Kaum war er acht Tage dahin zurückgekehrt, als die Königstochter eines schönen Knäbleins genas; dieß hielt sie aber gar heimlich, so daß kein Mensch im Schloß davon wußte außer ihrer Kammerfrau. Es wurde auch heimlich getauft und bekam den Namen Goldhirsch.

Am Tage nachdem das Jahr abgelaufen war, ließ der König den Soldaten kommen und sprach: »Ich habe dir nun ein ganzes Jahr lang Gold gegeben, so viel du gewollt hast; weißt du, daß du jetzt sterben mußt, weil du die Liebe der Prinzessin nicht gewonnen hast?« »Ach das weiß ich wohl, aber ich möchte sie doch vorher noch einmal sehen«, sprach der Soldat. »Schenket mir die Gnade Herr König und führet mich zu ihr.« »Das will ich dir gewähren« sprach der König.

Als sie die Thüre des Zimmers der Prinzessin öffneten, stand sie da und trug ihr wunderschönes Kind auf dem Arm. Frug der König erstaunt: »Wem gehört das Kind?« Antwortete sie: »es ist mein Kind und dem Geld-macht-Alles-aus seins« und damit fielen Beide dem König zu Füßen und baten ihn um Verzeihung und das Kind erhob seine Händchen, als bäte es auch um Gnade.

Da stand der König starr und stumm, aber er mußte wohl gute Miene zum bösen Spiel machen, denn er konnte doch sein Wort nicht brechen. So bekam der Soldat die Hand der Königstochter und nach dem Tode ihres Vaters auch das Königreich.

DER METZGERGESELL.

Eines armen Sauhirten Sohn hatte die Metzgerei gelernt, weil er höher hinauswollte als sein Vater und nicht zufrieden damit war, die Stelle von dem Alten zu erben. Da der Junge nun ausgelernt und es zu etwas Rechtem in seinem Handwerk gebracht hatte ging er hinaus auf die Wanderschaft. Als er noch nicht weit von seinem Ort weg war und über eine große Haide ging, sah er einen gefallenen Ochsen am Wege liegen und fünf Thiere dabei stehen die ihn untereinander theilen wollten und nicht einig darüber werden konnten. Das war aber erstlich eine Biene, zweitens ein Fuchs, dann noch ein Windhund, ein Falk und ein Löwe; die gingen ihm entgegen und baten ihn er sollte ihnen aus der Noth helfen. Da zog er sein großes Schlachtmesser, zerlegte den Ochsen ordentlich nach der Handwerksregel und theilte dann die Stücke unter die fünf Thiere aus. Die Biene bekam den Kopf um hinein zu bauen, und also ein jedes nach seiner Art dasjenige Theil, welches sich am besten für es schickte.

Der Metzger ging nun wieder seines Weges, während sich die Thiere über das Fleisch hermachten; er war aber kaum tausend Schritte gegangen, so kam der Windhund hinter ihm hergelaufen, holte ihn ein und sprach, er solle noch ein Mal mit ihm umkehren zu den Andern. Als sie wieder hinkamen, wo die Thiere waren, da sprachen sie alle, sie hätten vergessen, sich bei ihm zu bedanken, Geld hätten sie kein's, aber das wollten sie ihm verleihen, daß er die Gestalt von einem jeden der fünf Thiere annehmen könnte, so oft er sich in Gedanken dazu wünschen wollte. Das war er zufrieden, bedankte sich und nahm den Weg zwischen die Beine. — Nicht lange darnach kam er in das große Königreich Sicilien und als er gerade zum Stadtthor der Hauptstadt hineinging, hörte er einen Ausrufer verkündigen, daß Jeder des Todes sein solle, der einen Apfel von des Königs Granatbäumen hole. Denn es waren nur zwei solcher Bäume im Land, die standen vor des Königs Fenster und er hielt große Stücke darauf.

Weil nun nichts so gut schmeckt, als das Verbotene, so dachte der Metzgerbursch gleich in seinem Vorwitz, er müsse die Granatäpfel versuchen, ob sie wirklich so gut seien. Also wünschte er sich, daß er ein Falk wäre und bei dem blosen Gedanken schon war es geschehen. Er schwang sich in die Luft, flog auf einen von des Königs Granatbäumen, fraß von den Äpfeln und schaute zum Fenster hinein. Drinnen in dem Schloß saßen sie gerade an der Tafel und hatten vor sich Gesottenes und Gebratenes stehen; als ihm das in die Nase kam, wollten ihm die Äpfel nicht mehr schmecken. Da ward sein Vorwitz so groß, daß er zum Fenster hineinflog, ein gebratenes Huhn von der Schüssel nahm und wieder damit hinauswollte. Doch des Königs Töchterlein schlug schnelle den Fensterflügel zu, und nun war er gefangen.

Das sollte ihm aber zum Glück gereichen, denn die Prinzessin ließ ihrem Vogel Nichts zu leide thun, sondern hing ihn in einem schönen Bauer in ihrer eignen Schlafkammer auf. Die Nacht nun, da sie im Bette lag und schlief, flog er als Biene durch das Käfichtgitter, trat dann in Menschengestalt zu ihrem Lager und umarmte und küßte sie auf ihren rothen Mund. Die Königstochter fuhr aus dem Schlaf empor und schrie nach Hülfe — doch bis der alte König mit seinem Hofstaat hereingelaufen kam, saß er schon wieder als Falk in seinem Bauer, hatte den Kopf unterm Flügel und that, als ob er schliefe, also daß der König glaubte, die Prinzessin hätte nur geträumt und sie tüchtig ausschalt wegen ihrer Ängstlichkeit.

Kaum waren die Anderen wieder weg, so wünschte er sich wieder zur Biene, kroch aus dem Käfig und trat als Mann zu der Königstochter und küßte sie wiederum. Anfangs wehrte sie sich seiner, getraute aber nicht zu schreien; bald jedoch, als sie merkte, daß er ihr Nichts zu Leide that, wurden sie eins miteinander und blieben wonneseelig beisammen bis zum Morgen.

Also war er heimlich mit der Prinzessin vermählt und lebten sie zusammen fast ein Jahr lang, ohne daß Jemand im Hause dessen gewahr wurde. Endlich trug es sich zu, daß die Prinzessin einen Knaben gebar und nun war die Sache freilich nicht mehr zu verheimlichen. Sie gestand ihrem Vater Alles. Der König war Anfangs sehr erzürnt, doch was war noch zu machen? Es war zu spät, um es zu ändern, also gab er seinen

Segen dazu, ließ das Paar ordentlich trauen und ernannte den Schwiegersohn zu seinem Nachfolger.

Mit der Königstochter hatte es aber eine eigene Bewandtniß, denn der junge Erbprinz ward nun ernstlich verwarnt, nicht mit seiner jungen Frau in den Wald spazieren zu fahren. Sonst überall hin, aber im Wald würde der Wind sie hinwegführen.

Darüber lachte der Metzgerbursch; seine Neugierde und sein Vorwitz ließen ihn auch nicht eher ruhen, als bis er in dem Walde war. Sie fuhren ganz vergnügt unter den grünen Bäumen her. Da kam es aber mit einem Male heran wie ein starker Sturm, und eh' er sichs versah war seine Frau von dem Wind aus dem Wagen gehoben und hinweggeführt.

»Wiederhaben muß ich sie« sprach er, »sie mag stecken wo sie will.« Also ließ er die Kutsche leer nach Hause fahren, verwandelte sich in einen Windhund und lief so schnell er konnte davon, in der Richtung, in der er sie hatte verschwinden sehen. Er lief und lief bis ihn die Beine nicht mehr tragen wollten, und gelangte endlich vor einen Berg. Den betrachtete er auf und ab, konnte aber in der glatten Felsenwand kein Thor und keine Thür finden, nur einen ganz engen Riß sah er endlich zwischen dem Gestein. Da wünschte er sich wieder die Bienengestalt und kroch so in die dunkle Felsenspalte und immer tiefer in den Berg hinein. Als er aber ganz darinnen war, nahm er die Gestalt des Falken wieder an und flog hinab bis in die unterste Welt. Die Stelle, wo er niederkam bezeichnete er sich vorsichtig mit einem Stein, um den Weg auch wieder hinauf zu finden und lief dann als Windhund weiter.

Da er ein gutes Stück gelaufen war, kam er vor ein wunderschönes Schloß, es war aber rings so wohl mit starken Thoren verschlossen, daß er anfangs nicht wußte hineinzukommen; nur einen freien Eingang gab es, das Schlüsselloch nämlich; durch das kroch er denn auch in Bienengestalt hinein. Wer aber drinnen in dem wunderschönen Schlosse saß das war Niemand Anderes als seine liebe Frau, da nahm er seine natürliche Gestalt an und ging zu ihr. »Bist dus oder bist dus nicht?« sprach er. »Ich bin es« sagte sie, »aber ich bin hier in eines Riesen Gewalt, der kommt einmal bei Tag und einmal bei Nacht, jedesmal um eilf Uhr und dann muß ich ihm den Kopf krauen bis um zwölf.«

Es dauerte nicht gar lang so kam der Riese nach Haus. Der Metzgerbursch aber verwandelte sich schnell wieder in die Biene und setzte sich auf den Tisch unter die Brodkrumen. »Wie kommt das Thier herein?« sprach der Riese und schlug darnach, doch die Biene war flinker, als er. Da brummte der Riese etwas in den Bart, legte sich dann hin, mit dem Kopf in den Schooß der Königstochter und ließ sich den Kopf von ihr krauen bis um zwölf Uhr.

Als er wieder fortgegangen war, gab der Erbprinz seiner Frau einen guten Rath und sprach also zu ihr: »Wenn er wiederkommt, so stelle dich, als ob du schliefest und wenn er dich dann weckt, so erzähle ihm, du hättest einen schlimmen Traum gehabt. Fragt er dann weiter nach dem Traum, so erzähl' ihm, es sei dir im Schlafe vorgekommen, als wär er gestorben und du wüßtest nicht, wie du herauskommen solltest aus dem Schloß.«

Also wie er gerathen that sie am andern Tage und es gelang wohl, denn da sie der Riese nach ihrem Traum fragte, fing sie an zu weinen, erzählte ihm, was sie im Schlafe für einen Schrecken ausgestanden hätte über seinen Tod und fragte ihn, ob sie denn all ihr Lebtag hier in dem Schlosse müsse gefangen bleiben, wenn er wirklich ein Mal sterben sollte?

»Ei du Närrin« sprach er, »ich kann ja gar nicht sterben. Aber bei dem König von Sicilien ist ein Drache mit drei Köpfen, wer den erschlägt kann auch mich todtschlagen, sonst Keiner, und von selber sterbe ich nicht.«

Das merkte sich der Prinz, der als Biene zuhörte, und freute sich, daß er nun das Geheimniß heraus hatte; die junge Frau mußte dem Riesen wieder eine Stunde lang den Kopf im Schooß krauen, dann ging er hinweg. Da sprach der Prinz zu ihr, er sei nun fest entschlossen, den Drachen in Sicilien aufzusuchen; sie nahm mit vielen Thränen Abschied von ihm und er kroch dann als Biene zum Schlüsselloch hinaus wie er hereingekommen war. Draußen ward er zum Windhund und lief bis an den Stein, den er sich zum Zeichen hingelegt hatte, ward dann zum Falken und flog hinauf und kroch zuletzt wieder als Biene aus der Felsenspalte hervor.

Nach Sicilien war es weit; er mußte lange wandern, über Strom und Meer, über Berg und Thal bis er hinkam. Als er

sich nun erkundigte, wie es mit dem Drachen eigentlich
aussehe, erfuhr er, daß er allerdings drei Köpfe hatte und daß
ihm jeden Tag, Morgens um 9 Uhr, des Königs Schweinheerde
mußte vor die Stadt getrieben werden, damit er sich neun
Stück davon auslesen konnte. Es waren aber jetzt in dem
ganzen Land nur noch 36 Stück Schweine und Alles hatte
Angst, daß der Drache anfinge Menschen zu fressen, wenn er
sein richtig Futter nicht mehr bekäme. Da ging der Metzgerbursch vor den König und bat sich die Erlaubniß aus, daß er
des anderen Tages die Schweine hinaustreiben dürfte. Das
erlaubte der König gern und versprach noch dazu die Hälfte
seines Königreichs und seine Tochter zur Frau, wenn er das
Ungethüm aus der Welt schaffen könnte.

Punkt 9 Uhr des anderen Morgens war der fremde Hirt mit
den Schweinen vor dem Thor und gleich darauf kam auch
schon der Drache, hatte wirklich drei Köpfe, einen immer
schrecklicher als den andern und schrie den Prinzen an: »Du
Sauhirt, gieb mir neun von deinen besten Säuen.« »Keine
neun Sauborsten« sprach der Metzger, verwandelte sich in
einen Löwen und riß dem Drachen in einem Nu ein Haupt
herunter, daß er mit schrecklichem Geheul davon lief. Als
der Prinz heim kam ward er freudig vom König empfangen.
»Weil du dem Drachen einen Kopf abgehauen hast, sollst du
ein groß Faß voll Wein haben.« Am zweiten Tage war er
wieder Punkt 9 Uhr mit seiner Heerde vor dem Thor; der
Drache ließ auch nicht auf sich warten, kam noch trotziger
einher, als des Tages zuvor und fuhr ihn mit lautem Gebrüll
an: »Du Sauhirt, gieb mir achtzehn von deinen besten
Säuen!« »Noch keine achtzehn Sauborsten« sprach der
Metzgerbursch, ward zum Löwen und riß dem Drachen auch
das zweite Haupt herunter. »Morgen kommen wir wieder
zusammen!« brüllte das Ungethüm und lief davon.

Sie kamen wieder zusammen am anderen Tage, aber der
Drache verlor seinen letzten Kopf und hatte nun ein für alle
Mal den Appetit nach Schweinefleisch verloren. Der Metz-
gergesell oder der Prinz, wie ihrs haben wollt, sollte nun auf
der Stelle mit des Königs Tochter kopulirt werden. »Nichts
für ungut« sprach er, »aber ich habe schon eine Frau; sie
sitzt tausend Stunden von hier in dem Berg.« Darnach
erzählte er dem König Alles, wie es sich mit ihm zugetragen

und wie er jetzt sich wieder den weiten Weg suchen müsse nach dem verwunschenen Schlosse in der Erde drin.

»Willst du meine Tochter nicht« sagte der König, »so will ich dir einen Wagen schenken, um hinzufahren zu deiner Frau« und hieß ihn alsbald aus der Remise ziehn. Eine eigene Bewandtniß hatte es mit der Kutsche, die der Prinz zum Geschenk bekam; denn auf der rechten Seite steckte eine Peitsche, wenn man die auf die linke Seite herüber steckte so fing der Wagen an zu fahren, als wenn tausend Pferde daran gezogen hätten, bis man die Peitsche wieder hinübersteckte auf die rechte Seite, dann stand er mit einem Schlage still und man konnte aussteigen.

So war es dem Erbprinzen ein leichtes, wieder an den verzauberten Berg zu kommen — schon am zweiten Tage war er dort, kroch als Biene hinein, flog als Falke hinab, lief als Windhund zum Schloß, kam wieder als Biene hinein zu seiner Frau und ward bei ihr zum Menschen. Als aber der Riese wieder heimkam, so verwandelte er sich nicht mehr in die Biene vor ihm, sondern in den Löwen und riß ihm das Haupt von den Schultern ab. Nun war sie erlöst und fuhr mit ihrem Manne in dem Zauberwagen zuerst nach Hause zu ihrem Vater, dann aber auf Besuch zum König von Sicilien.

DER GRAUE
WACKENSTEIN.

Ein armer Bauersmann hatte nur einen einzigen Sohn, den erzog er christlich und ehrlich, wie es sich gebührt. Als der Knabe aber größer und größer wurde, da wurde ihm seines Vaters Haus zu enge und er wollte in die weite Welt. Sein Vater war ganz trostlos darüber und gab ihm die himmelsbesten Worte, er solle im Lande bleiben und sich redlich nähren, aber das half alles nichts, er blieb dabei, er wolle sich die Welt beschauen. Da erzürnte sein Vater zuletzt und sprach: »Ei so wollte ich, daß du drei Tage und drei Nächte in einem fort laufen müßtest und könntest nicht aufhören.«

Wie der Vater gesagt hatte, so geschah es. Der Bursche mußte laufen und immerfort laufen drei Tage und drei Nächte hindurch. Die Sonne stach am Tage heiß und Nachts thaute es kühl und naß, der Hunger und der Durst plagten ihn, aber Alles half nichts, denn Älternfluch fährt nicht in den Wind: er mußte laufen bis zum Ende des dritten Tages. Zuletzt sank er müde und matt nieder und war zum Sterben schwach; wo er Essen hernehmen sollte, das wußte er nicht, denn er lag in einem dichten Walde. Da kam plötzlich ein kleines graues Männchen daher gegangen, das blieb bei ihm stehen und frug ihn, was ihm denn fehle: »Ach«, sprach er, »ich habe so argen Hunger und Durst, daß ich es nicht länger aushalten kann.« »Wenn das Alles ist, dann ist dir leicht geholfen«, sprach das Männchen; »geh nur mit mir und du sollst vollauf haben, so viel du willst.« Da raffte er seine letzten Kräfte zusammen und hinkte hinter dem Männchen drein. Sie waren kaum funfzig Schritt weit gegangen, da kamen sie an ein ungeheuer großes, kohlrabenschwarzes Schloß; da gingen sie hinein, die breiten Treppen hinauf und durch eine ungeheuere Thür in einen hohen Saal. In dem ganzen Schloß war kein Mensch zu hören noch zu sehen, alles war todtenstill, in dem Saal aber stand trotzdem ein köstliches Mahl auf einem hohen, hohen Tische und um den-

selben drei hohe, hohe Stühle. »Nun laß uns nach Herzenslust essen und trinken«, sprach das Männchen, »aber rasch,
denn allzulange dürfen wir uns nicht aufhalten.« Da kletter-
ten sie so schnell sie konnten an den Stuhlbeinen in die Höhe,
marschirten auf der Tafel zwischen den Tellern und Schüsseln umher und aßen sich rundsatt. Dann rutschten sie an den
Stuhlbeinen wieder herab, liefen die Treppen hinunter und
zur Thür hinaus. Es war aber auch die höchste Zeit, denn
die Thür fuhr so hart hinter ihnen zu, daß sie den Schuhabsatz
des Jünglings abschlug. Der war jetzt wieder munter und
guter Dinge und hatte alles Ungemach der drei Tage rein
vergessen. Er sprang mit dem Männchen in den Wald
hinein, immer weiter bis an ein recht dichtes Plätzchen. Da
gab das Männchen dem Jüngling ein Stöckchen und sprach:
»In dem Schlosse wohnen drei Riesen, das sind Menschenfresser. Wenn die nach Hause kommen und sehen, daß
Jemand aus ihrer Schüssel gegessen und aus ihren Bechern
getrunken hat, dann kommen sie in den Wald und suchen.
Wenn nun einer kommt und dich findet, dann muß er sich
bücken, um dich aufzuheben und zu fressen. Sei aber dann
bei der Hand und schlage ihn mit dem Stöckchen auf den
Kopf, sogleich fällt er hin und regt kein Glied mehr.« Da
wäre dem Jüngling fast das Herz in die Schuhe gefallen, er
bat das Männchen: »Ach bleibe doch bei mir, dann fürchte
ich mich weniger.« Aber das Männchen sprach: »Du
brauchst dich nicht zu fürchten, sie thun dir nichts, wenn du
es machst, wie ich dir gesagt habe. Ich darf nicht dabei sein,
sonst wäre Alles umsonst.« Da schlupfte das Männchen in
eine Höhle, welche nahebei war und wartete dort ab, was
geschehe. Bald drauf rauschte es im Wald und knackte und
krachte, das war einer der Riesen, wohin der ging, mußte er
sich zuvor Luft machen und strich so mit seinen Händen die
Äste zur Seite, daß sie und mit ihnen ganze Baumwipfel
brachen. Als er dem Jüngling nahe kam und ihn sah, schrie er:
»Ach hab ich dich nun, hast du aus meiner Schüssel gefressen,
so will ich jetzt dich selber fressen.« Er bückte sich um ihn
zu fassen, doch da schlug der Jüngling ihn mit dem Stöckchen vor die Stirn und plumps, da lag er und streckte alle
viere von sich. In einem Satze war das Männchen da und
rief: »Schnell, daß wir ihn verstecken, bevor die andern

kommen!« Sie zogen ihn bei den Haaren tiefer ins Gebüsch und bedeckten den ganzen Kerl mit dürrem Laub.

Eine Weile drauf tobte und tappte es wiederum durch den Wald als ob der Sturm hindurch fahre. Das war der zweite Riese, der kam mit großen Schritten heran, denn er war nicht wenig böse. Als er den Jüngling fand, schrie er: »Ach du hast aus meiner Schüssel gefressen, so will ich jetzt dich selber fressen.« Damit bückte er sich, aber der Jüngling traf ihn so wohl an die Stirn, daß er hinstürzte und keinen Laut mehr von sich gab. Husch war das Männchen wieder bei der Hand und rief: »Schnell weg mit ihm, ehe der dritte kommt!« Da zogen sie ihn bei den Haaren zu seinem Kameraden und warfen dürres Laub drauf, so daß man keine Fingerspitze von den zwei Kerlen sah.

Das graue Männchen hatte Recht, wenn es eilte, daß der Riese auf die Seite kam. Kaum lag er unter dem Laube, als es durch den Wald schrie und lärmte. Das war der dritte Riese und der hatte einen Tritt, daß die Erde davon erbebte. Als er den Jüngling fand, rief er wüthend: »Du hast aus meiner Schüssel gefressen, so will ich dich jetzt selber fressen.« Als er sich aber bückte, den Jüngling zu packen, traf dieser ihn so gut mit seinem Stöckchen an die Stirn, daß er hinfiel und keinen Pieps mehr that.

Nun sprang das Männchen gar fröhlich aus seiner Höhle heraus und sprach: »Der mag liegen bleiben, denn das ist der letzte; jetzt laß uns wieder in das Schloß gehen, da sind wir Herren und Meister. Du mußt mir jedoch vorher versprechen, daß du mir in Allem getreulich folgen willst, was ich dir sage oder auftrage. Du hast gesehen, daß es nur zu deinem Besten ausschlägt.« Der Jüngling versprach dieß mit Freuden und folgte dem Männchen zu dem kohlrabenschwarzen Riesenschloß. Sie traten hinein und kamen durch viele Zimmer endlich in eine Kammer, da hing ein großes, blankes, scharfes Schwert an der Wand. Das Männchen sprach: »Nimm dieß Schwert herunter« und als der Jüngling es gethan, sprach es weiter: »Nun haue mir den Kopf ab.« »Ach wie könnte ich das! Du hast mir ja nichts zu Leide gethan«, rief der Jüngling, doch das Männchen erzürnte und rief: »Willst du mir den Kopf abhauen oder soll ich ihn dir abhauen?« Da konnte der Jüngling wohl nicht anders, er nahm das Schwert in beide Hände und schlug dem Männchen den Hals durch und durch. Als aber der alte Kopf des Männchens herunter fiel, fielen die grauen Kleider mit ab, wie einem Schmetterling die garstigen Puppenkleider und da stand eine Jungfrau vor dem Jüngling, die war so wunderschön, daß er vor lauter Staunen und Entzücken kein Wort sprechen konnte. Er glaubte nicht anders, als es sei ein Traum, aber da reichte sie ihm die Hand und sprach: »Siehst du nun, daß du Recht daran thatest, mir zu folgen?« Dann erzählte sie ihm ihre ganze Geschichte, die war sehr traurig. Vor vielen Jahren waren die drei Riesen in die Gegend gekommen, wo ihr Vater als Graf auf dem Schlosse wohnte. Sie hatten das Schloß überfallen und alles gefressen, was sie da fanden, die ganze Familie der schönen Jungfrau, den ganzen Hofstaat und alles Gesinde, nur sie selbst hatten die Ungeheuer verschont, weil sie so schön war. Sie wollten ihren Willen mit ihr haben, als sie aber mit Gottes Hülfe den Riesen stets entfloh, da verwünschten sie die Jungfrau in ein graues Männchen; seitdem wurde das Schloß kohlrabenschwarz. Alsdann fuhr sie fort: »Du hast mich erst halb erlöst, da das Schloß noch nicht erlöst ist, darum sollst du jetzt dein Werk ganz vollenden. Im Walde steht die große Rieseneiche, diese mußt du aufsuchen. Sie hat sieben Löcher über einander in ihrem Stamm und in dem siebenten sitzt eine Taube auf zwei Eiern. Die Eier mußt du nehmen und mir an dem Kopf entzwei werfen.«

Der Jüngling that wie sie ihm geheißen. Er fand die Eiche und an der Eiche die sieben Löcher und in dem obersten Loch die Taube und unter der Taube die Eier. Diese brachte er mit und warf sie der Jungfrau an den Kopf. Im selben Augenblick krachte es in dem ganzen Schloß, als sollte die Welt versinken und es war wieder weiß, wie Schnee, als ob es eben erst gebaut worden wäre.

Der Jüngling feierte nun rasch seine Hochzeit mit der schönen Gräfin, er nahm viele Diener an und ein neues schönes Leben kehrte in dem Schlosse ein. Nach einem Jahr sollte der Beiden Glück vollständig werden, denn die Gräfin fühlte, daß sie bald eines Kindes genesen werde. Als aber der Augenblick da war und sie gebären sollte, da brachte sie statt eines Kindes einen grauen Wackenstein zur Welt. Ihr

Mann war außer sich vor Jammer als er den Stein sah, doch sie tröstete ihn und sprach: »Dieß ist noch eine Folge der Verwünschung, welche die Riesen über mich ausgesprochen haben, aber sei zufrieden, denn du kannst uns leichtlich helfen. Trage den Stein in den Keller und zerhaue ihn dort mit dem Schwerte, womit du mir den Kopf abgeschlagen hast, als ich noch ein graues Männchen war.« Er that nach ihrem Willen, und als das Schwert durch den Stein fuhr, da sprang das helle rothe Blut heraus, worüber er sich so entsetzte, daß er den Stein liegen ließ und wieder zu seiner Frau eilte, um ihr das zu sagen. Sie sprach: »Du hast ganz recht gethan, nun gehe nach sieben Tagen wiederum in den Keller und schau einmal nach.«

Das Herz klopfte ihm nicht wenig, als er nach sieben Tagen die Kellerthür öffnete, doch was war das für eine Freude, als er an der Stelle des blutigen Steines ein wunderschönes kleines Mägdlein liegen sah, das blickte ihn mit klugen Augen an und streckte ihm die Ärmchen entgegen. Er hob es auf und trug es voller Freude zu seiner Frau. Sobald diese wieder gesund war, reiste er aber nach Hause und holte seinen Vater und das ganze Dorf ab, welches sehr arm war. Er schenkte jedem Bauern ein groß Stück Wald, was er sich ausroden und anbauen konnte und lebte als Graf mit seiner lieben Frau noch lange und glücklich.

DIE GETREUE FRAU.

Ein König hatte eine Tochter, die war überaus schön und klar und hatte eine gar feine und zarte Haut; wenn sie rothen Wein trank, konnte man sehen, wie er ihr durch den Hals herunter lief. Die Welt war so erfüllt mit dem Ruf von ihrer Schönheit, daß selbst des Sultans Sohn aus der Türkei kam und um ihre Hand anhielt. Sie wollte jedoch nichts von ihm wissen und sprach, sie wolle keinen Heiden heirathen, der sei ihr zu schlecht nur ihre Schuhe zu putzen.

Zu gleicher Zeit lebte in einem andern Königreich ein König, welcher drei Söhne hatte. Da er nicht wußte, welchem von ihnen er nach seinem Tode das Königreich übergeben solle, so sprach er: »Gehet auf Reisen und wer von euch mir das Schönste mitbringt, der wird König.« Sie zogen sofort aus, doch gereute es sie schon am dritten Tage und die beiden Jüngsten sprachen zum Ältesten: »Lieber Bruder, gehe du nach Hause zurück und tritt die Regierung an, wir wollen in die Welt hinaus ziehen und sehen, wo unser Glück blüht.« Sprach der Ältere: »Ich kann euch nicht ziehen lassen, wenn ihr mir nicht versprechet, treu zusammen zu halten in Freud und Leid und euch nicht von einander zu trennen, auch sobald ihr euer Glück gefunden habet, zurück zu kommen, damit ich mich mit euch darüber freue.« Darauf gaben sie sich die Hände und schieden von einander.

Nach langem Reisen kamen sie in das Königreich, wo die schöne Prinzessin wohnte. Da gefiel es ihnen so gut, daß sie beschlossen, dort zu bleiben, der eine wollte den Seedienst lernen, der andere unter die Landarmee treten. Da sie so schöne Leute waren, nahm der König sie alsbald an und sie waren so gewandt und geschickt, daß sie in kurzer Zeit der eine Major und der Jüngste Oberst wurden. Sie hatten so viel Geld von Hause mitgenommen, daß sie nicht zu knausern brauchten und ein herrliches Leben führen konnten. Da war kein Mangel an Dienerschaft und Pferden und Wagen; jeden Tag fuhren sie um Mittag aus und jeden Tag der Woche in einem andern Wagen mit sechs andern Pferden und andern

Bedienten. Sie kamen dabei stets an dem Schlosse des Königs vorüber, und da wurde die schöne Prinzessin aufmerksam auf sie und kam jedesmal an das Fenster. Das bemerkten die zwei Prinzen bald, aber sie merkten nicht, wie die Liebe nach und nach in dem Herzen der Prinzessin Platz nahm und sie endlich nicht mehr ruhen ließ bei Tag und Nacht. Der Jüngste der beiden Prinzen, welcher auch der schönste war, gefiel ihr nämlich so gut, daß sie meinte, nicht ohne ihn leben zu können; sie mochte es aber Niemand sagen, denn sie war gar stolz und da sie Alles so in sich verbergen mußte fiel sie zuletzt in eine schwere Krankheit. Alle Ärzte im Lande mußten herbei, doch ihre Arzneien halfen nichts und es wurde von Tag zu Tage schlimmer mit ihr. Da ließ sich endlich ein uralter Mann am Hofe melden, der hatte sein ganzes Leben hindurch die Welt bereist und kannte alle Kräuter; er hatte einen Trank ausgefunden, der jede Krankheit auf der Stelle heilte, wenn sie auch noch so gefährlich war. Der König führte ihn zu der Prinzessin und kaum hatte der Alte sie gesehen, so sprach er: »Ich kann ihr helfen, aber ich muß mit ihr allein sein.« Als der König fortgegangen war, gab ihr der Alte einen stärkenden Trank, dann sagte er: »Ihr habt kein körperliches Leiden, sondern eine Herzenskrankheit und ich kann euch nur helfen, wenn ihr mir aufrichtig bekennt, was euch drückt.« Anfangs wollte die Prinzessin nicht mit der Sprache heraus, aber der Alte wußte ihr Vertrauen so zu gewinnen, daß sie ihm endlich Alles bekannte, doch bat sie ihn, er solle sich nur nichts davon merken lassen.

Da ging der Alte zum König und sprach: »Ich habe die Krankheit wohl überwunden, aber es bleibt noch eine Schwäche zurück. Wenn die Prinzessin jetzt viel Leute sieht und die rechten Leute, die ihr schön zu erzählen und sie zu unterhalten wissen, dann ist die Schwäche auch bald gehoben, denn dann denkt sie nicht darüber nach.« »Wen will sie denn sehen?« frug der König. »Von all meinen Hofherren will sie nichts wissen.« »Wen, das weiß ich nicht«, sprach der Alte, »aber es sind zwei vornehme Herren in der Stadt, einer ist Major und der andre Oberst; die könntet ihr einladen.« Der König freute sich des guten Rathes und sandte sogleich einen Bedienten zu den beiden Prinzen, um sie zum Mittagessen einzuladen. Als der Bediente seinen Auftrag ausrichtete, gaben die Prinzen ihm keine Antwort; sie sagten zu dem Wirth, er solle ihnen das Essen wie jeden Tag bereit halten. Sie aßen wie immer zu Mittag, dann fuhren sie nach Gewohnheit aus und an dem Schlosse des Königs vorbei. Als der König das sah, fuhr er den Bedienten an, er habe wohl die Einladung nicht gehörig ausgerichtet, doch der sagte, das sei geschehen, die Herren hätten ihm aber keine Antwort gegeben. Da setzte sich der König des andern Morgens in seinen Wagen und fuhr selber zu den Prinzen, lud sie zu sich zu Tische und frug auch, warum sie am vorigen Tage nicht gekommen seien. »Man kann auf anderer Leute Reden nicht gehen«, sprachen sie. »Wenn wir so etwas auszurichten haben, thun wir es selbst.« Das freute den König, denn er dachte, da sie so stolz seien, müßten sie wohl von vornehmer Herkunft sein und er frug sie, wer sie denn eigentlich seien? Als er nun ihre Abstammung vernahm, da war er gar außer sich vor Freude und sprach, sie dürften nicht mehr in dem Wirthshaus wohnen, sondern müßten in seinen Pallast ziehen. Dieß geschah noch am selben Tage und Niemand war glücklicher darüber, als die schöne Prinzessin. Als der Jüngste sie nun so jeden Tag in ihrer ganzen Holdseeligkeit sah, da erwachte auch in seinem Herzen die Liebe zu ihr und da war es nicht weit mehr bis zur Verlobung und die Vermählung ließ auch nicht lang warten; also wurden die Beiden das glücklichste Paar auf Gottes Erdboden.

Ein paar Jahre hatten sie also beisammen gelebt, da sprach der Ältere: »Lieber Bruder, ich habe den Seedienst nicht umsonst gelernt und kann es auf dem Lande nicht länger aushalten. Zudem finde ich hier mein Glück nicht, darum muß ich es anderswo suchen und will nächstens mit einem Schiffe gegen die Seeräuber ziehen.« »Thue das nicht«, sprach der Jüngste, »du weißt doch wohl, daß wir unserm Bruder versprochen haben, nicht von einander zu weichen in Freud und Leid, laß uns darum Wort halten und treu zusammen bleiben. Wenn du dein Glück finden sollst, dann kannst du es hier so gut finden, wie in einem andern Welttheil.« Der Ältere bestand aber darauf, er wolle fort, da sprach der Jüngere: »Wenn du gehest, dann kann ich nicht bleiben, denn ich halte mein Versprechen, wie hart es mir auch ankommt.« Und er ging zu seiner Frau und sprach: »Binnen acht Tagen verreise ich mit meinem Bruder, um ein wenig die Welt zu sehen; in Jahresfrist sind wir aber wieder zurück.« Ach wie da die arme Prinzessin weinte und jammerte; es brach ihm fast das Herz, doch er ließ sich in seinem Entschluß nicht irre machen, denn sein Wort war ihm allzu heilig. Als nun die Schiffe zur Abfahrt gerüstet da lagen, zog der Prinz sein Schwert und gab es seiner lieben Frau, indem er sprach: »Behalte dieß Schwert als ein Zeichen von mir; so lange es blank bleibt, geht es mir gut, und so lange du keinen Rost oder Flecken darauf siehst, bin ich dir getreu und das bleibe ich bis in den Tod.« Da gab ihm die Prinzessin ihr schnee-weißes Gewand und sprach: »Dafür schenke ich dir diesen Mantel als ein Zeichen von mir; so lange er weiß bleibt, so lange bleibt meine Treue unverletzt.« Da küßten und umarm-ten sie sich unter vielen Thränen und die beiden Brüder gingen zu Schiffe. Die Prinzessin aber schaute ihnen noch lange nach, bis die weißen Segel fern auf dem Meer verschwan-den.

Als sie etwa acht Wochen auf dem Meere waren, da kamen eines Morgens drei Schiffe mit Seeräubern gefahren, welche für den Sultan Beute machten. Die umzingelten das Schiff, worauf die beiden Brüder sich befanden und machten sie und alle Andere, welche mit ihnen fuhren, zu Gefangenen. Am folgenden Tage wurden sie vor den Sultan geführt. Als der ihre reichen und prächtigen Kleider sah, freute er sich über den Fang und frug sie, woher sie kämen und wer sie seien. Da erzählten sie ihm ihre Geschichte und baten, er möge sie doch wieder frei geben, sie wollten ihm schweres Geld sen-den, so viel, als er verlange. Jetzt war aber seine Freude erst recht groß, als er hörte, daß einer von ihnen der Gemahl der Prinzessin sei, welche ihn so schimpflich abgewiesen hatte, und er sprach: »Ich gäbe euch nicht um alles Gold auf der ganzen Welt, denn ich will mich an euch dafür rächen, daß die Prinzessin meinen Thron verschmäht hat; jetzt wird sie aber wohl zahm werden. Ihr seid Hunde und sollt bei den andern Hunden sitzen und mit ihnen fressen und schlafen.« Da ging ein trauriges Leben für die Brüder an und hundertmal beklagte der Ältere, daß er seinem Bruder nicht gefolgt und ihn auch ins Unglück gestürzt hätte. Jeden Tag mußten sie die schimpflichsten Arbeiten verrichten; dazu bekamen sie kein anderes Essen, als die Brocken, welche vom Tische fielen, denn sobald die Glocke zum Mittagessen läutete, mußten sie mit den Hunden in das Speisezimmer laufen und sich unter den Tisch setzen. Die besten Brocken schnappten die Hunde ihnen dazu noch weg, so daß sie manchmal bittern Hunger litten. Oft mußten sie sich auch vor den Sultan legen, der alsdann seine Füße auf sie setzte und sie trat und schimpfte, wenn sie sich nur rührten. Das Schlimmste war ihr Lager im Hundestall, der sehr unrein war und nie gefegt werden durfte. Darum mußte der ältere Bruder jeden Morgen seine Kleider sämmtlich waschen, der jüngere hatte dieß jedoch nicht nöthig, denn an dem Gewande seiner Frau, welches er beständig trug, blieb kein Stäubchen hängen und es war immer schloßenweiß, wie der frischgefallene Schnee; das war sein einziger und größter Trost in diesen schweren Tagen.

Die Prinzessin hatte unterdessen fleißig nach dem Schwerte geschaut und war von Herzen froh, daß es stets so hell und blank blieb. Eines Morgens aber, als sie es erfreut darüber in der Hand hielt und betrachtete, lief ein trüber Hauch darüber und wie sie auch putzte und wischte, er wollte nicht weichen. Da ergriff ein schwerer Kummer ihr Herz, denn sie erkannte nun, daß ihrem lieben Gemahl ein Unglück begegnet sein müsse, und sie beschloß ihm nachzureisen, um ihn zu retten, koste es, was es wolle.

Als sie sich eben zur Abfahrt rüstete, kamen Boten in das Schloß, welche ihr meldeten, daß der Sultan aus der Türkei angekommen sei, der wolle zu ihr, da er viel mit ihr zu sprechen habe und wolle gegen Abend kommen. Sie ließ ihm wieder sagen, er könne kommen, jedoch nicht zu einer andern Zeit, als zwei Stunden vor Mittag und sechs Stunden nach Mittag. Es dauerte nicht lange, da war er schon im Schlosse, trat mit heimtückischer Freude in ihr Zimmer und sprach: »Vor Zeiten habet ihr meine Hand verschmäht, um euch mit einem armen Königssohn zu versprechen und den zum Gemahl zu nehmen. Der sitzt jetzt als Hund unter meinem Tische bei den andern Hunden und frißt die Brocken, welche herunter fallen. Ich habe euch aber immer noch lieb und frage euch, ob ihr jetzt meine Frau werden wollt und die mächtigste Fürstin auf der Welt. Bedenket, daß ihr ein solches Glück euer Leben lang nicht wieder findet, denn ihr bekommt die größten Schätze, die je Augen sahen und es ist kein Wunsch, der euch nicht sofort erfüllt würde.« Die Prinzessin meinte vor Schmerz zu vergehen, als sie hörte, wie der Sultan von ihrem lieben Manne sprach, und welch ein schreckliches Loos demselben zu Theil gefallen war. Sie faßte sich jedoch und sagte: »Eure Gemahlin kann ich nie werden und wäret ihr selbst Kaiser der ganzen Welt«, und sie ging schnell in ihr Kämmerlein und ließ ihn stehn. Dort weinte sie sich recht aus, dann aber warf sie sich auf ihre Kniee nieder und betete zu Gott, er möge ihr Kraft und Muth in ihren Leiden geben und ihr Vorhaben segnen, damit sie ihren lieben Gemahl aus seiner schmählichen Gefangenschaft befreie. Gott erhörte ihr Gebet und stärkte sie so wunderbar, daß sie sich stark fühlte, Alles zu wagen und zu unternehmen.

Vor der Stadt lag eine Kapelle und ein Häuschen, da kehrten die Pilger ein, welche nach Jerusalem gingen. Dahin schickte sie ihre treueste Dienerin und ließ einem der Pilger seine Kleider abkaufen. Diese zog sie an, nahm ihre Harfe, welche sie meisterlich spielte, und ging Abends an den Strand, wo des Sultans Schiffe lagen. Da setzte sie sich hin, schlug ihre Harfe und sang:

> »Was fehlet dir, mein Herz,
> Daß du in mir so schlägest?
> Wie kommt es, daß du dich
> So heftig in mir regest?
> Du störst bei finstrer Nacht
> Mir alle meine Ruh,
> Am Tag, bei finstrer Nacht.«

Der Sultan, welcher grade auf seinem Schiffe stand, horchte auf und ließ den Harfner zu sich rufen, sprach: »Wie kommst du zu diesen Liedern?« »Das sind so meine Träume«, antwortete der Harfner und sang weiter:

> »Es schlagen über mich
> Die Unglückswellen her,
> Ich schweb in Todesangst
> Auf einem wilden Meer,
> Die stört bei finstrer Nacht
> Mir alle meine Ruh,
> Am Tag, bei finstrer Nacht.«

Dann fuhr er fort und sang in schönen Versen Alles, was dem Sultan mit der Prinzessin begegnet war. Da frug der Sultan abermals: »Wie kommst du zu diesen Liedern?« »Das sind so meine Träume«, sprach der Harfner. Da rief der Sultan erstaunt: »Du mußt mit mir ziehen, magst du dafür fordern, was du willst.« »Hier kann ich nichts fordern«, sprach der Harfner. »Ich will aber mit euch ziehen und ein Jahr bei euch bleiben. Wenn es mir dann bei euch gefällt, bleibe ich, gefällt es mir nicht, so gehe ich, doch müßt ihr mir zuvor schwören, daß ihr mir drei Wünsche erfüllen und mich ziehen lassen wollt.« Da sprach der Sultan: »Ich gebe dir Alles, was dein Herz begehrt, das schwöre ich dir beim Feuer und meinem Bart«, und das ist der höchste Schwur, den die Türken thun. So blieb der Harfner auf dem Schiffe und fuhr am folgenden Tage frühmorgens mit dem Sultan ab. Dieser gewann ihn immer lieber wegen seiner wunderschönen Lieder, so daß der Harfner ihn endlich, wie man zu sagen pflegt, um einen Finger wickeln konnte und nichts begehrte, was nicht sogleich erfüllt worden wäre.

Als sie in dem Schlosse des Sultans ankamen, mußte der Harfner gleich am folgenden Tage bei der Tafel spielen und alle Gäste waren darüber außer sich vor Entzücken, nur nicht des Sultans Mutter, ein böses altes Heidenweib, welche stets nur Ränke und Böses sann und spann. Diese zankte fortwährend, wozu das Geleier diene und sie könne den Singsang nicht ausstehen, aber Niemand hörte auf sie und Alle wurden von Stunde zu Stunde lustiger. Als die Tafel fast zu Ende war, öffneten sich die Thüren und da kamen die Hunde und mit ihnen die beiden Prinzen herein, der Jüngere in seinem schneeweißen Gewand und sein armer Bruder. »Das sind Alles meine Hunde« sprach der Sultan und warf den Prinzen ein paar Brocken zu; doch da sprangen die andern Hunde herbei und schnappten sie ihnen weg. Der Harfner mußte sich sehr Gewalt anthun, als er dieß jammervolle Schauspiel ansah, aber er ließ sich nichts merken und sprach nur: »Mir scheint, ihr füttert eure Hunde schlecht, die beiden großen Menschenhunde sehen gar mager aus.« Dann warf er ihnen große Brocken hin, welche die beiden Prinzen gierig verschlangen, denn ein so reiches Mahl hatten sie lange nicht bekommen. Das ärgerte die alte Sultanin noch mehr, als sie aber darüber poltern wollte, fing der Harfner an zu singen und da ging sie voller Wuth weg. Aber auch der Sultan ärgerte sich darüber, darum stand er schnell von der Tafel auf, als das Lied zu Ende war. Zugleich kamen die Diener und schwangen ihre langen Peitschen, da wurde das Zimmer bald leer.

Am folgenden Tage sonnte sich der Sultan in seinem Rosengarten, wo die Sklaven arbeiteten, und er ließ den Harfner kommen, daß er vor ihm spiele. Da schlug er die Harfe gar schön und sang dazu:

> »Ich kam in kurzer Zeit
> In einen schönen Garten,
> Da sah ich also schöne stehn
> Viel Blumen aller Arten;
> Darunter sah ich eine Rose blühn,
> Ich wollt, ich könnte sie für mich erziehn.*)

»Das ist ein wunderliches Lied« sprach der Sultan, »aber sage mir nur welche Rose du meinst, ich will sie dir sogleich schenken.« »Ach das sind meine Gesänge so, ich habe keine von euren Rosen gemeint«, sprach der Harfner und fuhr fort:

> »Jetzt muß ich ganz betrübt
> Aus diesem Garten gehn;
> Niemand kommt fragen mich,
> Wie es mir wird ergehn.
> Die Unglückswellen fallen
> Zu schwer über mich herein.«

»Welche Unglückswellen meinst du denn?« frug der Sultan und der Harfner antwortete: »Ach das sind meine Lieder so.« Da sprach der Sultan und wies dabei auf die beiden Prinzen hin, welche im Schweiß ihres Angesichtes graben mußten: »Kennst du die Hunde dort? die sind aus deinem Lande, gehe und sprich mit ihnen.« »Ich kenne sie nicht« erwiederte der Harfner, »aber ich bin auch nicht aus dem Lande, wo du mich gefunden hast, ich bin viel weiter her, will aber doch mit ihnen sprechen, ob sie meine Muttersprache verstehn.« Da ging er zu ihnen und machte allerlei Wischi waschi durchein-

---

*) Auch: Die mir mein ganzes Herz erfrischt.

ander daher, als ob er eine ganz fremde Sprache rede, doch die Prinzen sprachen: »Wir verstehen dich nicht« und das war ihnen nicht zu verdenken, denn das hätte kein Heidenkind verstanden. Der Harfner kam zum Sultan zurück und sprach: »Sie verstehen meine Sprache nicht, aber aus welchem Lande sind sie denn?« »Diese Hunde sind zwei Prinzen, welche ich gefangen halte, weil die Frau des einen meine Liebe verschmäht hat.« »Da geschieht ihnen recht« sprach der Harfner, »wenn sie aber mein wären, ließe ich sie feine Arbeiten machen, welches die andern Sklaven nicht können. Sie müßten mir schöne Körbe flechten, Käfige schnitzen und solche Dinge, womit ich mein Haus und meinen Garten verzierte.« Das sagte er aber, weil er wußte, daß die Prinzen solches in ihrer Jugend gelernt hatten und damit sie nicht mehr so harte Arbeit thun müßten. »Das ist ein guter Gedanke«, sprach der Sultan, »aber sie können es schwerlich.« »Es kommt auf eine Probe an«, erwiederte der Harfner. Da wurden ihnen Weiden und Messer und Holz gegeben und sie flochten und schnitzten so schön, daß der Sultan außer sich vor Freude war.

Mittags mußte der Harfner wieder bei Tische spielen und man setzte ihm ein reiches, kostbares Mahl vor, doch aß er nur sehr wenig davon. Als die Hunde aber herein gelassen wurden, da lockte er die zwei Prinzen zu sich und warf ihnen große Bissen zu. Das ärgerte die alte Sultanin und sie hetzte an dem Sultan und sprach: »Sieh doch, wie das gute Essen verschwendet wird. Es ist eine Schande, daß die Hunde es bekommen. Mach dem doch ein Ende.« Anfangs sprach der Sultan wohl, man solle den Harfner gewähren lassen, aber sie hörte nicht auf zu hetzen bis er ärgerlich rief: »Ich will nicht haben, daß du den Hunden dein Mahl gibst.« »Verzeiht, Herr Sultan«, sprach der Harfner, »die Hunde können nichts fordern, darum muß man ihnen geben. Wenn ihr aber nicht haben wollt, daß ich den armen Hunden eine gute Mahlzeit gebe, dann lasset mich in mein Vaterland zurück gehn.« Da schwieg der Sultan und ließ ihn gewähren.

Als aber jeden Mittag dieselbe Geschichte war, wurde der Sultan dessen endlich müde, denn die Alte sprach stets: »Laß ihn nur laufen, er verdirbt dir die Hunde durch Leckerbissen und wer weiß, was er noch im Schilde führt. Den Christen ist nicht zu trauen.« Er sprach eines Tages: »Ich kann dem nicht länger zusehn, gehe sobald es dir geliebt.« »Dann will ich gleich morgen gehen«, sprach der Harfner und freute sich und lobte Gott in seinem Herzen. »Vorher aber müsset ihr mir euer Versprechen lösen und mir meine drei Wünsche gewähren.« »Thue das nur nicht«, raunte die Alte dem Sultan ins Ohr, aber der sprach: »Ich muß es thun, denn ich habe es geschworen beim Feuer und meinem Bart. Sage mir, was du dir für drei Dinge wünschest und ich will sie dir gewähren.« Da that der Harfner, als ob er sich besänne und sprach alsdann: »Fürs erste wünsche ich mir den weißen Hund, (das war nämlich der Prinz, welcher das weiße Gewand trug) für's zweite den andern Hund, welcher immer bei ihm ist und für's dritte ein Schiff mit Geld und Mannschaft, um in mein Vaterland zu fahren.«

Da machte der Sultan ein saures Gesicht, die Alte aber sprang und tanzte vor Wuth und rief: »Das geht nicht, die Hunde bekommst du nicht, du hast Hundes genug an dir selbst.« Der Harfner aber sprach: »Bedenket euren Schwur, Herr Sultan, ich verlange nur, was mir zukommt.« Der Sultan erwiederte: »Du forderst das Größte, was ich habe, aber da du mein Versprechen hast, sollst du Alles bekommen« und er ließ den Prinzen die Ketten abnehmen und sie auf das Schiff des Harfners führen. Der Harfner fiel ihm zu Füßen und dankte ihm für das Geschenk, doch der Sultan wollte nichts von Dank wissen und ging zornig weg.

Wer da glücklicher war, die Prinzessin, d. i. der Harfner, oder die beiden Prinzen, das ist schwer zu sagen. Gern hätten sie ihr für ihre Rettung gedankt, aber sie ging auf dem Schiffe nicht aus ihrer Kammer, ließ auch Niemanden zu sich herein, außer einem Mädchen, welches ihr das Essen brachte. Sie lag Tag und Nacht auf den Knieen und dankte Gott für alle Gnaden, welche er ihr erwiesen hatte, bat ihn, ihr ferner auch beizustehn und sie nicht zu verlassen in Leid und Freude. Das Schiff flog schnell über das Meer dahin und landete bald in einem Hafen ihres Königreiches. Da ging sie aus ihrer Kammer hervor und ließ die beiden Prinzen zu sich kommen. Sie wollten sich vor ihr auf die Kniee werfen, aber sie sprach: »Ihr brauchet mir nicht zu danken, danket Gott dem Herrn. Ich schenke euch eure Freiheit und Alles was im Schiffe ist, aber bevor ihr ans Land tretet, sollet ihr hier niederknieen und Gott die Ehre geben.« Da knieten die Prinzen und beteten inbrünstig, sie aber schlich sich unterdessen in ihren Harfnerkleidern leise fort und ging auf heimlichen Wegen der Hauptstadt zu.

Unterwegs traf sie einen Pilger, der ging desselben Wegs. Sie fragte ihn, was man sich Alles in der Stadt erzähle und wie es der Prinzessin ergehe. Der Pilger antwortete: »Man weiß nichts von ihr, sie ist weggegangen, seitdem der Sultan da war, und kein Mensch kann sagen wohin. Die Minister haben ihrem Vater aber gesagt, sie gehe auf schlechten Wegen und ihm so lange zugeredet, bis er an allen Straßenecken hat bekannt machen lassen, wer sie überliefere, der erhalte eine große Belohnung. Man will nämlich Gericht über sie halten und dann könnte es leicht ein schlechtes Ende mit ihr nehmen.« Die Prinzessin sprach: »Du kannst dir diese Belohnung verdienen, wenn du Alles thust, was ich dir sage, und du bekommst noch viel mehr dazu.« »Wie sollte das möglich sein?« frug der Pilger. »Ich bin die Prinzessin« sprach sie und verabredete sich mit ihm, was er zu thun habe. Dann ging sie mit ihm in das Haus vor der Stadt, wo die Pilger einzukehren pflegten und wechselte dort die Kleider; darauf band er sie und führte sie in das Gefängnis.

Am selben Abend langten die beiden Prinzen gleichfalls in der Hauptstadt an und wurden mit großen Freuden empfangen. Das erste was der Jüngste aber sprach, war: »Wo ist meine liebe getreue Frau?« Da traten die Minister zu ihm und antworteten: »Wir möchten lieber von ihr schweigen, aber da wir reden müssen, so müssen wir auch die Wahrheit sagen. Sie ist als eine feile Dirne im Lande herumgefahren und erst heute eingefangen und ins Gefängnis gebracht worden.« »Das ist nicht wahr«, sprach der Prinz, »denn ihr Gewand ist so weiß, wie mein Schwert blank ist, darum kann ich es nicht glauben.« Da brachten sie aber Zeugen, welche aussagten, daß die Prinzessin zur Zeit wo der Sultan da gewesen, plötzlich verschwunden sei und daß Niemand sie seit dem Tage gesehen habe. Der Prinz sah sein Gewand an und es dünkte ihm weißer als je zuvor, doch da sprachen die Minister: »Das Gewand kann euch trügen, denn da sie so lange herumstreichen konnte, versteht sie sich gewiß auch auf

Zauberkünste, darum darf man dem Gewande nicht trauen und dem Recht muß sein Lauf gelassen werden.« Der Prinz meinte, das Herz müsse ihm vor Leid zerspringen, als er das hörte, ach er hätte Alles so gern nicht geglaubt und er konnte doch am Ende nicht anders.

Am folgenden Tage wurde Gericht gehalten und da sich die Prinzessin gar nicht vertheidigte und kein Wort sprach, so wurde sie zum Tode am Galgen verurtheilt. Als der Tag herankam, wo das Urtheil sollte vollstreckt werden und man die schöne Prinzessin in groben Kleidern auf den Richtplatz führte, da war Trauer in der ganzen Stadt und wurde mehr geweint als gelacht. Auf dem Richtplatz war ein schwarzer Thron aufgeschlagen, worauf der Prinz saß, denn es war Sitte im Lande, daß Niemand hingerichtet werden durfte, als in Gegenwart des Königs oder eines Prinzen. Als er seine Frau sah, da brach er in Thränen aus, denn er glaubte immer noch sie müsse unschuldig sein und hielt sich beide Hände vors Gesicht, damit das Volk nicht sähe, wie bitterlich er weinte. Sie bat aber, man möge ihr nur eine Gnade schenken, bevor sie sterbe. Das wurde ihr zugesagt und sie sprach: »Dann lasset mich einen Augenblick mit dem frommen Pilger, der dort steht, in dem Kapellchen allein beten und mich zum Tod vorbereiten.« Da schloß man ihr dies Kapellchen auf und sie trat mit dem Pilger hinein. Der hatte aber ihre Harfe unter seinem Mantel verborgen und auch die Kleider, in welchen sie vor dem Sultan gespielt und die beiden Prinzen erlöst hatte. Diese zog sie in der Sacristei rasch an, färbte ihr Gesicht und nahm die Harfe in die Hand. Also trat sie heraus und vor den Prinzen; der sah sie aber nicht, weil er so sehr weinte. Sie sang:

>»Kennst du den Harfner nicht,
>Der dich ja hat erlöst?
>Erlöset hat er dich
>Aus Kerker und aus Banden
>Und hat dich heimgebracht
>Wol in dein Vaterland.
>
>Ich falle nieder hier
>Auf meine beiden Knie,
>Ach du mein liebster Herr,

Verzeihe dieses mir,
Ich wollte dich ja nur
Für mich allein erziehn. «

Als der Prinz die Stimme hörte und die Harfentöne dazu, hob er erstaunt sein Haupt, da erkannte er den Harfner und sprang von seinem Thron, um ihn zu umarmen und willkommen zu heißen. In demselben Augenblick aber warf der Harfner die falschen Kleider ab, da stand die Prinzessin da in ihrer ganzen Schönheit. Was das für Freude und Glückseligkeit war, das könnten tausend Schreiber in hundert Jahren nicht ausschreiben. Der Prinz erzählte vor allem Volke, daß er sein Leben einzig und allein seiner lieben Frau verdanke und da ging erst der Jubel recht los. Beide wurden im Triumph durch die Straßen der Stadt geführt und die Festlichkeiten wollten gar kein Ende nehmen.

DIE RÄUBERHÖHLE IM WALDE.

Wer weiß, wozu das gut ist, rief der Schäferjunge, als ihn sein Vater mit viel Prügeln und keinem Geld in die weite Welt schickte, weil die Schafe aus der Hürde gebrochen waren.

So wanderte er drei Tage immer seiner Nase nach und kam in einen großen Wald. Da pfiffen die Vöglein so lustig und er pfiff mit ihnen bis es Abend wurde, da flogen die Vöglein in ihre Nester, aber der Junge fand kein Obdach und getröstete sich schon, in dem hohen Gras zu schlafen, was noch weicher war, als zu Hause sein Strohbett, da sah er, wie es wenige hundert Schritt vor ihm hell durch die Bäume schien, dann wieder dunkel wurde, und wieder in rother Helle glühte, doch war es kein Feuer, sondern nur Widerschein eines Feuers. Laß uns doch sehen, was das ist, sprach er zu sich selbst, und arbeitete sich durch das Gestrüpp; da kam er an einen Hügel und oben auf dem Hügel war der Schein und in dem Hügel hörte er mehre Männer miteinander reden. Vorsichtig kroch er auf allen Vieren an dem Hügel hinauf, da war da ein großes rundes Loch und als er hineinguckte, sah er unten in dem Hügel ein großes Feuer, daran stand ein Mann mit einem langen Bart und kochte und der Geruch von dem Essen stieg ihm in die Nase und sein Magen rief: Gib mir was. Er kroch wieder hinab und suchte lange nach einem Eingang zu dem Hügel; endlich fand er eine dicke hölzerne Thür mit einem runden Glasfensterchen drin. Als er hindurch schaute sah er drei düstre, wilde Kerle, die saßen um einen Tisch und da dachte er: Halt, das könnten Räuber sein; bleib du vor der Hand hübsch hier, es könnte an dein Leben gehn.

Indem hörte er, wie der Erste von den Kerlen sprach: »Ich habe einen Sinn, aber ich sag ihn nicht.« Da sagte der Zweite: »Ich habe auch einen Sinn, wenn du den deinen aber nicht sagst, sag ich den meinen auch nicht.« Der Dritte sprach: »Wenn ihr euren Sinn nicht sagt, schweige ich auch, aber ich meine, wir solltens uns sagen, denn wir sind ja allein. Wir wollen drum loosen, wer seinen Sinn zuerst sagen soll.« Damit waren die andern zufrieden und das Loos traf den Ersten. Er sprach: »Ich hab einen Sinn, ich will nicht mehr stehlen und rauben und morden.« »Ich auch nicht, ich auch nicht!« sprachen die beiden andern. »Aber warum willst du nicht mehr stehlen und rauben und morden?« »Da liegt der Haken«, sagte der Erste; »ich habe eine Geldbörse gestohlen, die wird nie leer, wie viel man auch herausnehmen mag. Da liegt sie und nun nehmt euch so viel ihr wollt.« Mit den Worten warf er die Börse auf den Tisch, daß die blanken Thaler zu Dutzenden herausrollten. »Das ist ein großer Schatz«, sprach der Zweite, »aber ich habe dein Geld nicht nöthig. Ich habe einen Mantel, wenn ich den umhänge und wünsche mich wohin, dann bin ich augenblicklich dort und wärs am Ende der Welt. Da ist er«; sprachs und legte den Mantel zu der Börse. »Das ist Dreck gegen das was ich habe«, sagte der Dritte. »Ich habe ein Seitengewehr, wenn ich das herausziehe und schwinge, dann fallen alle Köpfe derer ab, die vor mir stehn. Seht da ist es und damit ihr mir glaubt, will ich eine Probe machen«, und er schwang es gegen die Hunde, welche in der Ecke lagen und da fielen ihnen allen die Köpfe ab, wie wenn einer sie mit dem Rasirmesser abgeschnitten hätte; dann legte er das Schwert auf den Tisch zu dem Mantel und der Börse. Sprach der Älteste: »Jetzt wollen wir zu guter Letzt noch Abschied trinken« und damit holte er vier großmächtige Kannen voll Wein und sie zechten, bis tief in der Nacht sie alle drei unterm Tisch lagen und schliefen; man hätte eine Kanone neben ihnen abschießen können, sie hätten es nicht bemerkt.

Jetzt kommt meine Zeit, sprach der Junge, der Alles gehört und gesehn hatte, öffnete leise die Thür, steckte die Börse in den Sack, das Schwert an die Seite und hing den Mantel um. Nun hat's weiter keine Eile, dachte er, jetzt will ich erst mit Ruhe etwas essen und trinken und dann mit meinem Mantel auf Reisen gehn. Er holte das Fleisch aus dem Kessel, der noch überm Feuer hing, Brod und Butter aus dem Schrank und Wein dazu und hielt ganz bequem eine herrliche Mahlzeit, übereilte sich so wenig dabei, daß die Sonne schon hoch am Himmel stand, ehe er fertig war. Dann gab er jedem der Räuber einen kräftigen Fußtritt, schmiß Teller, Schüsseln, Kannen und Gläser auf sie und tobte und schrie wie besessen, bis sie erwachten und aufsprangen. Als aber der Erste von ihnen ihn fassen wollte, wünschte er sich rasch zehn Stunden weit und weg war er und die Räuber hatten das Nachsehen und konnten mit dem Stehlen wieder von vorn anfangen.

Der Junge aber stand durch seinen Wunsch plötzlich in der Nähe einer großen und prächtigen Stadt, das war des Landes Hauptstadt, wo der König wohnte. Er ging hinein und in das stolzeste Wirthshaus, wo nur hohe Herrschaften einkehrten. Als der Wirth ihn in dem unscheinbaren Mantel sah, sprach er: »Sucht euch ein anderes Wirthshaus, ich habe nur prächtige Zimmer mit seidenen Betten und die sind nicht für Bettelleute, sondern nur für Prinzen und Grafen.« Damit wandte er sich um und ging, aber die Tochter, welche Alles mit angehört hatte und der der schöne junge Mensch gefiel, hatte Mitleiden mit ihm weil es schon gegen Abend ging und gab ihm heimlich ein Zimmer im Hinterhaus, wo die Dienerschaft der vornehmen Gäste gewöhnlich schlief. Als sie von ihm weggehn wollte sprach er: »Zum Dank für eure Güte haltet eure Schürze einmal auf« und er schüttete ihr aus seiner Börse die Schürze voll blanker Thaler, so daß sie ihre schwere Last daran zu tragen hatte.

Sogleich lief das Mädchen zu ihrem Vater und zeigte ihm den Reichthum und da kratzte sich der Wirth wohl hinter den Ohren; er zog seinen Sonntagsstaat an, trat unter vielen Bücklingen in das Zimmer und bat den Jüngling hunderttausendmal um Verzeihung, führte ihn in das allerprächtigste Zimmer und wartete ihm auf, wie einem König.

Am andern Tage ließ der Jüngling den Schneider kommen und sich reiche Kleider machen, eine vollständige Prinzenmontur; Pferde wurden gekauft, die schönsten Wagen mußten herbei und er nahm wol zwanzig Bedienten an; dann kaufte er das prächtigste Haus in der Stadt, ließ es kaiserlich einrichten und zog hinein, kurz er hielt Hof, wie es der König mit all seinem Gelde nicht konnte. Der wäre eine gute Parthie für meine Tochter, dachte der König und ließ den Jüngling in's Schloß einladen, bat ihn auch jeden Tag mit an der königlichen Tafel zu speisen. Bald darauf kündigte ein benachbarter Kaiser dem Könige Krieg an und der König war sehr in Noth, denn der Feind hatte ein ungeheures Heer. Als eines Tages an der Tafel die Rede davon war, sprach der Jüngling: »Herr König, gebt mir nur die Leibgarde mit und ich will schon mit dem Feinde fertig werden.« Anfangs dachte der König, der Jüngling rede irre, als dieser aber darauf bestand gab er nach und dieser zog, von etwa hundert Mann der Leibwache begleitet, dem Feind entgegen. Die Leibwache stand Höllenangst aus, aber er schwang sein Schwert lustig vier- oder fünfmal gegen den Feind und da lag die ganze Armee wie abgemäht da und er kehrte als Sieger in die Hauptstadt zurück, wo der König ihn mit offenen Armen empfing. Jetzt wurden große Feste und ein glänzendes Mahl gehalten, wobei der Jüngling zur rechten Seite des Königs saß. Als das Mahl zu Ende war, erhob sich der König und sprach vor allen Gästen zu dem Jüngling: »Um dir meinen Dank zu beweisen, bitte von mir, was du willst und ich will es dir gewähren.« »So bitte ich um die Hand der Königstochter«, sprach der Jüngling und Niemand war mehr damit zufrieden als der König. Die Hochzeit wurde mit ungeheurer Pracht gefeiert und die Feste währten über einen Monat und wer dabei fehlte, das war ich.

So lebte der Jüngling als Prinz herrlich und in Freuden und dachte oft daran, wie gut es war, daß die Schafe aus der Hürde brachen, und daß sein Vater ihm Prügel gab. Dabei erwachte die Sehnsucht aber immer stärker in ihm, seinen Vater und die Seinen einmal wiederzusehn und sich für die Schläge dankbar zu beweisen. Als er es endlich nicht länger aushalten konnte, ließ er Alles zur Reise bereit machen und sagte zu seiner Frau, sie müsse ihn nun zu seinem Vater begleiten. Da freute sich die stolze Prinzessin sehr, denn sie glaubte nicht anders, als ihres Mannes Vater sei der mächtigste und reichste Kaiser von der Welt. Was die für Augen machte, als der Wagen und der ganze Hofstaat an dem armen Schäferhüttchen still hielt und ihr Mann ausstieg und sprach: »Das ist meines Vaters Schloß!« Von dem Augenblicke an haßte sie ihn tödtlich, denn sie meinte, sie müsse sich schämen, daß sie einen Schäferbuben zum Gemahl habe und sann Tag und Nacht auf Mittel und Wege, ihn los zu werden. Sie ließ ihren Mann aber nichts merken, im Gegentheil war sie noch viel freundlicher gegen ihn und that, als hätte sie ihn jetzt erst recht lieb, weil er sich so hoch emporgeschwungen und seiner armen Ältern nicht vergessen, dieselben vielmehr überreich beschenkt hatte. Sie verstellte sich aber so, damit sie von ihm erfahre, wie er zu so großen Reichthümern gekommen sei und wo er dieselben verborgen habe.

Ihr Mann war arglos, wie jeder gute Mensch und dachte nicht, daß es böse Menschen geben könne; er hielt die ganze Welt für gut. Als sie nun immer wieder in ihn drang, ihr sein Geheimniß zu sagen, da erzählte er ihr eines Tages Alles und zeigte ihr die Wunschbörse und den Mantel und das wunderbare Schwert, seinen ganzen Schatz und seine reichste Habe. Da that sie sehr dankbar und erfreut, und das war sie auch, aber nicht zu ihres Mannes Heil. Denn als dieser am folgenden Morgen aufstand, kamen vier Kerle, welche er noch nie gesehen, die zwangen ihn, schlechte Kleider anzuziehen und wollten ihn mit sich fortführen. Erzürnt langte er nach der Wand, wo sein Schwert hing, doch dieß war verschwunden und die Kiste, worin der Mantel und die Wunschbörse lagen, war erbrochen und leer. Als er aber nach seinen Dienern rief, sprachen die Kerle hohnlachend, ein Schäferbube habe keine Diener nöthig und die Königstochter sei längst wieder zu ihrem Vater heimgereist, denn sie wolle keinen Schäfer zum Manne haben. Ach wie schnitt ihm das durch sein Herz! Der Verlust von all seinem Reichthum galt ihm nichts, den hätte er gern ertragen, aber daß ihn seine Frau, die er so lieb hatte, so sehr betrogen hatte, das that ihm weh und er wünschte sich eher gar nicht mehr zu leben als mit also bittern Erfahrungen. Geduldig ließ er sich bis an die Grenze des Königreichs fortführen; als er sie im Rücken hatte, sah er sich nicht mehr um und ging in die Welt hinein als ein recht unglücklicher Mann.

So wanderte er Jahr und Tag und bettelte sein Brod an den Thüren, denn er war zu stolz, als daß er in seines Vaters Haus hätte zurück kehren mögen. Wie hier auf Erden nichts Bestand hat, so vergeht auch das Leid, und nach und nach dachte er kaum mehr an sein Glück als Prinz und wurde wieder fröhlich wie zuvor. So kam er eines Tages in einen großen Wald und da war es ihm grade zu Muth, wie vor Jahren, als er von Hause weggeschickt wurde. Wer weiß, wozu das gut war, rief er und warf seine Mütze hoch in die Luft. Sie kam aber nicht wieder, sondern blieb an einem Eichenast hängen. Er stieg hinauf, sie zu holen und schaute sich dabei nach allen Seiten um, ob er wo eine Kirchthurmspitze in der Nähe sehen könnte. Nun sah er zwar keine Kirchthurmspitze, wohl aber dichten Rauch, der nicht weit von ihm im Walde aufwirbelte. In einem Nu war er wieder drunten und ging in der Richtung nach dem Rauche weiter und siehe, da lag der Hügel mit der Räuberhöhle wieder vor ihm und als er hinauf stieg, hörte er zwei Männer reden.

»Hänge dein Horn in den Schrank, ehe wir ausgehn«, sprach der Eine, »damit kein Dieb es erwischt.« »Dann gib mir die Stiefel, damit ich sie zu dem Horn stelle«, sagte der Andere, »und reiche mir den Schlüssel.« »Nein den Schlüssel muß ich haben«, erwiederte der Erste, »denn das Horn ist mehr werth, als die Stiefel.« »Ich gäbe die Stiefel nicht um drei Dutzend deiner Hörner«, sprach der Zweite, »drum her mit dem Schlüssel.« Also zankten sie sich und rauften sich und das Ende vom Liede war, daß jeder zu seinem Messer griff und Beide todt hinstürzten.

Warum habt ihr mir nicht den Schlüssel gegeben, rief der Schäferssohn, als er das sah, ich hätte euch der Mühe überhoben, die Sachen zu verschließen. Trat in die Höhle und beguckte die Stiefel, welche grade aussahen wie seine Stiefel auch, nur waren seine zerrissen und diese ganz. Dann beschaute er auch das Horn, und auch das hatte nichts Außergewöhnliches, aber er sprach, wer weiß wozu das gut ist, hing es um den Hals und zog die Stiefel an. Da spürte er alsbald eine so große Leichtigkeit in den Füßen, daß als er eben nur die Höhle verlassen und die Thüre verschließen wollte, er mit einem Schritt schon jenseits des Waldes stand. So große Eile hats nicht, dachte er und setzte sich hin und da er doch nichts Besseres zu thun wußte, fing er an in sein Hörnlein zu blasen. Potz Himmel das gab einen Ton, als wenn die Welt zusammenfallen sollte und da war es, als ob es Soldaten regnete und jede Grasspitze und jeder Kornhalm zum Soldaten würde; es waren ihrer mehr als hunderttausend, die sich sogleich in Reih und Glied stellten. Der General aber ritt vor ihn hin, machte eine tiefe Verbeugung und frug: »Was befiehlt mein König und Herr?«

Anfangs wußte der Schäferssohn nicht, ob er wache oder träume, endlich aber faßte er sich und sprach: »Ihr sollt die Hauptstadt belagern und mir die Königstochter gefangen herbringen.« Dann befahl er schnell vor der Hauptstadt ein Lager zu schlagen und mitten drin sein Zelt zu errichten aus lauter Sammt und Seide. Dahinein setzte er sich in seiner ärmlichen Kleidung.

Es dauerte nicht lange, so kam ein Bote vom König, welcher frug, was die Ursache der Belagerung sei. Der Schäferssohn sprach: »Sage dem König, sein Tochtermann liege vor der Stadt und lasse ihm sagen, so wahr ihm sein und seiner Tochter Leben lieb sei, müsse sie noch heute erfüllen, was ich befehle: sie soll mir die drei Stücke wiedergeben, welche sie mir genommen hat und soll sie selbst in mein Zelt bringen nicht nackend und nicht bekleidet, nicht gegangen, nicht gefahren und nicht geritten.«

Wie der König erzürnte, als er das hörte! Er wußte nicht anders, als daß sein Tochtermann unterwegs verunglückt sei, denn das hatte die Prinzessin ihm vorgelogen. Sogleich mußte sie vor ihn kommen und Alles bekennen und sie sollte sich auf der Stelle auf den Weg zum Zelt des Schäferssohnes machen. Das war nun eine harte Nuß zum Knacken; gern hätte sie ihm die drei Stücke zurückgegeben, denn diese hatten ihre Kraft verloren, sobald sie aus den Händen ihres Gemahls waren; die Börse gab kein Geld mehr, der Mantel trug nicht mehr und das Schwert schnitt nicht mehr, aber daß sie sich also vor dem Schäferssohn demüthigen sollte, das wollte ihr nicht in den Kopf. Sie sagte und blieb dabei, sie wisse nicht, wie sie das machen solle, obgleich sie in ihrer Klugheit es gar wohl wußte.

Als es gegen Abend ging und sie immer noch nicht erschien, wurde der Schäferssohn ungeduldig, ließ alle seine Kanonen auf die Stadtmauern richten und nur einmal losfeuern; da lagen die Mauern wie abrasirt da. Dann schickte er einen Boten in die Stadt und ließ den König fragen, ob es nun Zeit sei, daß die Prinzessin ihm die drei Stücke bringe. Aber der Bote war kaum halben Weges, da kam sie schon und der König hinterdrein. Sie war weder nackend noch bekleidet, sondern in ein Fischgarn gewickelt; auch kam sie weder gefahren noch geritten noch gegangen, sondern sie kroch und krabbelte auf allen Vieren durch das ganze Heer hindurch bis in das Zelt des Schäferssohns. Der saß in seinen ärmlichen Kleidern auf einem prächtigen Thron, nahm ihr die drei Wunschstücke ab und schickte sie wieder heim, den König aber bewirthete er aufs Schönste, denn er wußte schon, daß dieser nicht Schuld war an dem Verrath.

Am folgenden Morgen entließ er sein Heer und wünschte sich mitten auf ein Schlachtfeld. Alsbald stand er da und fand zwei Könige, die schon vier Jahre Krieg miteinander führten. Er stellte sich auf die Seite des Schwächern und schlug mit seinem Schwert dem andern das ganze Heer in Zeit von zehn Minuten zu Boden. Der König, dem er also den Sieg verschafft hatte, bot ihm zum Dank die Hand seiner Tochter an. So wurde er wieder zum Prinzen und nach des Königs Tode bestieg er den Thron und regierte noch lange und glücklich.

DIE ZWÖLF BRÜDER.

Es war einmal ein armer Mann, der hatte zwölf Buben und Nichts zu essen für sie. Da sagten die Buben ihrem Vater Adies und ließen sich anwerben als zwölf Husaren in einer Schwadron, und der Rittmeister hatte seine Freude an ihnen, weil sie gar wackere Soldaten waren. Eines Tags aber hatte der Jüngste Etwas versehen und ward vom Corporal darob geschlagen. Er erzählte es seinen Brüdern, und als es Nacht wurde, sattelten sie ihre Pferde und gingen alle Zwölfe durch, mit Sattel und Zeug. Als sie über der Grenze in einem Wirthshaus eingekehrt waren, kam der Rittmeister zu ihnen und gab ihnen die himmelsbesten Worte, daß sie doch wieder mit ihm gehn sollten. Sie thaten's aber nicht, sondern ritten weiter, auf gut Glück in die Welt hinein.

So kamen sie denn eines Tages in einen Wald, wo es nicht geheuer war, und an ein schönes Schloß, das mitten darin stand. Davor war ein tiefer Graben und die Zugbrücke war aufgezogen. Sie ritten rings herum, um einen andern Eingang zu suchen; als sie wieder an die Zugbrücke kamen, war sie niedergelassen. Da faßten sie sich ein Herz und ritten hinüber. An dem Thore aber stand eine Dame in schwarzen Kleidern, mit schwarzem Gesichte und schwarzen Händen, und empfing sie gar liebreich. Sie hieß sie absteigen und führte sie die breite Schloßtreppe hinauf und durch eine große Halle in einen Saal, wo für zwölf Mann gedeckt war und winkte, sie sollten sich zu Tische setzen. Dann fing sie an, die herrlichsten Gerichte und den köstlichsten Wein aufzutragen. Das behagte den Brüdern nicht schlecht und sie brachen in helles Jubiliren darüber aus. Da sprach die schwarze Dame: »Also sollt ihr es immer haben, wenn ihr drei Jahre hier bleiben und nicht vor die Thüre gehen wollt. Haltet ihr die Zeit treu aus, dann werdet ihr reicher belohnt, als sich mit Worten sagen läßt; thut ihr es aber nicht, dann erwartet euch schwere Strafe.«

Das waren die zwölf Husaren gern zufrieden. Wie sie am ersten Tage angefangen, so lebten sie fort. Bei Tage aßen und tranken sie und waren guter Dinge. Des Abends gingen sie in die Schlafkammer, die ihnen die schwarze Dame gezeigt hatte, und schliefen in seidnen Betten. Die Pferde wurden im Stall auf das Beste gefüttert und gepflegt, ohne daß sie sich darum zu kümmern brauchten. Als aber zwei Jahre um waren, schmeckte ihnen das Essen und Trinken nicht mehr so gut, als von Anfang, und sie machten einen Anschlag, daß sie sich aus der Schatzkammer des Schlosses ihre Taschen mit Gold füllen und damit fortreiten wollten; nur der Jüngste wollte Nichts davon wissen und ermahnte die Andern gar sehr, sie sollten ablassen von ihrem bösen Vorhaben und der schwarzen Dame das Leid nicht anthun für all' das Gute, so sie ihnen gethan. Die ließen sich aber Nichts einreden, stopften des andern Tages ihre Taschen und Mantelsäcke mit Gold und ritten fort. Der Jüngste ermahnte sie noch unter dem Thore; aber als es Nichts half, sprach er: »Wo ihr seid, will ich auch sein«, füllte auch seinen Sack mit Gold und ritt mit ihnen.

Sie kamen wieder in dasselbe Wirthshaus, wo sie eingekehrt waren, ehe sie in den Wald ritten, und hier fingen sie jetzt an in Saus und Braus zu leben. Über ein Kurzes hatten sie Alles verzehrt und beschlossen nun weiter zu gehen in die Welt hinein und ihr Glück zu versuchen. Nur der Jüngste hatte von Anfang an dem Wirth sein Geld aufzuheben gegeben und wollte das wüste Treiben nicht mitmachen. Er sagte, er wolle lieber dableiben und verdingte sich dem Wirth als Aufwärter. Die andern Eilfe zogen nach allen Weltgegenden auseinander, immer zwei oder drei zusammen; nach Jahr und Tag wollten sie wieder Alle im Wirthshaus zusammen kommen.

Der Jüngste that seinen Dienst so gut, daß er von Allen wohlgelitten wurde und der Wirth, der keine Kinder hatte, ihn endlich an Sohnes Statt annahm. Als die Zeit um war, kamen auch die Brüder wieder, Einer nach dem Andern und immer Einer schmutziger und zerlumpter als der Andre; ihre Falschheit hatte ihnen keinen Segen gebracht. Wie sie nun wieder Alle beisammen waren, pflegten sie Rathes mit einander und beschlossen einstimmig, wieder in das Schloß zu gehen und ihr Glück noch einmal mit der schwarzen Dame zu versuchen. Der Jüngste wollte sie davon abbringen, sie ließen ihm aber keine Ruhe, bis er mit ihnen fortzog. Sie kamen wieder durch den Wald und an das Schloß, und die Zugbrücke war wieder niedergelassen. An dem Thor stand die schwarze Dame, sprach aber kein Wort und sah Keinen mit einem Auge an. Sie ging ihnen voran in den Speisesaal, wo wieder für zwölf Mann gedeckt war, und trug ihnen alles Gute und Köstliche auf, immer aber, ohne den Mund auf zu thun oder einen der Brüder anzusehen. Anfangs war ihnen unheimlich zu Muthe, bald aber fingen sie an zu trinken und guter Dinge zu sein und waren fröhlich bis in die Nacht hinein. Wie sie nun schliefen, kam die schwarze Dame und weckte den Ältesten und hieß ihn mit vor die Thür gehen, sie habe ihm was zu sagen. Und hernach rief sie den Zweit-ältesten hinaus und so fort, bis sie an den Jüngsten kam. Den führte sie mit sich in die Küche und zeigte ihm am Gossen-stein ein Loch, da solle er hinabschauen. Da lagen in einem schwarzen Abgrund die eilf Brüder, Einer über dem Andern, und war Allen das Genick gebrochen. Die schwarze Dame fragte ihn, ob er jetzt noch einmal drei Jahre dableiben, oder auch hinuntergestürzt sein wolle zu den Andern? Die todten Brüder aber hoben ihre blutigen Köpfe in die Höhe und riefen unten herauf aus dem Loch, es wäre nicht wahr, daß sie todt wären, er solle sich Nichts daran kehren, was das schwarze Weib zu ihm spreche. Er ließ sich jedoch nicht irre machen und sagte zu. Die Dame führte ihn wieder zurück in das Bett, und von dem folgenden Tage an sprach sie wieder mit ihm und bediente ihn noch besser als zuvor.

Als nun die drei Jahre beinahe um waren, kam sie eines Abends zu ihm und sprach, jetzt habe er noch drei Tage aus-zuhalten, die seien schlimmer als die drei Jahre. Was aber auch in den drei Nächten geschehe, er solle fest bleiben und sich durch Nichts irre machen lassen, denn wenn er ein Wort spreche, so sei Alles verloren.

In der ersten Nacht, als es zehen Uhr schlug, ging die Thür auf und die eilf Brüder kamen in die Schlafkammer zu ihm und lachten und sprachen, jetzt sehe er wohl, daß sie noch lebendig wären und daß die schwarze Dame ihn nur angelo-gen habe, und er solle mitkommen und sich lustig mit ihnen machen. So redeten sie ihm zu, zwei Stunden lang, und woll-ten ihn auf jede Art zum Sprechen bringen, er aber blieb fest, und mit dem Schlage Zwölf mußten sie wieder fort. Des andern Morgens kam die Dame und war weiß zum dritten Theil. Sie dankte ihm und bat ihn gar sehr, daß er auch die zweite Nacht fest bleiben und sich nicht irre machen lassen solle.

In der zweiten Nacht ging wieder mit dem Schlag Zehen die Thüre auf und die Brüder kamen herein und brachten die alten Eltern und den Wirth mit. Der redete zuerst seinen Aufwärter gar freundlich an, wie sehr er sich freue, ihn zu finden und wie es ihm gegangen sei und so fort. Der junge Mensch gab ihm aber keine Antwort, so hart es ihm wurde. Nun fingen sein Vater und seine Mutter an, ihm gute Worte zu geben, wie sie schon so viel um ihn geweint hätten, seit er fort wäre, und er solle doch nun ein tröstliches Wort zu ihnen sprechen. Als er still blieb, sagten sie, wenn er nicht einmal ein gutes Wort für seine alten Eltern habe, so wollten sie Nichts mehr von ihm wissen, und er solle ihr Kind nicht mehr sein. Das that ihm so weh, daß ihm die Thränen an den Backen herunterliefen, er blieb aber fest und sprach kein Wort und um zwölf Uhr war Alles verschwunden.

Des andern Morgens kam die Dame und war zu zwei Drittheilen weiß geworden. Sie dankte ihm, daß er sie nun beinahe ganz erlöst habe und bat ihn gar sehr, daß er doch auch die dritte und letzte Nacht standhaft bleiben möge. Als es Abend ward, führte sie ihn in ein anderes, gar köstlich ausgeschmücktes und ganz rundes Zimmer. In der Mitte desselben aber stand ein runder Tisch und mitten darauf mußte er sich setzen. Ehe die Prinzessin wieder fortging, gab sie ihm eine Ruthe in die Hand und sagte, es würden diese Nacht allerlei Thiere kommen und an ihn wollen. Er solle aber fest bleiben und nur, wenn eines davon zu nahe komme, mit der Ruthe darauf schlagen.

Mit dem Schlag Zehen sprang die Thür auf und die Thiere stürzten herein. Sie sahen so schauderhaft und furchtbar aus, daß es nicht zu sagen ist und drängten sich immer mehr um den Tisch herum; sobald aber eins ihm zu nahe kam, schlug der Husar es mit seiner Ruthe, daß es zurückweichen mußte. Trotzdem wurden sie je länger, je zudringlicher, denn wenn er eins von den Thieren schlug, dann streckten und reckten zehn andre zu seinen Seiten und hinter ihm ihre langen Hälse nach ihm aus und sperrten ihre schrecklichen Mäuler auf, so daß er sich ihrer kaum mehr erwehren konnte. Seine Kräfte verließen ihn mehr und mehr und es wurde ihm endlich ganz schwindlich vor den Augen, so daß ihm schien, Alles drehe sich mit ihm, da schlug es zwölf Uhr, es krachte, als ob das Schloß versinken solle und er stürzte besinnungslos auf dem Tische zusammen.

Als er wieder erwachte, fand er sich auf einem prächtigen Lager wieder und vor ihm standen reichgekleidete Diener. Die halfen ihm, sich anziehen und führten ihn in einen hohen Saal, darin saß ein König auf einem goldnen Thron, neben ihm die Königin und herum standen zwölf schöne Prinzessinnen und die schwarze Dame, welche jetzt schneeweiß war, war die älteste davon. Der König aber sprach: »Durch dein treues Aushalten hast du das Schloß und uns erlöst, dafür darfst du dir jetzt eine von meinen Töchtern wählen und ich schenke dir Krone und Königreich dazu.« Der junge Husar besann sich nicht lange und wählte die Älteste, welche er während der drei Jahre von Herzen liebgewonnen hatte. Jetzt war großer Jubel und Freude, die Hochzeit wurde prächtig gefeiert und der Husar und die Prinzessin waren das schönste Paar, was man noch je gesehen hat.

DER HASENHIRT.

Es war einmal ein König von Portugal, der hatte eine sehr schöne Tochter und die hatte so viel Freier, daß sie sich ihrer nicht zu entschlagen wußte, und daß die Wahl ihr mit jedem Tage schwerer wurde, denn jeden Tag kamen ihrer einige Dutzende mehr in der Hauptstadt an. Da ließ der König endlich ein Gebot ergehen: wer ihm einen goldenen Apfel brächte, der solle die Prinzessin haben. Nun wäre es zwar leicht gewesen, sich einen goldenen Apfel beim Goldschmied machen zu lassen, aber damit war es nicht gethan, denn der Apfel mußte gewachsen sein und es gibt nur einen Baum in der Welt, worauf sie wachsen.

Nun verloren die meisten Freier den Muth, ein General aber behielt dessen genug und machte sich auf den Weg und kam in einen großen Wald, und als er den hinter sich hatte, da lag eine große Haide vor ihm und mitten auf der Haide stand der Wunderbaum und der glänzte ganz prächtig, so voll goldener Äpfel war er. Kaum stand er daran, als ihm einer der goldenen Äpfel vor die Füße fiel. Den steckte er schnell in die Tasche, aber er war nicht mit einem zufrieden, sondern wollte ihrer mehr haben und rüttelte und schüttelte, aber es wollte keiner fallen. Da nahm er einen Stock und wollte sich welche herunter werfen, aber das half auch nichts, und er mußte sich mit dem einen begnügen, und zog ab. Als er wieder in den Wald kam, begegnete ihm ein kleines graues Männchen, das frug ihn: »Ei, mein Freund, was hat er denn in seiner Tasche?« Der General sah das Männchen einmal von der Seite an und erwiederte unwirsch: »Einen Dreck hab ich.« Da sprach das Männchen: »Ist's ein Dreck, dann soll's auch ein Dreck bleiben«, und mit den Worten war es verschwunden.

Als der General in die Hauptstadt kam, da machte er groß Geschrei, daß er den goldenen Apfel habe, und als der König das hörte, ließ er schnell eine prächtige Mahlzeit anrichten; dabei saß der General neben der Prinzessin und meinte schon, er hätte sie. Ja, damit hatte es aber gute Weile, denn als ihm

gegen das Ende der Tafel eine große goldene Schüssel vor-
gehalten wurde und er den goldenen Apfel darauf legen sollte,
und er in die Tasche griff und den Wunderapfel herausziehen
wollte, da hatte er einen Dreck in der Hand und der roch so
übel, daß die Prinzessin ohnmächtig wurde, denn die war
derartige Gerüche nicht gewohnt. Der König aber wurde
ganz wüthend, denn er meinte, der General hätte ihn zum
Narren halten wollen; er rief die Schildwache herein, und ließ
den General in das dunkelste Gefängniß werfen und ihn nur
mit Wasser und Brod traktiren, was dem General lange Zeit
nicht zum Besten schmecken wollte.

Nun geschah es, daß ein gemeiner Soldat, der aber ein sehr
gutes Herz hatte, desertirte, weil das Soldatenspielen ihm
nicht gefiel und er lieber einerlei Tuch am Rock trug, als
zweierlei. Der kam auch, aber ganz zufällig, in den großen
Wald und da setzte er sich in's Gras, zog ein Stückchen Wurst
und Brod aus der Tasche und schnitt's zu Scheiben und fing
an, es zu verzehren. Indem er damit beschäftigt war, trat das
graue Männchen zu ihm und sprach: »Mich hungert sehr,
gib mir auch ein Stückchen Brod und ein Scheibchen Wurst!«
»Von Herzen gern«, sagte der Soldat, schnitt eine dicke
Scheibe vom dicksten Ende der Wurst ab, brach das Brod in
zwei Theile und gab das größte Stück mit der Wurst dem
Männchen. Da sprach das Männchen: »Ich danke dir von
Herzen und weil du so gut gegen mich warst, so will ich es
auch gegen dich sein.« Und es zog einen goldenen Apfel aus
dem Sack und ein Pfeifchen und gab's dem Soldaten und
sprach: »Mit dem Apfel kannst du dir die Königstochter
erwerben, wenn du ihn dem König bringst, und das Pfeifchen
wird dir auch schon gute Dienste thun.« Und fort war's, und
der Soldat wußte gar nicht, wo es hingerathen war, das kleine
graue Männchen. Da hätte einer den Menschen springen
sehen können! Er konnte lang seiner Freude nicht Meister
werden, aber langsam kam es doch, wenn auch sehr langsam,
eben wie der alten Frau das Tanzen.

Sein erster Weg war jetzt natürlich zur Hauptstadt. Da
ging er in das Schloß, trat vor den König und sprach: »Herr
König, ich habe den goldenen Apfel, womit man die Prinzessin erwerben kann.« — »Hast du den Apfel, dann behalt
ihn bis zu Ende der Mahlzeit«, sprach der König und ließ

schnell Gäste laden und ein Gastmahl zurichten, und der
Soldat saß neben der Prinzessin und konnte sich nicht satt
sehen, weil sie so sehr schön war, konnte aber gar nicht essen,
denn er hatte viel zu viel Freude und hielt stets die Hand am
Sack, worin der kostbare Apfel war, denn er war bang, er
könnt ihm noch gestohlen werden. Am Trinken ließ er es
aber nicht fehlen. Gegen das Ende der Mahlzeit brachte
man die goldene Schüssel und da griff er schnell in den Sack,
zog den Apfel heraus und legte ihn auf die Schüssel, indem er
sprach: »Da habt ihr ihn, da ist er!« — »Ach, wie schön!«
rief der König und da riefen auch die anderen Alle: »Ach, wie
schön!« Der Soldat aber sprach: »Jetzt hab ich euer Begehr
erfüllt, Herr König, nun marsch zur Hochzeit, Jungfer
Prinzessin!«

Dazu hatte die Königstochter aber nicht sonderliche Lust,
denn der Soldat hatte so schlechte Kleider an und aus der
Tasche guckte gar sein Stummelpfeifchen und ein Wurst-
zipfelchen, und außerdem hatte er so rauhe Hände und roch
nach Tabak, so daß sie ein über das anderemal ihr Riech-
fläschchen vor die Nase hielt. Dem König gefiel der Schwiegersohn auch nicht zum Allerbesten und er meinte, es habe wohl
noch Zeit bis in einigen Tagen. »In Gottes Namen, wenn's
nicht länger wird«, sprach der Soldat. »Ich möchte mir auch
einen andern Kittel machen lassen.« — Das ist gut, dachte
der König. Kommt Zeit, kommt Rath.

Der König fing jetzt an nachzusinnen, wie er sich den
Schwiegersohn ordentlicherweise vom Halse schaffen könne,
aber es fiel ihm kein Mittel ein. Da dachte er an den General,
der ihm stets mit klugen Rathschlägen zur Hand gewesen
war, wenn der Schuh ihn irgendwo drückte, und er ließ ihn
alsbald aus dem Gefängnisse holen und erzählte ihm Alles
und frug ihn, was man dem Soldaten noch für ein schweres
Stück aufgeben könnte. »Das will ich euch sagen, Herr
König«, antwortete der General. »Laßt ihn hundert Hasen
aus dem Thiergarten zusammentreiben; die soll er hüten,
aber wenn einer ihm laufen geht, dann muß er seinen Kopf
dafür lassen.« »Das soll keinem Tauben gesagt sein«, sprach
der König, ließ den Soldaten rufen und erklärte ihm kurz und
gut, daß er nicht sein Schwiegersohn werden könne, wenn
er nicht hundert Hasen drei Tage lang hüte. Darüber zog der

Soldat ein kraus Gesicht, aber was half's? Es wurden hundert
Treiber in den Thiergarten geschickt, die mußten die Hasen
auftreiben und der Soldat stand mit dem General und dem
König am Thor des Thiergartens und wie ein Hase heraus-
sprang, zählte der General: Eins, zwei, drei, bis ihrer hundert
waren, da machte er das Thor zu und der König sprach:
»Jetzt hast du ihrer hundert, wenn du sie nicht jeden Abend
richtig heimführst, dann gilt's deinen Kopf.«

O weh, dachte der Soldat, und griff sich an den Kopf: er
glaubte, er fühle ihn schon wackeln, denn nicht einer von den
Hasen hatte gewartet, bis die hundert voll waren, sondern alle
waren ins Feld und in den Wald gelaufen, was gibst du, was
hast du. Der General lachte aber so recht falsch und der
König hielt sich die Hand vor den Mund, um nicht lachen zu
müssen, denn der Streich sei allzu gut gelungen, meinte er.
Während sie in das Schloß gingen, und dort ein großes Freu-
denmahl gehalten wurde, schritt der arme Soldat traurig dem
Walde zu und dachte, es sei doch recht wahr: Wer mit großen
Herren Kirschen esse, den würfen sie mit den Steinen. Am
Walde setzte er sich in's Gras, da fiel ihm das Pfeifchen ein
und er dachte: Ei jetzt will ich ein Stückchen pfeifen, was hab
ich von dem Kopfhängen! Und er zog das Pfeifchen aus dem
Sack und pfiff lustig und zugleich sprangen viele tausend
Hasen von allen Seiten hinzu, so daß das ganze Feld mit ihnen
voll war und aussah, wie ein großer Hasenpelz. Jetzt wuchs
sein Muth wieder, er zählte sich hundert Hasen ab, hieß die
Andern ihres Wegs laufen und machte sich einen Zeitvertreib,
die hundert Hasen das Exerziren zu lehren.

Abends nach dem Essen saß der König mit seiner ganzen
Familie vor der Thür des Schlosses, als plötzlich in der Ferne
etwas laut pfiff. Er schaute hin und frug den General: »Ei was
ist das für eine Armee, die da heranzieht?« Ja wohl war das eine
Armee. Der Soldat marschirte wie ein General voraus und die
hundert Hasen in vier Abtheilungen hinter ihm drein. Jede Ab-
theilung hatte drei Glieder, jedes von acht Hasen und einer
hupffte als Offizier vor den anderen her. Alle trugen aber Stöckchen, gerade wie Gewehre, und als sie vor den König kamen,
da schulterten sie und präsentirten wie die besten Soldaten.

Da ärgerte sich der General die Seele fast aus dem Leibe,
aber er dachte bei sich: Halt, ich kriege dich doch! Er trö-

stete auch die Prinzessin, die schon wieder vor Schrecken in Ohnmacht gefallen war, es sei ja noch nicht aller Tage Abend und er werde schon sorgen, daß der Soldat morgen Abend nicht mehr alle hundert Hasen zusammen habe.

Am folgenden Morgen verkleidete sich der General als Jäger, kam zu dem Soldaten und frug ihn, ob er ihm nicht einen von den Hasen verkaufen wolle? »Warum nicht?« sprach der Soldat, der gleich den General erkannte; »aber ich fürchte, ihr findet meinen Preis nicht sehr annehmbar.« »Ich bezahle dir so viel, wie du willst«, sagte der General, »und wenn es tausend Dukaten sind, denn die Hasen gefallen mir allzu gut.« »Von Dukaten ist die Rede nicht«, sprach der Soldat, »aber für fünfzig Prügel ist er mir feil.« »In Gottes Namen«, sagte der General, und der Soldat ging hin und schnitt sich ein junges Eichbäumchen, und der General mußte seinen Rücken entblößen und bekam fünfzig Prügel richtig gezählt und von der besten Sorte, denn der Soldat war ein handfester Bursch. Der General biß sich auf die Lippen, zuckte und zappelte, aber es half ihm nichts, und so hielt er aus und tröstete sich schnell, als er seinen Hasen bekam. Kaum war er aber fünfzig Schritt weg, da pfiff der Soldat sein Stückchen und sogleich schmiß der Hase den General vom Gaul, daß ihm Hören und Sehen verging und kam wieder und der General konnte gefoppt nach Hause gehen.

Da schickte die Prinzessin ihre Kammerjungfer weg, daß die dem Soldaten einen Hasen abschwatze. Die kam und that schön mit dem Soldaten und schmeichelte ihm und bat ihn, er möge ihr doch eins der Häslein verehren; sie gefielen ihr so gut, weil sie so geschickt seien. »Von Verehren ist hier die Rede nicht, aber ihr könnt euch einen verdienen«, sprach der Soldat, welcher den Pfiff wohl merkte. »Sagt nur wie«, sprach sie, »ich bin Köchin und will euch gut Essen besorgen.« »Ich spreche nicht von Essen, aber für fünfzig Prügel könnt ihr ihn haben.« »Wenn's nicht anders ist«, sprach sie, und der Soldat ging und schnitt sich einen Schwarzdornstecken und nahm ihr fünfzigmal das Maß auf dem Rücken, daß ihr die Augen dabei überliefen. Dann bekam sie ihr Häslein und konnte gehen, aber als sie kaum hundert Schritte weit war, da pfiff der Soldat und plumps lag sie auf dem Rücken und das Häslein war wieder bei seinen Kameraden.

Zu Hause erzählte sie ebenso wenig, wie es der General erzählt hatte, wie theuer ihr das Häschen zu stehen gekommen, sondern nur, daß sie es verdient gehabt hätte und daß es ihr wieder fortgelaufen sei. »Du hast dich ungeschickt angelegt«, sagte die Prinzessin, »ich werde schon eins heim bringen.« Und sie zog sich als Wildprethändlerin an und ging selber hin, that auch recht schön mit dem Soldaten und sagte ihm, sie wolle ihm viele Hirsche und Rehe geben, wenn er ihr nur einen von seinen Hasen überlassen wolle. Der Soldat aber erkannte sie auf den ersten Blick, that jedoch nicht, als ob er etwas merke und sagte: »Von Tauschen ist hier nicht die Rede, aber ihr könnt euch ein Häslein verdienen.« »Sagt nur wie«, sprach die Prinzessin. »Mit sieben Küssen«, sprach der Soldat. O weh! dachte die Prinzessin, das ist sauer, aber sie hielt doch her und der Soldat sprang bei jedem Kuß mannshoch vor Freude, während sie ein Gesicht schnitt, als ob sie Essig und Pfeffer und Wermuth verschluckt hätte. Dann bekam sie ihr Häschen und sprang vor Freude selber wie ein Häschen, denn sie dachte des Soldaten jetzt los zu sein. Als sie aber ihrem Vater, der ihr entgegen gekommen war, das Häschen zeigen wollte, da ging ein lauter Pfiff und husch war das Häslein weg und wieder bei seiner Sippschaft. Sie hütete sich aber wohl, zu erzählen, wie sie es verdient hatte.

Daß dich das Mäuslein biss'! fluchte der König, als er das sah; jetzt will ich doch selber wissen, ob ich nicht einen Hasen bekommen kann! Und er verkleidete sich auch und ging auch zum Soldaten, der ihn alsbald erkannte. »Sind dir die Hasen feil?« frug der König. »Ja«, sprach der Soldat, »aber ich verkaufe sie nicht, ihr müßt sie verdienen.« »Gut, aber wie?« frug der König. »Wenn ihr dreimal den Gaul dort am Schwanz küßt und dazwischen jedesmal in die Faust trompetet, dann schenk ich euch einen Hasen.« Der König zog einen schiefen Mund, aber der Soldat sah nicht aus, wie einer, der leicht seinen Willen ändert, und somit ging der König an sein schweres Werk, und als er es vollendet, bekam er seinen Hasen, den er wohl und sicher bei den Ohren faßte und triumphirend nach Hause trug. Als er ihn aber gerade der Prinzessin zeigen wollte, scholl des Soldaten Pfeifchen und fort war der Has, und der König meinte vor Ärger in die

Luft zu fliegen, als der Soldat Abends wieder mit seiner Armee einrückte. Er ließ darum den General holen und die beiden sannen ein neues schweres Stück für den Soldaten aus.

Als dieser am dritten Tage seine Armee auf die Weide führen wollte, ließ ihn der König rufen, zeigte ihm einen Sack, der war hundert Ellen lang und hundert Ellen breit und gab ihm auf, den voll Wahrheiten zu machen, wenn er das nicht könne, dann werde ihm der Kopf abgeschlagen. »Das will ich gerne und das ist leicht«, sprach der Soldat, und fuhr dann also fort: »Ich habe hundert Hasen bekommen, die sollt ich hüten, daß nicht einer davon spränge. Ist das nicht wahr?« — »Das ist wahr«, sprach der König. »Marsch in den Sack ihr Hasen!« rief der Soldat und hups, hups sprangen die Häslein in den Sack, und der Soldat fuhr fort: »Als ich mit ihnen auf der Weide war, kam ein Jäger und wollte mir einen Hasen abkaufen; das wollt ich nicht und sprach, er solle sich ihn verdienen, und da hat er sich ihn mit fünfzig derben Prügeln verdient; ist das nicht wahr, Herr General?« — »Das ist gelogen!« schrie der General, aber der Soldat sprach: »Knüpft ihm nur das Wamms los, ihr könnt sie noch alle fünfzig zählen, denn sie hatten ihr volles Gewicht und keiner war zu leicht.« Da befahl der König, daß der General seinen Rücken zeige, und als Jedermann die Striemen darauf sah, da mußte der General zu den Häslein in's Quartier. Der Soldat aber erzählte weiter: »Dann kam ein Jüngferlein zu mir, eine Köchin, die wollte mich mit Schmeicheleien fangen und mit gutem Essen und Trinken locken, aber ich ließ mich nicht hinter's Licht führen und sie mußte auch ihr Häslein verdienen und zwar mit fünfzig Prügeln. Das war die Kammerjungfer der Prinzessin, ist das wahr, oder nicht?« — »Ist das wahr?« frug der König, aber die Kammerjungfer war nicht zu finden. »Nun wo ist sie denn?« frug der König. Da rief sie aus dem Sack heraus: »Ich bin schon hier, es ist wahr, es ist Alles wahr.« Nun weiter sprach der Soldat: »Darauf kam eine Wildprethändlerin, die bot mir Hirsche und Rehe an, aber sie sollte auch ihr Häslein verdienen.« — »Es ist wahr, es ist wahr!« rief die Prinzessin, welche roth war bis hinter die Ohren, und der Soldat hielt den Sack auf und husch war sie hinein. »Jetzt weiter«, sprach der Soldat, und der König rückte unruhig hin und her auf seinem

Thron, als ob's ihm nicht recht behaglich darauf wär, grad als säß er auf Nadeln, Disteln und Dornen. Daran kehrte sich der Soldat aber nicht, sondern fuhr fort: »Zuletzt kam einer, der sich auch sein Häslein verdienen wollte, aber der hat's kurios verdienen müssen. Ich hab ihm aufgegeben« — — »Still, still, still!« rief der König. »Der Sack ist ja ganz voll und kein Platz mehr darin. Morgen hältst du Hochzeit.«

Da öffnete der Soldat den Sack und ließ alle Wahrheiten wieder heraus und am folgenden Tage hielt er Hochzeit und hatte genug zu leben, und wenn er nicht gestorben ist, dann lebt er noch.

DAS WEISSE HEMD, DAS SCHWERE SCHWERDT UND DER GOLDENE RING.

Ein König hatte eine Frau genommen, die war zwar von hoher Geburt, aber nicht von hohem Sinn und brach ihm ihre Treue jeden Tag. Nach einem Jahre gebar sie dem König einen Sohn, der war weiß und roth gleich Milch und Blut und wurde mit jedem Tage schöner. Je mehr er heranwuchs, um so mehr zeigte er sich seines Vaters würdig; er war einer der klügsten und zugleich der edelsten und tugendhaftesten Jünglinge im ganzen Reich und alle, welche ihn kannten, sprachen, er sei eben so schön wie brav. Als er achtzehn Jahre alt war und so recht in seiner schönsten Blüthe stand, da faßte die Königin plötzlich eine verbrecherische Liebe zu ihm und sprach zu sich selber: Er muß mein Gemahl werden, es mag gehen wie es wolle. Sie wußte wohl, daß sie dieß nicht in ihrem Schlosse erreichen konnte und fürchtete auch, der Jüngling könne es seinem Vater sagen, wenn sie ihm davon spreche; darum machte sie einen Anschlag, ihn in ein fremdes fernes Land zu entführen, dort dachte sie, werde sie schon leicht ihr Ziel erreichen.

Bald darauf war der Geburtstag des schönen Prinzen und der König befahl, daß man ihn mit großen Festen feiere. Morgens sollten die Musikanten von allen Regimentern seines Heeres in der Kirche beim Gottesdienst spielen, Mittags um zwei Uhr sollte ein Gastmahl sein, zu welchem viele tausend Gäste geladen wurden, und Abends sollten alle Häuser der Stadt und das Schloß und alle Gärten am Schloß erleuchtet und überall Feuerwerke abgebrannt werden. Also geschah es auch. Als nun die Kirche aus war, da führte die Königin ihren Sohn in den Garten und plauderte ihm gar süß vor, so daß er gar nicht bemerkte, daß sie stets weiter von dem Schloß abkamen. Endlich standen sie ehe er sich's versah, an einem Wasser, das war so groß, daß man das andere

Ufer nicht sehen konnte, und am Ende lag ein prächtiges Schiff. »Ach welch ein schönes Haus da auf dem Wasser schwimmt!« rief der Prinz, der noch nie ein Schiff gesehen hatte. »Du siehst das Haus nur von außen«, sprach die Königin, »von innen ist es noch viel schöner, als unser Schloß.« »Ach das möchte ich sehen!« sprach der Jüngling und da führte sie ihn auf das Schiff und ging mit ihm aus einem Zimmer in das andere und setzte sich in jedem nieder. Als sie so ein paar Stunden auf dem Schiffe zugebracht hatten, sagte der Prinz: »Liebe Mutter, jetzt wird das Mahl bald beginnen, darum müssen wir eilen, daß wir nach Hause kommen, damit mein Vater und die Gäste nicht auf uns warten müssen.« »Es hat noch Zeit«, antwortete die Königin, aber er wollte fort und stieg hinauf auf das Verdeck. Wie erschrak der Prinz aber, als er von dem Garten keine Spur und ringsum nur Himmel und Wasser sah. Die Königin hatte nämlich mit dem Schiffmann ausgemacht, daß er am Schloßgarten zu der bestimmten Stunde halten und sobald sie auf dem Schiffe wären, die Anker lösen müsse, um sie in ein anderes Land zu fahren. Der Prinz lief vor Schrecken außer sich zu seiner Mutter und rief: »Mutter, das schwimmende Haus ist ein Räuberhaus und die Räuber haben uns entführt.« »Sei ruhig, mein Sohn«, sprach die Königin, »ich wollte dich nur ein wenig erschrecken, bald kommen wir schon wieder an das Land.« Darin hatte sie wohl recht, es dauerte nicht lange, da sah der Prinz ein schwarzes Pünktchen in der Ferne, das wurde immer größer und als sie näher kamen, war es ein prächtiger Eichenwald. Das Schiff fuhr gerade darauf zu und legte an, die Königin nahm ihren Sohn bei der Hand und sprach: »Hier steigen wir aus und du wirst schon bald zufrieden gestellt sein.«

Also traten sie ans Land und gingen in den schönen Wald. Der Prinz frug wohl oft, ob das denn auch noch ein Lustgarten von des Königs Schloß sei und ob sie nun bald zu Hause wären, doch wußte sie ihn immer abzuschweigen, bis sie an einen freien Platz kamen. Da sprach sie: »Lieber Sohn, ich bin müde, laß uns hier ein wenig ausruhen.« Als sie nun so neben einander im Grase lagen, da küßte sie ihn und sprach ihm von ihrer Liebe, sagte ihm auch, daß sie ihn entführt habe und jetzt müsse er ihr Gemahl werden, wenn sie nicht auf der Stelle sterben solle. Aber der Prinz verwies ihr streng dieß schändliche Begehren und sprach: »Liebe Mutter, gedenke der großen Sünde, welche wir beide thäten, das kann nun und nimmermehr geschehen.« Dabei blieb er auch standhaft, wie viel die Königin ihm auch noch vorschwatzte. Als sie nun sah, daß Alles vergebens war, da faßte sie einen Haß auf ihn, der war eben so groß und noch größer, als ihre Liebe gewesen war. Sie ließ sich aber nichts merken und that so freundlich, wie zuvor, sprach, sie habe seine Tugend nur auf die Probe stellen wollen.

Nachdem sie nun ausgeruht hatten, gingen sie zusammen weiter in dem Walde bis gegen Abend; da öffnete sich der Forst und sie sahen in der Ferne ein hohes, schönes Schloß liegen. Der Prinz sprach: »Liebe Mutter, bleibe du hier zurück, ich will zuerst in das Schloß gehn und sehen, wer da wohnt; wenn es kein Räuberhaus ist, dann hole ich dich bald wieder ab.« Sie war damit zufrieden und er ging hin. Die Thore standen offen, er kam in den Hof und in die Zimmer, aber alle Leute, welche er sah, lagen im tiefsten Schlaf, die Bedienten und die Kammerjungfern, Koch und Köchin, Stallknecht und Viehmagd. Nachdem er fast das ganze Schloß durchwandert hatte, kam er zuletzt in einen hohen und herrlichen Saal, darin stand in der Mitte ein runder goldner Tisch und auf dem Tische lag ein weißes Hemd und ein goldner Ring. Rund um den Tisch lief aber eine silberne Schrift, welche hieß: »Wer dieses Hemd anzieht, der kann das Schwert an der Wand regieren. Wer diesen Ring in den Mund nimmt, versteht die Sprache der Vögel.« Er schaute auf, da sah er an der Wand ein mächtiges, breites Schwert und da er in den Waffen sehr geübt war, wollte er es nehmen und ein paar Kreuzhiebe durch die Luft machen, aber er konnte es nicht einmal heben und vom Nagel langen. Da zog er das weiße Hemd an und steckte den Ring an den Finger; sogleich war ihm, als würde er ein ganz andrer Mensch und als flösse ganz neues, frisches Blut in seinen Adern. Er sprang in einem Satz an die Wand, faßte das Schwert und schwang es, wie einen Zierdegen, deßgleichen die Hofherren zu tragen pflegen.

In demselben Augenblick hörte er in dem Schloß ein Laufen und Rennen, als wenn hunderte von Leuten durcheinander liefen, die Thür flog auf und drei Diener in prächtigen Anzügen kamen herein und fragten: »Was befiehlt unser König und Herr?« Im ersten Augenblick stutzte der Prinz, aber er faßte sich bald und sprach: »Es soll der schönste Wagen an den Wald fahren und meine Mutter abholen.« Die Diener verneigten sich und eilten fort. Jetzt sah er sich weiter in dem hohen Saale um und fand in einer Ecke ein Bett, das stand hinter einem Vorhang und darin schlief ein alter Mann mit grauen Haaren, aber mit einem falschen Gesicht, aus welchem man nicht viel Gutes herauslas. Der Prinz versuchte ihn zu wecken, aber der Greis brummte nur so etwas in den weißen Bart hinein, dann wandte er sich auf die andere Seite und schlief wieder ein. Jetzt kam seine Mutter an und freute sich recht über das schöne Schloß, darin sie nun wohnen sollte, aber in ihrem bösen Herzen brütete sie über der Rache und dachte Tag und Nacht nur nach, wie sie den guten Prinzen verderben könne. Sie that aber nur um so freundlicher gegen ihn und sagte ihm jeden Tag aufs neue vor, wie sie so glücklich sei, einen solchen Sohn zu haben und daß sie ihn mehr liebe, als Alles in der Welt.

Als der Prinz schon ein paar Tage in dem Schlosse gewesen war, ging er eines Tages auf dem Wall spazieren. Da hörte er ein jämmerliches Ächzen und Stöhnen, das lautete grade, als käme es aus der Erde. Er schwang sein Schwert, da kamen die Diener und er frug sie, woher diese Töne kämen und wer also ächze. Die Diener sprachen: »Wir wissen es nicht, das weiß nur der Greis, welcher in dem Saale schläft, denn er hat die Schlüssel zu den unterirdischen Gängen.« Der Prinz befahl ihnen, den Greis zu holen, allein der wollte nicht hervor, bis der Prinz ihm drohen ließ, er werde ihn mit Gewalt holen lassen. Da kam er und brachte ein Bund Schlüssel. Er rückte an einem Stein in der Mauer, da erschien eine kleine Thüre, welche er aufschloß und die in einen dunkeln Gang führte. »Geht nun hinein« sprach er mürrisch zu dem Prinzen, doch dieser hütete sich wohl und zwang den Greis, voran zu gehn. Je weiter sie in dem Gange kamen, um so näher lautete das Ächzen. Endlich standen sie vor einer zweiten eisernen Thür und als der Greis auch diese aufschloß, war da ein halbfinsteres Loch, worin das schmuzige Wasser und alle Unreinlichkeit aus dem Schlosse zusammenfloß. In diesem schrecklichen Aufenthalt saß ein Mädchen, dem die Kleider am Leibe fast verfault waren. Als es den Greis erblickte, rief es: »Gehe nur weg oder gib mir den Tod, damit meine Qualen ein Ende nehmen.« Da trat der Prinz hervor aus dem dunkeln Gange, und befahl dem Greise, das Mädchen herauszuführen. Er zögerte Anfangs, aber da hob der Prinz sein Schwert und nun folgte er dem Befehl. Die Jungfrau aber rief flehentlich: »Ach führet mich nicht an das Licht des Tages, bevor ich Kleider habe, oder lasset mich hier sterben.« Der Prinz tröstete sie mit freundlichen Worten und sprach: »Ihr seid gerettet aus eurer Höhle, und sollt Alles haben, was ihr begehrt.« Dann trieb er den Greis ins Schloß zurück und schickte der Jungfrau zwei Dienerinnen mit Wasser zum Waschen, mit schönen Kleidern und mit guter kräftiger Nahrung, damit sie sich ein wenig erhole. Über eine Weile trat sie aus dem dunkeln Gang hervor und wie war sie so schön. Ihre Haare waren so goldig, als ob sie der Sonne ihre Strahlen genommen hätte, um ihr Haupt damit zu zieren und ihre Augen waren so blau, wie der Himmel am Abend, ihr Gesicht war aber grade, als ob es mit Lilien und Rosen bemalt wäre. Der Prinz war so entzückt, als er sie sah, daß er sich nicht halten konnte und auf sie zueilte, um ihr die Hand zum freundlichen Gruße zu bieten. Er nahm sie mit sich in das Schloß, da frug er sie, woher sie sei und wie sie in das schreckliche Gefängniß komme. Sie erzählte ihm: »Ich bin eine Königstochter und meines Vaters Königreich liegt weit jenseits der See. Eines Tages ging ich mit meinen Dienerinnen am Ufer der See spazieren, da kam plötzlich ein Schiff mit Seeräubern, welche mich raubten und auf ihr Schiff schleppten. Sie verkauften mich dem falschen Greis, welcher damals in diesem Schlosse herrschte und dieser ließ mir nun Tag und Nacht keine Ruhe und wollte, ich solle seine Gemahlin werden. Als ich aber seine Hand verschmähte und nichts von ihm wissen wollte, da warf er mich in jenes schreckliche Loch, wo er mir nur alle drei Tage Brod und Wasser brachte und mich dabei fragte, ob ich meinen Sinn bald ändere. Da ich das nicht wollte, so ließ er mich dort, bis ich in den Zustand kam, in welchem ihr mich gefunden habt.« Da nun Mitleid und Liebe gute Freundschaft halten und der Prinz schon gleich als er sie gesehen für sie

116

eingenommen war, so entbrannte er nun in heißer Liebe zu ihr und sprach: »Habet ihr des Greises Hand verschmäht, so biete ich euch nun die meine an, denn ohne euch kann ich nicht mehr leben und wenn ihr nicht meine Gattin werden wollt, so will ich nie eine andere Frau.« Der schönen Prinzessin gefiel der Prinz besser als der Greis, sie sprach in ihrer Unschuld: »Ich habe euch so lieb, daß ich nie einen andern zum Gemahl möchte, als euch.« Da küßten sie einander und sprangen fröhlich herum und zu der alten Königin. Der war es natürlich ein Stich durchs Herz, als sie das hörte und jetzt haßte sie den Prinzen doppelt und dreifach. Sie sprach mit heuchlerischer Miene: »Ach wie freue ich mich, daß du eine so schöne und tugendhafte Jungfrau gefunden hast, mein Sohn, und ich eine so schöne Schwiegertochter. Wenn mir selbst das größte Glück auf der Welt zugefallen wäre, könnte ich nicht so froh sein, wie ich jetzt bin. Nun macht auch bald Hochzeit, meine lieben Kinder, ich sorge für Alles; seid nur recht glücklich, dann bin ich es auch.« Und sie umarmte den Prinzen und die schöne Jungfrau und drückte sie an sich, aber heimlich dachte sie in ihrem Herzen: Wartet nur, ich wills euch eintränken! Da sprach die Jungfrau: »Die Hochzeit halten wir nicht hier, die muß bei meinen Ältern gefeiert werden, nach denen ich mich gar sehr sehne und die um mich in großen Sorgen sind. Lasset mich zu ihnen gehn, dann kommt mein Bräutigam nach.« Die Königin sprach: »Jetzt habe ich dich noch lieber, weil du eine so liebevolle Tochter bist. Thue also; binnen Jahr und Tag komme ich mit meinem lieben Sohne dir nach und wir feiern die Hochzeit in Lust und Freuden.« Heimlich dachte sie aber: Bist du nur erst aus dem Wege, mit ihm will ich schon fertig werden. Rasch ließ der Prinz ein Schiff ausrüsten und binnen drei Tagen fuhr die Prinzessin ab. Die alte Königin aber hatte den Schiffscapitän bestochen, er müsse machen, daß ihn die Prinzessin heirathe, gehe es nun wie es wolle.

Als das Schiff auf hoher See war, kam der Capitän zu ihr und wollte ihre Liebe und Gunst gewinnen, aber sie wies ihn erzürnt zurück. Da sprach er: »Eins von Beiden mögt ihr euch wählen: wollt ihr mich zum Mann und dem König eurem Vater sagen, ich habe euch gerettet, oder wollt ihr ins Meer geworfen werden? Ihr habt drei Tage Bedenkzeit.«

Als sie wieder allein war, warf sie sich auf ihre Kniee nieder und bat Gott um Rettung aus dieser neuen Noth und Gefahr. Da kam ihr ein guter Gedanke und als der Capitän am dritten Tage wieder vor sie trat und frug, wozu sie nun entschlossen sei, sprach sie: »Jahr und Tag will ich Frist haben, dann mag die Hochzeit sein.« Damit war der Capitän zufrieden. Als sie ans Land kamen führte er sie zu ihren Ältern, erzählte ihnen, wie er sie aus einer finstern Höhle gerettet habe und begehrte ihre Hand. Der König und die Königin waren so froh, ihr Kind wieder zu haben, daß sie alsbald einwilligten, und über Jahr und Tag sollte die Hochzeit gehalten werden. Da sprach die Jungfrau: »Als ich in meiner Höhle lag habe ich ein Gelübde gethan, das muß ich jetzt halten. Ich habe gelobt, wenn ich erlöst würde, Jahr und Tag ein Wirthshaus an offener Straße zu halten, darin sollte jeder arme Wanderer und Pilger ein freies Unterkommen finden und ich selber wolle sie bedienen.« Der König war sehr dagegen, sprach, das schicke sich nicht für eine Prinzessin aus königlichem Stamme, aber die Königin sagte: »Was man Gott dem Herrn verspricht, das darf man nicht brechen, sonst folgt die Strafe auf dem Fuße. Richte ihr ein Wirthshaus ein und laß sie darin hanthieren, wie sie gelobt hat, es wird ihr Schaden nicht sein.« Da wurde das Wirthshaus gebaut und mancher arme Reisende und Pilger fand da Labung und segnete die fromme Königstochter und betete zu Gott, daß er es ihr lohnen möge. Jetzt wollen wir sie in dem Wirthshaus lassen und sehen, wie es dem Prinzen erging.

Als die Prinzessin weg war und die falsche Königin gar nicht wußte, wie sie den Prinzen verderben könne, offenbarte sie sich zuletzt dem Greise und der war gleich bei der Hand, ihr dabei zu helfen, nur mußte sie ihm versprechen, seine Gemahlin zu werden und das that sie gern. Er sprach: »Siehe zu, daß er in die Löwengrube gehe, welche in dem Schloßgraben ist, dann werden ihn die Löwen zerreißen.« Da legte sich die Königin auf ihr Bett und that, als sei sie todkrank. Der Prinz war in tiefer Bekümmerniß um sie und frug eines über das anderemal, womit ihr wohl geholfen werden könne? Sie sprach: »Ach lieber Sohn mir kann geholfen werden, aber es ist Gefahr dabei und du könntest leicht dabei zu Schaden kommen, da möchte ich jedoch lieber sterben, als daß dir etwas zu Leide geschähe.« »Ich kenne keine Gefahr, liebste Mutter«, sprach der Prinz, »wenn es um dein Leben geht.« Sie antwortete: »Was bist du für ein guter Sohn! So will ich es dir denn sagen: Wenn ich eins von den Löwenwelpen an meine Brust lege, dann zieht die Kraft in mich hinein und ich werde in Zeit von einem Tage gesund.« Der Prinz lief auf der Stelle zu der Löwengrube, trat unerschrocken hinein und da ein Löwe edelm Blut kein Leid anthut, so ließen ihn die alten Löwen ruhig gewähren. Als er ein Junges faßte, da brüllte die Löwin und erhob sich, doch der Prinz sah sie mit einem so scharfen Blick an, daß sie sich augenblicklich wieder hinlegte. Die Königin setzte den jungen Löwen an ihre Brust und rief: »Ich fühle ordentlich, wie ich neue Kraft bekomme, jetzt bin ich gerettet.« Als der Löwe aber nicht ruhig blieb und seine Krallen ausstreckte, schrie sie: »Es ist jetzt gut, nimm ihn weg und mache ihn todt, ich kann ihn nicht länger an mir leiden.« Der Prinz nahm den Löwen und sprach: »Warum sollte ich das arme Thierchen tödten, da es doch meiner lieben Mutter Leben gerettet hat? Ich will es seiner Mutter heimbringen, wie ich es ihr genommen habe.« So trug er den jungen Löwen wieder in die Grube zurück und die alte Löwin brüllte laut vor Freude, als sie ihr Welpchen wieder hatte.

Da dieser Plan also fehlgeschlagen war, berieth die Königin wieder mit dem Greise, wie sie den Prinzen verderben könnten und der Greis sprach: »Es gibt nur ein Mittel, du mußt ihm das Hemd ausziehen, dann hat er keine Kraft mehr, das Schwert zu schwingen und wir werden seiner bald Meister.« Die Königin lud eine Menge von Gästen zu sich ein, ging zu dem Prinzen und sprach: »Da du mich vom Tode gerettet hast, lieber Sohn, so habe ich dir zu Ehren ein großes Mahl anstellen lassen, komm nun und setze dich neben mich, damit wir uns zusammen freuen.« Der Prinz folgte ihr hocherfreut zu dem Saal, wo die Gäste schon beisammen waren. Als er nun gegen Ende des Mahles recht eifrig mit den Gästen sprach, goß sie rasch einen Schlaftrunk in seinen Becher. Dann hob sie ihr Glas und rief: »Mein lieber Sohn soll leben, der mich vom Tode gerettet hat.« Da nahm er seinen Becher und trank ihn in einem Zuge leer. Bald darauf gingen die Gäste nach Hause, der Prinz aber fühlte sich gar müde und legte sich zu Bette, wo er bald fest einschlief. Nun schlich die Königin mit dem Alten in das Zimmer, da zogen sie ihm das weiße Hemd aus und der Alte zog es an. Dann nahm dieser ein Messer, gab es der Königin und sprach: »Nun stich ihm das linke Auge aus.« Sie that es, der Alte grub ihm das rechte Auge auch noch aus und dann warfen sie ihn in die Löwengrube.

Durch den Schmerz war der Prinz sogleich erwacht und hatte wohl gesehen, wie groß die Falschheit seiner Mutter war und auch gehört, wie der Alte über ihn triumphirte. Als er fühlte, daß man ihn in die Löwengrube warf, war er froh, denn er glaubte nicht anders, als die Löwen würden ihn sofort verschlingen und das wäre ihm recht gewesen, denn er war des Lebens gar satt. Das geschah aber nicht, sondern die Löwin kam zu ihm und brüllte so recht traurig und die Löwenwelpen kamen und lekten ihm die Augen, bis sie ganz heil waren. Jeden Tag brachte die Löwin ihm ein Stück Fleisch, das legte sie auf seine Kniee und er nahm es und aß es roh, das war seine ganze Nahrung. Das Fleisch holten sich die Löwen aber durch einen Erdgang, der lief aus der Löwengrube in den Wald. Als der Prinz nun eines Tages so in der Grube herumtappte, entdeckte er den Gang und kroch hinein. Lange spürte er nur eine dumpfe, schwere Luft, dann aber wurde ihm das Athmen immer leichter und endlich merkte er, wie sich der Gang erweiterte, wie frische Waldluft ihn anwehte. Er hörte die Vöglein in den Bäumen singen, die Hirsche und Rehe springen und fühlte die Sonne warm auf sein Angesicht scheinen. Er dankte Gott auf den Knieen für seine Rettung und schaffte sich dann weiter, so gut es eben ging. Gegen Abend rauschte es in der Ferne, darauf ging er zu und gelangte also an das große Weltmeer. Dort hatte grade ein Schiff angelegt, um frisches Wasser einzunehmen. Als der Schiffscapitän ihn sah, dauerte ihn der arme blinde Jüngling, der so verlassen da herum schlich und er frug ihn, ob er mitfahren wolle? »Ja das will ich gern, denn hier müßte ich ja Hungers sterben«, sprach der Prinz und stieg in das Schiff, wo ihn der gute Capitän auf das Beste hielt und pflegte, so daß er von Tag zu Tage frischern Muthes wurde. Als das Schiff anlegte, nahm er unter vielem Dank von dem Capitän Abschied und schlich auf der Landstraße weiter.

Eines Tages kam er an eine große Stadt. Vor dem Thore
rief eine Frau: »Kommt herein in mein Haus, hier werden
alle armen Reisenden und Pilger gepflegt.« Er streckte seine
Hand aus und ließ sich in das Haus führen, wo er ein gutes
Essen und ein prächtiges Bett bekam. Ehe er schlafen ging,
kam die Frau, setzte sich zu ihm und sprach: »Erzählt mir
jetzt eure Geschichte, das ist meine Bezahlung.« »Die möchte
ich lieber verschweigen«, antwortete der Prinz, »denn sie ist
sehr traurig, aber wenn ihr sie hören wollt, so erzähle ich sie.«
Und nun fing er an und legte ihr Alles auseinander, wie es
ihm ergangen war. Die Wirthin wurde immer aufmerksamer,
als er aber daran kam, wie er die schöne Jungfrau aus dem
Loche erlöst und sich mit ihr verlobt hatte, da schloß sie
ihn in ihre Arme und rief unter blutigen Thränen: »O mein
lieber Bräutigam, ach daß ich dich also wiederfinden muß!«
Wie war das eine so große Freude und dabei eine so tiefe
Betrübnis, als er ihr erzählte, wie seine Mutter und der falsche
Greis an ihm gehandelt hatten. Die schöne Jungfrau konnte
ihrer Thränen nicht Herr werden, wenn sie ihn ansah und die
eingesunkenen leeren Augenhöhlen erblickte. Als er seine
Erzählung zu Ende hatte, ließ sie ihn schön kleiden, führte
ihn zu ihrem Vater und sprach: »Lieber Vater, heut ist mein
schönster Lebenstag, denn der liebe Gott hat mir meinen
rechten Erlöser und einzigen Bräutigam wiedergegeben;« und
sie ließ ihn dem Könige die ganze Geschichte erzählen. Der
König glaubte ihm zwar, doch da die erste Freude des Wie-
dersehens seiner Tochter vorüber war, so ärgerte er sich, daß
sie einen blinden Prinzen heirathen wollte. Jedenfalls war
ihm der Jüngling als Prinz lieber, als der Schiffscapitän, darum
that dieser wohl, sich sogleich aus dem Staube zu machen, als
die Sache bekannt wurde. Nun wurde in einer abgelegenen
Gegend des Schloßgartens ein kleines Schloß gebaut, die
Hochzeit des Prinzen mit der Prinzessin ganz heimlich gefeiert
und dann zogen sie in das Schlößchen und bekamen nichts
als das Essen von dem Könige; ihre Kleider mußten sie sich
selber stellen, daran spann und webte die Prinzessin Tag und
Nacht.

Die Hofherren ärgerten sich aber nicht wenig über diese
Heirath, denn der Prinz konnte ihnen keine großen Gast-
mähler geben, worauf sie sehr viel hielten, und Bälle und

Tanzbelustigungen wurden gleichfalls keine gehalten, worauf ihre Frauen sehr viel gaben. Zudem wollte es ihnen nicht gefallen, daß sie einmal von einem blinden König regiert werden sollten. Sie verschwuren sich also, sie wollten das Schlößchen, wo der Prinz mit seiner Frau wohnte in die Luft sprengen, und das sollte bald geschehen.

Eines Abends gingen die Beiden aus ihrem Schlößchen in ihr kleines Gärtchen, wo sie der frischen Kühle genießen wollten, und setzten sich unter einen hohen Lindenbaum. Da zog der Prinz sein Einziges vom Finger, was er aus seinem Schloß gerettet hatte, den goldnen Ring und steckte ihn in den Mund, denn er wollte sich einen Zeitvertreib machen und hören, was sich die Vögel wohl erzählten. Da flogen drei Krähen auf den Lindenbaum, die fingen an zu schwätzen und die erste sprach: »Ich weiß etwas, wenn ihr das wüßtet!« »Was ist das denn?« fragten die beiden andern, »wir wissen auch etwas.« »Drüben beim Schultheiß ist ein Pferd gefallen, das wird ein köstliches Aas, ah das soll mal schmecken«, sprach die erste Krähe. Da begann die zweite und sprach: »Ich weiß etwas andres, wenn das die zwei wüßten, die da unterm Baume sitzen, dann säßen sie nicht da.« »Was ist das?« fragten die beiden andern. »Diesen Abend um zehn Uhr wird das Schlößchen, worin sie wohnen, in die Luft gesprengt, das haben die Hofherren ihnen gebraut.« Nun sprach die dritte Krähe: »Ich weiß etwas, wenn das der blinde Prinz da drunten wüßte, der wäre erst froh!« »Was ist das?« fragten die beiden andern. »Diese Nacht zwischen elf und zwölf Uhr fällt ein Thau vom Himmel, wer sich damit die Augen bestreicht, der wird auf der Stelle sehend. Nun kommt zu dem todten Gaul, bevor ihn andre holen.« Da erhoben sie sich wieder und flogen weg.

Der Prinz steckte seinen Ring wieder an und sprach zu seiner Frau: »Komm, wir wollen ein Stückchen weiter in den Wald hinein gehn, der Abend ist ja so schön.« Da folgte sie ihm. Als sie kaum eine Viertelstunde weit waren, blitzte es plötzlich und dann thats einen Knall, als wenn tausend Kanonen auf einmal losgeschossen würden. Die Prinzessin erschrak, so daß sie fast ohnmächtig zusammen gesunken wäre; als der Prinz ihr aber die ganze Geschichte erzählte, da freute sie sich und beide dankten Gott für ihre Lebensrettung, und legten sich unter einem Baum im Walde zur Ruhe nieder. Die Prinzessin entschlummerte bald, der Prinz aber wachte. Als es gegen die zwölfte Stunde ging, tastete er im Grase umher und strich sich den Thau zusammen, damit wusch er sich die Augen. Je mehr er wusch, um so heller wurde es vor ihm und als er dreimal gewaschen hatte, da sah er den Mond wieder, wie seine Strahlen durch die Bäume fielen, und sah seine liebe Frau wieder, wie sie so wunderschön im Mondenschein dalag. Er küßte sie vor lauter Wonne, da erwachte sie und schaute ihren Mann an und fast hätte sie ihn nicht wieder erkannt, so klar und schön glänzten seine Augen sie an. Jetzt füllte er auch seine Wasserflasche noch mit dem Thau und hing sie um, denn er dachte: Wer weiß ob ich's nicht einmal gebrauchen kann. Also wuchs ihnen aus großem Unglück ein noch viel größeres Glück und sie waren nun überreich bei ihrer größten Armuth. Aber sie sollten noch viel größere Leiden ertragen und die Zeit ihrer Prüfung war noch nicht zu Ende.

Sie gingen am Morgen immer weiter im Walde fort und nährten sich von Wurzeln und Kräutern. Da die Prinzessin des Gehens aber ungewohnt war, so wurde sie bald müde und gegen Mittag setzte sie sich unter eine Eiche, legte ihren Kopf in den Schoos des Prinzen und schlief ein. Er betrachtete sie mit wonniglichen Blicken, wie sie in Schönheit strahlte; da sah er an ihrem Halse ein Säckchen an einer Schnur hängen und als er es öffnete, fand er darin einen Karfunkelstein, der gefiel ihm so gut, daß er leise die Schnur löste und ihn lange betrachtete. Er hätte ihn aber auch gern einmal in der Sonne spielen sehen, darum legte er ihn neben sich ins Gras, hob sanft der Prinzessin Haupt von seinem Schooß und legte es auf ein Kissen von Laub und Moos, welches er eilig zurecht machte. Als er aber wiederum nach seinem Steine langen wollte, hatte ein Rabe ihn genommen und spielte damit. Er sprang dem Raben nach, da flog derselbe auf und setzte sich weit weg auf einen Baum. Der Prinz verfolgte ihn, und warf mit Steinen nach ihm, da sprang der Rabe von Ast zu Ast und von Baum zu Baum, bis er zuletzt im Gebüsch verschwand. Betrübt suchte der Prinz den Rückweg auf, aber er fand ihn nicht und verirrte sich immer tiefer in den Wald hinein und wurde immer trostloser. Da kam ein feiner Herr des Weges daher, den frug er nach dem Baume, worunter er seine liebe Frau im Schlafe hatte liegen lassen. Der Herr wußte ihm aber keinen Rath und sprach: »Solcher Bäume gibts tausend im Walde, den findest du nicht wieder. Geh mit mir und du sollst es nicht schlecht haben.« Da folgte er dem Herrn zu einem schönen weißen Waldhause, darin saßen elf Bursche an einem reichgedeckten Tische und ließen sichs wohl sein. Der Herr sprach: »Nun ist eure Zahl voll, jetzt seit ihr zwölf. Ihr bleibt nun Jahr und Tag hier und sollt Alles vollauf haben, aber am Ende des Jahres müßt ihr mir drei Räthsel lösen. Wer das kann, bekommt einen Geldbeutel, der nie leer wird, wer es aber nicht kann, der muß sterben.« Da jubelten die elf Bursche und ließen den Herrn hoch leben und sie jubelten also fort das ganze Jahr hindurch. Oft riefen sie dem Prinzen, er solle Theil an ihrer Lustbarkeit nehmen, aber der war still und in sich gekehrt, aß und trank wenig, sprach noch weniger, aber dachte ohne Unterlaß an seine arme Frau. Jetzt wollen wir sehen, wie es mit ihr ergangen ist.

Als sie erwachte und ihren Mann nicht fand, rief sie ihm lange und natürlich vergebens. Da fühlte sie plötzlich, daß ihr das Säckchen am Halse fehle. Ach sollte er mir den Stein geraubt haben und damit entflohen sein? dachte sie, und was konnte sie auch anders denken? Der Gedanke betrübte sie gar zu sehr und wäre sie nicht so fromm gewesen, sie hätte sich den bittern Tod angethan. Nun aber gab sie ihr trauriges Schicksal in des Himmels Hand und ging weiter im Walde gar mühsame Wege, bis sie an das Meer kam. Da lag ein Schiff vor Anker, das nahm sie um Gotteswillen auf und setzte sie nach vielen Wochen in einem fremden Lande an das Ufer. Sie ging und ging, bis sie in der Ferne ein Schloß sah und als sie näher kam, erkannte sie, daß es das Schloß war, wo der Prinz sie gerettet hatte. Da wurde sie frohen Muthes, denn sie dachte ihr Mann werde wieder dort sein und wenn er sie wieder sehe, könne er sie ja nicht verstoßen. Also ging sie in das Schloß und fragte nach dem Prinzen; die Diener wollten ihr eben sein trauriges Schicksal erzählen, da kam die Königin hinzu und erkannte sie. »Ei bist du hier und was hast du denn hier zu suchen?« frug das böse Weib; da erzählte die Prinzessin, wie sie ihren Mann suche, den sie im Walde verloren habe, »Komm mit herein«, sprach die Königin;

als die Prinzessin ihr folgte, schloß sie schnell die Thür ab
und rief den Greis. Sie faßten die Prinzessin, gruben ihr
Abends die Augen aus und warfen sie in die Löwengrube.
»Da kannst du deinen Mann suchen«, riefen sie ihr nach und
verhöhnten sie. Die Löwen fraßen sie aber nicht, sondern die
jungen Löwen leckten ihr die Augen heil und die Alten brachten ihr Nahrung, so daß sie am Leben blieb.

Unterdessen war das Jahr in dem Waldhause fast verstrichen und die elf Bursche dachten nicht einmal an die drei
Räthsel; um desto mehr dachte der Prinz daran und sann und
sann, was es wohl sein könne, aber er konnte nichts heraus-
finden. Eines Abends setzte er sich in den Wald unter eine
Eiche, da flogen drei Atzeln heran und ließen sich in dem
Laub der Eiche nieder. Was mögen die wohl schwatzen?
dachte der Prinz, legte seinen Ring unter die Zunge und
horchte ihnen zu. »Heisa ihr Brüder!« rief die Eine, »morgen
gibts einen Festtag für uns, elf fette Handwerksburschen und
einen magern Prinzen.« »Wie meinst du das?« fragte die
Zweite. »Morgen müssen sie die drei Räthsel lösen und sie
wissen nicht eins davon«, sprach die Dritte. »Wißt ihr sie
denn?« fragte die Zweite und da schrieen die beiden andern:
»Ja, ja, ich will sie sagen, nein ich will sie sagen.« »Fang du
an«, sprach die Zweite und die Erste begann: »Das eine Räthsel ist, wovon das Haus gebaut sei, das andere, woher sie das
Essen gehabt hätten und das dritte, warum es in dem Hause
nie Nacht werde?« »Nun rathe du sie«, sprach die Zweite
und die Dritte plapperte: »Das Haus ist von Armesünderknochen gebaut, das Essen kommt von des Königs Tafel
und das helle Tageslicht im Hause von dem Karfunkelstein,
welchen der Zauberer als Rabe dem armen Prinzen im Walde
gestohlen hat und der nun an der Decke hängt.« Als sie so
geplappert hatten, hoben sie die Flügel und flogen weiter.
Der Prinz aber erfreut legte sich zum erstenmal seit einem
ganzen Jahre ruhig schlafen.

Am andern Morgen tafelten und spielten die elf Bursche
wieder, da kam der Herr durch den Wald daher und rief schon
von weitem: »Nun ihr Bursche, stellt euch in Reih und Glied,
jetzt müßt ihr die Räthsel lösen.« Die Elf folgten gutes Muthes,
der Prinz stellte sich ans Ende. Der Herr frug: »Woraus ist
das Haus gebaut?« »Ei von Backstein« sagte der Erste, »von

Bruchstein« der Zweite, »von Lehm und Holz« der Dritte und so weiter bis es an den Prinzen kam, der sprach: »Von Armesünderknochen.« »Du hasts gerathen« sagte der Herr. »Jetzt sagt mir weiter, woher kam euer Essen?« »Aus der Garküche«, schrieen alle elf, aber der Prinz sagte: »Von des Königs Tafel.« »Du hasts gerathen« sagte der Herr. »Nun sagt mir zum Dritten, warum war euer Haus bei der Nacht so hell, wie bei Tage?« »Von einer Lampe«, schrieen die Elf zugleich, aber der Prinz sprach: »Von dem Karfunkelstein, den du mir als Rabe gestohlen hast und der an der Decke hängt.« »Du hasts gerathen und hier ist dein Geldbeutel, der nie leer wird«, sprach der Herr und gab ihm den Beutel, den Elfen aber schlug er die Köpfe ab. Unterdessen ging der Prinz in das Haus und nahm den Karfunkelstein wieder, dann wanderte er seines Weges weiter im Walde fort, bis er an das Meer kam. Dort ging er weiter bis zur nächsten Seestadt, miethete sich ein Schiff und fuhr nach dem Schloß, wo seine Mutter zurückgeblieben war. Habe ich bei allem Unglück so viel Glück gehabt, dachte er, wer weiß ob ich das Schloß nicht wieder gewinne und meine Frau dazu.

Es war dunkler Abend, als das Schiff in der Nähe des Schlosses vor Anker ging. Er verkleidete sich in einen Matrosen, stieg ans Land, und ging auf das Schloß zu. Leise schlich er hinein und auf den Boden. Als Alles im Schlafe lag, stieg er auf das Dach und ließ sich durch einen Schornstein in das Zimmer hinab, wo er den Greis schlafend gefunden hatte. Das Erste was er sah, war das weiße Hemd, welches auf dem runden goldnen Tische lag. Er zog es an, faßte das Schwert, welches an der Wand hing und durchsuchte das Zimmer; da lag der Greis in demselben Bette, wie das Erstemal und bei ihm die Königin. Dreimal schwang der Prinz das Schwert, da stürzten die Diener herein und begrüßten ihn freudig als ihren König und Herrn. »Bindet die Beiden zusammen und werfet sie in einen Käfig, wo sie gleich Vieh gehalten werden sollen!« rief der Prinz und es geschah. Die Königin suchte zwar wieder durch neue Lügen und Ränke den Prinzen zu bestricken, aber es gelang ihr nicht; sie wurde gebunden in den Käfig geworfen.

Das Erste was die Diener ihm sagten, war, daß die Prinzessin da gewesen sei und nach ihm gefragt habe. Da hob sich sein Herz in neuer Hoffnung. Er ließ die Königin fragen, wo die Prinzessin geblieben sei, aber sie wollte es nicht sagen und vergebens wurde in dem alten Loche gesucht. In seiner Betrübnis kam ihm da der Gedanke, er wolle sich den guten Löwen dankbar beweisen und ihnen einmal eine reichliche Mahlzeit geben. Es wurden Ochsen und Rinder geschlachtet und die Diener mußten ihm das Fleisch in großen Mulden nachtragen. So ging er zum Löwenzwinger, um es ihnen selbst zu geben. Aber ach du Jammer, als er die Thür öffnete und seine liebe Frau blind in der Löwengrube wiederfand. Er stürzte auf sie zu und schloß sie in seine Arme und das war wieder einmal viel Unglück bei viel Glück. Er führte sie sogleich mit sich in das Schloß, da wusch er vor Allem ihre Augen mit dem Thau, welchen er einst in der Flasche gesammelt hatte und wie lachte sie ihn da so seelig an! Jetzt war Beider Glück vollkommen und er gab ein Fest nach dem andern zur Feier ihres Wiedersehns. Dann schrieb er seinem Vater Alles nach der Ordnung, wie es sich begeben hatte und reiste mit seiner lieben Frau zu dem alten König; den Käfig mit der Königin und dem Greise ließ er nachkommen und übergab Beide seinem Vater zur Bestrafung. Da wurden sie auf einem Scheiterhaufen öffentlich verbrannt. Der Prinz aber folgte seinem Vater in der Regierung, erbte später auch das Königreich seiner Frau und da an dem Schloß auch ein Königreich hing, so war er Herr über drei Königreiche.

DIE DREI KÖNIGSKINDER.

Ein König hatte nur einen Sohn, der war so alt geworden, daß er heirathen konnte. Er wollte aber keine aufgedrungene Prinzessin, sondern eine Frau nach seinem Gefallen und darum zog er im Lande umher und ließ sich alle Mädchen vorführen. Unter allen gefiel ihm keins besser, als eine Bauerntochter, die hieß Marie. Als er jedoch bei ihren Ältern um sie anhielt, sagte der Vater rundheraus nein, das Mädchen bekäme er nicht, denn es sei die einzige Stütze seiner alten Ältern und es ernähre sie. Da sagte der Königssohn, wenn weiter kein Hinderniß wäre, dafür wolle er schon sorgen und ihnen so viel Geld geben, daß sie leben könnten. Das that er und damit war die Sache abgemacht. Jetzt setzte er das Mädchen in seinen Wagen und fuhr sie in ein Erziehungshaus, wo sie Alles lernte, was die Prinzessinnen lernen, und als sie das Alles konnte, da holte er sie wieder ab und heirathete sie. Das war aber seiner Mutter gar nicht recht und dieß böse, stolze Weib trachtete jetzt auf alle Weise, die arme Königin zu kränken und in den Augen ihres Mannes herunter zu setzen. Das wollte ihr aber lange nicht gelingen.

Nach einiger Zeit genas die junge Königin eines schönen Mägdleins. Da der König grade auf der Jagd war, bestach die Alte die Wehmutter und nahm der Königin das Mägdlein; dem König sagte sie, es sei eine so abscheuliche Mißgeburt gewesen, daß sie keinem Menschen ähnlich gesehn habe, darum hätten sie dieselbe vergraben. Das Kindchen setzten sie aber in eine Schachtel und warfen sie in den Bach und darauf schwamm sie fort und immer weiter bis in die Gegend einer Mühle. Die Müllerin stand am Fenster und sah die Schachtel und rief ihrem Manne zu, er solle sie aus dem Wasser holen und sehn, was darin sei. Das that er und sie freuten sich recht, als sie das schöne Mägdlein drin fanden und da sie doch keine Kinder hatten, sagte der Müller zu seiner Frau: »Wie wär's, wenn wir das Mägdlein an Kindesstatt annähmen?« »Das denke ich eben auch«, sprach die Frau und sie thaten es und sorgten besser dafür, als wenn es ihr eigen Kind gewesen wäre.

Die arme Königin härmte sich unterdessen ab über ihr großes Mißgeschick und auch der König war sehr betrübt; doch wurde ihre Trauer bald in große Freude verwandelt, als die Königin ihm eines Tags verkündete, daß Gott sie mit einem andern Kinde segnen werde. Als die böse Schwiegermutter das hörte, ärgerte sie sich in ihrem Herzen und trieb den König jeden Tag auf die Jagd. So geschah es, daß er wieder nicht zu Hause war, als der Storch das Kindlein brachte, und es wurde der Alten sehr leicht, den König wieder zu belügen und ihn weis zu machen, die Königin habe abermals eine Mißgeburt bekommen, die noch ärger ausgesehen hätte, wie die erste. Das Kind war aber wiederum ein Mägdlein und damit machten sie es, wie mit dem ersten und legten es auch in eine Schachtel und warfen diese in den Bach. So schwamm es bis an die Mühle und wurde von den guten Müllersleuten eben so herzlich aufgenommen, wie sein Schwesterlein.

Das Herzeleid des Königs und der armen Königin ist gar nicht zu beschreiben. Sie weinten Tag und Nacht und weinten sich fast die Augen aus. Auch hatten sie gar keine Freude mehr, als sich die Hoffnung wieder zeigte, daß ihnen ein anderes Kind bescheert werde. Es war auch gut, daß sie sich nicht darauf freuten, denn die böse Mutter war wieder eben so schnell bei der Hand wie die beiden ersten male und vertauschte das schöne Knäbchen, welches die Königin geboren hatte, mit einer häßlichen Mißgeburt, welche zur selben Zeit in der Stadt auf die Welt gekommen war. Als der König die Mißgeburt sah, wurde er entsetzlich böse und sprach, er wolle nichts mehr von der Königin wissen und sie gar nicht mehr sehen. Da triumphirte die böse Alte und sprang vor Freude, daß ihre alten Knochen schlotterten.

Das Knäbchen nahm aber denselben Weg, wie seine zwei Schwestern, schwamm auch an die Mühle und wurde eben so gern empfangen, wie jene. Es wuchs mit ihnen auf und wurde ein schöner Jüngling und blieben in der Mühle, bis er fünfzehn Jahr alt war. Da geschah es, daß die Alte eines Tags an der Mühle vorbei fuhr. Als sie den Jüngling und die beiden Mädchen sah, überlief es sie gar sonderbar. Sie stieg aus ihrem Wagen heraus, ging in die Mühle und frug den Müller, ob das seine Kinder seien? »Nein«, sprach der Müller. »Gott hat sie mir auf dem Wasser zugeschickt«, und erzählte ihr die ganze Geschichte, zeigte ihr auch die Schachteln, welche er sorgfältig aufgehoben hatte. Da erkannte die böse Alte, daß es die Kinder der Königin waren und sie sprach zu dem Müller, er müsse die drei Kinder tödten, wo nicht, dann werde er selber getödtet. Der Müller versprach, es zu thun, aber er that es doch nicht, sondern sagte den Kindern Alles und gab ihnen einen seiner Esel, damit sie darauf entfliehen könnten. Da nahmen sie am folgenden Tage mit weinenden Augen Abschied von einander; der Jüngling setzte sich auf den Esel und die Schwestern saßen in zwei Körben, auf jeder Seite des Esels eine.

Also zogen sie in die Welt hinaus. Als sie schon ein paar Tagereisen gemacht hatten, kamen sie in einen Wald und kaum waren sie einige Stunden weit darin, da sahen sie auf der Straße ein Büchlein liegen. Der Jüngling hob es auf und las die erste Seite. Da erhob sich vor ihm ein großer schwarzer Nebel, und als der verschwand, stand ein Geist da, welcher frug: »Was befiehlt mein Herr und Meister?« Anfangs erschraken die Geschwister nicht wenig, doch erholten sie sich bald von ihrem Schrecken und der Jüngling sprach: »Baue uns ein schönes Schloß und bringe Alles hinein was nöthig ist.« Da erhob sich abermals ein Nebel und als er wich, stand ein wunderschönes Schloß da mit prächtigen Gärten und viele Diener eilten heraus, die Geschwister als ihre Herren zu begrüßen. Sie traten hinein und wie war Alles da so schön! Sie konnten's gar nicht schöner wünschen.

Als die arge alte Königin von dem Schlosse der drei Geschwister hörte, verkleidete sie sich und schlich herum, bis sie dieselben sah. Sie erkannte sie sogleich und ließ den Müller vor sich kommen. Der läugnete allerdings, aber es half ihm nichts, er mußte endlich bekennen, und von nun an ließ es ihr keine Ruhe. Sie sann Tag und Nacht auf Ränke, wie sie die drei Kinder ins Unglück bringen möge, denn sie fürchtete, ihre Verrätherei könne an Tag kommen, so lange dieselben am Leben seien.

Eines Tages zog sie Bettelkleider an und ging in das Schloß. Als die Geschwister ihr ein reiches Almosen gegeben, sprach sie, sie hätten wohl Alles, was man sich nur wünschen könnte, nur eins noch fehle ihnen und es sei jammerschade, daß sie das nicht auch noch besäßen. Sie frugen, was das sei? Da sagte die Alte: »Ein Zweig von dem Baum mit goldenen Früchten. Wenn ihr den in euren Garten pflanzt, dann wächst schnell ein Baum daraus und ach das wäre so prächtig!« Da beriethen die Geschwister, wie sie den Zweig bekommen könnten und es wurde beschlossen, daß ihr Bruder ausziehen solle, um ihn zu holen.

Der Jüngling machte sich alsbald auf die Reise und zog von Land zu Land, bis er an den Garten kam, worin der Goldbaum stand. Da trat ein altes Männchen zu ihm und frug ihn, wohin er wolle? »Ich will mir einen Zweig von dem Baum mit goldnen Früchten holen«, sprach er. »Ich rathe dir, das nicht zu thun«, sprach das Männchen, »denn es ist große Gefahr dabei. Es wird dir allerhand aufstoßen und wenn du dich dabei nur einmal umsiehst, dann wirst du zur Salzsäule.« »Das thut nichts, ich werde mich schon in Acht nehmen«, sagte der Jüngling, und trat in den Garten. Er ging grade auf den Baum zu und brach einen Zweig ab. Er war schon fast aus dem Garten heraus, als es hinter ihm schrie und tobte und Jemand ihn am Rock festhielt. Da sah er um, wer das sein könne, aber im selben Augenblick war er zur Salzsäule geworden.

Als der Jüngling schon einige Zeit weg war, kam die Alte wieder und zwar in Gestalt einer andern Bettelfrau und sprach zu den zwei Jungfrauen: »Dem schönen Schlosse fehlt nichts, als der sprechende Vogel und es ist jammerschade, daß ihr den nicht habt.« — »Wo finden wir ihn denn?« frugen die Schwestern. »In dem Garten, wo der Baum mit goldnen Früchten steht«, sagte die Alte. Da sprach die älteste der beiden Schwestern: »Ich will den Vogel holen und zugleich sehen, wo unser Bruder bleibt;« und sie ging auf Reise und kam auch zu dem Garten. Da stand das graue Männchen und frug sie, wohin sie wolle? »Ich will den sprechenden Vogel holen«, antwortete sie »und sehen, was mein Bruder macht.« »Unternimm das nicht«, sagte das Männchen »und bleib lieber aus dem Garten; es ist zu große Gefahr dabei; denn wenn du dich auf dem Rückwege nur einmal umsiehst, dann wirst du gleich deinem Bruder zur Salzsäule.« »Ich werde mich hüten«, sagte die Jungfrau und ging in den Garten. Da brach sie einen Zweig von dem Goldbaume und nahm den sprechenden Vogel, welcher in einem Käfig nebenan stand.

Als sie aber bald an der Thür war, rief Jemand hinter ihr her, grade als wenn es ihr Bruder gewesen wäre, sie hab etwas vergessen. Da sah sie um, wurde auch zu einer Salzsäule und stand neben ihrem Bruder.

Das war eine Freude, als das falsche Weib sah, daß die Beiden nicht zurückkehrten. Es ging zu der jüngsten Schwester und zwar wieder als Bettelfrau gekleidet, bewunderte das Schloß und sprach: »Es fehlt hier gar nichts, als das springende Wasser; das gäbe einen sehr schönen Springbrunnen.« »Wo findet man das springende Wasser?« frug die Jungfrau und die garstige Alte sprach: »In dem Garten, wo der Baum mit goldnen Früchten steht und der sprechende Vogel ist.« Da dachte die Jungfrau, sie müsse einen solchen Springbrunnen haben und würde zugleich ihre Sorge los, denn sie könne ja dann erfahren, was aus ihrem Bruder und ihrer Schwester geworden sei. Sie machte sich alsbald auf den Weg und kam nach langem Reisen auch bei dem Garten an. Da fand sie das Männchen, welches sie beschwur und warnte, doch nicht hinein zu gehn, denn sie komme nicht heraus, und es gehe ihr, wie ihrem Bruder und ihrer Schwester. Als sie jedoch nicht anders wollte und durchaus darauf bestand, sagte das Männchen, dann solle sie sich nur nicht verleiten lassen umzusehn. Wenn sie aber von dem springenden Wasser habe, dann müsse sie damit die beiden Salzsäulen besprengen, die am Eingang des Gartens ständen, denn das seien ihre Geschwister. Da ging sie in den Garten und fand den Brunnen, woraus das Wasser sprang, und sie füllte sich zwei Flaschen davon, ließ sich auch nicht schrecken, wie sehr es um sie herum schrie und heulte und brüllte, als ob die ganze Hölle losgelassen sei. Sie ging ruhig und muthig zurück und goß eine Flasche des springenden Wassers über die beiden Salzsäulen aus; da verwandelten sie sich in ihre Geschwister und liefen mit ihr aus dem Garten hinweg. Wie war jetzt die Freude groß! Sie hatten sich wieder und dazu Alles, was sie wünschten, den Zweig von dem Baum mit goldenen Früchten, den sprechenden Vogel und das springende Wasser. Der Zweig wuchs in einer Nacht zu einem prächtigen Baum; in dessen Ästen saß der sprechende Vogel und an dessen Fuß stieg das springende Wasser aus einem goldenen Becken empor; man kann sich nichts prächtigeres denken.

Der Ruf von dem wunderschönen Schlosse der drei Geschwister drang von Tag zu Tage weiter und kam endlich
auch zu den Ohren des Königs. Jetzt hörte er auch von den
drei Wunderdingen, welche die Prinzessinnen aus der Fremde
mitgebracht hätten und er wurde so neugierig, daß er sich
aufs Pferd setzte und schnurstracks zu dem Schlosse ritt. Die
Geschwister hießen ihn freundlich willkommen und wollten
ihn sogleich im Schlosse umherführen, aber er konnte sich
nicht satt genug an ihnen sehen. Es war ihm so wohl, wie
seit langer Zeit nicht und er meinte grade, er müsse sie an
sein Herz drücken und küssen. Er frug: »Saget mir doch,
woher seid ihr und wer sind eure Ältern?« »Wir sind auf einer
Mühle zu Hause und des Müllers Kinder«, sprachen die
Geschwister, aber da hub der Vogel an zu schreien: »Keine
Müllerskinder, Königskinder!« und er erzählte dem König
Alles nach der Ordnung. Man kann sich wohl denken, wie
der König und wie die drei Geschwister da erstaunt waren
und was das für Freude gab. Auf der Stelle wurde ein Wagen
angespannt und sie fuhren Alle zu den braven Müllersleuten
und frugen sie, woher die drei Kinder wären? Anfangs wollte
der Müller nicht recht mit der Sprache heraus, und sprach,
es seien seine Kinder; als der König ihm aber zu verstehen
gab, daß Alles schon kund und offenbar sei, da bekannte der
Müller, wie er sie aus dem Wasser geholt und wie die alte
Königin ihm befohlen habe, sie zu tödten, nannte auch Tag
und Stunde, wann die drei Schachteln bei der Mühle ankamen. Damit noch nicht zufrieden, ließ der König auch die
Hebamme auf die Mühle bescheiden, denn er hätte so gern
gehört, daß jemand Anderes im Spiel gewesen sei, als seine
eigene Mutter. Aber auch die Hebamme erzählte Alles so,
wie es der Vogel erzählt hatte und da blieb ihm denn kein
Zweifel mehr. Er schloß seine lieben Kinder noch einmal an
sein Herz und ritt weg, nachdem er sie vorher noch auf den
folgenden Tag ins Schloß beschieden hatte.

Zu Hause befahl der König vor Allem, ein großes Gastmahl anzurichten, dann eilte er heimlich zu der armen Königin, welche am äußersten Ende des Gartens in einem kleinen
Häuschen allein wohnte. Er bat sie unter Thränen um Verzeihung all des Unrechtes, welches er ihr angethan und erzählte ihr die ganze Geschichte. Es war ein Wunder, daß die

gute Frau nicht vor Freude starb, als sie sich so plötzlich aus ihrer Verlassenheit und ihrem Unglück im größten Glücke der Erde fühlte und ihren Mann und ihre lieben Kinder auf einmal wieder erhielt.

Am folgenden Tage, als die Gäste recht heiter bei dem Mahle saßen, frug der König: »Was meint ihr, was die drei Geschwister dafür verdient haben, daß sie so eigenmächtig und ohne mich zu fragen das schöne Schloß erbaut haben?« Sogleich fiel die alte Königin ein: »Man soll sie in siedendes Öl werfen.« Da öffnete sich die Thür und die Königin trat herein; sie hatte ihre Krone auf dem Haupte und hielt ihre zwei Töchter an der Hand, ihr Sohn folgte ihr; Alle trugen sie die prächtigsten Kleider, so daß ihre Schönheit recht her-vorleuchtete. Der König aber küßte sie und erzählte den Gästen, wie sich Alles zugetragen hatte. Dann sprach er: »Der Tod, welcher ihnen zugedacht war, soll diejenige tref-fen, welche so verrätherisch an mir und ihnen gehandelt hat.« Da sprangen die Soldaten schon herbei und faßten das alte böse Weib, aber die Mutter und die drei Geschwister baten den König so lange, bis er ihr das Leben schenkte und sie nur in den Kerker werfen ließ, wo sie bis zu ihrem Tode saß. Im Schlosse wohnte von nun an Freude und Friede und Glück und die ganze Königsfamilie war nur ein Herz und eine Seele.

DAS KIND VOM GRABE.

In der Türkei lebte ein Kaufmann, der war sehr reich und hatte Alles, was er sich nur wünschte, nur hatte er keine Kinder und das war doch sein höchster Wunsch. Nach einigen Jahren starb seine Frau und da war er denn recht unglücklich; er fühlte sich so einsam und verlassen in der Welt, daß er des Lebens fast müde war und sein einziger Trost blieb, daß er jeden Abend an das Grab seiner Frau ging, wo er bis gegen Mitternacht blieb und betete.

Zu derselben Zeit regierte ein Sultan in der Türkei, der hatte von allen seinen Frauen nicht ein Kind bekommen. Als aber nach langem Harren die Sultanin eines Tages ihm verkündete, sie werde ihm bald ein Kindlein schenken, da wurde er krank und starb. Die Sultanin übernahm nun die Regierung und führte sie so gut, daß alle Leute im Lande glücklich und zufrieden waren. Sie hatte aber einen Minister, das war ein ehrgeiziger Mann und der hätte gern seinen Sohn auf den Thron gesetzt. Wenn die Sultanin keine Kinder bekommen hätte, dann wäre das nach ihrem Ableben schon zu machen gewesen, nun aber rückte der Augenblick immer näher heran, wo sie eines Kindes genesen sollte und war das ein Knäblein, dann mußte der Minister all seine Hoffnungen aufgeben. Darum sann und grübelte er Tag und Nacht, was da wohl zu machen wäre. Da hörte er plötzlich eines Morgens, der Storch habe der Sultanin ein schönes Knäblein gebracht. Er eilte alsobald in das Schloß, gab der Hebamme und einem Kindermädchen viel, viel Geld und bekam also das Kind in seine Hände; dann ließ er es in ein seidnes Tuch gewickelt in ein Kästchen legen und befahl dem Mädchen, das Kästchen in die See zu tragen. Das Mädchen hatte aber Mitleid mit dem schönen Knäblein, trug es gegen Abend auf den Kirchhof und legte es auf das letzte frische Grab, worin die Frau des Kaufmannes lag. Der Sultanin wurde gesagt, das Kind sei todt auf die Welt gekommen und sofort begraben worden.

Es dauerte nicht lange, da kam der Kaufmann, um nach seiner Gewohnheit an dem Grabe zu beten. Als er das Kästchen sah, öffnete er es neugierig, da lachte ihm das Knäblein holdseelig entgegen. Ach, sprach er, meine Frau schenkt mir im Grabe noch ein Kind, damit ich nicht allein sei, und er küßte das Kind wie sein eignes und trug es voller Freude mit sich nach Haus. Dort nahm er dem Kinde eine Amme und als es größer wurde, ließ er es in allem Möglichen unterrichten. Also wurde das Kind zum Knaben und der Knabe zum Jüngling und der Kaufmann hatte ihn so lieb, daß er keinen Augenblick ohne ihn sein konnte.

Eines Tages wollte der Kaufmann eine große Reise machen, worauf ihn der Jüngling begleiten sollte. Er ließ ein Schiff ausrüsten und fuhr eines Morgens mit günstigem Wind ab. Es dauerte aber nicht lange, da erhob sich ein schrecklicher Sturm, so daß die Wellen haushoch gingen und das Schiff so lang herumwarfen, bis es an einen Felsen fuhr und zertrümmerte. Die ganze Mannschaft und all die kostbaren Güter, womit es beladen war, gingen zu Grunde. Der Kaufmann und der Jüngling retteten sich mit vieler Noth und Mühe an einem Balken, welcher eine Zeitlang auf der See umhertrieb und dann an einer Insel ans Land geworfen wurde. Da standen sie nun arm und einsam auf der Insel und hatten nichts, als ihr Leben und ein paar Kräuter, welche da wuchsen. Sie hatten aber einen Schatz mit sich gerettet, der war sehr groß und das war ihr Vertrauen auf Gott, das hielt sie aufrecht, daß sie nicht verzagten. Sie bauten sich aus dürrem Holz eine Hütte, darin wohnten sie. Dann höhlten sie einen Baumstamm zum Kahne aus und machten sich ein Netz und jeden Tag fuhr der Jüngling auf das Meer hinaus und fing Fische, davon lebten sie.

Eines Tages hatte der Jüngling sich weiter, als sonst in die See gewagt, da sah er von ferne ein schönes goldnes Schifflein herankommen, darin saßen drei Jungfrauen, welche spielten und sangen. Die eine trug eine Krone auf dem Haupt und war über die Maßen schön, die beiden andern waren ihre Dienerinnen. Der Fährmann kannte aber die See an der Stelle schlecht, denn da war ein verborgener Felsen. Das Schifflein fuhr mit vollen Segeln gegen den Stein an und brach, so daß alle ins Meer stürzten. Der Jüngling sprang sogleich aus seinem Boot und rettete zuerst die Königstochter, dann die beiden Dienerinnen, der Fährmann war unter den Wellen begraben worden. Die schöne Jungfrau war lauter Dank und wollte ihren Retter mit Gold überhäufen lassen, wenn er nur mit ihr in ihr Schloß ging, er nahm aber nichts an, als nur eine goldne Blume, welche sie in der Hand hielt. Da sprach sie: »Willst du weiter nichts, so gewähre mir noch eins und bringe uns jeden Tag Fische in das Schloß.« Das sagte sie aber, weil sie den schönen Jüngling gern öfter gesehen hätte. Er willigte sogleich in ihre Bitte, denn sie gefiel auch ihm gar zu gut und er hätte sie nicht gern zum Letztenmal gesehen. Als sie an das Land kamen und an dem Garten des Schlosses anlangten, erkannte der Jüngling daß es das Schloß der Stadt war, wo er mit dem Kaufmann gewohnt hatte. Er sagte es seinem Pflegevater und frug ihn, ob er nicht nach Hause zurückkehren wolle, doch der sprach: »Da wir mit unserm Schiffe Alles verloren haben, so sind wir zu Hause arm, hier aber auf unserer Insel reich; laß uns hier bleiben.« Dem Jüngling war das ganz recht, denn nun konnte er ungestört jeden Tag die schöne Königstochter sehen. Es verhielt sich aber also mit ihr. Als die Sultanin ihres Kindes so schmählich beraubt worden war, verlor sie alle Lust am Regieren und übergab das Land dem Bruder ihres Mannes, welcher eine schöne Tochter hatte. Diese erzog sie und lehrte sie alle schönen Künste, Tanz und Musik und Gesang; das war aber die Jungfrau, welche der Jüngling gerettet hatte.

Jeden Tag zog er nun auf den Fischfang aus und brachte die schönsten Fische in den Schloßgarten, wo die Dienerinnen der Prinzessin sie ihm abnahmen. Während sie dieselben ins Schloß trugen, saß er bei der Königstochter. Sie erzählten sich Anfangs nur ihre Geschichte, bald aber erzählte ihr der Jüngling auch, wie er sie vom ersten Augenblick, wo er sie gesehen, in sein Herz geschlossen habe und so liebe, daß er ohne sie nicht leben könne. Da gestand sie ihm, daß auch sie ihn über Alles liebe und also waren sie ein Herz und eine Seele. Die Dienerinnen merkten wohl, was vorging, doch sie verriethen es nicht, weil sie die Prinzessin und den schönen Jüngling zu lieb hatten, als daß sie Beide hätten unglücklich machen sollen. Da kam aber eines Morgens die Sultanin daher gegangen, um zu sehen, wo die Prinzessin sei und da die Beiden so in ihr Gespräch vertieft waren, daß sie nichts hörten und sahen, so konnte sie ungestört Alles abhorchen. Plötzlich stand sie vor ihnen, so daß der arme Jüngling nicht mehr entfliehen konnte. Sie hielt ihn fest, und winkte den Schildwachen, welche auf den Mauern standen; diese stürzten hinzu und führten ihn mit der Prinzessin in ein Gefängnis, jedes in seine eigne Zelle.

Am dritten Tage nachher war das Verhör. Zuerst wurde der Jüngling vor das Gericht geführt und die Sultanin saß selber dabei. Er solle vor Allem sagen, wer er sei, da fing er an, seine Geschichte zu erzählen, wie er in einem schönen Kästchen auf dem Grabe der Frau des Kaufmannes gefunden worden sei. Das Tuch worein er gewickelt gewesen war trug er seit seiner ersten Jugend stets auf der Brust bei sich; das zog er nun heraus und sprach: »Dieses Tuch war meine Windel und das ist neben der goldnen Blume der Prinzessin mein kostbarstes Gut.« Als er aber in seiner Erzählung fortfahren wollte, schrie die Sultanin plötzlich: »Schweige und laß mich einmal das Tuch sehen.« Da gab er ihr dasselbe und kaum hatte sie es näher betrachtet, da erkannte sie ihrer eignen Hände Arbeit, stürzte auf den Jüngling zu und rief: »Ach mein liebster Sohn, du bist ja mein liebster Sohn!« Der Jüngling wußte nicht, was er dazu sagen sollte, da befahl sie den Richtern nach Hause zu gehn und nahm den Jüngling mit sich in ihren Pallast. Sogleich mußte die Hebamme herbei; als die Sultanin sie bedrohte, bekannte sie, daß sie das Kind dem Mädchen gegeben habe. Da wurde auch das Mädchen geholt und bedroht, und es bekannte, daß es das Kind ins Wasser hätte werfen sollen, aber statt dessen es in ein feines Tuch gewickelt in ein Kästchen gelegt und auf ein frisches Grab gestellt hätte. Statt des Jünglings wurde nun der böse Minister in das Gefängnis geworfen, die Jungfrau aber aus demselben erlöst und noch am selben Morgen die Verlobung gehalten. Dann kehrte der Jüngling in einem großen und prächtigen Schiffe zu der Insel zurück und holte seinen Pflegevater ab, welcher sofort die Stelle des ersten Ministers erhielt, der alte Minister aber wurde enthauptet. Der Bruder des verstorbenen Sultans entsagte nun freiwillig der Regierung und statt seiner bestieg der Jüngling den Thron.

DIE FÜNF FRAGEN.

Ein armer Hirte hatte einen einzigen Sohn und kein Kind
außer ihm, da war es kein Wunder, daß der Knabe verzogen
wurde. Alles was er nur wollte, geschah und so wuchs er
ganz ins Wilde hinein, that nichts und lernte nichts. Als er
zwölf Jahre alt war, wurde ihm das einsame Leben auf dem
Felde zu langweilig und er sprach: »Ich gehe betteln, da
verdiene ich auch mein Brod und komme zugleich in der Welt
herum.« Was wollten die Ältern da machen? Sie mußten ihn
eben gehen lassen. Er bettelte sich durch bis in eine große
Stadt, da setzte er sich vor der Thür eines reichen Kaufmannes nieder, zog ein Stück Brod aus dem Sack und biß so
lustig hinein, als ob die ganze Stadt sein wäre und er vorm
besten Braten von der Welt säße. Zufällig kam der Kaufmann eben nach Hause und der Knabe gefiel ihm so wohl,
daß er ihn zu sich nahm und ihn in die Schule schickte. Das
Lernen schlug bei dem Hirtenknaben sehr wohl an, er war
immer der Erste. Als er ausgelernt hatte, mußte er auch noch
die Kaufmannschaft erlernen und auch darin machte er so
große Fortschritte, daß sein Pflegevater ihn nicht genug
rühmen konnte. Soweit war wohl Alles gut, aber was dem
Kaufmann nicht behagte, war, daß sein Pflegesohn, der unterdessen ein schöner Jüngling geworden war, sich allzugut mit
seiner Tochter stand, so daß er fürchtete, die Beiden möchten
sich heirathen wollen. Darum beschloß er, ihn wegzu-
schicken, daß er die Welt sähe, denn er dachte, dann würden
sie leicht einander vergessen. Darüber freute sich der Jüngling sehr, aber bevor er abreiste, ging er heimlich zu Emma
(so hieß des Kaufmanns Tochter) und sprach: »Du bist mein
und ich bin dein und wir lassen nicht von einander.« Da
gelobte sie ihm treu zu bleiben, schenkte ihm einen schönen
Ring und sie nahmen unter vielen Thränen Abschied von
einander.

Der Jüngling zog weg und kam an die See; da nahm er ein
Schiff und fuhr über in ein großes Königreich, welches auf
einer Insel lag. Als er in die Hauptstadt kam, wurde er vor

den König geführt, welcher ihn frug, wohin er gehe und was er suche? — »Ich suche mein Glück, weiß aber noch nicht, wo ich es finden soll«, sprach der Jüngling. »Wenn du es findest, dann bringe mir auch das meine mit«, sprach der König. »Was ist das denn?« frug der Jüngling und der König antwortete: »Mein Glück ist ein Baum, welcher goldene Früchte trug, aber jetzt keine mehr trägt. Wenn du mir schaffst, daß er wieder fruchtbar wird, schenke ich dir eine Last Goldes aus meiner Schatzkammer.« Der Jüngling versprach, er wolle sich alle Mühe darum geben und bestieg wieder sein Schiff, denn er merkte wohl, daß sein Glück nicht auf der Insel war.

Nachdem er sechs Tage und sechs Nächte gefahren war, kam er an ein anderes Land, stieg aus und wanderte auf die Hauptstadt zu. Als er am Thore seinen Paß zeigte, führte ihn die Schildwache zum König, welcher in tiefer Trauer war. »Wohin gehst du?« frug der König. »Ich suche mein Glück«, sprach der Jüngling. »Dann bringe mir auch meines mit, wenn du deines findest«, sprach der König. »Was ist denn das?« »Mein Glück ist ein Brunnen, daraus springen ehedem goldne Perlen und jetzt springen keine mehr daraus und er ist ganz versiegt. Wenn du mir schaffen kannst, daß er wieder springt, dann schenke ich dir eine Last Goldes aus meiner Schatzkammer.« Der Jüngling versprach sein möglichstes zu thun und zog weiter, denn er sah ein, daß ihm hier sein Glück nicht blühe.

Zwei Monate fuhr er im Lande umher, da kam er an die See, dort setzte er sich zu Schiffe und fuhr noch zwei Monate, da legte das Schiff an, denn sie hielten vor einer großen Insel. Er stieg ans Land und kam in die Hauptstadt, wo Alles in tiefer Trauer war. Es war ein Gebot vom König ausgegangen, daß jeder Fremde gleich zu ihm geführt werde und so geschah es auch dem Jüngling. Als er in das Schloß kam, frug der König ihn: »Wohin gehst du?« »Ich suche mein Glück.« »Dann bringe mir auch das meine mit, wenn du deines findest.« »Was ist denn das?« frug der Jüngling und der König antwortete: »Ich hatte drei Töchter und vor Jahren ist mir die jüngste gestohlen worden. Wenn du sie mir wiederschaffst, schenke ich dir mein halbes Königreich.« Der Jüngling versprach Alles zu thun, was in seinen Kräften stünde und zog seines Weges weiter, denn wo solche Trauer war, da konnte sein Glück nicht sein.

Er hatte wiederum ein gut Stück Weges hinter sich, als er eines Tages ein altes Schloß vor sich liegen sah. Ein ungeheurer Riese hielt daran Wache, der trug eine der schwersten Kanonen, die es gibt auf der Schulter. Als er den Jüngling sah, schrie er: »Ei du Erdwurm, wo willst du denn hin?« »Ich suche mein Glück.« »Dann bringe mir auch meines mit, hörst du?« »Wenn du mir sagen willst, was das ist, will ich es wohl thun«, sprach der Jüngling. »Ich stehe hier schon tausend Jahre Schildwache«, sagte der Riese, »und weiß nicht wie ich abgelöst werden kann.« »Gut ich will sehen«, sprach der Jüngling und zog weiter und immer weiter, bis er an einen großen Fluß kam. Da saß eine steinalte Frau in einem Nachen, die frug ihn, ob er nicht überfahren wolle? »Jawohl, das möchte ich gern.« »Wo gehst du denn hin?« frug die Frau weiter und er antwortete: »Ich suche mein Glück.« »Dann bringe mir doch auch meines mit.« »Was ist denn das?« »Ich fahre schon an tausend Jahre die Leute über und Niemand kommt, um mich abzulösen«, antwortete die Frau. Der Jüngling versprach es ihr bereitwillig, sprang am andern Ufer ans Land und marschirte rüstig weiter, bis er an einen großen Wald kam.

Da irrte er den ganzen Tag umher; gegen Abend traf er auf ein Waldhaus, da klopfte er an. Eine schöne junge Frau öffnete ihm die Thüre, aber sie erschrak offenbar, als sie ihn erblickte. »Könnte ich die Nacht wohl hier bleiben?« frug der Jüngling. »Ach, ihr seid zu eurem Unglück hierher gekommen«, sprach sie »und hier dürft ihr nicht bleiben, denn ihr seid eures Lebens nicht sicher. Hier wohnt ein Menschenfresser, der verschont keines und wenn er euch findet, dann ist es um euch geschehen.« »Ich bin aber so müde, daß ich nicht weiter kann«, sprach der Jüngling, »wolltet ihr mich nicht irgendwo verstecken?« »Das kann ich nicht«, antwortete sie, »denn er riecht euch und zudem ist er allwissend und sieht Alles, was auf der Erde vorgeht.« Aber der Jüngling bat so lange, bis sie endlich doch einwilligte. Die schöne Frau brachte das Abendbrod und sie setzten sich zusammen zu Tische. Während sie aßen, erzählte er ihr von seiner Reise und den Fünfen, denen er ihr Glück mitbringen solle, wodurch eigentlich sein Glück gemacht wäre, denn wenn er so viel Gold von den Königen bekäme, dann wäre er geborgen auf Lebenszeit. Die Frau war von Herzen sehr gut und sie versprach ihm, den Menschenfresser auszuforschen, der werde schon Alles wissen.

Plötzlich rauschte und brauste es im Walde, als ob alle Bäume brechen wollten. »Da kommt er!« schrie die Frau und schnell kroch der Jüngling unter das Bett. Kaum lag er da, als die Thür aufflog und der Menschenfresser herein trat.

>>Menschenfleisch riech ich!
Menschenblut genieß ich!
Wen hast du heim?«

schrie er. »Ei Narr«, sprach die Frau, »wirst du dich denn nie an mich gewöhnen, mich hast du heim und hier steht dein Essen das laß dir schmecken und damit holla.« Er wollte ihr antworten und machte gar Miene, unters Bett zu greifen, da drückte sie ihn auf seinen Stuhl nieder und schob ihm einen Löffel voll über den andern in den Mund. Als sie ihn recht voll gestopft hatte, so daß er sich kaum mehr regen konnte, packte sie ihn am Kragen und rief: »Nun steh auf und mache, daß du in dein Bett kommst, ich kann dich nicht hinein tragen. Nur nicht lange dagesessen, rasch, sonst schläfst du mir noch ein.« Da raffte er sich langsam auf und wankte nach dem Bette zu; plumps fiel er hinein, sie schob die Beine nach und es dauerte keine zwei Minuten, da blies er schon, wie ein Blasbalg und bald schnarchte er, daß man's weit im Walde hörte.

Da rief die schöne Frau dem Jüngling zu: »Nun merke wohl auf, was er sagt, wenn ich ihn frage;« sie legte sich zu dem Menschenfresser und stieß ihn derb in die Seite. Er fuhr auf und brummte unwirsch: »Was fällt dir ein, du Närrin?« Sie sprach: »Mir träumte, ein König habe einen Baum mit goldnen Früchten gehabt, jetzt trage er aber keine mehr, was mag die Ursache davon sein?« »Das weiß ich«, knurrte der Menschenfresser; »eine von den Kammerjungfern der Prinzessin hat heimlich ein Kind geboren; sie hat es getödtet und an der Wurzel des Baumes begraben. So lange das unschuldige Blut um Rache schreit, kann der Baum keine goldnen Früchte tragen; wird es aber hinweggenommen und sie bestraft, dann trägt er noch reichlicher als vorher.« Und nachdem er dieß gesagt hatte, legte er sich aufs andere Ohr und schlief wieder ein.

Über eine Weile gab sie ihm abermals einen Rippenstoß, so daß er auffuhr und brummte: »Was willst du denn schon wieder?« »Mir träumte«, sprach sie, »ein König habe einen Brunnen, woraus goldne Perlen sprängen und der sei ihm versiegt. Woher mag das wohl kommen?« »Das weiß ich«, knurrte der Menschenfresser, »es sitzt eine große Kröte im Brunnen vor der Quelle; wenn man die herausholt, dann springt der Brunnen noch reicher als vorher. Jetzt laß mich ruhig schlafen.« Und er legte sich auf die Seite und schnarchte sein Stückchen weiter.

Er hatte aber noch nicht manche Note geschnarcht, da gab ihm die Frau einen Schlag hinter das Ohr, so daß er in die Höhe fuhr und schrie: »Bist du toll geworden, oder was fehlt dir?« »Ach ich träume die Nacht so schwer«, sprach sie. »Mir träumte, ein König habe drei Töchter gehabt, davon sei eine ihm gestohlen worden und kein Mensch wisse, wo sie geblieben sei. Das mußt du doch jedenfalls wissen.« »Das weiß ich auch«, antwortete er und grinzte sie freundlich an, »das bist du ja selbst und ich habe dich ihm gestohlen. Aber jetzt rathe ich dir, laß mich schlafen.«

Der schönen Frau ging durch diese Antwort ein Licht auf, ihr fiel ein, wie sie in dem Pallast ihres Vaters so schöne Zimmer gesehn und so liebe gute Schwestern gehabt hatte, wie sie von ihrer Mutter gehätschelt und getätschelt worden war und Alles, Alles sah sie wieder vor sich. Da überkam sie ein großes Heimweh und sie dachte in ihrem Herzen: Ach wenn er mich doch mitnähme und meinen lieben Ältern ihr Glück brächte und mir das meine schenkte! Sie stand vorsichtig auf und rief leise, ganz leise dem Jüngling zu, der unter dem Bette steckte: »Willst du mich denn hier bei dem Menschenfresser lassen oder willst du mich mitnehmen? Ach nimm mich doch mit dir!« »Ohne dich gehe ich nicht«, sprach der Jüngling »und wenn es mein Leben kostete.« Da faßte sie frischen Muth und schlug den Menschenfresser noch einmal hinters Ohr, daß es patschte. Der fuhr sehr zornig empor und schrie sie an: »Jetzt wird es mir zu bunt. Willst du mich in Ruhe lassen oder nicht?« »Ach es ist so heiß und ich glaube ich habe ein Fieber«, sprach sie, »denn so habe ich noch nie geträumt.« »Was hast du denn wieder geträumt?« schnauzte er und sie sprach: »Ach mir träumte ein Riese stünde tausend Jahre Schildwache und habe eine schwere Kanone auf der Schulter, wisse aber nicht, wie er abgelöst werden könne.« »Ei der Narr«, brummte der Menschenfresser und legte sich wieder hin, »warum gibt er die Kanone nicht dem Ersten Besten, der vorbeikommt, dann ist er abgelöst. Jetzt laß mich aber mit deinen Träumen in Ruhe, oder du sollst sehn, daß ich keinen Spaß verstehe.« Und über eine Weile schnarchte er wieder, daß das Häuschen zitterte.

Es blieb aber noch eine Frage übrig und so wagte es die Frau denn auf gut Glück und patschte ihn zum Schluß noch einmal, daß es schallte. Im selben Augenblick aber richtete sich das Ungeheuer auf, bleckte seine Zähne vor Wuth und griff nach ihr. Wäre sie nicht so flink aus dem Bette gesprungen, er hätte sie wahrlich gefressen; sie war aber in einem Satz an der Thür und rief: »Thue mir doch nichts, was kann ich denn dafür, daß mir so schwer träumt, und daß ich ein Fieber habe?« »Das ist das Letztemal, wo ich es dir hingehen lasse«, sprach der Menschenfresser, »kommst du mir aber noch einmal, dann fresse ich dich mit sammt deinen Träumen.« »Es soll ja auch gewiß nie wieder geschehen, beruhige dich nur«, sagte die Frau. »Mir träumte, eine alte Frau fahre schon an tausend Jahre die Leute in einem Nachen über ein Wasser und könne nicht abgelöst werden. Wie kommt das wohl?« »Ei die Närrin, laß sie ihr Ruder dem Ersten Besten geben, den sie überfährt und zuerst ans Land springen, dann ist sie abgelöst. Und nun nimm dich in Acht und störe mich nicht wieder in meiner Nachtruhe, sonst schaff ich mir Ruhe und dir mit.« »Nun gib dich nur zufrieden, alter Narr«, sprach die Frau und kraute ihm den Kopf; da knurrte er noch ein wenig und dann schlief er wieder ein und schnarchte so brav, wie vorher.

Da stand die Frau leise auf und der Jüngling kroch unterm Bett hervor. Sie öffneten vorsichtig die Thüre und flohen so schnell, wie sie konnten, und ehe der Morgen anbrach, standen sie schon an dem Wasser. Die alte Frau rief dem Jüngling schon von weitem entgegen: »Nun, hast du mein Glück?«

»Ich habe es und wenn du uns rasch überfährst, sage ich es dir am andern Ufer.« In einem Nu waren sie jenseits des Wassers, da sprangen die Beiden ans Land und der Jüngling sprach: »Wenn du abermals jemand überfährst und du bist am Lande, dann gib ihm das Ruder und springe zuerst aus dem Nachen, dann bist du abgelöst.« »So zeige mir doch wie ich das machen muß«, sprach die Frau, aber die Beiden waren ihr zu klug und eilten ihres Weges weiter. Als der Riese den Jüngling sah rief er ihm entgegen: »Nun Erdwürmchen hast du mein Glück?« »Ich habe es, aber warte bis ich an dem Schlosse vorüber bin.« Jenseits des Schlosses sagte der Jüngling ihm sein Glück und der Riese bedankte sich und war von Herzen froh.

In dem Königreich, wohin sie nun kamen, nahmen sie sich einen schönen Wagen und putzten ihn mit grünen Reisern und der Jüngling sagte Jedem der es hören wollte: »Ich bringe dem König seine verlorne Tochter zurück.« Da lief alles Volk mit dem Wagen und es war ein Jubel ohne Ende. In der Hauptstadt aber ging der Jubel erst recht los; der König und die Königin und die Schwestern der Prinzessin waren außer sich vor Freude und drei Monate lang gab es Feste auf Feste, eins prächtiger wie das andere. Da drängte es den Jüngling doch nach Hause und sogleich ließ der König ihm sechs Maultiere mit Gold beladen vorführen und sprach: »Nun wähle dir, was du willst, hast du lieber die sechs Lasten Gold oder willst du lieber eine meiner Töchter zur Frau?« »Wäre ich nicht versprochen«, antwortete der Jüngling, »dann wählte ich eine der drei schönen Prinzessinnen zu meiner Frau, nun aber darf ich meinem Schatz die Treue nicht brechen, denn das wäre große Sünde und wähle die sechs Lasten Gold.« »Wie du willst« sprach der König und am andern Tage nahm der Jüngling Abschied und fuhr zur See in das andere Königreich. Er ging geraden Weges auf die Hauptstadt und das Schloß des Königs zu und ließ sich bei ihm melden. Der König war sehr erfreut ihn wiederzusehn und frug sogleich: »Hast du mein Glück?« »Ich habe es« sprach der Jüngling und offenbarte ihm, daß die große Kröte den Brunnen verstopfe. Da wurden die Brunnenmeister geholt und mußten in den Brunnen hinabsteigen und wie der Jüngling gesagt hatte, so war es. Sobald die Kröte von dem

Quell weggenommen war, sprang er so reichlich, daß die Brunnenmeister sich kaum vor dem Wasser mit den goldnen Perlen zu retten wußten; es fehlte wenig, so wären sie alle ertrunken. Der König freute sich aber so sehr darüber, daß er dem Jüngling statt einer zwei Lasten Goldes geben ließ und ihm auch noch ein Schiff ausrüsten ließ, womit er seine Fahrt zur See fortsetzen konnte. Es dauerte nicht lange, so landete der Jüngling in dem ersten Königreich, wo er sich sogleich zum König führen ließ. »Hast du mein Glück?« frug der König. »Ich habe es« sprach er und offenbarte ihm, warum der Baum keine goldnen Früchte mehr trage. Sogleich mußten die Gärtner herbei und an dem Baume nachgraben; da kamen die weißen Knöchelchen zu Tage und die Kammerjungfer wurde noch am selben Morgen hingerichtet. Noch vor Abend trieb der Baum Blüthen und so viel goldne Früchte, als wollte er alle die Jahre nachholen, in welchen er unfruchtbar dagestanden hatte. Der König aber schenkte dem Jüngling in seiner Dankbarkeit statt einer Last Goldes zwei und dazu Wagen, Pferde und prächtig gekleidete Diener.

Fröhlich und wohlgemuth ging der Jüngling zur See und konnte es kaum erwarten, seine Emma wiederzusehn. Als das Schiff am Strande vor Anker gegangen war, setzte er sich in seinen Wagen und fuhr in die Stadt, wo der Kaufmann wohnte; dort kehrte er dem Hause gegenüber in einen Gasthof ein. Wie wunderte er sich aber, als er in des Kaufmanns Haus alle Fenster erleuchtet sah und rauschende Musik schallen hörte! Er frug den Wirth, was das bedeute? und der Wirth antwortete: »Die Tochter des Hauses hält Verspruch, aber es geschieht gegen ihren Willen. Du lieber Gott, das arme Blut thäte lieber Gott weiß was, als mit ihrem Bräutigam tanzen, aber ihr Vater zwingt sie dazu.« »Dabei möcht ich auch sein«, sprach der Jüngling, zog prächtige Kleider an und ging in das Haus.

Da er schon so viele Jahre weggewesen war, hatte er sich so sehr verändert, daß ihn Niemand wieder erkannte, selbst Emma nicht. Wer hätte aber auch denken sollen, daß dieser stolze Herr der Jüngling gewesen sei. Er ging sogleich auf Emma zu und sprach sie um einen Tanz an. »Von Herzen gern« sagte sie, denn jetzt brauchte sie doch nicht mit ihrem verhaßten Bräutigam zu tanzen. Während sie nun so herum walzten, hielt er die Hand so, daß der Ring ihr recht in die Augen blitzte. Sie sah den Jüngling mit großen Augen an und wurde todtenblaß; er aber führte sie in ein anderes Zimmer und sprach: »Emma, kennst du mich nicht mehr?« Da fiel sie vor lauter Freude in Ohnmacht und als sie wieder erwachte, da lag sie in seinen Armen. Ihr Vater und ihre Mutter kamen hinzu und auch der Bräutigam und Alle waren nicht wenig erstaunt, daß Emma so freundlich gegen den fremden stolzen Herrn that. Da gab sich der Jüngling zu erkennen und erzählte, woher er sein Gold habe, und daß er reicher sei als der König. Die Gäste horchten mit Erstaunen zu, nur nicht der Bräutigam, der schlich sich leise hinweg und Niemand hat ihn mehr gesehen.

In dem Herzen des Kaufmannes war aber die Habgier erwacht; als er am folgenden Tage das viele Gold sah, welches der Jüngling mitgebracht hatte, da ließ es ihm erst recht keine Ruhe und er sprach zu seiner Frau: »Komm laß uns auch unser Glück versuchen, hat der Gelbschnabel es so leicht gefunden, dann werden wir es auch finden und noch viel besser wie er.« Da packten sie ihre Koffer und gingen zur See. Als sie in das erste Königreich kamen und nach dem König frugen, wurden sie gar nicht einmal vorgelassen. In dem zweiten Königreich ließ der König ihnen sagen, als sie sich meldeten, sie hätten nichts bei ihm verloren. In dem dritten wurden sie wohl vorgelassen, als sie aber sagten, sie wollten dem König sein Glück mitbringen, frug der König ob sie närrisch seien und sprach: »Ich habe kein Glück mehr nöthig, seitdem ich meine Tochter wiedergefunden habe.« Die beiden Alten verloren trotzdem den Muth nicht und gingen weiter. Als der Riese sie sah, rief er dem Kaufmann zu: »Halt da, du Erdwurm, nimm mir mein Gewehr einmal ab, du kannst für mich Wache halten«, und er legte ihm die Kanone auf die Schultern; aber sie war so schwer, daß der Mann zusammenbrach. Die Frau war beim Anblick des Riesen vor Schrecken geflohen ohne sich nach ihrem Manne umzusehen und kam an das Wasser. Da nahm das alte Weib sie hurtig in ihren Kahn auf. Als dieser am andern Ufer hielt, sprach die Alte: »Haltet mir einen Augenblick das Ruder fest.« Die Frau that es und in einem Satz war die Alte am Ufer und die Frau verwünscht, die Leute überzufahren. Wenn keiner unterdessen dem Kaufmann die Wache und ihr das Ruder abgenommen hat. dann findest du sie wohl noch heut auf ihrem Posten.

DIE EISERNEN STIEFEL.

Ein König hatte ein großes Schloß, darin wohnte er mit seiner Frau. Sie waren aber gar nicht glücklich darin, denn sie hatten wohl Reichthümer genug, Dienerschaft die Menge und große Ställe voll Pferde, aber das Beste und Schönste fehlte ihnen, sie hatten keine Kinder. Das machte ihnen ihr Leben recht bitter und das Herz oft so schwer, daß sie weinen mußten. Aber es schien ihnen noch viel mehr Trübsal und Leid bestimmt, denn eines Tages brach ein großes Feuer aus, welches das ganze Schloß verzehrte. Der König und die Königin kamen zwar mit dem Leben davon, aber von all ihren Schätzen und all ihrer Habe retteten sie nur eine eiserne Kiste voll Gold. Damit bauten sie das schöne Schloß wieder auf, aber die Freude währte nicht lange. Ein zweiter Brand verschlang das neue Schloß und es wurde nichts gerettet, als die eiserne Kiste, die aber war leer. So war der König plötzlich so arm geworden, wie der ärmste Mann in seinem Lande, und noch ärmer, denn ein armer Mann kann wenigstens arbeiten und sich sein Brod verdienen, das aber konnte der König nicht. Seine Diener und Hofherren waren im Nu wie fortgeblasen, denn in's Königs Haus geht nicht viel Treue ein und aus und ein König kann noch viel eher sagen als unser eins: der Freunde in der Noth gehn hundert auf ein Loth. Da nahm er seine Frau an der Hand und die Beiden gingen tief betrübt in den Wald. Da stand ein verlassenes Hirtenhäuschen, dies bezogen sie und wirthschafteten darin, wie geringe Leute. Der König trug selbst sein Brennholz nach Hause und die Königin machte selber Feuer an und kochte Suppe und Kartoffeln. Das war sehr ungewohnte Arbeit für sie, darum wurde es ihnen Anfangs recht sauer, aber nach und nach gings immer besser und sie hatten sich mit jedem Tage lieber, viel lieber als da, wo sie noch auf dem Throne saßen und Alles vollauf hatten.

Eines Tages, als der König im Walde Holz fällte, trat ein fremder unbekannter Mann zu ihm, der frug ihn, wie es ihm gehe? »Nicht allzugut« sprach der König. »Es will immer noch nicht so recht vorwärts mit der Arbeit.« Sprach der Fremde: »Ihr habt nicht nöthig zu arbeiten, ihr könnt es besser haben, das liegt nur an euch.« »Wie meint ihr das?« »Wenn ihr mir schriftlich versprecht, was ihr nicht wißt, dann fülle ich euch eure eiserne Kiste mit Gold.« Der König dachte: Was ich nicht weiß, macht mir nicht heiß und gab dem Fremden das Versprechen auf ein Stück Papier. Der aber lachte boshaft und sprach: »Dann lasset Beil und Holz nur hier liegen und geht nach Hause.«

Als der König nach Hause kam, sprang seine Frau ihm schon von weitem entgegen und rief: »Ein Glück kommt selten allein, denke dir, die eiserne Kiste ist voll Gold und was wir uns seit Jahren schon gewünscht haben, unser größtes Glück das sollen wir auch bekommen.« Wie war der König da so froh! Er ließ alsbald alle möglichen Handwerker kommen, Maurer und Zimmermann, Schlosser und Schreiner und es dauerte nicht lange, da stand an der Stelle des Hüttchens das schönste Schloß von der Welt im Walde. Noch wohnte er keine drei Wochen darin, da erfüllte sich auch das andere Glück, denn die Königin genas eines schönen Söhnchens; so daß dem Könige nichts zu wünschen übrig blieb.

Am folgenden Tage ließ sich ein fremder Mann bei dem König melden. Als derselbe hereintrat, begrüßte ihn der König mit vieler Freude und wollte ihm von seinem Glück erzählen, aber der Fremde sprach: »Ich weiß schon Alles, dein Sohn ist ja das, was du mir versprochen hast, ohne es zu wissen. Sobald er fünfzehn Jahre alt ist, muß er in den Wald kommen, da wo ich dich gefunden habe, da will ich ihn holen und mit mir nehmen.« Mit den Worten war der Fremde verschwunden, der König stand aber da, wie vom Donner gerührt. Da lagen nun alle seine Hoffnungen und viel lieber wäre er wieder im Waldhäuschen gewesen, als in seinem großen und prächtigen Schloß, denn um den Preis hatte er ja seinen Sohn verkauft. In der ersten Zeit sagte er der Königin nichts davon, als sie es aber später erfuhr, da weinte sie Tag und Nacht und wollte sich nicht trösten lassen. Der König suchte sie zu beruhigen und sagte: »Wer weiß, ob es nicht besser geht, als wir glauben. Es wird sich wohl ein Mittel finden, unser Kind zu retten. Warum sollen wir uns jetzt schon darüber quälen und uns alle Freude verbittern; Gott

wird schon helfen, wenn wir das Unsrige thun.« Eine Zeit
lang schlugen diese Reden wenig an, später aber wurde die
Königin immer ruhiger und endlich ganz heiter, denn sie
hatte Gott Alles anheim gestellt.

Als das Kind größer wurde, gaben es die Ältern einem
frommen Priester zur Erziehung, daß er es in Allem unter-
richte, was ein Prinz wissen muß. Sie verschwiegen ihm
zwar, was es mit dem Knaben für eine gefährliche Bewandtnis
hatte, denn der König schämte sich zu sagen, daß er sich mit
dem Teufel eingelassen habe und sich von ihm betrügen
lassen, doch der Priester merkte es dem Kinde alsbald an,
daß es dem Bösen verschrieben und verkauft war. Darum
erzog er den Knaben vor Allem in der Gottesfurcht, ließ es
aber dabei an andern Künsten und gelehrten Dingen nicht
fehlen. Als der Knabe das vierzehnte Jahr erreicht hatte,
sprach er zu ihm: »Gehe zu deinen Ältern und frage sie, an
welchem Tage du in dem Walde sein mußt, da wo dein Vater
stand, als ihm der fremde Mann zuerst erschienen ist, und
bringe mir Antwort um jeden Preis.« Der Knabe ging in das
Schloß und frug zuerst seine Mutter, dann seinen Vater, doch
Beide wollten es ihm nicht sagen, bis er sie bedrohte; da gestand der König Alles, wie es war, und daß er an seinem fünfzehnten Geburtstage auf der Waldwiese sein müsse. Getrost
kehrte der Prinz zurück, denn er fürchtete sich vor nichts; er
blieb nun bei seinem Lehrer, dem er Alles wieder erzählte,
und während des ganzen Jahres war nicht einmal die Rede
von dem Abenteuer, welches ihm bevorstand.

Am Morgen seines fünfzehnten Geburtstages trat der
Prinz zu dem Priester und sprach: »Ich komme, um Abschied
von euch zu nehmen und euch für Alles zu danken, was ich
hier gelernt habe. Mit Gottes Hülfe werde ich wol des Teufels
Meister werden.« »Das geht nicht so leicht«, sagte der Priester; »wenn du mir aber folgen willst, kann es dir nicht
fehlen.« Er gab ihm einen Stab und unterrichtete ihn in
Allem, was er zu thun hatte, begleitete ihn noch bis zum
Rande des Waldes und schied von ihm mit seinem Segen und
vielen guten Wünschen.

Der Prinz schritt wacker zu und kam bald an den Platz,
wo er des Bösen warten sollte. Er schaute sich nach allen
Seiten um, aber da war nichts zu hören noch zu sehn. Der

Wald lag todtenstill da, kein Vogel sang darin, nur manchmal raschelte ein Eichhörnchen durch die Zweige oder ein Reh lief scheu vorüber. Da fing ihm wohl das Herz an zu pochen, doch faßte er all seinen Muth zusammen und sang ein frisches frommes Lied. Da schollen plötzlich helle Töne, wie von vieler Musik aus der Luft, Trommeln und Pfeifen, Hörner und Geigen. Er schaute empor, da fuhr ein Schiff durch die Luft daher und auf ihn zu, darin saß eine Menge von Teufeln, die musizirten und sangen und schrieen dazwischen:

»Die Zeit und Stunde die ist aus,
Ferdinand, Ferdinand komm herauf!«

Dabei streckten sie die Klauen nach ihm aus, um ihn zu greifen, aber er nicht faul schlug ihnen mit dem Stabe drauf, da heulten sie ganz erbärmlich und fuhren weiter, als ob ein Gewitter hinter ihnen drein gewesen wäre.

Der Prinz athmete frisch auf, doch nicht lange, denn da kam ein zweites Schiff gefahren, darin saßen noch viel ärgere und größere Teufel als in dem ersten; sie machten eine so durchdringende Musik, daß er sich fast die Ohren zuhalten mußte und schrieen:

»Die Zeit und Stunde die ist aus,
Ferdinand, Ferdinand komm herauf!«

griffen auch mit ihren Klauen und Krallen nach ihm. Er theilte ihnen aber so gründliche Schläge aus, daß sie heulend zurückfuhren und das Schiff schoß weiter, wie ein Pfeil vom Bogen.

Jetzt war des Prinzen Muth gewachsen, denn da er die zwei Schiffe voll Teufel bestanden hatte, meinte er auch das dritte noch bestehen zu können, wenn ja ein solches noch kommen sollte. Nun kam zwar kein Schiff weiter, doch sein Muth litt eine noch härtere Probe. Es fuhr nämlich ein goldner Wagen heran, der mit feurigen Pferden bespannt war, daraus erscholl eine so sinnverwirrende Musik, daß Ferdinand seiner Besinnung nur schwer Meister blieb. Wie in den Schiffen, so saßen auch in dem Wagen Teufel die Menge, zu oberst aber der Altteufel, der lehnte sich weit aus dem Wagen heraus und rief mit gräulicher Stimme:

»Die Zeit und Stunde die ist aus,
Ferdinand, Ferdinand komm herauf!«

Dabei hielt er dem Prinzen das Papier vor, welches der König
unterschrieben hatte. Ferdinand nahm aber all seine Kraft
zusammen und schlug den Altteufel, als derselbe nach ihm
greifen wollte, mit dem Stabe tüchtig auf seine Pfote. Da ließ
er die Handschrift fallen und schrie, daß der ganze Wald
widerhallte; die Pferde schnaubten Feuer und der Wagen
zischte durch die Luft dahin schneller wie der Blitz.

Nun stand Ferdinand allein im Walde da, aber sein Herz
war leicht und fröhlich und auch der Wald wurde jetzt lebendig; wie nach einem schweren Gewitter, so kamen die Vöglein aller Orten hervor und sangen und jubilirten, die Hirsche
und Rehe sprangen munter daher, als hätten sie gar keine
Scheu vor ihm und das Bächlein hüpfte frisch über die weißen
Kiesel. Der Prinz eilte zu seinem Lehrer zurück, welcher ihn
mit banger Spannung erwartete und sich gar sehr freute, ihn
wiederzusehn. »Du bist zu großen und schönen Dingen
berufen«, sprach der Priester da, »darum kannst du nicht
länger bei mir bleiben und mußt nun fort in die Welt.« Der
Prinz erwiederte: »Nun ich mit dem Teufel fertig geworden
bin, habe ich eine wahre Sehnsucht in mir nach dem Himmelreich, darum bitte ich euch, daß ihr mir ferner helfet und
saget, wie ich dahin gelangen kann.« »Davon kann ich dir
wenig sagen«, sprach der Priester. »Gehe aber im Walde fort,
bis du an das große Wasser kommst, welches jenseits desselben liegt; da wohnt ein Einsiedel, der kann dir mehr davon
sagen, wie ich.«

Da nahm Ferdinand Abschied von dem Priester und wanderte in den Wald hinein. Er hatte schon manchen Schritt
und Tritt gethan, da wurde es eines Tages lichter und immer
lichter, der Wald öffnete sich vor ihm und er kam an ein
großes Wasser, dessen Ende er gar nicht absehen konnte. Am
Ufer lag ein Häuschen von Holz und Moos mit einem Kreuzchen drauf, da klopfte er an. Die Thür ging auf und der
Einsiedel mit seinem langen grauen Bart und der braunen
Kutte trat heraus. Der Prinz grüßte ihn bescheidentlich und
fragte ihn: »Könnt ihr mir sagen, wie ich den Weg zum Himmelreich finde?« Der Einsiedel antwortete: »Ich kann dir

das nicht sagen, ich wohne schon dreihundert Jahre hier und sah in all der Zeit keinen Menschen; aber mein Bruder weiß es wohl, der wohnt dreihundert Meilen von hier, jenseits des Wassers, wenn du ihn fragen willst, wird er es dir sagen.« »Wie soll ich aber über das Wasser kommen?« fragte der Prinz weiter und der Einsiedel ging mit ihm zum Ufer, wo ein Kahn lag und sprach: »Setze dich hinein und du wirst den Weg bald gemacht haben.« Ferdinand dankte dem frommen Manne, setzte sich in den Kahn und sogleich begann die Reise. Der Kahn schoß leicht und schnell über die Wellen daher, als ob sechs Rudrer gerudert hätten und der Wind in volle Segel geblasen hätte. Ehe er sichs versah, war der Prinz am andern Ufer und sprang aus dem Kahn ans Land. Er schritt heitern Gemüthes weiter, bis er abermals an ein großes Wasser kam. Da stand am Ufer wiederum ein Häuschen von Holz und Moos mit einem Kreuzchen drauf und drinnen saß der Einsiedel mit weißem Bart und brauner Kutte und las in einem großen Buch; vor ihm stand ein Todtenkopf und sein Wasserkrüglein. Ferdinand grüßte ihn und fragte: »Könnt ihr mir nicht sagen, wie ich den Weg in's Himmelreich finde?« Der Einsiedel antwortete: »Ich kann es dir nicht sagen, ich wohne schon dreihundert Jahre hier und habe in der Zeit keinen Menschen gesehn, aber mein Bruder, der jenseits des Wassers wohnt, ist älter und klüger als ich, der kann es dir wohl sagen, wenn du ihn fragen willst.« »Wie soll ich aber über das Wasser kommen?« frug der Prinz. »Dazu will ich dir verhelfen«, sprach der Einsiedel und ging mit ihm zum Ufer, wo ein Kahn lag: »Setze dich nur in diesen Kahn und du wirst bald dort sein.« Ferdinand dankte ihm, stieg in den Kahn und fort gings, wie der Wind. Bald landete der Kahn und er sprang ans Land. In der Ferne sah er schon das Haus des dritten Einsiedels, es war aber viel höher und größer, wie das der beiden andern. Der Prinz trat zu der Thür und klopfte, da kam der Einsiedel heraus. Ferdinand grüßte ihn bescheidentlich und fragte: »Könnt ihr mir nicht sagen, wie ich den Weg zum Himmelreich finde?« Der Einsiedel sprach: »Ich wohne bereits seit dreihundert Jahren hier, aber noch hat mich keiner nach dem Himmelreich gefragt; ich kann es dir nicht sagen, aber droben im andern Stock des Hauses wohnen allerlei Vögel, die können es dir jedenfalls sagen.« Der Prinz dankte dem Einsiedel für seinen Rath, stieg in den obern Stock, wo die Vögel waren und frug sie: »Wisset ihr nicht, wie ich den Weg ins Himmelreich finde?« Da schrieen alle die Vögel durcheinander: »Wir wissen es nicht, wir wissen es nicht, aber wir sind nicht alle beisammen. Der Vogel Greif ist ausgeflogen, wenn der wiederkommt, kann er es dir sagen, er ist eben im himmlischen Paradies.« Es dauerte dem Prinzen gar lange, bis der Vogel Greif kam, auch war da ein Lärm und Geschrei von den Vögeln, daß er sich die Ohren zuhalten mußte. Endlich schrieen sie: »Da kommt er! da kommt er!« Der Prinz trat ans Fenster und sah, wie von fernher eine große Wolke heranflog, als sie näher kam, wurde sie immer größer und dabei rauschte es, wie ein starker Wind. Das war der Vogel Greif, er flog auf das Haus zu und ließ sich vor demselben nieder. Ferdinand trat zu ihm und frug: »Kannst du mir sagen, wie ich in das Himmelreich komme?« »Sagen kann ich es dir wohl«, sprach der Greif, »aber das Sagen allein hilft dir nichts, denn du kannst weder zu Wasser noch zu Lande hinein. Ich will dir aber helfen und dich hineintragen.« Ferdinand wollte ihm danken, aber ehe er noch sprechen konnte, faßte der Greif ihn schon mit seinen ungeheuren Klauen und flog mit ihm auf, immer höher und höher, bis er ihn im Himmelreich niedersetzte.

Der Prinz schaute sich erfreut um. Er stand in einem herrlichen Garten voll der prächtigsten Blumen und Bäume; in der Mitte erhob sich ein hohes stolzes Schloß, das leuchtete in der Sonne wie von purem Gold. Vor dem Schlosse lag ein großer, großer Teich und in dem Teich eine große furchtbare Schlange. Die hätte manchen Andern in Furcht und Schrecken versetzt, der Prinz aber hatte längst verlernt, was es heiße Furcht haben. Er ging keck auf den Teich los und betrachtete sie, da hob sie ihr Haupt aus dem Wasser empor, sah ihn mit klugen Augen an und sprach: »Ferdinand, ich habe schon lange auf dich gehofft und geharrt, denn du sollst mich erlösen und kein Anderer kann es, als du allein.« Der Prinz fragte: »Wie soll ich dieß denn anfangen?« Die Schlange antwortete: »Du mußt drei Nächte im Schlosse schlafen. Da wird dir allerhand begegnen, aber du darfst dich nichts anfechten lassen, was auch komme. Bestehst du diese Zeit,

dann bin ich erlöst und wir sind Beide glücklich, du und ich.«
Der Prinz versprach ihr gerne das Beste, denn er dachte, wenn
er so viel ausgehalten habe, dann könne er auch noch die drei
Nächte aushalten. Da gab ihm die Schlange noch allerlei
Rathschläge, wie er sich zu verhalten habe, dann tauchte sie
ihr Haupt nieder unter das Wasser und war verschwunden.

Ferdinand ging in dem Garten umher, die wunderbaren
Bäume und Blumen zu beschauen und betrat zuletzt auch
das Schloß. Da stand ein reich gedeckter Tisch im schönsten
Saale, den man mit Augen sehen kann. Er setzte sich hinzu
und ließ es sich wohlschmecken, und je mehr er aß und trank,
um so mehr neue und köstlichere Speisen wurden von un-
sichtbaren Händen herbeigetragen. Gegen Abend legte er
sich zu Bette, aber er konnte nicht schlafen, denn er war all-
zuneugierig, was wohl in der Nacht vorgehen werde.

Gegen zwölf Uhr fuhr die Thür auf und eine große Gesellschaft von prächtig gekleideten Herren und Frauen kam herein. Viele Diener mit Kerzen gingen ihnen zur Seite und
hinterher kam eine zahlreiche Bande von Musikanten, welche
lustige Tänze spielten. Hei, war das ein Leben! Ferdinand
sah ihnen verwundert zu, wie sie tanzten und sprangen, aber
er hütete sich wohl mit ihnen herum zu springen. Da kamen
sie alle nach der Reihe an sein Bett und luden ihn ein, mit zu
tanzen und sich mit ihnen zu freuen, aber er that, als höre
und sehe er nichts und blieb unbeweglich da liegen, wie ein
Stock. Das dauerte so fort, bis die Glocke Eins schlug, da
verschwand der ganze Spuk. Zugleich ringelte sich die große
Schlange herein und sprach: »Ferdinand, mein Erlöser, eine
Nacht hast du ausgehalten und zwei stehen dir noch bevor;
fürchte dich aber nicht, es geschieht dir nichts und Niemand
kann dir am Leben schaden.«

In der zweiten Nacht hatte es wiederum kaum Zwölf geschlagen, als dieselbe Gesellschaft mir Dienern und Musikanten in das Zimmer trat und ihre Tänze begann. Sie kamen
an sein Bett und riefen, er solle heraus kommen und mit
ihnen tanzen, doch er blieb liegen und hörte nicht auf sie.
Da drohten sie ihm und als er auch da noch liegen blieb,
zerrten sie ihn heraus, schlugen ihn und traten ihn mit Füßen,
doch er ließ es sich ruhig gefallen und das wurde ihm nicht
schwer, denn er fühlte nichts davon. Also ging es fort, bis es

Eins schlug, da verschwand die ganze Sippschaft. Die Schlange kam wieder herein und sprach: »Ferdinand, mein Erlöser, zwei Nächte hast du glücklich ausgehalten und eine steht dir noch bevor; das ist die härteste von allen. Fürchte dich aber nicht, es geschieht dir nichts und Niemand kann dir am Leben schaden.«

Der Prinz erwartete muthig in der dritten Nacht die zwölfte Stunde. Als es schlug erschien auch das gespenstische Volk wieder und begann seine alten Streiche. Zuerst tanzte es allein, dann wollte es ihn verlocken mit zu tanzen. Als er standhaft blieb und sich nicht rührte, da rissen sie ihn aus dem Bette heraus und schlugen ihn und als auch das nicht helfen wollte, da schnitten sie ihn in Stücke und tanzten darauf im Zimmer herum, bis es Eins schlug. Da verstoben sie wie ein Rauch. Zugleich öffnete sich aber die Thür und herein kam — nicht die Schlange, sondern die allerschönste Königstochter. Die ging im Zimmer umher, las die Stücke zusammen und fügte sie aneinander. Als das letzte Stückchen dabei war, da sprang der Prinz auf und war so frisch und gesund wie vorher und schaute die Königstochter mit erstaunten Augen an. Da sprach sie: »Ferdinand, mein Erlöser, jetzt hast du dein Werk vollbracht und ich bin dein auf ewig; wir bleiben nun beisammen und du hast Alles, was dein Herz begehrt.« Da umarmte sie der Prinz und küßte sie und Beide waren froh und glückseelig. Sie führte ihn in dem ganzen Schloß umher und da wimmelte es von Bedienten und Hofherren, überall war ein neues Leben eingekehrt. Nachdem sie ihm das Schloß gezeigt hatte, führte sie ihn auch in den wunderherrlichen Garten, wo jetzt Alles noch viel schöner als vorher stand; nur an einem kleinen Gartenhäuschen ging sie vorüber und schloß es nicht auf. Da frug der Prinz, was in dem Häuschen sei, aber sie sprach: »Da frage nicht und schließe es auch nie auf, wenn du mich lieb hast, denn wenn du dies thust, ist es dein Unglück.« Da drang er nicht weiter in sie und versprach ihr, er wolle nie hinein schauen.

Eine Zeitlang lebte der Prinz mit der schönen Königstochter in Glück und Freude; nach und nach aber mußte er stets, wenn er in dem Garten war, auf das Gartenhäuschen schauen und er wurde mit jedem Tage neugieriger zu wissen, was wohl darin sein möge. Er sagte der Königstochter nichts davon, denn er schämte sich, ihr wieder davon anzufangen, nachdem er ihr doch das Versprechen gegeben hatte, nicht hineinschauen zu wollen. Wenn er allein im Garten war, ging er um das Häuschen herum, ob er eine Ritze fände, durch die er hineingucken könnte, aber die Fenster und die Thüre waren ganz dicht. Zuletzt aber konnte er seine Neugier nicht mehr bändigen, trat hinzu und schloß kurz und gut die Thüre auf. Da sah er tief, tief hinab und unter sich die Welt, auf der Welt aber seines Vaters Schloß. Alsbald überfiel ihn ein schmerzliches Heimweh und er mußte immer denken: »Ach wäre ich doch nur Einmal wieder zu Hause, sähe ich meine Ältern doch nur Einmal wieder.« Anfangs ließ er sich nichts davon merken, denn er schämte sich, sein Versprechen gebrochen zu haben, aber er wurde von Tag zu Tage stiller und betrübter. Da bat ihn seine Frau eines Morgens, er solle ihr doch sagen, was ihm fehle und sofort wolle sie es ihm gewähren. »Ich möchte meine lieben Ältern einmal wiedersehn, ich habe sie so lange nicht gesehn«, sprach er. Da seufzte sie tief auf und sagte: »So hast du dein Versprechen nicht gehalten. Da es nun aber nicht anders sein kann, so fahre hin und besuche sie, nur merke dir das Eine: Wenn du in Noth gerathen solltest, dann rufe mich bei meinem Namen Katharina Magdalena, so bin ich alsbald bei dir. Hüte dich jedoch, es ohne Noth zu thun, denn dann würdest du mein und dein Unglück vollenden und uns Beide in bitteres Leiden bringen.« Der Prinz versprach ihr in seiner Freude Alles, was sie wollte und wie bald er wieder zurückkehren werde. Dann nahm er Abschied von ihr, setzte sich in einen prächtigen Wagen mit sechs Schimmeln bespannt und fuhr hinab zur Erde und geraden Wegs nach seines Vaters Schloß.

Ach da fand er unterdessen gar vieles verändert. Seine liebe Mutter war gestorben und sein Vater hatte eine andere Frau genommen, welche noch sehr jung und dabei überaus schön war. Der alte König war über alle Maaßen glücklich, als er seinen Sohn nach so langer Zeit wiedersah und veranstaltete ein Fest über das andere zur Feier seiner Rückkehr. Als nun alle Gäste bei Tische saßen und die junge Königin gar so schön in ihrem Schmuck glänzte, da sprach der König: »Du bist nun viel in der Welt herumgekommen und hast manche schöne Frau gesehn, gib aber einmal der Wahrheit die Ehre und sage mir, ob du je ein so schönes Weib gesehen hast, wie meine Gemahlin ist.« Der Prinz sprach: »Deren gibt es wohl wenige, aber ich weiß doch eine, welche noch tausendmal schöner ist.« »Das ist nicht möglich!« rief der König, »und das glaubt dir kein Mensch, bevor er sie sieht. Ich möchte aber wissen, wo sie denn zu finden wäre.« »Das will ich dir sagen«, sprach der Prinz, »es ist meine Frau, und die hat ihres Gleichen nicht und neben ihr kann keine andere aufkommen.« Das ärgerte den König und er bestand darauf, es sei unmöglich und wenn es wahr wäre, dann hätte Ferdinand sie wohl mitgebracht. Also stritten sie und erhitzen sich immer mehr, bis der Prinz rief: »Nun so muß sie herbei und mag es gehn wie es will. Katharina Magdalena!« Da trat die wunderschöne Frau herein, und Alle verstummten, weil sie so überschön war, daß ihr nichts verglichen werden konnte; aber sie sah gar blaß und traurig aus. Sie kam schweigend an den Tisch und schrieb mit ihrem feinen schneeweißen Finger darauf; das gab goldene Buchstaben und lautete also:

»Es ist dir unmöglich, ein Paar eiserne Stiefel zu zerreißen
Und ebenso unmöglich, wieder ins himmlische Paradies zu
reisen.«

Und als sie das geschrieben hatte seufzte sie tief auf und verschwand. Der Prinz war schon erschrocken, als sie so blaß und traurig hereintrat und seine Schuld lag ihm schon in dem Augenblick schwer auf dem Herzen. Jetzt aber, wo er sah daß er durch seinen Leichtsinn sein ganzes Glück verscherzt und seine liebe Frau verloren hatte, war er ganz trostlos. Er faßte sich aber bald einen Muth und sprach zu sich selber: Was ich verbrochen habe, dafür will ich auch Buße thun, und ging aus dem Saal, ohne einem der Gäste Lebewohl zu sagen. Diese waren Alle so sehr von der Erscheinung getroffen, daß ihnen die Lust zum Essen und Trinken ganz vergangen war und einer nach dem andern sich leise fortschlich.

Ferdinand ging aber zu einem Schmied, der mußte ihm ein Paar eiserne Stiefel an die Füße schmieden, damit wanderte er in die weite Welt hinaus. Jahr aus, Jahr ein zog er also herum, von Land zu Land, von Stadt zu Stadt und gönnte sich kaum die allernöthigste Ruhe. Da war ihm kein Sommer zu heiß und kein Winter zu kalt, kein Berg zu steil und kein Weg zu schlecht, er wanderte immer und immer zu und war da kein Halten an ihm.

Als nun einmal nach einem gar harten und kalten Winter, worin er viel Mühsal ausgestanden hatte, der liebe Gott die große warme Stube wieder aufschloß, schaute er eines Morgens nach seiner Gewohnheit nach den Stiefeln, ob er sie nicht bald zu Schanden gelaufen habe. Da sah er, daß die Sohlen so dünn waren, daß sie keine acht Tage mehr halten konnten. Das war die erste frohe Stunde, welche er seit vielen Jahren wieder hatte und er dankte Gott auf seinen Knieen dafür. Sein erster Weg war nach dem Walde zu, an dessen Ende der Einsiedel am großen Wasser wohnte. Er bat ihn, daß er ihm nur einmal noch den Kahn gebe, der ihn über das große Wasser trüge und der gute Einsiedel führte ihn zum Ufer und hieß ihn einsteigen. Ebenso schnell wie das erstemal war er am andern Ufer. Der zweite Einsiedel half ihm dort in den andern Kahn, also kam er zu dem dritten Einsiedel, welcher ihn zu den Vögeln schickte. Es dauerte nicht lange, da flog der Vogel Greif wieder heran und Ferdinand bat ihn flehentlich, er möge ihn noch einmal in das Himmelreich tragen. Da faßte der Greif ihn mit seinen starken Klauen und erhob sich in die Luft und flog immer höher und höher, bis er den Prinzen in dem wunderschönen Paradiesgarten niedersetzte. Unterwegs frug Ferdinand, wie es der schönen Prinzessin ergehe? Da sprach der Greif: »Seitdem du fort warst, ist sie sehr traurig gewesen, nun aber feiert sie ihre Hochzeit mit ihrem neuen Gemahl.« Das schnitt dem armen Prinzen durch das Herz, und er bat den Greif, doch nur schnell zu fliegen, bevor die Prinzessin mit ihrem neuen Gemahl in ihre Kammer gehe.

Als der Prinz an das Schloß kam, da erscholl ihm herrliche Musik entgegen und Alles war Freude und Lust. Leise schlich er durch das Thor und die Treppen hinan zu der Kammerthür seiner lieben Frau. Da zog er seine jetzt ganz zerrissenen Stiefel aus und stellte sie hin; an die Thüre schrieb er:

»Es ist möglich, ein Paar eiserner Stiefel zu zerreißen,
Und ist auch möglich ins himmlische Paradies zu reisen.«

Er selber aber stellte sich nebenan in eine dunkle Ecke.

Abends als die Königstochter mit ihrem neuen Gemahl in ihre Kammer eingehn wollte, stieß sie an die eisernen Stiefel. Da erschrak sie freudig, aber noch mehr, als sie das Haupt erhob und auf der Thür las, was der Prinz geschrieben hatte. Sie erkannte daraus, daß ihr geliebter Ferdinand wieder zurückgekehrt sei, hieß ihren neuen Gemahl auf den andern Abend warten und ging allein in ihre Kammer. Wie war der Prinz so glücklich, als er sie in ihrer ganzen Schönheit wiedersah und nun wußte, daß sie ihn doch lieber habe, als ihren neuen Gemahl. Er regte sich aber nicht in seiner Ecke, bis sie in ihrem Zimmer war, dann ging er und offenbarte sich den Bedienten, befahl ihnen jedoch, keinem Menschen etwas von seiner Rückkehr zu sagen. Er wurde nun in seine prächtige Kammer geführt, wo er die Nacht blieb, er schlief aber nicht vor lauter Freude.

Am folgenden Tage wurde auf Befehl der Prinzessin ein herrliches Mahl bereitet und alle Hochzeitsgäste dazu geladen. Als nun die Speisen aufgetragen waren, erhob sich die Prinzessin und sprach: »Ich habe eine eiserne Kiste, worin ich meine Perlen und Edelsteine verschlossen halte. Durch Unvorsichtigkeit verlor ich den Schlüssel dazu. Ich suchte lange vergebens darnach, als ich ihn nicht finden konnte, ließ ich den Schlosser kommen und bestellte einen neuen Schlüssel. Nun habe ich glücklicherweise den alten Schlüssel wieder gefunden und möchte euren Rath hören, welchen der Beiden ich nehmen soll, den alten oder den neuen?« »Natürlich den alten!« riefen alle Gäste einstimmig. Da öffnete sich die Thüre und der Prinz trat in den Saal und alle Gäste eilten ihm entgegen, ihn willkommen zu heißen, nur der neue Bräutigam nicht. Der schlich sich leise fort und Niemand hörte noch sah jemals wieder etwas von ihm. Zuerst vor allen aber flog die Prinzessin ihrem geliebten Gemahl an die Brust und ein glücklicheres Paar mag wohl nie gewesen sein, als die Beiden waren.

VON DER SCHÖNEN
SCHWANENJUNGFER.

In Frankreich war ein junger Jägerbursch, der war der beste Schütze weit und breit, aber an einem Tage ging er bis zum Abend im Wald herum und konnte nicht zum Schuß kommen. So kam er endlich mitten in der Wildniß an einen großen schönen See, darauf schwamm ein Schwan, blank und silberweiß wie er noch keinen gesehen hatte. Er legte rasch seine Armbrust an und zielte auf den Vogel, da rief eine Stimme: »Schieß nicht, sonst kostet es dich dein Leben!« Er erschrak und setzte ab, besann sich aber kurz und legte wieder an; doch zum andern Male rief es: »Schieß nicht, sonst kostet es dich dein Leben!« Er ließ nochmals die Armbrust sinken, legte aber dann zum dritten Male an und dachte: diesmal schieß' ich drauf, mag rufen wer da will. Aber noch ehe er geschossen hatte, schwamm auf ein Mal statt des Schwanes eine wunderherrliche Jungfrau auf dem Wasser, die sprach zu ihm: »Du wirst mich erlösen und glücklich sein, wenn du ein Jahr lang alle Sonntage ein Vaterunser für mich betest und nie von meiner Schönheit sprichst.« So sprach sie und verschwand; der Jägerbursch aber ging verwundert nach Haus und sprach von dem Tag an alle Sonntage ein Vaterunser für die Schwanenjungfer.

Als nun das Jahr fast verstrichen war, trug es sich zu, daß der König von Frankreich ein großes Vogelschießen ansagen und dabei verkündigen ließ, daß der beste Schütze seine eigne Tochter als Preiß bekommen solle. Alle Jäger im ganzen Lande kamen natürlich herbei, und unser Jägerbursch auch. Der schoß aber dem Vogel mitten ins Herz hinein, und weil Keiner ihm den Schuß nachthun konnte war er Schützenkönig und sollte die Prinzessin von Frankreich heirathen. Nun kam er in große Noth, weil er der Schwanenjungfer in Treue gedachte, und von keiner Andern etwas wissen wollte. »Ich will das Glück einem Andern zukommen lassen«, sprach er, als aber der König heftig in ihn drang, warum er so hohe

Ehre verschmähe, da vergaß er sich und sagte, er habe eine Braut, die sei wohl noch tausendmal schöner, als die Königstochter von Frankreich. Die Rede war aber kaum seinem Mund entfahren, so stand auch schon die Schwanenjungfer vor ihm, schaute ihn traurig an und sprach:

>»Hättest du meine Schönheit nicht gesagt,
So hättest du mich erlöset,
Jetzt mußt du mich suchen im gläsernen Berg.«

Da fiel ihm sein Leichtsinn schwer aufs Herz, er schnürte sein Bündel und zog aus, um den gläsernen Berg zu finden. Lange, lange schon war er unterwegs, als er eines Tages in einen dunklen Wald gelangte; darinnen wanderte er drei Tage und drei Nächte lang umher, bis er am vierten Morgen vor einer einsamen Waldmühle stand. Aus der Mühle trat aber alsbald ein Mann und fragte ihn, was er da wolle? er sei der Müller vom gläsernen Berg und hätte jetzt schon seit siebenhundert Jahren keinen Menschen in dem Walde gesehen. Da sprach der Jägerbursch: »Wenn du der Müller vom gläsernen Berg bist, so mußt du mir auch sagen können wie ich hinein gelangen mag.« »Dahin kannst du nicht kommen«, erwiederte der Müller, als ihm aber der Jäger mit Bitten keine Ruhe ließ, versprach er endlich, ihm dazu behülflich zu sein. Er ging in die Mühle, holte einen gesattelten Geisbock heraus und hieß ihn aufsitzen, denn nur so könne er zum gläsernen Berge reiten. Da stieg der Jägerbursch dem Thier auf den Rücken — der Bock hatte aber kaum die Last gespürt als er anfing auf und davon zu springen, durch Wald und Haag, über Stock und Stein, schneller als das beste Roß, daß dem Reiter Hören und Sehen verging. So lief er bis dicht vor den gläsernen Berg, da warf er den Jäger ab und machte sich spornstreichs wieder nach Haus, auf dem Wege, den er gekommen war.

Vor dem gläsernen Berg aber, da war eine gar schöne frische Quelle, und weil der Jägerbursch von dem langen Ritte Durst bekommen hatte, so dachte er: Du kannst erst ein Mal trinken ehe du in den Berg hineingehst. Er bückte sich nieder zu dem klaren Wasser und wollte davon schöpfen mit seinem Trinkhorn, da rief eine Stimme: »Trink nicht, oder es kostet dich dein Leben!« Er hielt erschrocken ein und sah sich um, weil aber Niemand da war, und der Durst ihn immer mehr quälte, so schöpfte er dennoch und trank von dem klaren Wasser. Da fiel er mit einem Male um und schlief ein, als wenn er nimmer erwachen wollte. Als er nun so dalag, stand mit einem Male die schöne Schwanenjungfer neben ihm. Sie war aber gar zornig über seinen großen Ungehorsam, zog seinen Hirschfänger heraus und wollte ihn todtstechen. Sie hatte ihm die kalte Spitze schon aufs Herz gesetzt — da hielt sie wieder ein, denn Mitleid und Liebe kamen über sie und sie dachte in ihrem Sinne: er kann mich doch vielleicht noch erlösen. Also verschwand sie wieder, und er war für dieses Mal gerettet. Doch ehe die Jungfrau ihn verließ, hatte sie mit dem Finger auf die Scheide seines Hirschfängers etwas geschrieben, und als er erwachte las er diese Worte:

»Hättest du nicht von dem Wasser getrunken,
So hättest du mich erlösen können,
Jetzt mußt du mich suchen in der finstern Welt.«

Von dem gläsernen Berg aber war weit und breit nichts mehr zu sehen und zu hören. Da stand er nun und wünschte sich das Leben nicht mehr und verfluchte seinen Leichtsinn ein Mal über das andere Mal, doch was wollte er anderes thun, als die finstere Welt suchen? Er machte sich frisch auf den Weg und wollte nicht ruhen noch rasten bis er die finstere Welt gefunden hätte.

Noch länger als das erste Mal mußte er herumwandern, bergab und bergauf, da kam er endlich wieder in einen großen dunkelen Wald. Als er drei lange Tage darin umhergegangen war, fand er wieder, wie das erste Mal eine einsame Waldmühle mit einem Mann darinnen, der sprach, er sei der Müller von der finstern Welt und hätte nun seit siebenhundert Jahren keinen Menschen in diesem Walde zu sehen bekommen. »Wenn du der Müller von der finstern Welt bist« sprach der Jäger, »so mußt du mir auch sagen können, wie ich hineingelangen mag.« »In die finstere Welt gelangst du nimmermehr« erwiederte der Müller, doch da er gar zu dringend bat, versprach er dem Jäger endlich, ihn hineinzuschaffen. »Morgen kommt der Vogel Greif« sprach er »und holt ein Faß voll Mehl ab für die finstre Welt, der muß dich mitnehmen.« Da blieb der Jägerbursch in der Mühle über Nacht, des andern

Tages aber hieß ihn der Müller in ein großes Faß voll Mehl
kriechen und das Andere abwarten. Nicht lange, so rauschte
es in der Luft, der Vogel Greif kam herangeflogen, packte
das Faß mit den Klauen und führte es mit sammt dem Jäger
fort. Als er eine gute Zeitlang geflogen war, hielt er an und
stellte seine Last nieder, denn er war nun angekommen in der
finstern Welt. Der Jäger merkte, daß es nicht mehr weiter
ging, schnitt sich mit seinem Hirschfänger ein Loch in die
Faßwand und kroch vorsichtig heraus. Nun war es um ihn
herum so dunkel wie in einem Sack, in der Nähe aber hörte er
das Rauschen eines Wassers; da kroch er auf Händen und
Füßen dem Geräusch nach und fand endlich eine Brücke, die
über das rauschende Wasser führte, und als er auf der andern
Seite war, sah er in der Ferne ein Licht und ging darauf hinein.

Er hatte weit zu gehen bis er endlich dem Licht so nahe
war, daß er sehen konnte, was es eigentlich war; er gelangte
nämlich in ein dunkles Thal, worinnen zwei Frauen herum-
wandelten, von denen die eine das Licht in der Hand trug,
und als er nahe zu ihnen herankam, so war es wahrhaftig die
Schwanenprinzessin, die ging mit einer Kammerjungfer umher und las dürres Reisig zusammen.

Als sie den Jägerburschen erblickte, hieß sie ihn freudig
willkommen und bat ihn, mit ihr zu gehen, so er den Muth
und Willen hätte, sie wieder zu erlösen aus der finsteren Welt,
in die sie wegen seines Ungehorsams wäre verwünscht worden. Das versprach er gern und ließ sich von ihr führen bis
in ihre Schlafkammer, wo sie ihn unter das Bett kriechen und
ruhig liegen bleiben hieß. »Ich muß jetzt zur Musik« sprach
sie, »aber um eilf Uhr komme ich wieder und lege mich
schlafen; dann mußt du hervorkommen und dich queer über
mich hinlegen und nicht von der Stelle weichen was auch
geschehen mag.« So sprach sie und ging fort, und der
Jägerbursch that wie sie befohlen — die Zeit wollte ihm aber
unter dem Bette gar lang werden bis sie wiederkam.

Endlich trat sie herein und legte sich nieder, da kroch er
schnell hervor und that nach ihrem Geheiß. Da er nun kaum
sich über sie gelegt hatte, kamen auch schon die Geister von
der finsteren Welt mit großem Lärmen herein und an das
Bett. Der Angstschweiß brach dem armen Jäger aus, aber er
rührte und regte sich nicht, gleich als ob er fest schliefe. Die

Geister fingen nun an, auf ihn zu schlagen wie auf einen Sack und ihn zu stechen und peinigen auf alle Art und Weise. Er hätte schreien mögen aus allen Kräften und dachte, er müsse des Todes sein, aber er blieb standhaft und fest und bewegte keinen Finger. Bis um Mitternacht mußte er es also abhalten, mit dem Schlage Zwölf aber waren die Geister verschwunden, als wären sie niemals dagewesen.

Der Jägerbursch war wund und geschunden an allen Gliedern, die Schwanenprinzeß aber bestrich ihn mit einer Wundersalbe, daß ihm kein Finger mehr wehe that; dann lobte sie ihn, daß er die erste Probe so wacker bestanden, und stellte allerlei Speisen und köstlichen Wein vor ihn zur Stärkung. Als er jedoch getrunken und gegessen hatte, hieß sie ihn wieder hinabkriechen und liegen bleiben bis zur anderen Nacht. Den Abend mußte sie wieder weggehen zur Musik und als sie um eilf Uhr heimkam, kroch er hervor und that wie das erste Mal. Weil er wußte, daß ihm Nichts geschehen konnte wenn er fest blieb war seine Angst schon geringer geworden; doch war sein Muth größer, so war auch die zweite Probe härter denn die erste. Die Geister stürzten mit grausigem Getöse herein und begannen also mit ihm umzuspringen, daß das was sie zuvor gethan, nur ein Kinderspiel dagegen war. Als sie ihn am ganzen Leibe zerhauen und zerstochen, daß keine heile Stelle mehr an ihm war und Alles nichts an ihm fruchten wollte, schleppten sie einen großen Kessel voll siedenden Öles herein, stellten ihn vor das Bett und schickten sich an, ihn hineinzuwerfen. Sie hatten ihn an Händen und Füßen aufgehoben und hielten ihn darüber; er dachte nun sei es wirklich um ihn geschehen und wollte eben aufschreien, da schlug es Mitternacht und sie mußten fort, die Schwanenjungfer aber hatte ihn gar bald wieder mit ihrer Salbe geheilt. Darauf erquickte sie ihn wieder mit Speis und Trank und dankte ihm gar freundlich, daß er auch das zweite Mal sich so gut gehalten und somit ihre Erlösung ihrem Ende nahe gebracht hatte.

»Noch einmal bleibe fest«, sprach sie, »so bin ich dein und wir wollen immer in Freuden leben, jetzt aber mußt du wieder unter's Bett und still liegen bis zur anderen Nacht.«

Die letzte Nacht kam und Alles trug sich zu wie vorher, nur daß es die finsteren Geister diesmal am allerschlimmsten trieben. Sie zerhieben und zerschnitten ihn, als wenn er es gar nicht gespürt hätte, und da immer noch keine Qual ihn zum Schreien brachte, trugen sie einen großen Galgen herein und machten Anstalt, ihn daran aufzuknüpfen. Schon hatten sie ihm die Schlinge um das Genick gelegt — da that es einen ungeheuren Schlag und die Erlösung war glücklich vollbracht.

Eh' er wußte wie ihm geschehen, stand der Jägerbursch im Freien und im Hellen, und die Schwanenprinzessin war bei ihm und war erlöst. Sie bestrich ihn zum letzten Male mit der Salbe, also daß er gesunder und schöner ward denn zuvor, dann heirathete er sie und zog mit ihr gen Frankreich an des Königs Hof. Als der sie nun erblickte in ihrer großen Herrlichkeit, da mußte er selber gestehen, daß sie schöner sei als seine Tochter.

DIE ZWERCHPFEIFE.

Es war einmal ein König, der seine Freude an schönen Soldaten hatte. Unter seinen Truppen war aber ein besonders großer und schöner Mann, den er so hoch hielt, daß er ihn nie auch nur einen Tag in Urlaub lassen wollte; dagegen gab er ihm Geld und Essen, so viel er verlangte. Das gefiel dem Soldaten nicht übel, aber er zechte und verschwendete so über alle Maßen, daß die Schatzkammer des Königs in Zeit von einem halben Jahr kaum noch sechs Batzen übrig behielt. Da sah der König ein, daß dieß nicht länger so gehn könnte und daß er dabei zum armen Mann würde. Er gab dem Soldaten seinen Abschied und dazu einiges Reisegeld, was die alte Königin ihm borgen mußte, und einen Paß. Aber da der Soldat nicht sehr ans Sparen dachte, so war das Geld weg ehe er sich's versah, und er fand, als er seinen Sack umkehrte, nur noch ein kahles Sechskreuzerstück darin. Indem er nun so dahin schlenderte auf der Landstraße, kamen zwei Reisende desselben Wegs und die hatten auch zufällig kein Geld mehr. Da sprach der Eine: »Da vor uns geht ein Soldat, vielleicht hat der noch etwas übrig. Wir wollen einmal sehen, ob er uns etwas gibt.« Sagt's und ging zu dem Soldaten und sprach, sie wären arme Reisende, ob er ihnen nicht etwas schenken wollte. »Hätt ich selber was!« antwortete ihm der Soldat, »da ist mein letztes Sechskreuzerstück; aber komm, wir wollen's theilen.« Das thaten sie in der nächsten Ortschaft, blieben des Tags zusammen und schliefen auch zusammen in einer Herberge. Als der Soldat am andern Morgen von seinen beiden Reisekameraden Abschied nehmen wollte, sprach der Eine: »Weil du ein so gutes Herz hast, so wähle dir drei Dinge und du hast sie.« Das gefiel dem Soldaten wohl und er rief lustig: »Dann wähle ich mir vor Allem eine große Bärenmütze, wie die Grenadiere sie tragen, und ein Gewehr. Zweitens einen Tornister mit Bandelier und schönen Hosen. Drittens ein Paar schöne Stiefel mit Sporen.« »Das sollst du haben«, sprach der Andre, aber dessen Gesell ärgerte sich, daß der Soldat nichts Besseres begehrte und gab ihm noch eine Zwerchpfeife dazu, welche die Eigenschaft hatte, daß Alles tanzen mußte, wenn man sie blies. Dann nahmen sie Abschied und jeder ging seines Weges. Der Soldat kam nach langem Wandern in ein Königreich, wo das Betteln und Fechten bei Todesstrafe verboten war. Er that es dennoch und wurde festgenommen und ins Gefängnis gesetzt, doch das machte ihm keinen Kummer weil er dachte, das werde nicht lange dauern. Und dießmal hatte er sich nicht verrechnet. Es war nämlich ein verwünschtes Schloß in der Stadt, worin noch Niemand eine Nacht überlebt hatte. Der König hätte es aber zu gern bewohnt; darum ließ er den Soldaten vor sich führen und sprach zu ihm: »Höre, ich will dir was sagen: wenn du in dem verwünschten Schlosse schläfst und mir die Geister heraustreibst, dann sollst du nicht nur frei sein, sondern ich gebe dir auch noch meine Tochter zur Frau.« — »Herr König, damit bin ich zufrieden«, sprach der Soldat, »wenn ihr mir nur gut Essen und Trinken mitgeben wollt.« »Daran soll's nicht fehlen«, antwortete der König. »Auch guten Taback und eine Pfeife muß ich haben«, sprach der Soldat, und der König versprach ihm das gleichfalls.

Abends wurde der Soldat in das Schloß geführt und die Thür hinter ihm geschlossen, nachdem man ihm Essen, Wein, Taback, eine Pfeife und Feuerzeug hinein gestellt hatte. Er ließ sich's gut sein, aß und trank nach Herzenslust und dann setzte er sich in einen Sessel und schmauchte, daß es eine Art hatte. Gegen Mitternacht that es einen gräulichen Schlag, die Thür fuhr auf und ein Teufel mit langem Schwanz und großen Hörnern sprang herein. »Aha, du bist ja ein munterer Kerl«, sprach der Soldat, »wart ich will dir eins aufspielen.« Damit setzte er seine Zwerchpfeife an und blies ein Stückchen nach dem andern und der Teufel tanzte wie besessen, daß seine Hörner an die Decke stießen und sein Schwanz die Stube fegte, bis der dicke weiße Schaum auf ihm stand. Da fing er an zu jammern und rief: »Ich thue dir ja nichts, höre nur in's drei Teufels Namen auf zu pfeifen!« — »Noch nicht genug gesprungen« rief der Soldat. »Immer weiter herum!« Und da sprang der arme Teufel wieder, bis er vor Müdigkeit hing, wie ein nasser Lumpen, so daß er meinte, er tanze sich die Seele aus dem Leibe, und daß der Schaum von ihm herunterlief und handhoch im Zimmer stand. Nun rief er wieder mit schwacher Stimme: »Höre jetzt auf, ich kann nicht mehr; ich will ja nie wieder in das Schloß kommen.« »Dann marsch zum Fenster hinaus«, sprach der Soldat, und gab ihm einen Fußtritt, daß er wenigstens fünfzig Schritt weit hinaus flog. Darauf machte er das Fenster zu und legte sich schlafen.

Am folgenden Morgen kam der König, um nachzusehn, wie es dem Soldaten gehe. Er dachte, dem würde es ergangen sein, wie allen anderen, die vor ihm in dem Schloß geschlafen hatten; doch er fand ihn im Bett, wo er aus allen Tonarten schnarchte. Da war keiner vergnügter, als der König. Er weckte den Soldaten, nahm ihn mit sich in sein Schloß und ließ gleich die Hochzeit halten. Niemand war froher, als der Soldat, der jetzt in Saus und Braus lebte bis sein Sterbestündchen kam. Da befahl er der Prinzessin, daß sie ihn mit seiner Montur und seinem Tornister begraben lassen solle. Die dachte aber, das schicke sich nicht für einen Prinzen und ließ ihn in schöner Uniform mit Orden und Sternen begraben. Doch da fing der Soldat an zu spuken und kam jede Nacht an das Bett der Prinzessin und rief: »Ich will meinen Tornister! ich will meinen Tornister!« In dem Tornister lag nämlich seine Zwerchpfeife und er ruhte nicht eher, bis er dieselbe hatte. Dann ging er vor die Himmelsthür und klopfte an. Sankt Peter schaute durch ein Fensterchen neben dem Thor, zu sehen wer da sei. Als er aber den Soldaten erblickte rief er: »Marsch weg, hier darfst du nicht herein! Warum hast du dir damals nicht statt der Montur die himmlische Seeligkeit erbeten? Jetzt sieh, wo du unterkommst.« »Wenn's nicht anders ist, auch gut«, sprach der Soldat und wanderte wohlgemuth der Hölle zu. Da kam ihm eine Menge von Teufeln entgegen, aber er hatte keine Furcht, sondern pfiff lustig auf seiner Zwerchpfeife und ging so in die Hölle hinein. Da mußten nun alle Teufel tanzen, was gar possirlich zu sehn war, den Teufeln aber so wenig gefiel, daß sie alle heulten und schrieen, er möge doch aufhören. »Ja wohl ich höre auf«, sprach er, »wenn ihr mir's schriftlich gebt, daß ihr mich zum Obersten in der Hölle macht.« »Das wollen wir ja gern! das wollen wir ja gern!« schrieen die Teufel und setzten alsbald seine Ernennung als Oberst auf. So bekam er eine gute Anstellung in der Hölle und wenn er nicht abgesetzt worden ist, dann hat er sie noch.

DER VOGEL PHÖNIX.

Es war einmal ein König und der war krank und alle Ärzte kamen darin überein, daß er nicht zu retten sei, als wenn er den Vogel Phönix singen hörte. Der König hatte aber drei Söhne, die rief er vor sich und sprach zu ihnen: »Wer von euch mir den Vogel Phönix bringt, dem schenke ich das ganze Königreich.« Da zogen sie alle drei aus und blieben zusammen, bis sie an einen Baum kamen, der an einem Kreuzwege stand. In den Baum schnitten sie alle drei ihre Namen hinein und verabredeten sich, wer zuerst zurückkehre, der solle an dem Baum warten, bis die andern kämen und sie alle zusammen zu ihrem Vater heim ziehen könnten. Dann ging jeder seines Wegs.

Als der erste ein Stück gegangen war, begegnete ihm ein Bär, der frug ihn: »Wohin geht die Reise?« — »Was geht das dich an«, sprach der Prinz und zog seines Wegs weiter, aber der Bär brummte und ließ ihn gehn.

Der zweite war noch nicht weit, als ihm derselbe Bär begegnete und ihn frug: »Wohin geht die Reise?« — »Kümmere dich um dich«, sagte der Prinz, ließ den Bären stehn und ging seines Wegs weiter. Der Bär brummte etwas in den Bart und ließ ihn laufen.

Dem dritten, welcher der Jüngste war, begegnete der Bär ebenfalls und frug auch ihn: »Wohin geht die Reise?« Da antwortete der Jüngling: »Mein Vater ist krank und kann nicht gesund werden, wenn er nicht den Vogel Phönix singen hört. Ich bin mit meinen Brüdern ausgezogen, ihn zu holen.« »Laß die andern gehn«, sprach der Bär, »und verlaß dich auf mich und setze dich auf meinen Rücken.« Das that er und der Bär fing an zu laufen, daß dem Jüngling fast Hören und Sehen verging; so lief er zwölf ganzer Stunden und kam gegen die Mitte der Nacht in einer schönen Stadt an. Da blieb der Bär stehn und sprach: »In dieser Stadt wohnt der König, der den Vogel Phönix hat. Geh nun in das Schloß hinein, such dir einen Dienst und sieh, daß du in das Vogelhaus dringest; da steht der Vogel Phönix in einem hölzernen

Käfig und darin mußt du ihn wegtragen. Setze ihn nur ja nicht in einen andern, sonst bekommt es dir schlecht.« Der Prinz that, wie der Bär gesagt hatte. Er suchte sich am folgenden Morgen Dienst im Schloß und das Glück wollte ihm wohl und er wurde zum untersten Käfigputzer in dem Vogelhaus ernannt. Weil er aber seinen Dienst sehr gut versah, so rückte er schnell vorwärts und bekam immer höhere Stellen, bis er endlich nach dem Tode des obersten Vogelraths zum ersten Vogelrath ernannt wurde. Da dachte er, es sei nun Zeit, den Vogel Phönix zu rauben und als der König einmal auf der Jagd war, da ging er in das Vogelhaus, um sein Vorhaben auszuführen. Als er aber den schönen Vogel schon in der Hand hatte, da meinte er, der hölzerne Bauer sei doch zu schlecht, ein so kostbares Thier müsse auch in einem kost- baren Käfig wohnen und er nahm einen der prächtigsten goldnen Käfige, setzte den Vogel hinein und floh mit ihm. Kaum war er aber vor dem Thor, als der Vogel Phönix anfing, aus Leibeskräften zu schreien, als sei ihm einer mit einem Messer am Halse. Da liefen die Schloßdiener alle zusammen — der Prinz Ferdinand wurde gefaßt und in's Gefängnis geworfen. Da hatte er Zeit, über seinen tollen Streich nachzusinnen! Er bereute ihn aus Herzensgrund und rief ein über das anderemal: »Ach lieber Bär, hätte ich dir doch gefolgt!« Da stand plötzlich der Bär vor ihm und machte ihm Vorwürfe über seinen Ungehorsam. Ferdinand bat ihn, er möge es doch verzeihen und ihm noch einmal helfen, er wolle es ja nicht wieder thun und ihm in allen Stücken folgen. »Wir wollen sehn«, sprach der Bär. »Wenn du morgen vor den König geführt wirst, dann sage ihm auf- richtig, daß du deinem kranken Vater den Vogel Phönix hättest bringen wollen und wenn er dir ihn gebe, dann wür- dest du ihm die Schönste unter der Sonne holen.« Das that Ferdinand, der König war's zufrieden und der Prinz wurde losgelassen.

Als er vor das Thor des Schlosses kam, stand der Bär schon da, Ferdinand setzte sich auf seinen Rücken und fort ging's, wie der Sturmwind so schnell und wieder zwölf Stunden lang ohne Aufhören weiter. Da standen sie vor einer andern Stadt, die war noch größer und schöner als die erste. Es war aber halbe Nacht, als sie ankamen. Da stieg Ferdinand von des Bären Rücken und der sprach: »In dieser Stadt wohnt ein König, der hat drei Töchter und die Jüngste davon ist die Schönste unter der Sonne. Suche nun in das Zimmer zu dringen, wo die Prinzessinnen schlafen; du erkennst die rechte daran, daß sie die schlechtesten Kleider an hat. In diesen Kleidern sollst du sie forttragen, aber ja ihr keine schönen anziehn, denn sonst ist es um dich geschehn.« Der Prinz ging in das Schloß, verdingte sich als Knecht und stieg von Stelle zu Stelle, bis er Kammerherr der Prinzessinnen wurde. Da dachte er, jetzt sei es Zeit, die Schönste unter der Sonne zu rauben, drang Nachts in ihr Zimmer, nahm sie auf seinen Arm und wollte mit ihr weggehen. Da fiel das Licht der Nachtlampe auf ihr holdseliges Gesicht und es that dem Prinzen leid, daß das schöne Mädchen so schlecht angezogen sei. Er ging hin und nahm sich prächtige goldne und silberne Kleider, die in Menge an der Wand hingen, zog die der Prinzessin an und wollte fliehn. Indem erwachte aber die Schönste unter der Sonne, und als sie sich in den Armen des Kammerherrn fand, schrie sie laut auf. Alsbald kamen ihre Schwestern und der König und die Königin, die in dem Zimmer daneben schliefen — der Prinz wurde wieder gefangen und in einen tiefen Thurm geworfen. Nun wo das Kind ertrunken war, hätte er gerne den Brunnen zugedeckt, aber das war zu spät. »Ach lieber Bär!« rief er, »wer dir doch gefolgt hätte!« — »Ja, das sagst du schon wieder und du folgst doch nie!« rief der Bär, der im selben Augenblicke vor ihm stand. »Jetzt helf ich dir noch einmal und dann ist's am Ende. Wenn du morgen vor den König kommst, dann erzähle ihm Alles aufrichtig und sage ihm, wenn er dir die Schönste unter der Sonne gäbe, dann wolltest du ihm das schnellste Pferd verschaffen.« Der Prinz that, wie gesagt, und der König sprach, das solle ein Wort sein und gab ihn frei. Vor dem Thor des Schlosses stand der Bär schon wieder und der Prinz setzte sich auf seinen Rücken und fort ging's, schneller als eine Kugel fliegen kann.

Als sie zwölf Stunden älter waren, standen sie gegen Mitternacht vor einer Stadt, die war zweimal so groß als die vorige. Da sprach der Bär: »Geh in die Stadt und in das Schloß, da wohnt der König, der das schnellste Pferd hat, das steht im Stall bei den andern und du kannst es daran erkennen, daß es einen hölzernen Sattel auf dem Rücken hat, da die andern goldene und silberne Sättel haben. Laß ihm aber den hölzernen Sattel auf und mache keine dummen Streiche mit den andern schönen Sätteln, sonst wirst du sehn, was es gibt und dann helf ich dir nicht mehr.« Ferdinand versprach Alles, was der Bär haben wollte, ging in die Stadt und suchte am folgenden Morgen Dienst bei dem König. Der hatte aber gerade einen Stalljungen nöthig und der Prinz ließ sich den Dienst schon gefallen. Er war auch so fleißig und fegte den Stall so schön rein, daß ihn der König bald darauf zum Stallmeister machte und da war er weit genug. Eines Abends, wo der König gerade ein großes Gastmahl hielt, ging er in den Stall und band das schnellste Pferd los. Als er aber den hölzernen Sattel auf dem schönen Thiere sah, dachte er wieder, das sei doch Jammer und Schande, der König habe noch goldene Sättel genug und zudem könne das Pferd ja nicht sprechen; und er band den hölzernen Sattel ab und schnallte einen goldnen auf. Kaum war er aber mit dem Pferde vor der Thür, da machte es mannshohe Sprünge und schrie: »Diebe! Diebe! Der Stallmeister will mich stehlen!« Und da lief gleich das ganze Schloß zusammen — der Prinz wurde gepackt und in den Thurm gesperrt. Das hatte er nun davon. Er fing aber sein altes Spiel wieder an und weinte und rief: »Ach lieber Bär, hätte ich doch gefolgt!« aber der Bär hatte sich Baumwolle in die Ohren gestopft und wollte nichts hören. Als Ferdinand nun die ganze Nacht und den ganzen Tag hindurch lamentirt hatte, da stand der Bär wieder vor ihm und sagte unwirsch: »Habe ich dir's nicht gesagt? Aber wer nicht hören will, der muß fühlen, und wem nicht zu rathen ist, dem ist nicht zu helfen; morgen kannst du Hochzeit halten mit des Seilers Tochter!« Da fiel Ferdinand dem Bären um den Hals und sprach: »Ach du goldiger Bär, ich bitte dich, sei mir wieder gut und verzeih mir nur dießmal noch, ich will ja gern Alles thun, was du haben willst.« »Das plaudere du den Gänsen vor, aber mir nicht«, sprach der Bär und wollte gehn, aber der Prinz weinte so jämmerlich, daß es der gute Bär nicht übers Herz bringen konnte und sagte: »Nun, ich will's denn noch einmal versuchen, aber ich sage dir, es ist das allerletztemal. Wenn du vor Gericht kommst, dann sage dem König, wenn er dir das schnellste Pferd gebe, dann wolltest du ihm den kostbarsten Stein bringen.« Da ward Ferdinand wieder froh und dankte dem guten Bären aus Herzensgrund. Als er am folgenden Tag vor Gericht kam, that er, wie der Bär ihn geheißen und es ging gut, denn der König hätte schon lange gern den kostbarsten Stein gehabt und ließ ihn darum gerne los. Vorm Schloß aber erwartete der Bär ihn, der Prinz setzte sich auf seinen Rücken und weg war er.

Nachdem sie sich zwölf Stunden lang Bewegung gemacht hatten, hielt der Bär vor einem hohen Berge an und sprach: »Der Berg wird sich gleich öffnen und eine Stunde lang offen bleiben. Geh dann hinein und habe keine Furcht, wie viel Löwen und Tiger auch auf dich zustürzen mögen, denn sie können dir nichts anhaben. Am Ende der Höhle, in die du kommst, findest du den kostbarsten Stein auf einem kleinen hölzernen Stühlchen; nimm ihn schnell, komme gleich wieder und halte dich nur ja nicht bei den Haufen anderer Edelsteine auf, denn sonst ist es um dich geschehen und ich kann dir nicht mehr helfen, wenn du auch nur eine halbe Minute länger, als eine Stunde ausbleibst.« Ferdinand gelobte, dem Bären in allen Stücken zu folgen, einige Augenblicke später aber öffnete sich die Höhle und er ging hinein. Da kam zuerst ein Löwe auf ihn zugestürzt, aber er ließ sich das nicht anfechten und der Löwe lief an ihm vorbei. Dann kamen Tiger, Wölfe, Bären und allerlei Ungeheuer, aber er ging seines Wegs weiter bis an das hölzerne Stühlchen, da nahm er den kostbarsten Stein und stekte ihn schnell in die Tasche. Jetzt wollte er eilends wieder zurück, aber da lagen überall auf seinem Wege so viele Edelsteine, daß er der Versuchung nicht widerstehn konnte und sich immer wieder bückte und alle Taschen vollstopfte. So war er bis fast an den Eingang der Höhle gekommen und da lag noch ein großer Haufen der schönsten Edelsteine. Als er sich aber hinzu bückte, bekam er von unsichtbarer Hand eine so gewaltige Ohrfeige, daß er bis fünfzig Schritt vor die Höhle flog und ohnmächtig liegen blieb. Als er erwachte, saß der Bär neben ihm und sprach: »Nun bedanke dich bei mir für die Ohrfeige, denn wenn ich dir die nicht gegeben hätte, dann säßest du in der Höhle, die sich noch in derselben Minute geschlossen hat. Theile nun die Edelsteine und gib dem König den kostbarsten und von jeder Sorte die Hälfte, dann bekommst du das schnellste Pferd.«

Das that der Prinz und der Bär trug ihn zurück bis an das Schloß. Da ging Ferdinand hinein und gab dem Könige die Edelsteine, der König übergab ihm dafür das Pferd und der Prinz flog darauf wie ein Pfeil durch die Luft und zu dem König, unter dessen Töchtern die Schönste unter der Sonne war. Als er vor dem Königsschloß ankam, ließ er sein Pferd draußen stehn, trat hinein und sprach: »Herr König, ich habe das schnellste Pferd mitgebracht; kommt mit euren Töchtern heraus und seht es; ich will euch eine Probe von seiner Schnelligkeit geben.« Da freute sich der König und kam mit seiner ganzen Familie heraus, aber die Töchter standen zu seiner Seite auf dem Schloßhof. Ferdinand sprang auf das schnellste Pferd und ritt mit ihm an dem König vorbei und zu den Prinzessinnen, die es streichelten und liebkosten. Als aber die Schönste unter der Sonne das auch thun wollte und ganz nahe bei dem Pferde stand, da faßte Ferdinand sie schnell, hob sie zu sich auf das Roß — fort waren sie und der König hatte das Nachsehn. Anfangs sträubte sich die Prinzessin gegen Ferdinand, als er ihr aber sagte, wie lieb er sie habe, gab sie sich zufrieden und sagte, sie wollte keinen andern Mann, als ihn.

So kamen sie zu dem König, der den Vogel Phönix hatte und waren schon miteinander eins, wie sie es machen wollten, um zusammen zu bleiben. Sie ritten vor des Königs Schloß und als der sie kaum sah, eilte er gleich heraus und begrüßte sie freundlich. Da übergab ihm Ferdinand die Schönste unter der Sonne und bekam den Vogel Phönix dafür. Kaum hatte er ihn aber, da sprang die Schönste unter der Sonne herauf zu ihm auf das schnellste Pferd; er aber sprach: »Wohl bekomm's Herr König!« und weg waren sie.

Als sie ein Stück Wegs weiter waren, begegnete ihnen der Bär und der sprach: »Das hättest du gut gemacht, aber eile dich, daß du nach Hause kommst und halte dich unterwegs nicht auf, es mag kommen, was will, sonst bist du verloren.« Ferdinand versprach's, bedankte sich bei dem Bären und ritt weiter in Lust und Vergnügen; er hatte ja auch Alles, was er nur wünschen konnte: die Schönste unter der Sonne, Edelsteine von unermeßlichem Werth, das schnellste Pferd und den Vogel Phönix, wodurch er das ganze Königreich seines Vaters erhielt.

So gelangte er an den Baum und sah an den Namen, daß noch keiner seiner Brüder zurückgekehrt sei. Weil es aber ein so sehr heißer Tag war, übermannte ihn die Müdigkeit und er wollte sich schlafen legen. »Thu das nicht«, sprach die Schönste unter der Sonne. »Du weißt ja, was der Bär gesagt hat!« »Ei, was kann das ausmachen, ob ich ein wenig schlafe, oder nicht«, sagte er, und legte sich hin.

Als er aber so da lag, kamen seine Brüder zurück, die hatten gar nichts mit zurückgebracht und waren bettelarm. Als sie ihn sahen und den Vogel Phönix bei ihm und das schöne Pferd und die Schönste unter der Sonne neben ihm, da fraß der Neid in ihr Herz und sie nahmen ihm Alles und banden ihn und warfen ihn in eine Löwengrube; dann theilten sie die Dinge unter sich und zogen heim und brachten ihrem Vater den Vogel Phönix.

Unterdessen lag Ferdinand in der Löwengrube und wußte jetzt, was das Schlafengehen auf sich hatte. Keine Rippe war ihm mehr ganz am Leibe. »Ach, lieber Bär, hätte ich dir nur dießmal noch gefolgt!« rief er, und da stand der Bär im selben Augenblick oben an der Löwengrube und sprach heimlich mit den heimkehrenden Löwen, sie sollten dem Prinzen nichts thun. Dann rief er hinab: »Nun, was hab ich dir gesagt? Jetzt bist du Löwenfutter. Gesegnete Mahlzeit, ihr Herren Löwen!« Da wurde es Ferdinand kalt und heiß und er rief: »Ach, liebster, bester Bär, ich war ja so müd! Ach verzeih mir's noch einmal! Du hast ja ein so gutes Herz! Ach denk nur, die Schönste unter der Sonne stirbt vor Leidwesen und du wirst doch nicht dulden können, daß ein so groß Unrecht geschehe und meine Brüder triumphiren!« — »Ach was, das ist gerechte Strafe«, sagte der Bär und that, als ob er fortgehn wollte, aber er that es doch nicht, und als Ferdinand wieder recht bat, ließ er sich erweichen, brachte ihm Speise und Trank und verpflegte ihn, so daß er in Zeit von vier Wochen wieder gesund wurde. Dann setzte sich Ferdinand auf seinen Rücken und der Bär eilte fort mit ihm bis an das Schloß, wo Ferdinands Vater wohnte. Da setzte er ihn ab und sprach: »Nun geh hinein und sieh, wie du fertig wirst; ich rathe dir nicht mehr.« Da ging Ferdinand hinein und frug, ob kein

Dienst frei sei? »Doch wohl«, sagte der Schloßmeister; »ich habe gestern meinen Stallknecht fortgeschickt und dessen Stelle kannst du haben.« »Gut«, sprach Ferdinand, und ging mit ihm in den Stall und da stand das schnellste Pferd und ließ den Kopf hängen und war ganz mager und hager, denn es hatte noch gar nichts fressen wollen. Als Ferdinand es sah, ging er zu ihm, streichelte es und sprach mit ihm. Aber kaum hörte das Thier seine Stimme, als es lustig sprang und fraß und ganz munter wurde. Das wunderte den Schloßmeister und er ging zum König, der noch immer krank war, und erzählte es ihm. »Den Menschen muß ich sehn!« sprach der König. Da führte der Schloßmeister den Prinzen zu ihm. Der König erkannte ihn nicht, weil Ferdinand so sehr bleich und abgezehrt aussah; aber er sprach zu ihm: »Da du das Pferd so schnell geheilt hast, kannst du auch den Vogel Phönix heilen, der dort im Bauer sitzt und nicht singen will, und die Schönste unter der Sonne, die am Fenster sitzt und nicht sprechen will. Wenn du das fertig bringst, dann bekommst du tausend Gulden.« Da ging Ferdinand zu dem Vogel Phönix und sagte: »Hänschen, sing mir ein Stückchen!« Und da fing der Vogel an so wunderschön zu singen, daß der König aus dem Bett sprang und ganz gesund war. Dann ging der Prinz auch zur Schönsten unter der Sonne und sprach: »Erzähle du dem König, wer ich bin und wer du bist.« Da fing die Schönste unter der Sonne an und erzählte Alles und als der König hörte, daß der Stallknecht sein jüngster Sohn sei, fiel er ihm um den Hals und da war seiner Freude kein Ende. — »Jetzt sage mir auch, was mit deinen Brüdern geschehn soll?« sprach der König. »Sie sollen aus dem Lande«, sprach Ferdinand. Da wurden sie alsbald des Landes verwiesen, aber Ferdinand hielt Hochzeit mit der Schönsten unter der Sonne und bekam das ganze Königreich.

Nach einiger Zeit schenkte ihm seine Frau ein sehr schönes Söhnchen und da fehlte ihm nichts mehr zu seinem Glück. Als er nun eines Tages mit ihr und dem Kinde am Fenster stand, da sahen sie in der Ferne den Bären kommen. Ferdinand hatte darüber große Freude, ging ihm bis in den Schloß-hof entgegen und führte ihn herauf und ließ eine köstliche Mahlzeit anrichten. Der Bär aber sprach: »Das Alles mundet mir nicht.« »Sag nur, was du haben willst und es wird gleich da sein«, sprach Ferdinand. »Willst du mir gewiß geben, was ich verlange?« frug der Bär, und das wurde ihm fest versprochen. »Gut«, sprach der Bär, »dann gib mir dein Kind, aber hau es mit deinem Schwert in zwei Theile, damit ich es besser verschlingen kann.« Da meinte Ferdinand und seine Frau, die Erde thäte sich vor ihnen auf; sie fielen dem Bären zu Füßen und baten ihn, doch etwas anderes zu wünschen, aber der Bär blieb bei seinem Begehren. »Wenn du nicht anders willst, dann müssen wir wohl«, sprach Ferdinand, »denn wir sind dir zu viel Dank schuldig«, und seine Frau stimmte unter Thränen ein. Da holte er das Kind und legte es auf den Tisch, wandte die Augen ab und hob das Schwert; aber im selben Augenblick fiel dem Bären die Haut ab und er stand als ein schöner Prinz da. »Jetzt bin ich erlöst«, sprach er, und da hatten sie Alle erst rechte Freude, und um so mehr, je größer ihr Herzeleid gewesen war. Der Prinz blieb noch einige Tage bei ihnen, dann ging er nach Haus, verkaufte sein Königreich, kam bald wieder und baute sich ein großes Schloß neben dem von Ferdinand, und da lebten sie in Frieden und Einigkeit und da kam eine Maus und das Mährlein ist aus.

DES TODTEN DANK.

Es war einmal ein reicher Kaufmann, der hatte einen einzigen Sohn und handelte in die Türkei. Jedes Jahr fuhr er auf einem großen Schiff ins Morgenland, und wenn er wiederkam, war es immer mit den kostbarsten Gütern beladen. Als er nun ein alter Mann geworden war und ihm das Seereisen zu beschwerlich vorkam, dachte er, er könne es doch wohl mit seinem Sohn probiren und ihn einmal statt seiner fortschicken.

Der junge Kaufmannssohn bekam ein schönes Schiff und einen großen Beutel voll Geld und allerlei gute Rathschläge mit auf den Weg. Vor Allem aber warnte ihn sein Vater, daß er ja kein Menschenfleisch kaufen solle.

Der Kaufmannssohn segelte mit gutem Winde über das Meer und legte in der Türkei sein Schiff ans Land. Dann steckte er seinen Beutel ein und ging in die Stadt, um zu sehen, was es Gutes zu kaufen gebe. Da standen unter dem Thore eine Menge Leute und wie er hinkam, sah er den Leichnam eines schwarzen Sklaven, den hatte sein Herr da einmauern lassen, weil er ihm gestorben war, statt zu arbeiten und er ihm keinen größern Tort mehr anzuthun wußte. Wie nun der junge Mensch ein gutes Herz hatte, ging er gleich hin und fragte, ob er denn den armen Kerl nicht loskaufen könne zu ehrlichem Begräbnis. Anfangs wollte der schlimme Türke Nichts davon wissen, doch durch vieles Lamentiren und Suppliciren brachte es der Kaufmannssohn endlich dahin, daß man ihm für sein ganzes Geld den Leichnam gab, den er sogleich ehrlich und ordentlich begraben ließ.

Nun kann man sich leicht denken, was der alte Kaufmann für einen Lärm anschlug, als sein Sohn mit leerem Schiff wiederkam und erzählte, für was er sein Geld ausgegeben hatte. Er verschwur sich, daß er ihn nie mehr auf den Handel schicken wolle; doch als ein Jahr herum war, hatte ihm seine Frau so zugeredet, daß er ihn doch noch einmal gehen ließ. Als er nun wieder hinübergefahren war und in die Stadt kam, da sah er einen großen, herrlichen Garten, darin war eine wunderschöne Dame eingesperrt. Er fragte sie, wie sie dahin komme, und sie erzählte ihm, wie sie auf dem Wasser gefangen und von einem reichen Türken gekauft worden sei; sie werde zwar recht gut gehalten, aber gefangen sei sie eben doch. Gleich lief er zu ihrem Herrn und sagte, er wolle die Dame kaufen, es koste, was es wolle. Da half anfangs kein Bitten und kein Lamentiren, endlich kam es aber doch so weit, daß er sie bekam, dafür mußte er freilich sein Schiff verkaufen und Alles hergeben, so daß er gerade genug übrig behielt, um mit seiner Frau auf einem andern Schiff überzufahren. Sie kamen nach Haus, er getraute sich aber nicht, seinem Vater unter die Augen zu treten. Er miethete sich ein Zimmer bei einem Bekannten und ließ nur seiner Mutter heimlich sagen, er wäre da. Die Mutter war bald wieder gut und schickte den jungen Eheleuten Essen und Geld und in einer guten Stunde trug sie auch ihrem Mann die Sache vor. Der aber wollte Nichts mehr von seinem Sohne wissen. Da gab die junge Frau ihrem Mann zehn Gulden, er solle Das und Jenes dafür kaufen, hernach schloß sie sich mit den Sachen, die er geholt hatte, ein und sagte, jetzt müsse er sie acht Tage lang allein lassen. Als die acht Tage herum waren, hatte sie eine wunderschöne Schabracke gestickt, mit der schickte sie ihn auf den Markt, er dürfe sie aber nicht anders geben als für fünfhundert Gulden.

Als er auf dem Markte saß, blieb Alles stehen und betrachtete die schöne Schabracke. Auch der alte Kaufmann kam, und die Stickerei gefiel ihm so gut, daß er seinem Sohn gleich sechshundert Gulden dafür bot; der aber sagte: »Willst du mich nicht, so sollst du auch die Schabracke nicht haben«, und da war's auf immer vorbei mit der Freundschaft. Als er nun die Schabracke an einen Andern verkauft hatte, brachte er seiner Frau das Geld und erzählte ihr, wie es jetzt Alles ab sei zwischen ihm und seinem Vater. Da mußte er ihr für zwanzig Gulden Sachen holen und sie vierzehn Tage allein lassen. Als aber die Zeit herum war, sagte sie zu ihm: »War ich mit dir bei deinen Leuten, so gehe jetzt mit mir zu meinen Leuten.« Sie mietheten sich auf ein Schiff ein, die junge Frau aber holte eine Fahne herbei, die sie in den vierzehn Tagen gemacht und worein sie gestickt hatte, wer sie war und wie es ihr gegangen. Die Fahne ließ sie oben an den Mast nageln, damit Jeder gleich sehen könne, wer da komme.

Jetzt muß ich aber gestehen, daß sie eigentlich eine Königstochter war. Ihr Vater hatte drei wunderschöne Töchter gehabt, die waren ihm alle drei gestohlen worden und seit drei Jahren schon segelten des Königs Schiffe in der Welt umher und suchten. Solch ein Schiff kam nun heran geschwommen und sah die Fahne. Gleich war es da. Unter großem Vivatrufen stieg die Prinzessin mit ihrem Mann hinein und rasch ging es fort nach Haus zu.

Die Befehlshaber des Schiffs waren aber drei große Bösewichter, die hätten den Lohn für die Erlösung der Prinzessin viel lieber selber gehabt und so wurden sie eins, daß sie, als es dunkel wurde, den jungen Kaufmann im Schlafe beim Kopf nahmen und hinunterwarfen in die See.

Der hatte aber kaum das Wasser berührt, so war ein kohlschwarzer Kerl neben ihm, der hielt ihn, daß er nicht sinken konnte: er glaubte es wäre der Teufel. Gegen Morgen that ihn der Schwarze wieder ins Schiff und als seine Frau da saß und sich grämte, weil ihr die Bösewichter erzählt hatten, wie er aus Versehen über Bord gefallen sei, ging auf einmal die Thür auf und er trat frisch und gesund herein. Die drei Mörder glaubten, er sei unbemerkt am Schiff wieder in die Höhe geklettert und stellten sich, als wenn sie sich sehr über seine Rettung freuten. Sie bauten ihm nun eine Falle und lockten ihn darauf, daß er auf einmal durch ein Loch wieder in das Wasser hinab fiel und dießmal kam er nicht wieder. Dann fuhren sie mit gutem Winde weiter und landeten daheim bei dem alten König. Der hatte eine gar zu große Freude und fragte, wer denn seine Tochter erlöst habe? »Das haben wir gethan!« sagten die Mörder und weil sie der Königstochter einen Schwur abgenommen hatten, daß sie nichts sagen durfte, so wurden sie große Männer im Land und der reichste von ihnen sollte die Prinzessin heirathen. Da sie sah, daß es nicht anders ging, bat sie sich Jahr und Tag Frist aus und als die Frist um war, sagte sie, jetzt wolle sie heirathen, vorher aber müßte ihr Bräutigam die drei Brautzimmer nach ihren Gedanken ausmalen lassen. Es wurden nun aus der ganzen Welt die besten Maler herbeigerufen, aber keiner konnte es ihr recht machen, immer sagte sie, es sei nicht nach ihren Gedanken.

Jetzt müssen wir wieder nach dem Kaufmannssohn sehen. Wie der zum zweitenmal ins Wasser fiel, hatte ihn auch gleich der Schwarze wieder beim Arm und führte ihn mit sich fort durch die Luft. Unterwegs aber sagte er zu ihm, er sehe jetzt, wie schlimm seine Sachen stünden, doch könne ihm noch geholfen werden, wenn er ihm das erste Kind, das er dereinst von seiner Frau bekomme, auf seinen zwölften Geburtstag zu eigen geben wolle. In seiner Noth versprach der Kaufmannssohn Alles und war nur froh, daß es nichts Größeres war. Der Schwarze flog noch lang mit ihm fort und setzte ihn endlich in ein warmes Mooshüttchen, das weit, weit an dem steinigen Meerufer stand. Da lag er nun und hatte Hunger und Durst und dachte: ach wenn du nur ein gutes Stück Braten und einen Schoppen Wein hättest! Und noch hatte er's nicht fertig gedacht, da stand's schon da. Als er gegessen und getrunken hatte, wünschte er sich eine Pfeife Taback, und gleich hatte er sie im Munde. So lebte er fort, Jahr und Tag, und aß und trank zu was er Lust hatte und betrachtete die weite Aussicht. Nach langer Zeit endlich kam der Schwarze und fragte ihn, ob er nicht Lebkuchenbäcker werden wolle in einer großen schönen Stadt? Er verstand sich zwar nicht auf die Bäckerei, weil er sich nie damit abgegeben, doch um nur einmal fortzukommen aus dem langweiligen Hüttchen, sagte er zu. Der Schwarze packte ihn auf, flog wieder weit, weit mit ihm fort und setzte ihn endlich in die große schöne Stadt, einem Lebkuchenbäcker vor die Thür, der gerade einen Gesellen nöthig hatte und den Kaufmannssohn deßwegen mit Freuden annahm. Der machte sich gleich an die Arbeit und die Sache ging ihm so gut von der Hand, daß man bald in der ganzen Stadt von dem geschickten Lebkuchenbäcker sprach. Es kam auch vor den König, der ließ ihn kommen und da er großes Wohlgefallen an ihm und seinen Bäckereien fand, so sagte er: wenn er die Lebkuchen so schön malen könne mit Bildern und Verslein, so könne er vielleicht auch seiner Tochter die Zimmer ausmalen, wie sie es haben wolle nach ihren Gedanken.

Er war gern dazu bereit und malte die drei Zimmer, eins schöner als das andere und in das dritte malte er an die Decke, wie er die Königstochter erlöst hatte und wie er verrathen worden war. Als er fertig und wieder nach Haus gegangen war, kam die Prinzessin mit dem ganzen Hofstaate zur Besichtigung. Im ersten Zimmer stutzte sie, im zweiten sagte sie, es wäre recht so, aber als sie im dritten die Bilder sah, stürzte sie hin wie todt. Als sie wieder zu sich kam, fiel sie mit großem Weinen ihrem Vater zu Füßen und sagte, das habe kein Anderer gemalt, als ihr wahrhaftiger Erlöser und rechter Gemahl, und länger könne sie den Schwur nicht halten und somit gestand sie Alles.

Zugleich aber sah der König, wie die ganze Sache in dem Zimmer abgemalt war, — kam in großen Zorn und ließ die falschen Diener radbrechen, von unten herauf. Im Schloß aber gab es ein großes Fest und das ganze Land mußte sich mitfreuen; der Kaufmannssohn hatte seine liebe Frau wieder und das Königreich dazu.

Er lebte von selbigem Tage an glücklich und in Freuden; seine Eltern wurden auch hergeholt und seine Frau genas eines Knäbleins, bei dem stand der alte Kaufmann zu Gevatter und es wuchs heran zu einem wunderschönen Prinzlein. Doch als das Kind zehn Jahr alt war, fiel sein Vater in Trauer, denn er gedachte seines Versprechens, das er dem Schwarzen gegeben, als er mit ihm davonflog durch die Luft.

Freilich hatte er immer den Trost: lieber König und im Schloß, als beim Teufel im Hüttchen; doch als das Kind elf Jahr alt war und ins zwölfte ging, da konnt er's nicht mehr aushalten, und gestand Alles seiner Frau. Die hatte darob noch viel größeren Jammer als er und als des Kindes zwölfter Geburtstag herankam, da legten sie es jede Nacht zwischen sich ins Bett und hielten es fest von beiden Seiten.

Als nun die letzte Nacht da war und es auf dem Schloß-thurm zwölf Uhr schlug, da klopfte es dreimal ans Fenster. Die Eltern sprangen mit großem Klagen und Weinen aus dem Bett und der Vater nahm das Kind und hielt es hinaus vors Fenster, draußen aber stand der Schwarze und fragte ihn, was er denn eigentlich glaubte und für wen er ihn eigentlich hielte, gewiß für den Teufel? »Für nichts Anderes«, sagte der König. Da sprach der Schwarze: »Nein, ich bin der, den du in der Türkei hast ehrlich begraben lassen, und dir zu Gefallen bin ich noch über der Erde geschwebt, bis auf diesen Tag; jetzt magst du dein Kind behalten, ich aber will schlafen bis zum jüngsten Gericht.«

DER KAISERSSOHN
UND SEIN PATHE.

Der Kaiser Joseph war schon sehr alt und hatte noch immer keine Kinder. Da sagte er eines Tags in seiner Betrübniß darüber: wenn er einen Buben bekäme, dann solle der ärmste Mann, der ihm begegne, bei dem Kind zum Gevatter stehn, und siehe da, es war noch kein Jahr vergangen, so hatte er schon einen kleinen Buben. Alsbald ging er aus, um einen Pathen zu suchen, und als ihm in der Stadt nur vornehme Leute begegneten, da spazierte er vors Thor und kam in den Wald. Da fand er einen armen alten Mann mit weißen Haaren und in einen ärmlichen Kittel gekleidet; den frug er, ob er sein Gevatter werden wolle und wie er heiße? »Ich heiße Joseph«, sagte der Mann »und will schon Pathe des Buben werden.« Da war der Kaiser froh und nahm den Greis mit sich in sein Schloß und als die Taufe vorüber war, gab er ihm eine Menge Geld und sagte, wenn das alle sei, solle er nur wiederkommen. Der Greis bedankte sich und nahm Abschied von dem Kaiser, der seitdem nichts mehr von ihm hörte, noch sah.

Als der Kaiserssohn älter ward, gewann er die Jagd sehr lieb. Eines Tags pürschte er im Walde, da begegnete ihm sein Pathe (den er gleich an den weißen Haaren und dem Kittel erkannte), der grüßte und frug ihn, ob er schon ordentlich schießen könne? »Gewiß«, antwortete der Prinz, und da grade ein Rudel Hirsche vorbeilief, legte er an und schoß, aber es fiel nicht einer. »Du kannst noch nicht schießen«, sprach der Pathe, »ich will dich's lehren.« Und er gab ihm ein Buch und sprach, das solle er mitten auf die Brust legen, dann werde er Alles treffen und zugleich solche Stärke haben, daß ihn Keiner überwinden könne. Außerdem schenkte der Pathe ihm noch einen Degen, der ihm, obgleich er so schwer war, federleicht in der Hand lag und womit er aus jedem Kampf siegreich hervorgehn sollte; warnte ihn aber, Niemanden zu sagen, woher er seine Stärke habe, denn sonst werde es ihm schlecht ergehn. »Drittens«, sagte der Pathe, »schenk ich dir, daß ich immer bei dir bin um dir in der Noth zu helfen, wenn du recht fest an mich denkst.« Der Prinz dankte dem Pathen voller Freuden und versuchte gleich darauf sein Glück mit der Jagd. Da schoß er so viel Wild, daß ein großer Wagen es kaum fassen konnte. Als er damit nach Hause kam, wußte der Kaiser vor Verwunderung nicht, was er sagen sollte und frug ihn, wo er denn so gut schießen gelernt habe und ebenfalls, wer ihm den schönen schweren Degen gegeben, den er mitbringe? »Den Degen fand ich im Walde«, sagte der Prinz, »und das Schießen, nun das habe ich eben gelernt.« Als am andern Tage Übung im Ringen und Kämpfen war, da warf der Prinz alle nieder, die sich mit ihm versuchten. Der Kaiser war sehr erstaunt darüber und frug ihn abermals, woher er die Kraft habe? »Das weiß ich nicht«, erwiederte der Prinz, »ich hab sie eben.« Da sagte der Kaiser: »Weil du denn ein so starker Held bist, so magst du deine Mutter begleiten und mit ihr deinen Großvater besuchen, der weit von hier in der Fremde wohnt.« »Gut«, sprach der Prinz; da ward der Wagen angespannt und sie reisten ab, nachdem sie von dem Kaiser einen sehr traurigen Abschied genommen hatten. Unterwegs mußten sie durch einen großen Wald und darin verirrten sie sich und kamen an ein Schloß, worin sechs Riesen wohnten. Als diese den Wagen gewahrten, sprangen sie hervor und schlugen den Kutscher todt und wollten auch dem Prinzen ans Leben, aber der machte Fünfen gleich den Garaus und den Sechsten zwang er, die Pferde auszuspannen und zu füttern und ließ ihm das Leben nur, nachdem der Riese ihm gelobt hatte, ihm als ein treuer Knecht zu dienen. Alsdann ging er mit seiner Mutter in das Schloß und ließ sich's wohl sein und blieb drei Tage da. Unterdessen aber verliebte sich die Kaiserin in den Riesen, weil er so groß und stark war und der beredete sie, daß der Prinz aus dem Wege geschafft werden müsse. »Wie fangen wir das an?« frug die Kaiserin. »Stelle du dich krank«, sprach der Riese, »und wenn er in Sorgen kommt, dann sage, dir habe geträumt, wenn du die Zauberrose aus dem Schloß habest, welches hundert Stunden von hier liegt, und daran röchest, dann würdest du gesund.« In dem Schloß waren nämlich zwölf Riesen, alle noch viel stärker als die sechse, und der treulose Riese meinte, die würden dem Prinzen die Rückkehr wohl verleiden. Während die Beiden dieß verabredeten, war der Prinz auf der Jagd. Als er nun heimkam, fand er seine Mutter zu Bette liegend, als ob sie sterbenskrank wäre. Da war er ganz untröstlich und außer sich vor Jammer und Leid, denn er hatte seine Mutter von Herzen lieb. Als er recht mitten im Weinen war, da fing die Kaiserin von dem Traum und der Rose an, und kaum hatte sie das Wort aus dem Munde, als er auch schon dem Riesen befahl, alsbald ein Pferd zu satteln, damit er die Zauberrose hole. Der lachte in die Faust, daß der Anschlag so gut glückte, führte bald das Pferd fix und fertig vor die Thür und der Prinz schwang sich auf und sprengte davon. Als er nun hundert Stunden weit geritten war, kam er an das Schloß und kaum sahen ihn die zwölf Riesen, als sie hervorstürzten, ihn zu tödten, aber er schwang sein Schwert so schnell, daß in weniger als zehn Minuten keiner von ihnen seinen Kopf mehr fühlte. Dann ging er in das Schloß und das Erste, was er erblickte, war eine wunderschöne Königstochter, die ihm voller Freuden entgegeneilte und ihn als ihren Erretter pries. Sie erzählte ihm, wie die Riesen sie ihrem Vater geraubt hätten, und je mehr sie erzählte, um so besser gefiel sie dem Prinzen und er gefiel ihr auch so gut, daß sie nicht mehr Eins ohne das Andere leben konnten. Darum sprach er: »Gib mir jetzt nur die Zauberrose aus dem Garten, ich trage sie zu meiner Mutter, und wenn sie gesund ist, hole ich dich ab und führe dich in mein Schloß.« Da war sie wohl sehr betrübt, aber der Prinz that es nicht anders und nachdem er ausgeruht hatte, ritt er mit der Rose fort. Daheim erzählte er seiner Mutter Alles und sie that, als freue sie sich sehr, aber in ihrem Herzen war sie doch ärgerlich. Als der Prinz nun schlief, sagte sie dem Riesen Alles wieder und der sann jetzt noch mehr auf Anschläge, den Prinzen zu verderben, weil er seine zwölf Gesellen getödtet hatte. Endlich sprach er: »Sage, die Rose habe dich nur halb gesund gemacht und es habe dir geträumt, wenn er dir sage, wo seine Stärke sei, dann würdest du ganz gesund und könntest mit ihm reisen.« Das that die gottlose Mutter und weil der Prinz sie so lieb hatte, sagte er es ihr auf der Stelle und das Weib klatschte es noch vor Abend dem Riesen, der nicht wußte, was er vor Freuden machen solle.

Als der Prinz nun schlief, machte er sich eilig über ihn und riß ihm das Buch von der Brust; dann packte er ihn am Genick und frug ihn, was er jetzt mit ihm machen solle? Der Prinz sah wohl, daß er ganz in des Riesen Gewalt war, darum antwortete er: »Mach mit mir, was du willst.« Er hatte nämlich im ersten Schreck vergessen, was ihm sein Pathe zum Dritten geschenkt; hätte er daran gedacht, dann wäre er gerettet gewesen. Da griff ihm der treulose Riese in die Augen und riß sie ihm aus, hackte ihm die Hände ab und stieß ihn so in den Wald und das garstige Weib hatte gar noch seine Freude dran, so daß es den armen Prinzen verhöhnte und verspottete.

So irrte der Prinz in dem weiten Walde umher und rannte überall an und zerstieß und verwundete sich so, daß in wenigen Tagen an seinem ganzen Körper kein heiles Fleckchen war. Wohl zwanzig Tage hatte er so im Walde zugebracht, und sich nur von Wurzeln und Kräutern genährt, als er eines Morgens in der Ferne Hunde bellen hörte. Er kroch nach der Gegend hin und kam an das Schloß, worin die schöne Königstochter wohnte und mit Schmerzen auf ihn wartete. Als er Stimmen hörte, bat er ein paar Leute, die vorübergingen, daß sie ihn unter Dach und zu mitleidigen Menschen bringen möchten, da er gar schwach sei und so großen Hunger habe. Da führten sie ihn ins Schloß, wo alsbald Alle zusammenliefen, den armen Verstümmelten zu sehen, doch kannte ihn Niemand. Als die Königstochter aber dazu kam, erkannte sie ihn auf den ersten Blick und stürzte ihm laut weinend um den Hals; dann wusch sie ihn und pflegte sein mit großer Treue. Da war er wohl auch erfreut, doch nicht so recht aus ganzem Herzen, denn er gedachte seiner verlornen Augen und Hände und wie er nun keine wackern Thaten mehr verrichten könne. Darüber seufzte er oft tief und schwer, und besonders des Nachts, und wenn er an den Pathen gedachte. »Ach lieber Pathe, was hab ich gethan!« rief er da einstens aus. Alsbald stand der Pathe neben ihm und sprach: »Nun, was hab ich dir gesagt? Aber weil du nur aus Liebe so unglücklich bist, will ich dir helfen.« So sprach er, erzählte ihm Alles von seiner Mutter, dann führte er ihn an den Bach, der am Schloß vorüberfloß und wusch ihn mit dem Wasser. Davon wuchsen ihm die Augen wieder, daß er die hellen Sterne sah, und die Hände kamen ihm wie angeflogen. Das war eine Freude im Schloß! Am folgenden Tag wurde die Hochzeit mit Lust und Jubel gefeiert, dann fuhr das junge Ehepaar zu dem Vater der Königstochter und mit ihm zum Kaiser Joseph. Der fragte den Prinzen, wo er denn seine Mutter gelassen habe? Da mußte der Prinz wohl erzählen und der Kaiser erschrak so sehr darüber, daß er vor Schrecken und Trauer todt niederstürzte. Das erzürnte den Prinzen über die Maßen, er setzte sich mit seinem Schwiegervater gleich in einen Wagen und fuhr nach dem Riesenschloß, wo das Weib wohnte. Als die ihren Sohn ankommen sah, fiel sie in Ohnmacht. Der Riese wollte sich zwar zur Wehr setzen, aber es half ihm nichts, denn er hatte keine Stärke durch das Buch erlangt, und der Prinz war jetzt doppelt so stark, wie vorher. Mit einem Schlag traf er den Riesen, daß er zusammensank; dann band er das Weib mit den Füßen hinten an den Wagen und hieß den Kutscher zufahren. Als sie ein paar Stunden weiter waren, schnitt er den Strick durch und ließ sie im Walde liegen. Er bestieg jetzt den Thron und herrschte lang und glücklich und seine Frau blieb bis in ihr hohes Alter die schönste Frau von der Welt.

DIE LEICHENFRESSERIN.

Der König von England hatte eine wunderschöne Tochter, die sprach zu ihm: »Vater, wenn ich zwanzig Jahr alt bin, so sterbe ich, dann will ich hinausgetragen sein in das alte Kapellchen vor der Stadt; da sollt ihr mich in meinem Sarge hineinstellen und jede Nacht eine Schildwache dabei.« Wie sie gesagt, so geschah's: sie starb auf ihren zwanzigsten Geburtstag und der König ließ ihren Willen thun. Sie ward in ihrem Sarge hinausgetragen in das Kapellchen und vor den Altar gestellt, und als es Nacht wurde, mußte eine Schildwache dabei bleiben. Als aber des andern Morgens der Soldat abgelöst werden sollte, lag er da und war ihm das Genick gebrochen. Ebenso ging es mit der zweiten Schildwache und mit der dritten, und zum vierten Male wollte es Niemand probiren, ob der König gleich eine große Belohnung darauf setzte. Damals war aber gerade am Hofe von England ein fremder Schneidergeselle. Er war auf seiner Wanderschaft dahin gekommen, und weil er so gut arbeitete, ließ ihn der König nicht mehr fort, ob er gleich gar dringend darum bat, weil er das Heimweh hatte. Der machte nun einen Anschlag, wie er sich auf gute Art aus dem Staube machen möchte und als er glaubte, es würde so gelingen, trat er vor den König und sprach: »Herr König, wollt ihr mir diesen Abend einen Säbel, eine Patrontasche und ein Gewehr geben lassen, so will ich hinausgehen und bei der Prinzessin Schildwache stehn.« Darob lobte ihn der König sehr und ließ ihm das Verlangte geben. Der Schneider ging damit ganz keck über die Straße und zum Thor hinaus; als er aber draus war, dachte er mit keinem Gedanken mehr an die Prinzessin, sondern machte rechts um und lief fort, was er laufen konnte. Da hörte er sich auf einmal bei Namen rufen, er hielt an und sah sich um, da stand ein klein alt Männlein vor ihm und sprach, er solle doch kein Narr sein und fort- laufen, er gehe ja seinem eignen Glücke durch. Wie er das meine? fragte der Schneider. »Ei«, sagte das Männchen, »wenn du gescheut bist, so gehst du zurück und bleibst heute

Nacht in dem Kapellchen, ich will dir sagen, wie du es anfangen mußt, daß du die Prinzessin erlösest und König wirst.« Der Schneider wollte Anfangs Nichts davon wissen, doch endlich ließ er sich einreden und fragte, wie er sich dazu anstellen müsse, daß ihm nicht auch das Genick gebrochen würde? Da sagte das Männchen, er solle nur in die Beichtkammer der Kapelle gehn, darin läge eine Reihe von Leichen und mitten darin sei noch ein Platz frei, da solle er sich hineinlegen und sich durch Nichts irre machen lassen, was auch geschehen möchte. Dem Schneider steckte nun das Königwerden so im Kopf, daß er richtig umkehrte in die Kapelle und sich mitten zwischen die Todten in der Leichenkammer hineinlegte. Um eilf Uhr sprang der Sarg auf, die Königstochter von England stieg heraus, kam in die Beichtkammer und fing an, die Leichen zu zerreißen und zu fressen. Der Schneider war mehr todt als lebendig, indem er ihr so zusah, wie sie dem einen Todten ein Bein abfraß und dem andern einen Arm und die Stücke in der Kammer herumwarf. Als es aber zwölf Uhr schlug, stieg die Prinzessin wieder in ihren Sarg, der Deckel klappte über ihr zu und Alles war vorbei. Der Schneider stieg jetzt auf und stellte sich auf seinen Posten neben den Sarg. Des andern Morgens in aller Frühe kam der König mit dem ganzen Hofstaat herausgefahren, freute sich gar sehr, daß der Schneider noch lebte und nahm ihn in seiner eignen Kutsche mit nach Haus. In die Kapelle ließ er aber das allerbeste Essen aus der Schloßküche und ein ganzes Faß voll Wein bringen, damit der Schneider in der folgenden Nacht sich daran stärken könne. Dem wurde es aber doch ganz bang zu Muth, als es dunkel wurde und er wieder hinaus mußte. Wenn du dießmal hingehst, frißt sie dich gewiß! dachte er, als er vor dem Thor draus war und machte rechtsum und lief fort, dießmal aber einen ganz andern Weg, damit ihm das Männchen nicht begegnen sollte. Wer ihm aber doch begegnete, das war das Männchen. »He! guter Freund!« rief es ihm auf einmal zu, »wohinaus so eilig?« Da sprach der Schneider, dießmal gehe er nicht mehr hin, und wenn er hundertmal König werden und hundert Prinzessinnen heirathen sollte. Das Männchen sprach ihm aber gar freundlich zu, er habe jetzt die Hälfte schon vollbracht und brauche nur noch die eine Stunde auszuhalten, er wolle ihm ja sagen, wie er sich anstellen müsse, damit ihm an Leib und Leben Nichts geschehen könne. Der Schneider dachte, es wäre doch immerhin schön, wenn er schon den andern Tag Hochzeit halten könnte und ließ sich zum zweiten Male bereden. Das Männchen sprach jetzt, er solle getrost wieder hingehen und sich zwischen die Todten legen, wenn aber die Prinzessin wieder da sei und so recht gierig an einer Leiche fresse, so solle er hinter ihr vorbeischleichen, bis vor den Altar und statt ihrer in den Sarg steigen.

Und so that er's. Um eilf Uhr kam die Königstochter wieder und machte sich über die Leichen her wie ein Wolf, riß eine nach der andern von einander, warf die Gebeine in der ganzen Kirche herum und schrie dabei in Einem fort: »Ich krieg dich doch, du magst stecken, wo du willst.«

Endlich aber blieb sie bei einer Leiche sitzen und fraß und fraß, als wenn es der beste Braten gewesen wäre. Da stand der Schneider leise auf, schlich an ihr vorbei, bis vor den Altar und legte sich in den Sarg. Mit dem Schlag Zwölf kam die Prinzessin und wollte hineinsteigen. Als sie aber den Schneider sah, fing sie an sehr zu klagen und zu bitten, es sei ja ihr Bett, er solle doch herausgehen und sie hineinlassen, daß sie schlafen könne. Als das nichts half, fing sie an aufs Fürchterlichste zu toben, als wenn sie ihn auf der Stelle umbringen wollte; er blieb aber ruhig liegen und sie konnte ihn nicht anrühren. Mit dem Schlage Eins stürzte die Prinzessin zusammen und blieb auf dem Boden liegen und schlief. Der Schneider stand auf und sprach: »Du hast gut schlafen, denn du hast dich satt gefressen, ich habe aber seit gestern Mittag noch Nichts in den Leib bekommen!« und somit machte er sich über das Essen und den Wein her und ruhte nicht eher, als bis er auch auf den Boden fiel und schlief wie ein Sack. Des andern Morgens kam der König mit dem Hofstaat herein, da lagen sie alle zwei auf der Erde, das Eine da und das Andere dort und schliefen als sollten sie nicht wieder aufstehn.

Als nun Hochzeit gehalten war, und der Schneider zum ersten Mal bei der Prinzessin lag, da fürchtete er sich so vor ihr, daß er aus dem Bett springen wollte, wenn sie nur einen Finger bewegte. »Ei du Narr«, sprach sie, »bleib nur, ich

thu dir ja Nichts, ich hab auch die Leichen nicht gefressen,
es mußte dir nur so vorkommen.« Da fürchtete sich der
Schneider nicht länger und gab ihr einen herzhaften Kuß.
Sie lebten lang und glücklich beisammen und bekamen viel
schöne Kinder.

DIE SCHLANGE
IM BRENNENDEN WALD.

Es war in einem heißen Sommer, da zündeten zwei Hirtenknaben ein Feuerchen im Walde an, um sich Kartoffeln zu
braten. Aber das Feuer erfaßte das dürre Laub, dann das
dürre und endlich auch das grüne Holz und da der Wind
heftig wehte, so stand bald der ganze Wald in Flammen. Am
Rande des Waldes arbeitete ein Bauer auf seinem Felde. Als
er dem Feuer so zusah, wie es an den Bäumen emporleckte,
das grüne Laub fraß und endlich Zweig um Zweig ergriff,
hörte er plötzlich, wie eine Stimme aus dem Feuer ihn beim
Namen rief. Er eilte darauf zu, da sah er ein Schlänglein,
welches sich auf einen Baum gerettet hatte, das schaute ihn
mit flehenden Augen an und rief: »Ach hilf mir doch aus dem
Feuer!« Der Bauer nahm eine lange Stange und hielt sie ihm
dar, da verließ es den Baum und ringelte sich um die Stange.
Der Bauer aber legte es ins Gras, machte eine Grube in die
Erde und sprach: »Komm, daß ich dich in das Kühle lege,
das ist gut für Brandwunden.« Da wand das Schlänglein sich
von der Stange los und kroch in die Grube und der Bauer
deckte es mit Erde zu, so daß ihm nur der Kopf herausschaute. Als es eine Weile so dagelegen hatte, sprach es:
»Ein Dienst ist des andern werth, plagt dich nicht ewiger
Magenschmerz?« »Das weiß der Himmel«, sprach der Bauer,
»ich habe Tag und Nacht keine Ruhe davor.« »Dann lege
dich hier neben mich auf die Erde, drück die Augen zu und
sperre den Mund auf«, sprach das Schlänglein. Der Bauer
that es, husch schlüpfte das Schlänglein aus der Grube heraus,
dem Bauern durch Mund und Schlund und holte aus seinem
Magen sieben junge Eidechsen heraus, welche ihn schon
Jahr und Tag geplagt hatten. Als der Mann die Thiere sah
und seinen Magen so frei fühlte, wußte er vor lauter Dankbarkeit nicht, was machen. Da sprach das Schlänglein: »Du
kannst mir einen großen Dienst erweisen und es kostet dich
gar nichts.« »Ach so sag es doch schnell«, rief der glückliche

Bauer, »Alles was du willst, sag es nur.« »Nun so nimm dein Beil und haue mir den Kopf ab«, sprach das Schlänglein. »Gott behüte mich«, rief der Bauer, »das thue ich nun und nimmermehr.« Da bat das Schlänglein aber so flehentlich darum und hielt ihm vor, er solle doch nicht sein Glück verscherzen, bis er endlich sein Beil nahm, den Kopf herumdrehte und einen kräftigen Schlag that. Da fuhr das Schlangenhaupt weit weg, aber aus dem Leib stieg die schönste Prinzessin heraus, die sprach: »Hast du mich aus meiner Verwünschung erlöst, so will ich dich aus deiner Armuth erlösen.« Der Bauer mußte sie ins Schloß fahren, da war große Freude, als der König und die Königin sie wiedersahen. Zum Lohne wurde der Wagen, womit der Bauer sie heimgebracht hatte, mit Gold beladen, so schwer als die Pferde ziehen konnten, da war der gute Bauer der reichste Mann im ganzen Königreich.

DIE ERLÖSTE SCHLANGE.

Ein Bauer ging eines Morgens in aller Frühe ins Feld zur Arbeit. Die Sonne stieg auf und es wurde immer heißer, da legte er sein Wamms ab und neben sich auf die Erde. Als die Glocke Elf schlug, wollte er es wieder anziehen um nach Hause zu gehn, da sah er zu seinem Schrecken, daß eine Schlange darauf lag. Er schüttelte das Wamms, doch sie war nicht wegzubringen, sie war wie angezaubert. Schon wollte der Bauer einen derben Fluch ausstoßen, da sprach die Schlange: »Ich weiche nicht von deinem Wamms und von dir, bis du mir versprochen hast, mich zu heirathen.« Das schien dem Bauer doch bedenklich und er sprach: »Das Heirathen ist eine wichtige Sache, welche man nicht also ohne Weiteres abmacht. Ich muß mich darüber besinnen und will dir Antwort sagen.«

Er ging ins Dorf und zum Pfarrer, frug ihn, was er in der Sache zu thun habe? Der Pfarrer besann sich lange, las in einem großen Buche und sprach: »Gehe zurück und versprich der Schlange sie zu heirathen. Sie wird alsdann heute Nacht zu dir kommen und hast du Muth, so ist dein Glück gemacht. Du mußt sie mit dem Schlage Zwölf mit beiden Händen fassen und über deinen Kopf in die Höhe halten, darfst sie aber nicht los lassen, komme, was da wolle.« Rasch kehrte der Bauer in das Feld zurück und sprach zur Schlange: »Ich will dich heirathen.« Da war sie ganz außer sich vor Freude und zappelte lustig, dann machte sie einen schönen Ring und war verschwunden.

Kaum hatte sich der Bauer Abends zu Bette gelegt, da kam die Schlange in die Kammer und legte sich zu ihm. Er lag ganz ruhig bis zwölf Uhr, da packte er sie fest und hielt sie hoch über seinen Kopf. Sogleich flog die Thür auf und sechs große dicke Schlangen schnellten herein und auf das Bett zu. Da wurde es dem Bauern warm und kalt, aber er faßte sich ein Herz und hielt aus, auch als die Schlangen sich an dem Bett heraufringelten und ihn mit ihren doppelten Zungen umzischten, als wollten sie all ihr Gift auf ihn speien. Das dauerte bis es Eins schlug, da waren sie plötzlich verschwunden. Die Schlange aber sprach: »Ich danke dir, mein Erlöser, daß du mich so treulich beschützt hast. Halte nur noch zwei Nächte also aus, dann bist du glücklich und ich noch mehr.« Damit verschwand sie und war keine Spur mehr von ihr zu sehen.

Als der Bauer am folgenden Abend zu Bette ging, war die Schlange wieder bei ihm. Um zwölf Uhr faßte er sie abermals und hielt sie hoch empor. Da flog die Thür auf und zwölf dicke schwarze Schlangen wanden sich herein und an seinem Bett herauf und ringelten sich um ihn, bissen nach ihm und seiner Schlange. Obwohl er dießmal mehr Muth hatte, wurde ihm doch fast schlecht, als er das kalte Gewürm an sich fühlte, aber er nahm sich doch zusammen, so gut er konnte und hielt aus bis die Glocke Eins schlug, da waren die Schlangen wie weggeblasen. Seine Schlange aber sprach: »Ich danke dir, mein Erlöser, daß du so treulich ausgehalten hast, jetzt ist nur noch eine Nacht übrig, dann bin ich erlöst und du bist glücklich auf Lebenszeit.« Als sie das gesagt hatte, war sie verschwunden.

Abends lag sie wieder bei ihm und sah ihn so recht flehentlich an mit ihren klugen Augen. Da schwoll ihm der Muth und er sprach zu sich selbst: »Ehe ich sie dem garstigen Gezücht preis gebe, lasse ich mich lieber selbst von ihm fressen.« Als es zwölf Uhr schlug faßte er sie und hielt sie hoch empor. Da sprang die Thür auf und in einem Augenblick war die ganze Kammer voll von den häßlichsten Schlangen, die zappelten und zischten und ringelten sich unter einander, daß es nicht zum Ansehen war. Der Bauer drückte die Augen zu und that als höre und sehe er nicht. Sie wanden sich ihm um Leib und Arme und Hals, zischten ihm ins Gesicht und bissen nach seiner Schlange, aber er ließ sich das Alles nicht anfechten. So dauerte es bis ein Uhr, da that es einen schweren Schlag in dem nahen Walde und die Ungeheuer waren verschwunden. Auch die Schlange war ihm aus der Hand entschlüpft, dafür aber lag eine wunderschöne Königstochter neben ihm in seinem harten Bett, die sprach mit freundlichen Blicken: »Ich danke dir tausendmal, mein lieber und getreuer Erlöser, daß du mich gerettet hast. Nun wähle dir, willst du mein Gemahl werden, oder hundert

Wagen Gold haben.« Der Bauer rieb sich die Augen, denn
er glaubte nicht anders, als das müsse ein Traum sein. Endlich sprach er: »Wenn ihr mich zum Gemahl haben wollt,
allerschönste Prinzessin, dann möchte ich das lieber, als alles
Gold auf der ganzen Welt.« Da bot sie ihm die Hand und er
umarmte und küßte sie. Am folgenden Morgen, als er die
Fensterläden öffnete, da stand sein Häuschen in einem prächtigen Garten mit den schönsten Blumen und Bäumen und
nicht weit davon lag ein Königsschloß und eine große Stadt.
Er wußte nicht, wo er stand und ob er wiederum seinen
Augen trauen könne. Da sprach die Prinzessin: »Was du da
siehest, ist alles dein, dein Schloß und dein Garten und dein
Königreich.« Und sie führte ihn in das Schloß und Beide
wohnten darin und waren glücklich auf Lebenszeit.

DAS TREUE FÜLLCHEN.

Hans hatte sich beim Müller verdungen um drei Ohrfeigen, welche er dem Müller geben dürfte. Der Müller wäre ihn aber bald gern wieder los gewesen, hieß ihn in den Brunnen steigen und die Knechte, ihm einen Mühlstein nachwerfen. Aber der Mühlstein fiel dem Hans auf die Schultern, so daß sein Kopf durch das Loch schaute und Hans rief, als er aus dem Brunnen kam: »Seht meinen schönen Halskragen!« und tanzte mit dem Mühlstein herum. Noch anderes versuchte der Müller, ihn in die andre Welt zu befördern, aber es nützte ihm nichts, er mußte die drei Ohrfeigen aushalten. Die erste gab Hans ihm mit zwei Fingern, davon lag er acht Tage krank, von der zweiten wäre er fast todt geblieben. Die dritte schenkte der gutherzige Hans ihm und zog weiter zu einem Schäfer, bei welchem er sich als Hirte verdingte.

Als er nun am folgenden Morgen das erste Mal austreiben wollte, sagte der Schäfer: »Hans, du kannst überall hin-treiben, nur nicht auf die Riesenweide!« »Es ist schon gut«, sagte Hans und trieb gerade dahin. Er war kaum da, als schon ein Riese vom Berge her heranpolterte und rief: »Was hast du auf meiner Weide zu thun?« »Das geht dich nichts an«, sprach Hans und schlug ihn mit drei Fingern hinters Ohr, da fiel der Riese hin, so lang wie er gewachsen war. Abends erzählte Hans dem Schäfer die Geschichte, aber der schüttelte den Kopf und sprach: »Solch Ding thut wohl einmal gut, aber das zweite Mal nicht. Treibe die Schafe morgen einen andern Weg.« »Es ist schon gut« sprach Hans.

Am folgenden Morgen fuhr Hans mit der Heerde abermals der Riesenweide zu. Sogleich erschien ein Riese vom Berge her, der rief: »Was hast du auf meiner Weide zu thun?« »Das geht dich nichts an«, sprach Hans und schlug ihn mit vier Fingern an die Ohren, so daß sie ihm sein Lebtag nicht mehr weh thaten. Wer nun wüßte, was da jenseits der Berge für ein Land liegt, dachte Hans; wenn das nicht etwas ganz besonderes wäre, würden die Riesen nicht hier Wache stehn. Er ging zum Schäfer und sprach: »Nimm deine

Heerde zurück, ich bin des Schäferns müde und gehe in das Riesenland.« Der Schäfer versuchte wohl, ihm abzurathen, aber Hans hörte nicht auf ihn und zog weg gegen die Berge hin.

Das war ein hoher, hoher Berg, den er da erklettern mußte und hinter dem Berge lag ein tiefes, tiefes Thal, darin stand ein herrliches Schloß. Das gefiel dem Hans nicht schlecht. »Da muß es besser Leben sein als in des Müllers Haus und in des Schäfers Hütte« sprach er und stieg den Berg hinab und ging in das Schloß hinein. Hei das war eine Pracht und Herrlichkeit, ein Zimmer schöner wie das andre und im letzten hingen lauter Riesenröcke. Dann ging Hans auch in den Stall, da standen drei Pferde und was für Pferde! Schöner gibt's keine in des Kaisers Marstall. Das erste war ein Schimmel, das andre ein Rappe, das dritte ein Brauner, und er ging und strich sie und klopfte sie, einen nach dem andern. Da hörte er plötzlich rufen: »Hans, Hans.« Er guckte sich um, aber da war kein Mensch zu sehn. »Hans, Hans«, rief es abermals und da merkte er, daß die Stimme aus der Ecke kam, wo der Schimmel stand und als er hinging, war das der Schimmel selber, der rief zum dritten Mal: »Hans, Hans.« »Was hättest du gern?« frug Hans. Der Schimmel antwortete: »Sattle mich, Hans, und reite auf den gläsernen Berg, aber laß dich droben nicht festhalten, es wird dein Glück sein.« »Mich festhalten?« frug Hans, »dafür laß du mich sorgen.« Er sattelte den Schimmel und ritt hinaus, da hinkte der Schimmel und schnappte, daß es zum Erbarmen war. Hinterm Schloß grade vor dem gläsernen Berg lag ein Dorf, als Hans hindurch ritt, liefen ihm die Kinder nach und die Alten lachten ihn aus und riefen: »Was will der auf seinem schnapperigen krummen Gaul«, aber Hans ließ sich nicht irre machen und dachte, wer zuletzt lacht, lacht am besten. Als er jenseits des Dorfes an den gläsernen Berg kam, da schüttelte sich der Schimmel dreimal. Augenblicklich hörte sein Hinken auf und Hans war ganz überschmuckt; er hatte eine goldne Rüstung an, einen goldnen Helm auf dem Haupte und an seiner Seite hing ein mächtiges Schlachtschwert. »Ach was bin ich für ein schöner Bursche geworden, so gefalle ich mir!« rief Hans, der sich in dem gläsernen Berge abgespiegelt sah. Da sprach der Schimmel: »Jetzt halte dich fest im Sattel, Hans, und laß dich durch nichts irre machen, hau aber droben brav zu.« »Schimmelchen, du kennst den Hans noch nicht«, sprach Hans, »sonst wüßtest du, daß der zuschlagen kann.« Da erhob sich der Schimmel und sprengte in mächtigen Sätzen den gläsernen Berg hinan, daß die Funken und die Splitter davon stoben. Droben lief er mit Hans auf einen großen Platz, wo allerlei Waffenspiel gehalten wurde und waren da wohl tausend Ritter versammelt. Da kamen ihrer viele, um mit Hans einen Straus zu bestehen, aber er theilte solche Hiebe aus, daß es seinen Gegnern bald Angst wurde und sie sich gefangen gaben. Als der König ihn aber bewillkommen wollte, wandte er plötzlich seinen Schimmel und weg war er. Als er drunten ankam war es Nacht, so daß Hans in seiner goldnen Rüstung in das Schloß zurückreiten konnte, ohne daß ihn Jemand bemerkte.

Am andern Morgen ging er in den Stall, um nach den Pferden zu sehen, da rief es wiederum: »Hans, Hans.« »Was hättest du gern, mein Schimmelchen?« fragte Hans, aber der Schimmel sprach: »Ich habe dir nicht gerufen, sondern der Braune.« Hans ging zum Braunen und fragte: »Was hättest du gern mein Bräunchen?« »Sattle mich, Hans und reite auf den gläsernen Berg, aber laß dich droben nicht festhalten, es wird dein Glück sein«, antwortete der Braune. »Festhalten sagst du? frage das Schimmelchen, ob Hans sich festhalten läßt«, sagte Hans, nahm Sattel und Zaum, machte den Braunen zurecht und sprang drauf. Als er hinausritt hinkte das Bräunchen, daß es ein Jammer war und das ganze Dorf den Hans auslachte, aber der saß wie ein Kaiser so ernst auf seinem lahmen Gaul und lachte sie erst recht aus, denn er dachte: »Wüßtet ihr, was ich weiß!« Jenseits des Dorfes am gläsernen Berge schüttelte sich das Bräunchen dreimal, da kannte der Hans sein Bräunchen und sich selber nicht mehr, so sehr glänzte er in seiner Rüstung von rothem Gold und seinem Helm mit prächtigen Federn drauf. »Nun halte dich fest im Sattel Hans und haue droben brav zu«, sprach der Braune und Hans erwiederte: »Es ist schon gut, ich weiß das alles schon; nur vorwärts.« Da setzte der Braune seine Hufe ein und sprengte den gläsernen Berg hinan, daß es nicht anders schien, als er flöge hinauf; Hans saß aber im Sattel, wie der beste Reitersmann, so fest und so stolz. Droben lief der Braune wieder auf den Platz, wo das Turnier auch dießmal stattfand. Als Hans hereinritt, wandten sich des Königs und aller Zuschauer Augen auf ihn, denn ein so schöner Ritter war noch nie gesehen worden. Jetzt zog Hans sein Schwert und schwang es und rief: »Ihr Herrn, ihr Herren, wer will, ich habe große Fechtlust, als heran, als heran!« Da sprengten sie einer nach dem andern auf Hans los und fochten mit ihm, aber keiner konnte gegen ihn ankommen; wem er mit seinem Schwert zu nahe kam, der hatte soviel, daß er nicht mehr begehrte. Plötzlich wurden die Trompeten geblasen zum Zeichen, daß das Turnier zu Ende sei. Da stand der König auf um Hans zu begrüßen, aber der wandte seinen Braunen und fort war er. Drunten ritt er unbemerkt wieder in das Riesenschloß und schlief prächtig auf die Strapatze.

Am folgenden Morgen als er im Stall nach den Pferden sah, rief es abermals: »Hans, Hans.« »Was willst du, mein Bräunchen?« fragte Hans, aber der Braune sprach: »Ich habe dir nicht gerufen, sondern der Rappe.« Hans ging zum Rappen und fragte: »Was hättest du gern, mein Räppchen?« »Sattle mich Hans und reite auf den gläsernen Berg, aber laß dich droben nicht festhalten, es wird dein Glück sein.« »Mit dem Festhalten hat's keine Noth« sprach Hans, sattelte und zäumte den Rappen und ritt fort. Draus fing der Rappe wieder an zu hinken, ach das war nicht anzusehn und das ganze Dorf lachte und höhnte den armen Hans aus, der aber ein ganz vergnügtes Gesicht dazu machte. Am gläsernen Berg schüttelte sich der Rappe dreimal und da funkelte der ganze Hans von Gold und Edelsteinen, daß es nicht zu sagen ist, und des Rappen Sattel und Zaum war so kostbar, daß er seines Gleichen nicht hatte. »Nun halte dich fest im Sattel Hans und haue droben brav zu«, sprach der Rappe, und Hans: »Laß mich nur gehn, ich kenne das Ding schon.« Wie der Wind sprengte der Rappe jetzt den Berg hinan und grade auf den Turnierplatz zu. Dießmal räumte der Hans aber unter den Rittern auf! Er schlug auf sie los, daß die Stücke von den Helmen und Panzern fuhren und Schwerter und Schilde zerbrachen. Da fingen plötzlich die Trompeten an zu blasen und Hans wandte seinen Rappen, um nach Hause zu sprengen. Aber der König hatte Befehl gegeben das Thor des Platzes zu schließen und wollte den Hans fangen, todt oder lebendig, stand auch selber mit bloßem Schwert an dem Thor.

Als der Hans dahin kam und sich eingeschlossen sah, lenkte er seinen Rappen ein wenig zurück und setzte über das Thor hinweg, da schlug der König mit dem Schwerte nach ihm, um ihn wenigstens zu zeichnen. Hans hatte aber eine so harte Haut, daß die Spitze des Schwertes darin stecken blieb und abbrach. »Jetzt wollen wir ihn schon kriegen« sprach der König.

Am folgenden Tage schickte der König von dem gläsernen Berge nach allen Seiten Boten aus, welche verkündigen mußten: »Der Ritter in dessen Bein des Königs Schwertspitze steckt, soll die Prinzessin zur Gemahlin bekommen.« Da brach mancher Ritter ein Stück von seinem Schwert ab, bohrte es in sein Bein und ließ sich zum König tragen, aber sie fuhren alle mit Schande ab, denn keine der Spitzen paßte an des Königs Schwert. Hans hatte Anfangs seine Wunde nicht geachtet, denn die Schwertspitze galt ihm so viel, als unser einem ein Splitter Holz. Nach und nach aber eiterte die Wunde und wurde so schlimm, daß er nicht mehr gehen konnte und einen Arzt holen lassen mußte. Als dieser die Wunde sah und die Schwertspitze herauszog, sprach er: »Warum meldet ihr euch nicht an des Königs Hof, da ihr doch des Königs Tochter zur Gemahlin bekommen könnt? Denn das ist des Königs Schwertspitze, seine Krone steht darauf.« »Ei sage du es ihm, wenn du Lust hast und dir einen Botenlohn verdienen willst« sprach Hans. Da verband der Arzt die Wunde schnell und eilte zum König. Dieser setzte sich in einen stolzen Wagen und fuhr sogleich zu Hans. Als er in das Zimmer des Schlosses kam, wo Hans zu Bette lag, erkannte er ihn sogleich und rief: »Du tapferster von allen Rittern, warum hast du dich mir nicht eher zu erkennen gegeben? Wie freue ich mich, daß ich dich finde!« »Es ist ja immer noch früh genug«, sprach Hans. »Wann soll denn die Hochzeit sein?« »Wenn du erst wieder gesund bist«, antwortete der König. »Dann laßt nur schnell Anstalt dazu machen«, sprach Hans und sprang aus seinem Bett auf; »der Mückenstich an meinem Bein hat nichts zu bedeuten.« So wurde die Hochzeit mit großer Feierlichkeit begangen und Hans war ein königlicher Prinz.

Nach einem Jahre gebar die Prinzessin ihm einen Sohn und kaum war der auf der Welt, so warf der Schimmel im Stall ein Füllen. »Das hat also sein sollen und muß seine Bedeutung haben« sprach Hans. »Daß mir das Füllchen nur gut gepflegt werde!« Er hatte aber nicht lange Freude an dem Knaben und dem Füllchen, denn als Beide ein Jahr alt waren, brach ein Krieg aus und Prinz Hans zog ins Feld und blieb sieben Jahre aus, denn so lange währte der Krieg. Der Knabe wuchs aber mit dem Füllchen auf und als er drei Jahre alt war, ritt er schon auf ihm und Beide hatten einander so lieb, daß sie stets beisammen waren, vom Morgen bis zum Abend.

Hans hatte in seiner Stadt einen Hofjuden wohnen, der mauschelte der Prinzessin so viel vor, daß sie dem Hans ihre Treue brach und mit dem Juden hielt; es war überhaupt nicht manch gutes Haar an ihr. Das dauerte also über sechs Jahre lang, da kamen Boten, welche meldeten, daß Prinz Hans bald zurückkehre, da er all seine Feinde geschlagen habe. Da sprach der Jud: »Au waih geschrieen, wenn der Prinz heim kommt und der kleine Bub ihm sagt, daß wir zu einander gehalten haben. Du mußt den Buben tödten, wenn er nicht plaudern soll.« Sprach das ruchlose Weib: »Das will ich schon wenn ich nur wüßte, wie ich das anfangen soll.« Der Jud gab ihr Gift und sprach: »Mische ihm das in seinen Kaffee, dann plaudert er nicht mehr.«

Als der Knabe Nachmittags aus der Schule kam, rief ihn die Königin und sprach: »Da mein liebstes Söhnchen, trink deinen Kaffee.« »Stell ihn auf mein Tischlein, liebe Mutter«, erwiederte das Kind. »Ich laufe einmal schnell in den Stall, um nach meinem Füllchen zu schauen.« Als der Knabe in den Stall kam lag das Füllchen da und war sehr traurig. »Füllchen, ach liebes Füllchen, was fehlt dir?« fragte der Knabe und das Füllchen sprach: »Ach mein liebster Sohn, ach mein liebster Sohn, trink deinen Kaffee nicht, sondern gib nur ein wenig der Katze und du wirst sehn, was drin ist.« Da sprang das Kind zurück und gab der Katze ein wenig von dem Kaffee und kaum hatte sie es getrunken, da flog sie wider die Decke und zerplatzte: so stark war das Gift.

Der Jud wußte gar nicht, was er dazu denken sollte, daß das Kind nicht sterben wollte, kam zu der Königin und sprach: »Au waih geschrieen, der Bub muß sterben, wenn er uns nicht verrathen soll. Hier hast du Stoff zu einem Kittelchen, den trage zu den neun und neunzig Schneidern, und

laß ihn schnell zurecht machen, dann muß er zu Grunde gehen.« Die Königin that, wie der Jud gesagt und gegen Mittag
war das Kittelchen fertig. Als nun das Kind aus der Schule
kam, rief sie es zu sich und sprach: »Sieh einmal, mein liebstes Söhnchen, was habe ich dir für ein schönes Kittelchen
machen lassen!« »Lege es auf mein Tischlein, liebste Mutter«,
antwortete das Kind; »ich laufe einmal schnell in den Stall,
um nach meinem Füllchen zu schauen.« Als der Knabe in
den Stall kam, lag das Füllchen da und ließ den Kopf hängen.
»Füllchen, ach liebes Füllchen, was fehlt dir?« fragte der
Knabe. »Ach mein liebster Sohn, ach mein liebster Sohn«,
sprach das Füllchen; »ziehe das Kittelchen von deiner Mutter
nicht an. Droben in meiner Krippe liegt ein Stoff, der sieht
eben so aus, trag ihn zu den neun und neunzig Schneidern
und laß dir ein Kittelchen daraus machen und das ziehe an.
In das andere sollst du den Haushund wickeln und du wirst
sehen, was drin ist.« Der Knabe that also und als der Haushund in dem Kittelchen steckte, drehte er sich hundertmal
im Kreis herum und war todt. Dann ging das Kind wieder
zu den neun und neunzig Schneidern, holte sein anderes
Kittelchen und zog es an, das stand ihm gar zu schön.

Am folgenden Tage kam Prinz Hans von seinem Feldzug
zurück. Als er eben am Thor anlangte lief der schlechte
Hofjud zu der Prinzessin und sprach: »Au waih geschrieen,
der Prinz kommt und der Bub plaudert. Leg dich schnell ins
Bett, stell dich todkrank und thue was ich dir sage, dann geht
Alles gut.« Dann gab er ihr einen bösen falschen Rath und
lief weg.

»Wo ist meine herzallerliebste Frau?« frug Hans, als er in
das Schloß kam und er war ganz untröstlich, als er hörte, sie
sei plötzlich todkrank geworden. Er eilte zu ihr und da that
sie gerade, als liege sie in den letzten Zügen. »Ach ist denn
nichts, was dir helfen kann?« rief Hans. Da sprach sie: »Alle
Ärzte sind hier gewesen und keiner konnte mir einen Rath
geben, außer einem, der hat aber sofort weiter reisen müssen,
weil er so gar viel zu thun hat. Aber was der mir gesagt hat,
kann ich nicht thun, ja nicht einmal sagen, ach es ist allzu
erschrecklich.« »Sage es nur«, sprach Hans, »mir ist nichts zu
theuer, wenn ich meine herzliebe Frau vom Tode retten
kann.« »Wenn ich es denn sagen muß«, sprach sie und seufzte

heuchlerisch dazu, »nun gut, dann will ich es sagen. Das einzige Mittel mich zu retten, ist daß du unseres lieben Söhnchens Zunge in Milch kochen lässest.« Da war Hans noch viel unglücklicher. Er ging hinaus, da sprang ihm der Knabe mit dem Füllchen entgegen und Hans dachte bei sich: »Das Füllen ist mit dem Kinde zu ein und derselben Stunde geboren, wir wollen dem Thier die Zunge ausschneiden lassen.« Während nun ein Feldscheerer geholt wurde, sprach das Füllen zu dem Knaben: »Mein lieber Sohn, ach mein lieber Sohn, gleich kommen sie und wollen mir die Zunge ausschneiden. Bitte aber deinen Vater, er möge dich vorher dreimal herumreiten lassen und halte dich fest im Sattel.« Gleich darauf kam der Feldscheerer mit Messern und Scheeren und Hans sprach: »Hole dein Füllen, lieber Sohn, wir müssen ihm die Zunge ausschneiden und sie deiner Mutter als Arznei geben, sonst stirbt sie.« Der Knabe sagte: »Lieber Vater, laß mich vorher noch dreimal herumreiten, ehe mein armes Füllchen stirbt.« Hans war damit zufrieden, der Knabe schwang sich auf das Füllen und ritt herum. Beim dritten Mal aber erhob es sich plötzlich von der Erde und stob durch die Luft fort, immer höher und immer weiter, bis es ganz verschwand. Da hatte Hans das Nachsehen, das Weib wurde aber ohne die Zunge gesund.

Also flog der Knabe über drei Königreiche weg, erst in dem vierten ließ das Pferdchen sich nieder. Da sprach es: »Nun geh' ins Schloß und nimm Dienst an. Was du siehst, das kannst du machen und noch dreimal schöner, als jeder andre. Wenn du aber in Noth kommen solltest, oder dir etwas wünschest, dann raßle nur mit diesem Kettchen und ich bin bei dir.« Es gab ihm noch die Kette, nahm Abschied von ihm und flog durch die Luft davon.

Der Knabe ging in das Schloß und suchte Dienst. Er wurde als Pferdeputzer im Hofstall angenommen und Alles ging ihm so flink von der Hand und gelang ihm so gut, daß der Stallmeister mit keinem Knechte so zufrieden war, als mit ihm. So lebte er wohl sechs Jahre in dem Stalle. Eines Samstags ging er nach gethaner Arbeit in den Hofgarten, wo der Gärtner eben Sträuße für die Königstochter band. Der Knabe sprach: »Lasset mich versuchen, auch einen Strauß zu binden.« »Du magst gut die Pferde putzen können, aber du mußt die Hände von den Blumen lassen«, sprach der Gärtner. »Es kommt auf einen Versuch an«, meinte der Knabe, pflückte sich ein paar Blumen und etwas Grün dazu und machte einen Strauß, daß dem Gärtner alle fünf Sinne still standen. »Du darfst nicht im Pferdestall bleiben«, sprach der Gärtner, meldete Alles dem Könige und erwirkte, daß der Knabe sofort zum Gärtnerburschen ernannt wurde. Da sah man bald dem Garten an, daß eine andere Hand darin waltete; die Blumen blühten schöner und reicher, neue Blumen aller Art wuchsen aus dem Boden heraus und die Bäume trugen Frucht, daß die Äste fast brachen. Jeden Samstag wenn seine Arbeit gethan war und Niemand mehr in den Garten kam, rasselte der Knabe, der unterdessen zum Jüngling wurde, mit seinem Kettchen, dann stand sein Pferdchen bei ihm. Er schwang sich auf, das Pferdchen schüttelte sich und sogleich strahlte und funkelte er von Gold und Silber. So ritt er in dem Garten umher und das war all seine Freude. Nun schauten aber die Zimmer der Prinzessin mit ihren Fenstern in den Garten und sie sah jeden Samstag den schönen Reiter, sagte aber nichts davon, denn sie meinte, es könne nur ein Engel sein, der da erschiene und von Erscheinungen soll man nicht reden, sonst verschwinden sie und man sieht sie nicht mehr. Eines Tages aber sah sie, wie der Gärtnerbursche in den Garten trat, sein Kettchen hervorzog und damit rasselte, wie das Pferdchen kam, er sich aufschwang und augenblicklich in Gold und Silber strahlend in dem Garten herumritt. Da entbrannte sie in Liebe zu ihm und diese war so heftig, daß sie krank wurde. Sie schlich nur noch wie ein Schatten umher. Als der Jüngling das hörte, brachte er ihr jeden Tag zwei Sträuße, ihr Gemüth zu erfreuen und zu erheitern. Dann bot sie ihm jedesmal die Hand zum Danke und schaute ihn so freundlich dabei an, sprach auch so schön mit ihm, daß er seines Herzens nicht lange Meister blieb. Auf so viel Glück hat die liebe Sonne niemals herniedergeschaut, als das war, wie der Jüngling ihr sein Herz eröffnete und sie ihm ihr Herz aufschloß und sie Beide eins im andern einen so großen Liebesschatz fanden. Wer aber rechte Liebe hat, der hat auch einen rechten Muth. Am folgenden Morgen ging die Prinzessin zu ihrem Vater und bat ihn, er möge sie dem Gärtnerburschen anvermählen; wenn sie auch mit ihm arbeiten und sich plagen müßte, das thue Alles nichts, anders könne sie nie glücklich werden. Der König erzürnte sehr, als er solches hörte und sprach: »Besinne dich drei Tage, bleibst du auf deinem Sinne, dann gewähre ich dir zur Strafe deine Bitte und gebe euch als Wohnung das Hinkelhaus.« »Ich wohne lieber mit dem Gärtnerburschen in dem Hinkelhaus, als ohne ihn in dem schönsten Schloß der Welt«, sprach die Prinzessin und nachdem die Hochzeit im Stillen gehalten worden war, zog sie mit ihrem Gemahl in das Hinkelhaus. Da arbeitete sie nun wie eine gewöhnliche Bürgersfrau von Morgens früh bis Abends spät und hatte viel zu thun, da sie auf Reinlichkeit hielt, was die Hinkel nicht thun. Das hätte sie nun gerne Alles gethan, wenn sie nicht von den Hofherren und Hofdamen immer verspottet worden wäre; ach das schnitt ihr durchs Herz. Sie klagte es oft ihrem Manne, wenn er aus dem Garten von der Arbeit kam, dann sprach er aber stets: »Warte nur, liebste Frau, du wirst noch lachen, wenn diese alle weinen müssen.«

Plötzlich brach ein Krieg aus und des Königs Land kam in große Noth. Da mußte Alles zur Vertheidigung ins Feld rücken und auch der Gärtnerbursche sollte mit ausziehen. Um sich aber lustig über ihn zu machen, gab ihm der König ein hinkendes Pferd, ein hölzernes Schwert und eine Flinte ohne Hahn; so ritt er aus und der ganze Hof verhöhnte ihn, so daß seine Frau meinte, vor Ärger und Scham in die Erde sinken zu müssen. Er that, als höre und sehe er nicht. Vor dem Thore blieb er hinter dem Heer zurück und ritt dann abseits in einen Wald. Da rasselte er mit seinem Kettchen und sogleich stand sein Pferdchen vor ihm. Er band den lahmen Gaul an einen Baum und schwang sich auf sein liebes Pferd, das schüttelte sich, da glänzte er von Gold und Silber und an seiner Seite hing ein Schwert, vor dem Alles floh und sank, wenn er es schwang. So ritt er dem Heere nach, da kam dieß ihm schon entgegen und war bereits auf der Flucht und der Feind hinter ihm drein. »Mir nach!« rief er den Soldaten zu. Als diese ihn sahen, wie er so muthig auf die Feinde hineinsprengte und sie zusammenschlug, wie der Schmied das alte Eisen, da gewannen sie wieder Muth, wandten sich um und schlugen auch drauf los. Jetzt war das Fliehen am Feinde, der König siegte und machte so viel Beute, daß alle Pferde der Hauptstadt geholt wurden, um sie heimzufahren. Der König eilte selber dem Gärtnerburschen, den er jedoch nicht erkannte, entgegen, um ihm zu danken, und als er sah, daß derselbe am Bein verwundet war und das Blut herunter lief, verband er selber ihm die Wunde mit seinem Tuche, worein die Königskrone gestickt war. Kaum war das geschehen, so sprengte der Gärtnerbursch fort und in den Wald, wo sein lahmer Gaul hielt. Da steckte er sich wieder in seinen alten Aufzug und ritt heim, während alle Soldaten und der König mit ihn verspotteten.

Seine Frau sah sogleich, daß er etwas am Beine hatte und wollte ihn besser verbinden, da fand sie des Königs Tuch. Zugleich hörte sie, wie draußen ausgerufen wurde, der König lasse den General zu sich entbieten, der ihm die Schlacht gewonnen und den er selber mit seinem Tuche verbunden habe. »Bring ihm das Tuch und sage, daß sein General im Hinkelhaus liege«, sprach er und die Prinzessin eilte entzückt zu ihrem Vater. Unterdessen ging er in den Garten und rasselte mit seinem Kettchen. Da stand sein Pferdchen da, er schwang sich drauf, es schüttelte sich und er leuchtete in seiner prachtvollen Rüstung. »Wenn du deine Frau im Schloßhofe siehst, nimm sie zu dir«, sprach das Pferdchen. Da ritt er in den Schloßhof, wo der König mit seinem ganzen Hofstaat schon stand und ihn suchte. Jetzt konnte der König kommen, um ihm schöne Worte zu sagen, er hörte nicht darauf, sondern warf ihm mit harten Reden vor, daß er seine eigne Tochter so schlecht behandelt habe und erzählte zuletzt, wie er nicht ein gewöhnlicher Gärtnerbursch, sondern ein geborner Prinz sei. Dann ritt er zu der Prinzessin, seiner Frau, hob sie zu sich aufs Pferd und fort ging's durch die Luft dahin. Da hatte der König das Nachsehen.

Auf einer freien Waldwiese ließ das Pferdchen sich nieder, die lag hart an einem Berge. »Jetzt steiget ab« sprach es, »und du nimm dein Schwert, schwenke es gegen den Berg und schlage mir den Kopf herunter.« Der Prinz war gewohnt, dem Pferdchen in Allem zu folgen und wie leid es ihm that, so folgte er doch auch dießmal. Als aber das Blut auf den Boden floß, da sprang der Berg unter schrecklichem Krachen von einander und vor ihnen lag ein großes Königsschloß, der Wald wurde zum prächtigen Garten und das Gebirge hinter dem Schloß zu einer schönen Stadt. Aus dem Schlosse kamen Diener und Hofherren und aus der Stadt die Bürger und grüßten sie als König und Königin. Da war all ihr Leid zu Ende und das Glück trat an seine Stelle und verließ sie und ihre Kinder auch nie wieder.

GRÜNUS KRAVALLE.

Der König von Eiland hatte einen Sohn der hieß Jakob, der war nicht zum Besten gerathen. Tag und Nacht saß er im Wirthshaus und spielte Karten und verspielte Alles, was er um und an hatte. Als dieß verloren war, bestahl er seines Vaters Schatzkammer, die Kleiderkammer, die Wäschkammer, kurz Alles was ihm unter die Finger kam, war hin, so daß die königliche Familie in Noth gerieth. Der König wurde dessen zuletzt müde und sperrte ihn ein, da spielte er mit sich selbst, seine rechte Hand gegen seine linke. Zuletzt ließ man ihn jedoch wieder los, nahm ihm die Karten und der König verbot, daß jemand ferner mit ihm spiele und wer es thue, werde hingerichtet.

Traurig darüber, daß er nicht mehr spielen konnte, ging der Prinz eines Tages in den Wald, da kam ein Jägersmann im grünen Rock daher und frug ihn, was ihm fehle? Der Prinz klagte ihm seine Noth und der Jäger sprach: »Wagt Niemand mit dir zu spielen, dann wage ich es, nur müssen wir vorher über Gewinn und Verlust einig sein.« »Das versteht sich von selbst, ich bin mit Allem zufrieden« sprach der Prinz. »Gut also, wenn ich verliere« fuhr der Jäger fort, »dann gebe ich dir jedes Mal zwei Pferde mit goldnen Sätteln, verlierst du aber, dann bist du mein.« »Das ist ein Wort« rief der Prinz voller Freuden, »jetzt sage mir nur noch, wie du heißest.« »Ich heiße Grünus Kravalle und hier sind die Karten.« Da setzten sich die Beiden nieder und spielten und fluchten dazu und der Jäger ließ den Prinzen stets gewinnen, so daß dieser Abends die beiden Gäule heimführte. Der König machte große Augen, als er ihn kommen sah, verwies ihm sein Spiel jedoch nicht allzu scharf, denn die goldnen Sättel waren viel werth und Geld konnte der König sehr gut gebrauchen.

Am zweiten Tage war der Prinz schon frühzeitig im Walde und der Grünus Kravalle ließ nicht lange auf sich warten. Dießmal hatte der Prinz aber kein Glück; er gewann wohl einmal, dafür verspielte er aber zwölfmal und die Summe der ganzen Rechnung war, daß er dem Jäger zu eigen fiel. »Ich könnte dich zwar jetzt sogleich mit mir wegschleppen«, sagte der Jäger, »doch will ich Gnade für Recht ergehen lassen. Ich gebe dir Jahr und Tag Zeit, mich zu suchen; findest du mich, dann bist du frei, findest du mich nicht, dann bist du mein und ich hole dich zur festen Stunde, denn ich weiß immer, wo du bist.« Damit verschwand der Jäger und der Prinz sah nun wohl ein, mit wem er zu thun hatte. Da war nun nichts zu machen, als den Jäger zu suchen. Der Prinz wanderte in den Wald hinaus; manche Woche und manchen Tag war er also dahingezogen, da kam er eines Tages in einen dichten Wald und tief, tief im Walde an ein Einsiedlerhäuschen. Er trat hinein, da hob der Einsiedler sein Haupt und sprach: »Guten Tag, Prinz Jack von Eiland.« »Ei woher kennt ihr mich denn?« fragte der Prinz und der Einsiedel antwortete: »Ich kenne alle Menschen in der Welt.« Da freute sich der Prinz von Herzen und fragte schnell: »Dann kennt ihr auch den Jäger Grünus Kravalle und wißt mir zu sagen, wo ich ihn finde.« Der Einsiedel besann sich lange, dann sprach er: »Einen solchen Namen gibt es nicht in der Welt. Ihr müsset andere Leute darüber fragen, welche klüger sind, als ich.« Da nahm der Prinz gar traurig Abschied von dem Einsiedel und setzte seinen Stab weiter.

Schon wieder war er eine gute Zeit lang also herum gezogen und hatte überall nach dem Grünus Kravalle gefragt, aber keiner wußte ihm etwas von demselben zu sagen. Da gerieth er eines Tages wiederum in einen dichten, tiefen Wald und kam darin an ein Einsiedelshäuschen. Er öffnete die Thür, da saß in dem Häuschen ein ganz mißwachsener alter Mann mit einem so großen Buckel, daß er den Kopf ganz nahe an der Erde trug, der grüßte den Prinzen: »Guten Tag, Prinz Jack von Eiland!« »Ei woher kennt ihr mich denn?« fragte der Prinz und der Alte erwiederte: »Ich kenne alle Menschen in der Welt.« »Ei dann kennt ihr gewiß auch den Grünus Kravalle, und wißt mir zu sagen, wo er wohnt«, sprach der Prinz. Der Einsiedel besann sich und besann sich, dann sprach er: »Einen solchen Namen gibt es meines Wissens nicht in der Welt, aber warte hier bis zwölf Uhr, mein Sohn, dann kommen die lieben Englein und bringen mir Speise, weil ich zu alt und schwach bin, mir selber Speise zu verschaffen; die wissen es wohl eher als ich.« Der Prinz setzte sich zu dem

Einsiedel, der ihm manche guten Lehren gab, denn es war ein gar frommer Mann. Um zwölf Uhr sprang die Thür des Häuschens auf, da kamen die Englein, eine große Schaar und brachten dem Einsiedel die himmlische Speise. Eins hielt ihm den Kopf, das andre den Teller, das dritte gab ihm das Essen in den Mund, das vierte ließ ihn trinken, das fünfte wusch ihm den Mund ab und so hatte jedes sein Amt bei ihm. Als er fertig gegessen hatte, bat der Prinz die Englein: »Könnt ihr mir nicht sagen, wo der Jäger Grünus Kravalle wohnt.« »Das ist der Gottseibeiuns«, riefen die Engel allzumal. »Tausend Stunden von hier im Walde wohnt ein Einsiedler, der weiß es, wenn du ihn fragen willst.«

Der Weg war zwar weit, aber Prinz Jack hatte nun mehr Muth gewonnen und ging kräftig zu, bis er an des Einsiedels Häuschen kam. Er öffnete die Thür, da grüßte ihn der Einsiedel der auch ein uralter Mann war: »Guten Tag, Prinz Jack von Eiland.« »Ei woher kennt ihr mich denn?« fragte der Prinz. »Ich kenne alle Menschen in der Welt«, antwortete der Einsiedel. »Dann kennt ihr auch den Jäger Grünus Kravalle«, sprach der Prinz, »und könnt mir sagen, wo er wohnt.« »Das kann ich dir sagen lieber Sohn« antwortete der Einsiedel. »Gehe den Weg hinter meiner Klause gerade fort, nicht rechts und nicht links, dann wirst du an ein großes rundes Schloß mit hohen Mauern kommen, welches kein Thor und keine Thür hat. Warte da bis um zwölf Uhr Mittags, dann öffnet sich die Mauer und zwei weißgekleidete Damen treten heraus, dann mußt du schnell hinein schlüpfen und sogleich nach dem Grünus Kravalle fragen. Du darfst dich beileibe nicht aufhalten und mußt wohl sorgen, vor drei Uhr wieder heraus zu sein, sonst geht es dir schlimm.«

Der Prinz versprach voller Freuden Alles, dankte dem Einsiedel für seinen Rath und eilte weiter, bis er an das große Schloß kam. Das war zirkelrund und hatte himmelhohe Mauern von mächtigen Steinen. Er ging herum, aber da war kein Eingang zu sehen. Gegen zwölf Uhr endlich öffnete sich die Mauer und zwei schöne weiße Jungfrauen traten heraus und gingen in den Wald. Sobald sie weg waren, schlüpfte der Prinz durch dieselbe Öffnung in das Schloß. Da ging er von Zimmer zu Zimmer und eins war immer schöner als das andere und dabei hielt er sich gar lange auf.

Endlich frug er nach dem Grünus Kravalle. Da kam dieser sogleich in seinem grünen Jägerrock heran und sprach: »Das war dein Glück, heute ist der letzte Tag, den du noch frei hattest und morgen hätte ich dich geholt.« »Jetzt gib mir meine Handschrift, damit ich fort kann«, sprach der Prinz, doch Grünus Kravalle sagte: »Das hat ja noch Zeit, ich will dir vorerst meinen Garten im Schloß zeigen und noch vieles andre, was du dein Lebetage nicht wieder siehst.« Da ließ der Prinz sich verleiten und der Jäger führte ihn rechts und links herum und schwatzte ihm allerhand vor, bis es plötzlich drei Uhr schlug. »Gib mir schnell meine Handschrift!« rief der Prinz und Grünus Kravalle gab sie ihm lachend und sprach: »Da ist sie, aber übereile dich nicht, denn jetzt bist du doch mein.« Da packte er ihn und schleppte ihn fort in den Eiskeller, wo der arme Prinz täglich nur ein Stückchen Brodkruste bekam und die war noch dazu ganz trocken.

Da hatte Jack von Eiland wohl Ursache zu weinen, denn es ist nichts ärger, als wenn man nach langem Schaffen und vieler Noth meint, etwas errungen zu haben und dennoch mit leeren Händen dasteht. Doch hatte der Prinz bei all seinem Unglück noch Glück, ohne daß er es Anfangs ahnte. Als der Jäger ihn nämlich fortschleifte zu dem Eiskeller, da kamen gerade die beiden schönen, weißen Jungfrauen daher; das waren dem Grünus Kravalle seine Töchter. Die Jüngste, welche die schönste war, hatte Mitleid mit dem armen Prinzen, weil er so sehr schön war und dabei so sehr unglücklich, denn sie wußte von ihrem Vater, daß er also verlockt und gefangen werden sollte. Sie schlich sich eines Tages an das Fensterloch zu dem Eiskeller, da sah sie, wie der Prinz sein Brod in ein wenig Eiswasser erweichte und es so mit rechtem Heishunger verschlang. Das that ihr tief im Herzen weh und sie ging noch in derselben Nacht zur Küche, holte sich eine ganze Schürze voll guter Sachen, die vom Mittagessen übrig waren und trug sie dem Prinzen in seinen Eiskeller. Ach wie war er ihr dafür so dankbar! Er küßte ihre beiden Hände und war ganz außer sich vor Freude. Das rührte sie so sehr, daß sie ihm von da an jede Nacht Speise zutrug und die harten Brodkrusten mit sich nahm. Jedesmal blieb sie ein wenig länger bei ihm und ließ sich von ihm erzählen und jedesmal gefiel er ihr besser und sie ihm. Da sprach sie einmal: »Höre, ich habe dich so lieb, daß ich ohne dich nicht mehr leben kann; wenn du mein Gemahl werden willst, dann entfliehe ich mit dir, denn ich habe meinen Vater gar nicht lieb und dich mehr als die ganze Welt.« Da glaubte der Prinz, der ganze Himmel ginge vor ihm auf, so groß war sein Glück. Er warf sich vor ihr auf die Kniee und sprach: »Diesen Wunsch trage ich ja schon so lange heimlich in meinem Herzen und habe Nacht und Tag Kummer und schweres Leid gehabt, weil ich dachte, das könne nie geschehen. Ich verspreche dir nie eine andere Frau zu lieben und dir treu zu sein in Noth und Tod.« Jetzt wurde ihnen jede Minute in dem Schloß zu einer Ewigkeit und schon in der folgenden Nacht entflohen Beide. Sie verwandelte sich in eine Rabe, ihn in einen Tauber und so flogen sie durch das Kellerloch und über den Wald hinweg; das war eine Freude.

Als der Morgen schon anfing über die Berge zu klettern da schaute die Rabe sich um und rief: »Ach da kommt meine Schwester und eilt uns nach!« Sie ließen sich rasch nieder und die Jungfrau verwandelte ihn in einen Rosenstock und sich selber in die Rose darauf. Da kam ein großer, großer Sperber geflogen, das war die älteste Schwester, welche Grünus Kravalle ihnen nachgeschickt hatte um sie einzufangen und zurückzubringen; der schaute sich um, setzte sich auf den Rosenstock und roch an die Rose. Dann erhob er sich und flog wieder zurück zum Schloß. Da stand der Jäger schon und fragte: »Nun hast du sie gefunden?« »Nein«, antwortete sie, »ich fand nur einen Rosenstock mit einer Rose daran.« »Hatte die Rose ihren natürlichen Geruch?« fragte er weiter und sie sprach: »Nein sie roch nicht.« »Ei, Dummes, warum hast du sie nicht mitgebracht«, schalt er, »der Rosenstock wäre wohl von selbst nachgekommen.« Da ging er zu seiner Frau, die verwandelte sich in einen Weih und flog aus und ihnen nach.

Unterdessen waren die Beiden weiter gezogen, sie als Rabe und er als Tauber. Plötzlich schaute sie sich um und rief: »Ach da kommt meine Mutter und eilt uns nach!« Schnell verwandelte sie sich in einen Felsen und ihn in einen Steinklipper. Indem kam der Weih heran, ließ sich nieder und frug ihn: »Hast du nicht einen Jüngling und ein Mädchen vorbei rennen sehn?« Er sprach: »Ich stehe um fünf Uhr Morgens auf, da gilt's tüchtig zu schaffen. Das geht klipp, klipp den ganzen Tag und da werden einem die Arme so müde, daß man meint, sie fielen einem grade ab«, und er klopfte und hämmerte fleißig drauf los. Sie fragte wieder: »Davon spreche ich ja nicht, hast du nicht einen Jüngling und ein Mädchen vorbei rennen sehn?« »Ach der Verdienst ist gering, oft sechs Batzen, oft mehr, aber auch schon weniger«, antwortete er. Da wurde das Weib ungeduldig und flog zurück zu dem Schloß. »Hast du sie nicht gefunden?« fragte Grünus Kravalle. »Ich fand nur einen Steinklipper an einem Felsen, der war taub, oder nicht recht bei Sinnen«, sprach sie. »Ei, Dummes«, schalt er, »warum hast du nicht ein Felsbröcklein mitgenommen, der Steinklipper wär schon nachgekommen.« Da verwandelte er sich in einen Adler und flog ihnen selbst nach.

Die Beiden hatten sich unterdessen in ihrem Fluge so geeilt, daß sie außerhalb des Waldes gekommen waren, und weiter als der Wald reichte, hatte Grünus Kravalle keine Macht. Da saßen sie ins Gras und freuten sich ihrer Rettung. Als Grünus Kravalle herankam und sah, daß sie ihm entwischt waren, sprach er: »Das hat so sein sollen, aber komm her, mein Töchterlein, ich gebe dir noch ein Andenken mit, dessen wirst du in der Folge sehr bedürfen.« Und er schenkte der Jungfrau drei Nüsse, wenn sie in Noth sei, solle sie eine nach der andern aufklopfen.

Nun zogen die zwei Lieben fröhlich weiter, bis sie in das Königreich Eiland kamen. An der Grenze des Reiches stand eine Mühle, da sprach sie: »Du mußt mich hier als Prinz abholen, weiter darf ich nicht mit dir gehen und hier erwarte ich dich. Küsse aber Niemanden, sonst vergissest du mich und bringst mich in großes Unglück.« Der Prinz versprach es ihr, nahm Abschied und gelobte ihr, sie noch vor Abend abzuholen.

Als er in die Nähe des Schlosses kam, lief ihm sein alter treuer Pudel entgegen, sprang an ihm empor und leckte ihn am Munde; da war alles Vergangene aus seinem Sinn verschwunden, seine Gefangenschaft und seine Rettung und er dachte der schönen Jungfrau gar nicht mehr. Das war wohl sehr undankbar, meint ihr, aber es war ihm ja angethan und ohne das hätte er sie gewiß nicht vergessen. Die Freude, welche im Schlosse über seine Rückkehr herrschte, ist gar nicht zu beschreiben. Es wurden sogleich große Feste veranstaltet und da gerade eine sehr schöne Prinzessin am Hofe zu Besuch war, welcher der Prinz nicht übel gefiel, so konnte der König ihn leicht bereden, das Fest mit einer Hochzeit zu krönen und zu beschließen.

Die Jungfrau hatte also vergebens gewartet, daß ihr Bräutigam sie an der Mühle abhole. Als es gegen Abend ging, trat sie in die Mühle und fragte, ob sie wohl Dienst haben könne. »Was kannst du denn?« fragte der Müller. »Spinnen und nähen« antwortete sie und da eben eine Magd fortgegangen war, so nahm sie der Müller an. Jeden Tag fuhren die Mühlbursche Mehl in des Königs Schloß und wenn sie heimkamen, erzählten sie, was in der Stadt vor sich ging. Also erfuhr die Jungfrau, wie der Prinz eine andere Braut habe, wie er in Freude lebe und in drei Tagen zu heirathen gedenke. In dieser großen Noth öffnete sie eine der drei Nüsse, welche sie von ihrem Vater bekommen hatte, da war ein prächtiges silbernes Kleid drin, das zog sie an und ging zur Stadt und vor das Schloß, wo sie auf und ab spazierte. Die Braut schaute just zum Fenster hinaus und als sie das Kleid sah, sprach sie zu ihren Dienerinnen: »Geht schnell hinunter und fragt das Mädchen, ob ihr das Kleid feil sei, ich will es theuer bezahlen.« Als die Dienerinnen zu der Jungfrau kamen und sie fragten, antwortete sie: »Geld und Gut will ich nicht, aber wenn ich eine Nacht in der Kammer des Prinzen schlafen kann, gebe ich das Kleid her.« Das gefiel der Braut nicht, doch ersann sie bald einen Ausweg, denn das Kleid hätte sie um Alles nicht fahren lassen. Sie mischte dem Prinzen einen Schlaftrunk in seinen Wein, davon schlief er so fest, daß ihn ein Kanonenschuß nicht hätte aufwecken können. Als nun die arme verlassene Jungfrau in der Kammer war, wo er lag, da weinte und klagte sie die ganze Nacht: »Hast du denn ganz vergessen, wie ich dich aus dem Eiskeller erlöst habe und wie du mich als eine Rose an deinem Herzen getragen hast und wie du als Steinklipper mit dem schweren Hammer auf mein Herz geschlagen hast, und wie ich in der Mühle auf dich warte und weißt nicht, daß ich um dich mit meinen armen Fingern den groben Hanf spinne, daß das Blut herunter lauft. Ach wie groß ist doch die Falschheit in dieser Welt!«

So jammerte sie fort und fort, bis zum hellen Morgen, aber der Prinz hörte nicht ein Wort davon. Um so besser hatten es die Schildwachen gehört, welche vor der Thür standen und das arme Mädchen dauerte sie so sehr, daß sie ihr gern geholfen hätten, nur wußten sie nicht wie? Sie glaubten nicht anders, als der Prinz habe Alles gehört und gar keine Acht darauf gegeben, darum faßten sie einen wahren Haß gegen ihn.

Die Jungfrau war zu Tode betrübt, als sie des Morgens aus der Kammer mußte, ohne daß der Prinz sie gehört hatte. Sie ging in den Wald, da fiel ihr ein, daß sie noch zwei Nüsse habe und sie klopfte die zweite Nuß auf. Da kam ein Kleid von purem Gold heraus, das war noch viel, viel schöner, wie das erste und gar nicht mit ihm zu vergleichen. Sie zog es an und ging damit vor dem Schlosse auf und ab. Als die Braut aus ihrem Zimmer sah, wie das kostbare Kleid in der Sonne glänzte, sprach sie zu ihren Dienerinnen: »Das Kleid muß ich haben, es mag kosten, was es will. Geht zu dem Mädchen und fragt es, wie viel es dafür fordert.« Die Dienerinnen kamen zu der Jungfrau und fragten sie; sie sprach: »Um Geld und Gut ist mir das Kleid nicht feil, aber wenn ich eine Nacht in der Kammer des Prinzen schlafen kann, so gebe ich es her.« Die Braut war das zufrieden und mischte Abends dem Prinzen wieder einen Schlaftrunk unter seinen Wein, der war so stark, daß ihn zehn Kanonenschüsse, die zugleich losgingen, nicht hätten aufwecken können. Als die verlassene Jungfrau wieder zu ihm in die Kammer kam, da klagte sie wiederum die ganze Nacht: »Hast du denn ganz vergessen, wie ich dich aus dem Eiskeller erlöst habe und wie du mich als Rose an deinem Herzen getragen hast und wie du als Steinklipper mit dem schweren Hammer auf mein Herz geschlagen hast und wie ich in der Mühle auf dich warte. Ach und du weißt nicht, daß ich um dich mit meinen armen Fingern den groben Hanf spinne, daß das Blut herunterlauft. Ach wie groß ist doch die Falschheit in dieser Welt!« Also jammerte sie fort, bis die Sonne in die Kammer schaute, da mußte sie weg und der Prinz hatte kein Wort gehört. Die beiden Schildwachen hatten aber jedes Wort verstanden und ihr Mitleid mit dem armen Mädchen war so groß und ihr Zorn auf den Prinzen so arg, daß sie zu seinem Bette traten, ihm die kalten Spitzen ihrer

Bajonette auf die Brust setzten und sprachen: »Du mußt jetzt sterben, bereite dich zum Tode vor!« Der Prinz fragte erschrocken, warum sie ihn denn ermorden wollten, da er ihnen doch nichts gethan habe? Sie sprachen: »Weil du ein so hartes Herz hast, daß du das arme Mädchen verrathen und betrogen hast, die Alles für dich hingegeben hat, und sie so jammern und klagen hören kannst, ohne dich über sie zu erbarmen.« Der Prinz sprach: »Ich weiß von keinem Mädchen, habe keines betrogen und keines jammern hören.« Da sagten ihm die Schildwachen Alles, was die Jungfrau geklagt hatte, aber weil sein Sinn durch den Kuß verdeckt war, verstand er sie nicht und sprach: »Schenkt mir für heute das Leben. Ich habe so fest geschlafen, daß es kein natürlicher Schlaf gewesen sein kann. Morgen will ich aber wachen und das Mädchen selber sehen und hören.« Die Schildwachen erkannten nun auch, daß sich Alles so verhalten müsse und sprachen: »Dann esset aber morgen Abend nichts und trinket nichts, was euch eure Braut reicht, denn diese muß dabei im Spiele sein.«

Die Jungfrau war aber in heller Verzweiflung, als sie nun ihre dritte und letzte Nuß öffnete und klagte dem Wald und den Felsen und den stummen Thieren ihr Leid, daß es zum Erbarmen war. In der Nuß steckte aber das allerschönste der drei Kleider, das war aus lauter Diamanten gemacht. Sie zog es an und ging damit vor dem Schlosse auf und ab. Die Braut des Prinzen sah sie nicht sobald, als sie ihre Dienerinnen zu ihr sandte und ihr sagen ließ, ob sie für das Kleid eine Nacht in der Kammer des Prinzen schlafen wolle? »Das will ich«, sprach die Jungfrau und konnte ihre Thränen kaum zurückhalten, als sie sah, wie die Braut hohnlachend am Fenster stand. Abends als die Braut dem Prinzen den Schlaftrunk reichte, ließ er ihn am Kinn herunterlaufen und nahm nicht einen Tropfen davon, das Essen rührte er nicht an und ging früh in seine Kammer, sprach, er sei krank. Als die Jungfrau in das Zimmer geführt wurde, lag er in seinem Bette und that als schliefe er. Da begann sie zu jammern und zu klagen: »Hast du denn ganz vergessen, wie ich dich aus dem Eiskeller erlöst habe?« Er wandte sich um und sah sie erstaunt an, doch er konnte sich ihrer nicht erinnern. »Gib mir Wasser, ich habe Durst«, sprach er, »und sage mir aus welchem Eiskeller.«

Da schenkte sie ihm Wasser ein und warf die Schalen einer Nuß in das Glas, die schmolzen alsbald. Als er trank, da wich es wie ein Nebel von seinen Sinnen und er gab ihr die Hand und rief: »Ach das war bei dem Grünus Kravalle!« »Da war es«, sprach sie, »und hast du denn ganz vergessen, wie du mich als Rose an deinem Herzen getragen hast?« »Als Rose an meinem Herzen?« fragte er. »Gib mir Wasser, ich vergehe vor Durst.« Da schenkte sie ihm wieder ein Glas ein und warf die Schalen der zweiten Nuß dazu, die waren sogleich geschmolzen. Als er getrunken hatte, wurde es plötzlich wie ganz klar vor seinen Augen und er küßte sie und rief: »Ach das war, wie deine Schwester uns verfolgte!« »Da war es«, sprach sie, »und hast du ganz vergessen, wie du als Steinklipper mit dem schweren Hammer auf mein Herz geschlagen hast? Aber das hat mir nicht so weh gethan, als daß du mir untreu bist und mich verlassen in der Mühle sitzen lässest. Die Mühle geht wohl tippe tappe Nacht und Tag, das thut mir jedesmal auf mein Herz einen Schlag.« »Was sprichst du von der Mühle?« fragte er. »Aber gib mir zuvor ein Glas Wasser, ich sterbe vor Durst.« Da schenkte sie ihm das dritte Glas ein und warf die Schalen der dritten Nuß hinein. Sogleich wußte er wieder Alles. Er rief: »Du bist meine liebe Braut!« und umarmte sie und bat sie um Verzeihung für alles Leid, welches er an ihr verschuldet hatte, aber sie sprach: »Die Freude, daß ich dich wieder habe, ist viel größer als mein Leid war und hätte es auch hundert Jahre gedauert.« Jetzt führte er sie zu seinen Ältern und erzählte ihnen Alles. Da bekam die andere Braut den Abschied und konnte gehn, die Jungfrau wurde aber am folgenden Tage schon mit dem Prinzen vermählt und ich hätte wohl mit auf der Hochzeit sein mögen.

DER GEIGER UND SEINE DREI GESELLEN.

Ein Graf hatte einen Geiger in seinem Schlosse, der spielte gar schön und vertrieb ihm manche böse Laune. Plötzlich starb aber der Graf und da hatte der arme Geiger kein Brod mehr, denn die Erben wiesen ihn aus dem Schlosse und er konnte betteln gehn. Da geigte er vor den Thüren der Reichen und der Armen und bekam wohl auch Geld und Brod, aber es kam ihm doch hart an, da er es viel besser gewohnt war. Bettelbrod, saures Brod dachte er oft und war recht betrübt, so daß ihm das Weinen näher stand als das Lachen. Eines Abends kam er in einen Wald, da legte er sich unter einer Eiche nieder, betete recht fromm und schlief ein. Als er Morgens aufwachte, stand ein alter Mann mit grauen Haaren vor ihm, der sah ihn an und fragte: »Lieber Musikant, wo fehlt's denn? Ich dächte, du müßtest immer lustig sein.« Der Geiger klagte ihm seine Noth, da sprach der Greis: »Dir kann geholfen werden. Gehe in dem Walde fort, so kommst du an ein altes verfallenes Schloß, da geh hinein, rühre aber nichts an, bis du an ein Zimmer kommst, worin ein Korb mit drei jungen Schweinchen steht, die nimm mit, sie sind dein Glück.« »Wie verstehe ich das?« fragte der Geiger und der Greis antwortete: »Wenn du geigest, tanzen sie. Nimm sie mit zu des Königs Schloß, da wohnt die Prinzessin, die ist zwanzig Jahre alt und hat noch nie gelacht. Wer sie aber zum Lachen bringt, soll sie zur Gemahlin bekommen, das hat der König ausrufen lassen, und sie wird lachen, wenn sie deine drei Schweinchen tanzen sieht. Jetzt weißt du genug. Fehlt dir in der Folge etwas, dann denke nur an mich und ich will bei dir sein.«

Der Geiger dankte dem Greis und ging in dem Walde fort, bis er an eine große Lichtung kam, da lag das Schloß. Es sah zwar von außen verfallen aus, aber als er hinein kam, war es gar schön darin. Im Hofe lag ein großer Weiher, darauf schwammen drei schwarze Schwäne, die ließen die Köpfe hängen, als ob sie traurig wären. In den Zimmern waren

große Reichthümer aufgehäuft, aber alles war schwarz ausgeschlagen. In dem letzten Zimmer endlich stand der Korb
mit den drei Schweinchen, den nahm der Geiger und kehrte
zurück bis vor das Schloß; da holte er seine Geige heraus und
spielte einen Hopser. Alsbald sprang das erste Ferkel heraus,
stellte sich auf die Hinterbeine, wedelte mit dem Schwänzchen und machte mit den Vorderfüßen allerhand Bewegun-
gen. Da kam das zweite hinzu und gleich drauf das dritte,
und alle drei tanzten und sprangen und quiksten dazu, daß
der Geiger sich hätte todtlachen mögen.

Jetzt schwoll ihm der Muth und er zog getrost der Hauptstadt des Königreiches zu. Da stellte er sich vor das Schloß
auf den großen Platz und fing an zu geigen und spielte so
schön, daß der König mit seiner ganzen Familie ans Fenster
kam, auch die schöne Prinzessin. Als der Geiger sie sah und
wie sie ein so trostloses Gesicht machte, öffnete er seinen
Korb, da sprangen die Schweinchen eins nach dem andern
heraus und tanzten so possig, daß die Prinzessin vor Lachen
gar nicht zu sich kommen konnte und rief und flehte, er
möge doch die Ferkel wieder einsperren, sie stürbe sonst vor
Lachen. Da wurde der Geiger ins Schloß beschieden und der
König fragte ihn, was er für seine Schweinchen haben wolle?
»Ich verkaufe sie nicht«, sprach der Geiger, »denn sie tanzen
nur, wenn ich aufspiele, aber ich begehre nun die Prinzessin
zur Frau, da ich sie zum Lachen gebracht habe.« »Das versteht
sich von selbst, komm laß uns zu ihr gehen«, sprach der König.

Als sie zu ihr kamen und der König ihr sagte, der Geiger
sei ihr Bräutigam, ärgerte sie sich, denn sie war gar stolzen
und hochfahrenden Sinnes. »Wenn mein Vater dir eine Aufgabe gestellt hat, um mich zu erwerben«, sprach sie, »so
stelle ich dir auch eine und die ist, daß du drei Nächte in dem
verwünschten Schloß im Walde schläfst. Jetzt gehe und
komme mir nicht eher wieder vor die Augen, bis du die
Aufgabe gelöst hast.« Da ging der Geiger gar traurig weg
und der König, dem das leid that, führte ihn in ein schönes
Zimmer und ließ ihn prächtig bedienen. Er aß aber nichts
und trank nichts, blieb auch nicht in dem Schlosse, sondern
ging in den Wald. Da fiel ihm ein, was der Greis ihm gesagt
hatte und er dachte sehnlich an ihn; sogleich stand der Greis
neben ihm, so schnell, als wenn die Sonne plötzlich hinter

den Wolken hervorkommt und man mit einemmale seinen Schatten neben sich sieht. »Was fehlt dir denn? Du siehst so traurig aus«, fragte der Greis. Der Geiger erzählte ihm Alles und der Greis gab ihm gute Rathschläge, so daß er fröhlichen Herzens dem Schlosse zuschritt.

Es war dasselbe Schloß, wo er die drei Schweinchen geholt hatte. Als er in den Hof kam, hoben die drei schwarzen Schwäne die Köpfe und schlugen mit den Flügeln, als ob sie sich freuten. Er kehrte sich aber nicht an sie, sondern ging in das vierte der schwarzen Zimmer, da stand ein Tisch mit allerlei Speisen und er ließ es sich recht wohlschmecken. Gegen elf Uhr in der Nacht nahm er einige Kissen von dem Bette, welches in der Stube stand, legte sie auf den Boden und sich darauf, wie ihm der Greis befohlen hatte; einschlafen aber konnte er nicht. Er lag nicht lange, als die Thür aufsprang und eine große Schlange sich hereinringelte, die kam auf ihn zu und legte ihren kalten Kopf in sein rechtes Ohr. Gleich darauf sprang die Thür wieder auf und eine zweite Schlange kam, welche ihren Kopf in sein linkes Ohr legte. Dann kam zuletzt eine dritte, die legte sich mit ihrem kalten glatten Leibe quer über seinen Hals und sie war so schwer, daß sie ihn wie ein Mühlstein drückte. Also blieben sie alle drei liegen bis zwölf Uhr, dann krochen sie wieder der Thür zu und waren verschwunden; er aber stand auf, und legte sich in sein Bett, wo er nach dem ausgestandenen Schrecken ganz prächtig schlief, denn daß er nicht ohne Angst war, kann man sich wohl denken. Am Morgen stand sein Frühstück schon bereit, das ließ er nicht kalt werden, denn er hatte gewaltigen Hunger. Alsdann ging er in dem Schlosse umher und schaute sich die Zimmer alle an. Zuletzt kam er auch in den Schloßhof und an den Teich; da flogen die Schwäne auf ihn zu und thaten gar freundlich mit ihm. Sie waren aber nicht mehr ganz schwarz, wie am Tage vorher, sondern ihre Köpfe und Hälse waren jetzt schneeweiß. Er strich sie mit den Händen über ihr Gefieder, da blickten sie ihn mit gar klugen Augen an, so daß ihm ganz sonderbar ums Herz wurde.

Also ging ihm die Zeit vorüber bis zum Abend, da machte er sich sein Lager zurecht und bald kamen die Schlangen wieder und legten sich zu ihm, wie in der vorigen Nacht.

Dießmal drückte ihn die eine, welche auf seinem Halse lag, noch viel schwerer, doch er rührte und regte sich nicht und um zwölf Uhr verschwanden sie wieder. Als er des Morgens an den Teich im Schloßhofe kam, ach da flatterten die Schwäne gar zu freudig auf dem Wasser und sie waren jetzt weiß bis zum Schwanze, der hatte noch einige schwarze Federn. Das freute ihn so sehr, daß ihm der Tag verstrich, er wußte nicht wie.

In der folgenden Nacht ging's ihm wieder, wie die beiden vorigen Nächte, nur drückte ihn die dicke Schlange dießmal, daß er es kaum aushalten konnte und all seine Kraft zusammen nehmen mußte, um nicht zu schreien. Als die Schlangen aber um zwölf Uhr verschwanden, da krachte das Schloß, als sollte es zusammenbrechen, dann wurde es ganz still. Morgens stand er schon früh auf, um nach seinen lieben Schwänen zu sehen, aber als er die Thür seines Zimmers öffnete, da kam im Gange eine ganze Reihe von Dienern und Dienerinnen daher geschritten und zuletzt drei schöne Jungfrauen, die traten zu ihm heran und sprachen: »Wir waren die drei Schwäne und die drei Schlangen, du hast uns erlöst aus unserer Verwünschung. Wir gehen nun heim zu unserm Vater und schenken dir zum Danke dieß Schloß mit allen Schätzen, welche darin sind.« Alsdann nahmen sie Abschied von ihm, setzten sich in einen Wagen und fuhren weg.

Nun wurde ihm die Zeit bald zu lang in dem Schloß, er befahl den Dienern, den schönsten Wagen mit den schönsten Pferden zu bespannen und fuhr in das Schloß des Königs. Diesem erzählte er Alles und er führte ihn zu der Prinzessin, sprach: »Er hat sein Leben für dich eingesetzt und jetzt mußt du ihn heirathen; er kann dich ernähren, denn er hat ein Schloß mit großen Reichthümern.« Sie antwortete: »Die Schätze sind mir nicht genug, er muß vorher beim Kaiser von Marokko das Geld holen, welches derselbe uns seit Jahren schuldig ist; es ist eine ganze Schatzkammer voll.« Das ärgerte den König, aber er war recht schwach und die Prinzessin war gar eigensinnig und wenn sie etwas wollte, so setzte sie es durch. So blieb dem Geiger nichts übrig, als zu sehen, wie er diese neue Aufgabe erfüllen könne.

Er ging vor die Stadt hinaus, da fiel ihm der Greis ein und kaum dachte er an ihn, so stand er auch schon da. »Du siehst mir ja wieder recht betrübt aus, was fehlt dir denn?« fragte der Greis und der Geiger erzählte ihm von der neuen Aufgabe, die so schwer sei, daß er nicht wisse, wie man sie ohne eine große Flotte mit vieler Seemannschaft lösen könne. Sprach der Greis: »Nimm dir Reisegeld aus deinem Schlosse und reise ans Meer. Unterwegs werden dir wackere Gesellen aufstoßen, die nimm mit, sie sind dir von großem Nutzen.« Da wurde der Geiger wieder guten Muthes, stopfte sich in seinem Schlosse die Taschen voll Geld und zog dem Meere zu.

Der Weg führte aber durch einen Wald, der war sehr lang. Als er eine Tagereise weit darin war, hörte er ein Krachen und Rumoren, als wenn Bäume umstürzten. Er ging auf das Geräusch zu, da sah er einen Kerl, der riß Eichen aus, wie unser einer ein Unkraut; die legte er auf einen Haufen, drehte eine junge Eiche und band sie damit zusammen. »Was machst du da und wer bist du denn?« fragte der Geiger. »Wer ich bin? Der Hans bin ich«, sagte der Kerl, »der sieben Jahr an seiner Mutter Brust gelegen und sieben Jahr Löwenmilch getrunken hat. Meine Mutter will Wäsche halten und dazu habe ich ihr ein wenig Reisig geholt.« »Das ist schon einer« dachte der Geiger und sprach: »Höre, ich will dir 'was sagen, ich gebe dir Kost und einen guten Lohn: willst du mit mir gehn?« »Das will ich wohl«, sagte der Hans, »aber zuvor muß ich meiner Mutter das Bündel heimtragen.« That's und kam bald zurück; da zogen die Beiden mit einander fort und der Geiger freute sich, einen so wackern Gesellen gefunden zu haben.

Als sie einige Stunden weiter gereist waren, kamen sie zu einer Höhe, von der herab sie sieben und siebenzig Windmühlen sahen, welche alle lustig ihre Flügel drehten und war doch kein Wind zu spüren. Auf der andern Seite der Höhe trafen sie auf einen Kerl, der hielt ein Nasenloch zu und blies mit dem andern, was gibst du, was hast du. »Was machst du denn da?« fragte der Geiger und der Kerl antwortete: »Seht ihr denn nicht, daß ich die Windmühlen dort in Schwung setzen muß?« »So nimm doch deine beiden Nasenlöcher dazu«, sprach der Geiger. »Das würde schöne Geschichten geben«, erwiederte der Kerl. »Dann flögen die Mühlen weg, daß man ihre Spur nicht mehr sähe.« »Höre, laß mit dir reden, ich gebe dir Kost und gute Löhnung, dann gehst du mit uns«, sprach der Geiger und der Bläser war dessen zufrieden, denn er wurde schlecht für seine Mühe bezahlt.

So zog der Geiger selbdritt weiter, da kamen sie an eine große Waldwiese, wo Hasen und Rehe in Menge herumsprangen. Sprang da auch ein Kerl zwischen ihnen, der eins fangen wollte, aber wie schnell auch die Thiere liefen, er sprang stets weit über sie hinaus. »Was machst du da?« rief der Geiger und der Kerl antwortete: »Ei das seht ihr wohl, ich möchte mir einen Hasen fangen, aber sie laufen so langsam; mit den Rehen geht es etwas besser, aber langsam sind sie doch.« »Du bist mein Mann« sprach der Geiger. »Wenn du mit mir gehn willst, gebe ich dir Kost und guten Lohn.« »Ich bin dabei« sagte der Laufer und ging mit.

Jetzt hatten sie nicht mehr weit bis zur See und da trafen sie gerade ein Schiff an, welches direkt nach dem Königreich Marokko fuhr. Der Geiger stieg mit seinen Gesellen hinein und sie waren bald auf der hohen See. Da sahen sie von ferne drei Schiffe kommen, welche mit vollen Segeln auf sie zueilten. »O weh jetzt sind wir verloren, da kommen drei Schiffe mit Seeräubern!« rief der Steuermann. Da sprach der Bläser: »Laß sie nur recht nahe heran, damit ich sehen kann, wie solch ein Kerl aussieht, hernach will ich uns schon Ruhe vor ihnen schaffen.« Als sie nun ganz nahe waren, rief der Hauptmann der Seeräuber: »Jetzt ergebt euch, oder ihr werdet alle ermordet.« »Ei was du sagst! Ist das dein Ernst?« fragte der Bläser und blies aus einem Nasenloch das eine Schiff an, da flog es in die Luft, überschlug sich und fiel ins Wasser; dann blies er die beiden andern mit beiden Nasenlöchern an und in Zeit von einer Minute sah man sie nicht mehr und wußte Niemand, wohin sie geflogen waren. »So, das hast du für dein großes Maul«, sagte er und ging wieder zu seinen Kameraden.

Am folgenden Tage kamen sie in dem Königreich Marokko an und der Geiger ließ sich zum König führen. Der König lachte, als er seine Botschaft ausrichtete und das Geld zurück verlangte. Er sprach: »Du sollst so viel davon haben, als ein Mann tragen kann, mehr gebe ich dir nicht, das sage deinem König und wenn er mehr wolle, solle er es sich selbst holen.« »Damit bin ich ganz zufrieden« sprach der Geiger, »ich will nicht mehr, als mein Geselle Hans tragen kann.« Sogleich ließ er einige Zimmerleute kommen, die mußten einen großen, großen Kasten aus starkem Holz zusammenschlagen, der wurde vor des Königs Schatzkammer gestellt. Der König wollte sich todt lachen, als er den Kasten sah und ließ einen Sack Gold nach dem andern hineintragen, aber so viel hatte er doch nicht, daß der Kasten voll wurde. Da kam Hans, sah sich den Kasten an und sprach: »Der ist ja halb leer, was soll das heißen? Voll muß er sein, sonst ist's ja nicht der Mühe werth, ihn zu heben.« Da lachte der König noch mehr, aber der Geiger sprach: »Wir wollen es gut sein lassen, komm Hans.« Jetzt griff Hans an, wupps, da saß der Kasten auf seiner Schulter und er ging mit dem Geiger und den beiden andern Gesellen fort. Jetzt verging dem König das Lachen und er lief was er konnte in sein Schloß, wo er Befehl gab, die Vier sogleich zu verfolgen und dazu sollte alle Mannschaft, Infanterie und Kavallerie ausrücken.

Also kamen die Vier ans Stadtthor, da ging der Kasten nicht durch, denn er war viel größer als das Tor. Hans setzte ihn nieder, schmiß das ganze Thor zusammen und ging weiter der See zu. Kaum hatten sie aber die Stadt im Rücken, da gab es Lärm und die ganze Armee des Königs eilte ihnen nach. »Halt da, das ist ein Spaß für mich«, sagte der Bläser und öffnete ein Nasenloch ein wenig, da flog die ganze Armee wie eine schwarze Staubwolke in die Luft und über die Stadt hinüber, daß es eine Lust war anzusehn. Ungestört gingen sie jetzt zu Schiffe und in das Königreich zurück.

Jetzt sollte man meinen hätte die Prinzessin zufrieden sein müssen, aber nein, es war als hätte sie einen Haß auf den Geiger geworfen. Als er ihr alle die ungeheuren Schätze brachte sprach sie: »Jetzt ist es gut und ich will dich heirathen, doch mußt du mir zum Hochzeitsbraten drei Rehe liefern, die dürfen nicht geschossen, nicht geschlagen und nicht von Hunden gebissen sein.« »Dann kann die Hochzeit morgen schon stattfinden«, sagte der Geiger, »denn ich will die Rehe heute noch liefern.« »Erst will ich sie sehen«, erwiederte die Prinzessin. Da ging er zu seinen Gesellen und schickte den Bläser an das Ende des Waldes, welcher vor der Hauptstadt lag, da mußte er zuerst mit einem, dann mit beiden Nasenlöchern blasen. Dem Laufer band er die Beine zusammen, so daß er nicht so große Sprünge machen konnte und blieb mit ihm und Hans, der einen großen Sack trug vor dem Wald stehn. Als der Bläser anfing zu blasen, da kam das Wild zu Tausenden aus dem Walde; der Laufer sprang den Rehen nach und fing sie ein und wenn er ein halb Dutzend hatte trug er sie zu Hans, der sie in seinen Sack steckte. Als der Sack voll war, ging der Geiger mit seinen Dienern wieder zum Schlosse und der Laufer sprang voraus übers Stadtthor und zwei Reihen Häuser weg. Vor dem Schlosse wurden die Straßen abgesperrt und Hans öffnete seinen Sack, da liefen wohl achthundert Rehe heraus. Der Geiger aber ging zur Prinzessin und sprach: »Jetzt könnt ihr euch drei zum Hochzeitsbraten wählen.«

Nun war nichts mehr zu machen, die Prinzessin mußte den Geiger nehmen und sogleich ernannte ihr Vater ihn zum Vicekönig. Die drei Diener aber erhielten sehr gute Besoldung auf Lebenszeit. Nun hätte der Geiger gern auch dem Greise seinen Dank abgestattet und dachte: »Wäre er doch jetzt hier!« Da stand der Greis neben ihm und er fiel ihm zu Füßen und bat ihn zu sagen, wie er sich ihm dankbar beweisen könne? Sprach der Greis: »Räume mir eine Kammer in deinem Schlosse, wo ich jede Neujahrsnacht schlafen kann, denn nur einmal im Jahr komme ich hierher, das ist dein Dank und mein Lohn.« Solches geschah und das Glück wohnte im Schlosse und wich nicht draus.

DER JÜNGLING
IM FEUER UND DIE DREI
GOLDNEN FEDERN.

Zwei blutarme Leute hatten ein Kind, das war ein Knäbchen und war gar schön und gut, so daß sie ihre größte Freude an ihm erlebten. Das dauerte aber nicht lange, da starb der Mann und der armen Frau ging es herzlich schlecht und sie kam in bittere Noth. Darüber grämte sie sich so sehr, daß sie sich hinlegte und ihrem Manne nachstarb. Also stand das arme Kind ganz mutterseelenallein in der Welt und hatte Niemanden, der sich seiner annahm. Es bettelte sein Brod an den Thüren und kam so jeden Tag in des Königs Schloß, da gab ihm der Koch die Reste, welche auf den Tellern übrig geblieben waren, die aß es im Schloßgarten unter einem Baume. Nun hatte der König ein Töchterchen, das war an demselben Tage geboren, wie das Knäbchen, und lief jeden Mittag nach Tische in den Garten, um zu spielen. Da sah es denn jedesmal, wie das arme Kind die geringen Bissen so gierig verschlang und das that ihm sehr leid, denn es hatte ein gutes Herz. Es holte ihm Brod und Geld und gab ihm seine abgetragenen Kleidchen, brachte auch Spielsachen mit und die beiden Kinder spielten ganze Tage miteinander. So wuchsen sie auf und wurden größer, da nahm das Knäbchen im Schlosse Dienst und wurde als Hirte über das Federvieh gesetzt. Sie sahen sich jeden Tag vor wie nach und je länger es dauerte, um so mehr erkannten sie, daß sie eins ohne das andre nicht leben könnten.

Ein paar Jahre später kam ein mächtiger Königssohn zum Besuch an den Hof des Königs, dem gefiel die Prinzessin so gut, daß er sogleich um ihre Hand anhielt. Der König, welcher seine Tochter sehr liebte, sprach: »Ich gebe gern mein Jawort, wenn es ihr recht ist.« Als der Königssohn aber der Prinzessin von seiner Liebe sprechen wollte, wies sie ihn ab und sprach: »Spart euch die Mühe, mein Herz gehört dem

Gänsehirten an unserm Hofe und keinem andern; wenn ich den nicht bekomme, will ich nie heirathen.« Darüber war der Prinz höchlich entrüstet, ging zum König und sagte es ihm wieder. Der König erzürnte sehr, als er das hörte und sprach: »Dem wollen wir bald abhelfen;« ließ sofort den Hirten rufen und sagte: »Bereite dich zum Tode, morgen wirst du lebendig verbrannt, weil du dich vermessen hast, die Prinzessin zu lieben.«

Das war an einem Morgen, gerade als der Hirte sein Federvieh austreiben wollte. Er nahm seinen Hirtenstab und ging so recht von Herzen betrübt hinter seinen Gänsen, Enten und Hinkeln daher der Weide zu; da setzte er sich hin und weinte bitterlich, daß er die Prinzessin und sein junges Leben so bald verlieren sollte. Da stand plötzlich ein Greis neben ihm, der fragte ihn, was ihm fehle. Als der Jüngling ihm sein Leid geklagt hatte, sprach der Greis: »Gehe getrost in das Feuer, es wird dir nichts anhaben können, denn Gott kennt deine Unschuld und schützet dich.« Da ging dem armen Jüngling das Herz auf, er faßte frischen Muth und zog Abends heitern Sinnes dem Schlosse zu. Da stand der Scheiterhaufen schon aufgerichtet und mittendrin der Pfahl, an welchen er gebunden werden sollte; die Prinzessin stand aber am Fenster und schaute mit weinenden Augen auf das Holz hin. Da rief ihr der Jüngling hinauf und schwenkte seine Mütze: »Laß deinen Kummer fahren und vertraue auf Gott, der wird uns helfen.« Als sie sah, wie er so fröhlich war und gar keine Sterbensfurcht hatte, da kam auch über sie eine große Ruhe, warum das wußte sie nicht, aber sie konnte gar keine Angst mehr haben.

Am folgenden Morgen kamen die Henkersknechte zu dem Jüngling, um ihn zu binden, da sprach er: »Nehmt eure Stricke wieder mit, ich gehe gern in das Feuer« und er kletterte auf den Scheiterhaufen hinauf und stellte sich an den Pfahl. Da schlugen die Flammen bald hoch empor und die Leute, welche umherstanden, hatten rechtes Mitleid mit dem Jüngling und sprachen: »Ach was muß dieß für ein harter Tod sein!« Er stand aber mitten in den Flammen und sang mit heller Stimme und das Feuer versengte ihm nicht ein Haar. Als sich die Flammen nach und nach legten und nur die rothen Kohlen noch glühten, da staunte das ganze Volk, als es den Jüngling mit seinen frischen rothen Backen lachenden Mundes in der Gluth stehen sah, wie er seine Mütze gegen das Schloß zu schwenkte. Da stand die Prinzessin nämlich, die winkte ihm mit ihrem Tuch und jetzt hatten sich die Beiden noch viel lieber als zuvor. Da frohlockten die Leute und sprachen: »Das hat der liebe Gott um ihrer großen Treue willen gethan.« Der König frohlockte aber nicht, sondern befahl, den Jüngling als einen Zauberer in das Gefängnis zu werfen und alsbald ein ungeheures Haus von Stein zu bauen mit einem eisernen Thor; das ließ er mit Buchenreisig und Eichenholz füllen. Darin sollte der Jüngling verbrannt werden.

Als die Henkersknechte kamen, ihn zu binden, sprach er: »Laßt mich frei gehn, ich entlaufe euch nicht.« Er ging frohen Muthes in das Haus, dessen eiserne Thür alsbald verschlossen wurde, nachdem das Holz angezündet war. Das Volk hatte jetzt erst rechtes Mitleiden mit dem Jüngling und murrte laut gegen den grausamen König, als die Flammen ihre rothen Zungen aus dem Hause streckten. Es dauerte einen ganzen Tag und eine ganze Nacht, ehe das Holz all verbrannt war und an dem Tage und in der Nacht wurde viel geweint und blieb nicht manches Auge trocken. Die Hitze war so groß, daß das eiserne Thor an dem Hause schmolz und am Schlosse des Königs alle Fenster zersprangen. Als aber die Flammen kleiner und kleiner wurden und das Prasseln und Knistern aufhörte, da klang mitten in der Feuersgluth die Stimme des Jünglings hell und klar, wie vordem in dem Scheiterhaufen. Jetzt jauchzte das Volk lautauf, so daß der König nicht hätte wagen dürfen, dem Jüngling ferner Leid anzuthun. Als die Gluth fast ganz erloschen war, ging er aus dem Feuerhaus hervor und war schöner als je, so daß die Leute ordentlich Furcht vor ihm hatten und sprachen: »Man meint, einen Engel aus dem Himmel zu sehn.« Er winkte der Prinzessin mit seinem Hut und sie winkte ihm mit ihrem Tuch und jetzt hätte nichts in der Welt die Beiden von einander trennen können. Man sollte meinen, ein so großes Wunder hätte den König rühren müssen, aber er hatte ein Herz, wie von Stein und sann nur auf einen neuen Anschlag, den Jüngling zu verderben. Er ließ ihn zu sich rufen und sprach: »Ich will euch Beide in Gottesnamen zusammengeben, zuvor mußt du

mir aber drei goldne Federn vom Vogel Greif holen.« Der
Jüngling sprach: »Hat mich der liebe Gott zweimal aus dem
Feuer gerettet, so werde ich auch dieß noch erfüllen können;
soll ich aber umkommen dabei: ei nun, ich bin Gott nur
einen Tod schuldig und will ihn gern erleiden wo er will.«
»Geh du nur, du kommst nicht wieder«, dachte der König,
denn der Vogel Greif ist ein Menschenfresser, dem man nicht
so mir nichts dir nichts drei Federn ausrupfen kann.

Das Haus des Vogels Greif lag aber hinter drei König-
reichen und einem großen Wasser. Als der Jüngling nun
fortreiste und an das erste Königreich kam, war da große
Trauer bei Hofe, denn des Königs Lieblingsbaum trug keine
Früchte mehr. Der König hörte nicht sobald, daß der Jüngling zum Vogel Greif reise, als er ihn zu sich kommen ließ
und ihn bat, von dem Vogel zu erforschen, warum der Baum
so krank sei; er wolle es ihm gut lohnen. »Das will ich gern,
so ich es kann«, sprach der Jüngling. Im zweiten Königreich, wodurch er kam, war große Geldnoth, denn der König
hatte den Schlüssel zu seiner Schatzkammer verloren. Als
der König von dem Jüngling hörte, der zum Vogel Greif
reise, ließ er ihn kommen und bat ihn, den Vogel Greif zu
fragen, wohin der Schlüssel gekommen sei, er werde es ihm
reichlich lohnen. »Das will ich gern, wenn ich es kann«
sprach der Jüngling. In dem dritten Königreiche war große
Wassernoth, denn der Brunnen vor des Königs Schlosse
wollte kein Wasser mehr geben. Als der König hörte, daß ein
Jüngling da sei, der zum Vogel Greif reise, ließ er ihn kommen und bat ihn, den Vogel Greif zu fragen, warum der
Brunnen nicht mehr laufe. »Wenn ich kann, thue ich es gern«
sprach der Jüngling. Also kam er zu dem großen Wasser.
Da stand ein Riese, welcher die Leute hinübertrug. Als er
den Jüngling am andern Ufer absetzte, sprach er: »Zum
Lohne für meine Mühe frage den Vogel Greif, wie ich hier
erlöst werden kann.« »Von Herzen gern«, sprach der Jüngling.

Als er am Schlosse des Vogels Greif ankam, war dessen
Frau allein zu Hause. »Ach daß du dich hierher verirrt hast!
Eile, daß du wegkommst, denn mein Mann ist ein Menschenfresser«, sprach sie. Der Jüngling erwiederte: »Das wußte
ich wohl, aber ich vertraue auf Gott und ich mußte Alles

wagen, da ich sonst meine liebste Braut verloren hätte.« Das
freute des Greifen Frau, daß er seine Braut so sehr liebte, und
sie versprach, ihm gegen ihren Mann beizustehn. Er erzählte
ihr jetzt Alles und sie sprach: »Verstecke dich unter dem
Bette und gib genau Acht, was er sagt; morgen gebe ich dir
die drei Federn.« Während sie so sprach, erhob sich vor dem
Schloß ein Brausen gleich dem eines Sturmes und es wurde
ganz finster in dem Zimmer. »Eile dich, da kommt mein
Mann!« rief die Frau Greifin und der Jüngling kroch unter
das Bett. Bald darauf kam der Vogel Greif herein und zugleich ging ein großer Glanz durch das Zimmer, denn seine
Federn waren aus purem Gold. »Wen hast du heim? Ich
rieche Menschenfleisch«, sprach der Vogel Greif, und die
Frau antwortete: »Ja du hast recht, es war ein armer Handwerksbursche hier, der hat auf dem Stuhl da gesessen, ist aber
bald wieder weggegangen.« Da sah der Greif sie einmal
scharf an mit seinen durchdringenden Augen, aber sie ließ
sich nicht irre machen und fragte: »Willst du zu Nacht essen?«
»Ja wohl und zwar schnell, ich bin müde und will zu Bette«,
sprach der Greif. Da trug sie die Speisen auf und sie aßen
zusammen, dann legten sie sich schlafen. Gegen elf Uhr riß
die Frau dem Greif eine seiner goldnen Federn aus. »O weh!«
schrie er, »was machst du denn?« »Mir träumte ein König
habe einen Baum, der immer schöne Früchte getragen habe
und jetzt keine mehr trage, darüber traure der ganze Hof«,
sprach die Frau. Der Greif sagte: »Das ist Wahrheit und kein
Traum, der Baum würde schon tragen, wenn kein ermordetes
Kind unter ihm begraben läge.« Nach einiger Zeit, als es
gegen zwölf Uhr ging, riß die Frau ihm abermals eine Feder
aus. »O weh!« schrie der Greif, »was hindern dich meine
Federn?« Die Frau sprach: »Ich hatte einen Traum, in einem
Königreiche herrsche Geldnoth, weil der König den Schlüssel
zu seiner Schatzkammer verloren habe.« »Das ist Wahrheit
und kein Traum«, erwiederte der Greif. »Der Schlüssel liegt
unter der Thürschwelle, denn der König hat ihn fallen lassen
und an der Schwelle ist ein Spalt im Fußboden. Jetzt laß
mich in Ruhe.« Gegen ein Uhr nahm die Frau ihm die dritte
Feder. »Au, was fällt dir denn ein, daß du mir meine Federn
ausreißest?« schrie der Greif. »Ich griff im Traum hinein«
sprach die Frau. »Was träumte dir denn wieder?« »Mir

träumte, ein Königreich sei in Wassernoth, weil der Brunnen vor des Königs Schloß nicht mehr springe.« »Das ist Wahrheit und kein Traum«, sagte der Greif. »Eine Schildkröte sitzt im Rohr, die muß mit einer Kanone herausgeschossen werden. Wenn du mich aber ferner quälst, geht es dir schlecht.« »Es ist ja meine Schuld nicht, wenn ich schwer träume«, sprach die Frau. Als der Greif Morgens erwachte, brummte er: »Das war eine schöne Nacht. Daß du dich nur nicht unterstehst, noch einmal so zu träumen.« »Ich kann doch nicht dafür, wenn ich bis zum Morgen ängstlich träume, das ist keine Freude für mich«, erwiederte die Frau. »Bis zum Morgen? Was hat dir denn noch geträumt?« fragte der Greif. »Ich sah einen Riesen, welcher Leute über ein großes Wasser tragen mußte und nicht erlöst werden konnte.« »Das ist Wahrheit und kein Traum«, sprach der Greif. »Er wäre aber erlöst, wenn er einen, den er herübertragen soll, mitten im Wasser absetzte.« Jetzt aß der Greif sein Morgenbrod und dann flog er aus. Der Jüngling kam unter dem Bett hervor, da gab die Frau ihm die drei Federn und das war ein Glanz! »Du hast Alles wohl verstanden, was mein Mann gesagt hat«, sprach sie und er dankte ihr von Herzen für all ihre Güte, die er ihr nie vergessen werde.

Als der Riese ihn über das Wasser getragen hatte, sagte der Jüngling ihm, wie er erlöst werden könne. »Hättest du mir das doch drüben gesagt!« murrte der Riese in seinem Undank, aber das war nun zu spät. Von da reiste der Jüngling weiter zu den drei Königen und gab jedem seinen Rath, wie er ihn von dem Vogel Greif gehört hatte. Der Erste ließ die Schildkröte aus dem Rohr des Brunnens herausschießen, da sprang das Wasser so reichlich, daß alle Straßen überschwemmt wurden. Der zweite König fand den Schlüssel zur Schatzkammer richtig in der Spalte an der Thürschwelle. Der dritte König ließ das ermordete Kind an dem Baume herausgraben und sogleich trieb der Baum Blätter und Blüthen. Der Jüngling aber erhielt von jedem der Könige einen Sack Gold, so schwer als ein Pferd tragen konnte und von dem letzten auch noch ein Reitpferd für sich. Also ritt er mit seinen drei Rossen der Hauptstadt zu, wo seine Liebste wohnte. Als er in die Nähe der Stadt kam, zog er seine drei goldnen Federn heraus und steckte jedem der Pferde eine an den Kopf und das leuchtete und glänzte, wie lauter Diamanten, wenn die Sonne darauf schien; etwas Prächtigeres kann man sich gar nicht denken. Aber noch weniger kann man sich die Freude denken, welche die Prinzessin hatte, als sie den Jüngling so stolz heranreiten sah. Sie hatte ja auch so manchen Monat und so manchen Tag mit ihren sehnlichen Blicken die Straße herunter geschaut und immer vergebens geschaut. Jetzt war auf einmal Alles erfüllt, was sie so lange gehofft hatte und außer sich vor großer Wonne flog sie die Treppen hinab und ihrem lieben Bräutigam entgegen. Als der König dazu kam und der Jüngling ihm die drei goldnen Federn überreichte, da wurde sein Herz weich und er gab die Beiden zusammen. Der Jüngling baute von seinem Gelde nun ein großes Schloß, darin wohnte er in Lust und Freude mit seiner Gemahlin. Nach des Königs Tode setzte er sich die Krone auf das Haupt und regierte, wie ein frommer König soll in der Furcht des Herrn.

DIE MANDELKÖRBCHEN.

Ein Bauer hatte drei Söhne, die mußten tüchtig arbeiten und ihrem Vater Geld verdienen helfen. Eines Tages schickte er sie in den Wald zum Roden, aber anstatt zu arbeiten, spielten die zwei ältern mit Glickern. Als es gegen Mittag ging, wollten sie schnell noch ein wenig nachholen, doch da brach dem einen die Hacke und dem andern die Axt. Da standen sie nun und lamentirten, denn sie wußten wohl, daß es Schläge geben werde, wenn sie nach Hause kämen. Als sie so weinten, kam ein Greis daher, der fragte: »Ihr Buben, was fehlt euch?« Da klagten sie ihm ihr Leid und er sprach: »Ihr könnt drei Wünsche thun, die sollen euch alsobald erfüllt werden, aber gebt Acht und seid nicht zu rasch, damit ihr euch das rechte wünscht.« »Ich wünsche mir eine neue Hacke«, rief der Älteste sogleich und da lag die Hacke vor ihm. »Ich wünsche mir eine schöne Frau«, sprach der Zweite und da kam sie schon daher. »Ich wünsche mir ein Schloß mit einem Garten, worin ein Mandelbaum steht; wer von dessen Früchten ißt, der muß sofort gesund werden«, sprach der Dritte, welcher der Jüngste war, und da stand das Schloß schon da. Jetzt zog die ganze Familie zu dem Jüngsten, der Vater und die zwei Ältesten.

Als sie so eine Zeitlang in dem schönen Schloß gewohnt hatten, wurde des Königs Tochter krank und kein Arzt konnte sie wieder gesund machen. Da ließ der König ausrufen, wer die Prinzessin vom Tode errette, der solle sie zur Gemahlin haben. Als das der Bauer hörte, dachte er gleich an den Mandelbaum, brach ein Körbchen voll frischer Mandeln ab und gab es seinem ältesten Sohn, daß der es in das Schloß des Königs trage. Der nahm es und ging der Stadt zu. Unterwegs begegnete ihm ein graues Männchen, das frug ihn: »Was hast du in deinem Körbchen?« »Nichts«, sagte der Junge und das Männchen sprach: »Ist es nichts, dann bleibt es nichts.« Der Junge lachte und ging weiter und kam in das Schloß zum König und gab ihm das Körbchen, das mit einem reinen, weißen Tüchlein verdeckt war. »Mein Vater läßt grüßen und hier wären die Mandeln um die

Königstochter damit gesund zu machen« sprach er und der König war über die Maßen froh und deckte das Tüchlein auf — aber das Körbchen war leer. Da wurde der König blitzböse, warf den Jungen vor die Thür und ließ ihm von seinem Kammerdiener fünfundzwanzig überzählen. Damit konnte er nach Hause gehn, als er aber heimkam, da gab ihm sein Vater noch einmal fünfundzwanzig, so daß er im Ganzen fünfzig hatte und die Mandeln und das Männchen und den König in Grund und Boden hinein verwünschte. Das war auch ein schlechter Botenlohn.

Am andern Morgen sprach der zweite Sohn, er wolle es schon besser machen, und der Vater füllte ihm das Körbchen mit Mandeln und er zog ab. Nicht weit von der Stadt kam das graue Männchen auch zu ihm und frug: »Was hast du in deinem Körbchen?« »Nichts!« sagte der Junge unwirsch, und das Männchen sprach: »Gut, dann sollst du auch nichts haben.« Der Junge spottete dem Männchen nach und lachte und ging in die Stadt zum König und bot ihm das Körbchen mit dem weißen Tüchelchen verdeckt, indem er sagte: »Einen schönen Gruß vom Vater an den Herrn König und hier wären die Mandeln um die Jungfer Prinzessin gesund zu machen.« »Laß einmal sehn«, sagte der König und hob das Tüchlein auf — und das Körbchen war leer. »Was?« rief der König, »willst du mich auch zum Narren halten? wart, du sollst lernen, was frische Mandeln sind!« Und er ließ den Kammerdiener kommen und der gab dem Jungen fünfzig Mandeln um die Ohren, aber die waren so bitter, daß sie ihm das Wasser in die Augen trieben. »Wie schmeckten die?« frug der König. »Schlecht!« rief der Junge und lief nach Haus, und da kriegte er von seinem Vater noch fünfzig dazu. Das machte zusammen hundert und war ihm mehr als zuviel.

Der Jüngste war zwar nicht so schön von Angesicht, wie seine zwei Brüder, doch er hatte ein Herz, das war um so viel schöner. Der sprach am andern Morgen, er wolle es auch versuchen mit den Mandeln, vielleicht habe er mehr Glück. »Thu's«, sprach der Vater, »aber wenn du wieder kommst, wie deine Brüder, dann schlag ich dich butterweich.« »In Gottes Namen«, sprach der Jüngste und der Vater machte ihm ein Körbchen voll Mandeln zurecht und legte ein weiß Tüchlein drauf und der Junge machte sich auf den Weg. Bald begegnete ihm das Männchen und frug ihn, was er in dem Körbchen habe? »Mandeln um die Königstochter gesund zu machen« sprach er. »Willst du vielleicht ein paar haben, es kommt nicht darauf an, denn ich habe doch genug.« »Ich danke dir«, sprach das graue Männchen. »Weil du aber so gut bist, so will ich dich belohnen. Wenn du mit diesem Pfeifchen pfeifst, dann hast du Alles, was dein Herz begehrt.« Mit den Worten reichte das Männchen ihm ein Pfeifchen und fort war's.

Der Junge ging jetzt in die Stadt und grade auf das Schloß zu und zum König. »Einen schönen Gruß vom Vater und hier wären die Mandeln, womit ich die Prinzessin gesund machen kann«, sprach er und bot dem König sein Körbchen. Der König deckte es auf und da lagen die schönsten Mandeln drin, die man mit Augen sehen kann und lachten ihn ordentlich an. Er ging gleich damit zur Prinzessin und kaum hatte sie eine gegessen, da wurde ihr schon wohler und als sie drei gegessen hatte, da war sie schon halb gesund. Jetzt wollte der Jüngste sie auch zur Frau haben, aber der König sprach: »Nein, noch nicht, du mußt erst drei Aufgaben erfüllen, wenn du das vollbringst, dann ist die Hochzeit.« Das sagte er aber, weil ihm der Jüngling als Schwiegersohn nicht gefiel. Dieser frug, was das sei? Da sprach der König: »Draußen steht ein Maaß Hirsen, die lasse ich jetzt säen und du mußt bis morgen alle Körner zusammenlesen, so daß das Maaß wieder ganz voll ist.« Das betrübte den Jüngling Anfangs, doch er erinnerte sich bald seines Pfeifchens und dachte, das müsse ihn retten. Er ließ den Hirsen ruhig säen, setzte sich auf den Acker und pfiff. Da krabbelte ihm etwas am Bein, das war der Ameisenkönig und der sprach: »Was befiehlst du, das ich thun soll?« »Sei so gut und lies die Hirsen zusammen«, sprach der Jüngling, und da ertheilte der Ameisenkönig seine Befehle und ehe es Abend wurde, war das Maaß Hirsen wieder voll, so daß kein Körnchen daran fehlte.

Das ärgerte den König, darum machte er die zweite Aufgabe viel schwerer. Er ging mit dem Jüngling ans Meer und warf einen Schlüssel hinein, wo es gerade am allertiefsten war. »Den Schlüssel sollst du mir wiederschaffen!« sprach er zum Jüngling; »und wenn du das nicht kannst, dann bekommst du meine Tochter nicht.« »Ich will sehn, ob ich's kann«, sprach der Jüngling, und setzte sich ans Meer, und als es Abend war, da pfiff er auf seinem Pfeifchen. Alsbald regte sich's im Wasser und ein Fisch mit einer Krone auf dem Kopf schaute aus dem Wasser und sprach: »Ich bin der Fischkönig, was befiehlst du, das ich thun soll?« »Sei so gut und laß mir den Schlüssel holen, den der König ins Meer geworfen hat«, sprach der Jüngling. Da ließ der König alle Fische zusammen kommen und gab ihnen auf, den Schlüssel zu suchen, und wer ihn brächte, der bekäme ein gutes Trinkgeld. In einem Augenblicke schossen die Fische auseinander und bald kam einer aus der tiefsten Tiefe herauf und hatte den Schlüssel im Maul und gab ihn dem Fischkönig, und der gab ihn dem Jüngling, welcher sich freundlich dafür bedankte.

Nun ärgerte sich der König erst recht und sann von Neuem, um etwas noch viel Schwereres auszusinnen. Es dauerte auch nicht lange, da hatte er's gefunden. Er ließ den Jüngling kommen und sprach: »Wenn du nun auch hundert Schafe einen Monat lang auf *einem* Fleck weidest, ohne daß sie magerer oder fetter werden und ohne daß du eines von ihnen verlierst oder daß ihrer mehr werden, dann bekommst du meine Tochter ganz gewiß.« Der Fleck war aber so klein, daß die hundert Schafe kaum darauf stehen, vielweniger ordentlich darauf weiden konnten, und außerdem war das Gras sehr dünn gesäet. Doch das ängstigte den Jüngling nicht; er trieb die Schafe hinaus und Abends herein und pfiff lustig dazu, ließ sie gar übers Stadtthor springen, wenn es geschlossen war und im Schloßhof aufmarschiren, wie ein halbes Bataillon Soldaten, so daß Jedermann seine Freude daran hatte. Mitunter verlief sich wohl eins, oder es starb eins, doch das that nichts, denn sobald er pfiff, warf ein anderes ein Junges, welches alsbald wuchs und so groß ward, wie die andern. Dazu lernten die Schafe jeden Tag schöner tanzen, so daß sie es am Ende des Monats trotz dem besten Tanzmeister verstanden. Kurz der Jüngling brachte auch diese Aufgabe zu Stande und da konnte der König, wie sehr er sich auch ärgerte, doch nichts weiter einwenden und mußte ihm seine Tochter zur Frau geben. Die Heirath aber wurde sehr prächtig gefeiert und der Jüngling war glücklich für sein Leben lang. Als er später König wurde, machte er seinen Vater zum Minister und gab auch seinen Brüdern hohe Stellen, so daß sie alle gut versorgt waren.

HANS OHNE FURCHT.

Ein armer Schuster hatte einen Sohn, der hieß Hans und war der wildeste und unerschrockenste Bube im ganzen Dorf. Sein Vater that ihn zum Pfarrer, um ihn ein wenig zähmen zu lassen, aber der Pfarrer richtete nicht viel mit ihm aus. Als gute Worte und Ermahnungen nichts halfen, sprach endlich der Pfarrer zum Glöckner: »Zahm muß er werden und sollt er das Leben dabei einbüßen. Nimm ihn den Abend, wenn zu Nacht geläutet wird, mit in die Kirche und schließe ihn ein. Die Geister, welche da webbern, werden ihm schon die Nägel kürzer schneiden.« Der Glöckner nahm den Hans am Abend mit und schickte ihn nach dem Läuten auf den Boden, um dort etwas zu holen; unterdessen schlich er sich schnell heraus und schloß die Kirchenthüre hinter sich zu. Als Hans wieder herunter kam und sah, daß der Glöckner fort war, sprach er: »Der meint wohl, ich fürchte mich; aber hier schläft sich's so gut, wie anderswo«, und er legte sich auf eine Bank und schlief ein. Als es zwölf Uhr schlug hörte er plötzlich ein Geräusch, als ob gekegelt würde. Er schaute sich um, da standen drei schwarze Männer drunten in der Kirche und warfen mit Todtenköpfen nach neun Knochen, welche oben aufgestellt waren, aber sie trafen immer ins Blaue. »Ihr seid mir schöne Bursche!« rief Hans. »Her den Klotz und laßt mich mal werfen.« Da warf er und traf alle neun. »Jetzt werfe mir einer nach, ich setze auf«, sprach er, aber die Männer trafen nicht einen Kegel und Hans gewann sich einen neuen Kreuzer von ihnen. Um ein Uhr rafften sie schnell ihr Spiel zusammen und schlupften unter einen Stein.

Morgens weckte der Pfarrer den Glöckner schon sehr früh und sprach: »Geh und sieh, daß du die Leiche des Hans aus der Kirche schaffst, denn er ist gewiß umgekommen; laß sie nur auf dem Kirchhof liegen, die Geister haben ihn ja da so gut wie in der Kirche umbringen können.« Der Glöckner ging in die Kirche, aber da schnarchte der Hans auf seiner Bank, daß es eine Art hatte, und als der Glöckner ihn weckte, rief er sogleich, indem er seinen neuen Kreuzer zeigte: »Da guck, den hab ich mir von Zwölf bis Eins gewonnen. Hast du Lust mitzuspielen, dann bleibe die Nacht hier.« »Da soll mich der liebe Himmel vor bewahren!« sprach der Glöckner und ging seines Weges, um es dem Pfarrer zu sagen. »Laß ihn nur gehn, er ist noch nicht zu Ende mit den Geistern«, sprach dieser.

Am folgenden Abend als der Glöckner läuten wollte, stand Hans schon an der Kirchthür; er ging hinein, ließ den Glöckner zuschließen und legte sich auf seine Bank. Gegen zwölf Uhr erwachte er wieder und sah sechs schwarze Männer, die mit zwei Todtenköpfen nach Knochenkegeln warfen, aber so wenig trafen, wie die drei in der vorigen Nacht. Hans sprang auf und rief: »Weg da, laßt mich werfen, ihr lernt's ja in alle Ewigkeit nicht«, warf und traf alle neun. »Nun versucht's noch einmal, ich will aufsetzen« sprach er und setzte auf bis ein Uhr, da rafften die Männer ihre Kegel zusammen und gingen. »Nun, wo ist mein Geld?« fragte Hans. »Aber geht nur, ich will's gut behalten bis morgen.« Die Männer verschwanden wieder unter dem Stein und Hans legte sich und schlief weiter bis an den hellen Morgen. Da kam der Glöckner, welchen der Pfarrer geschickt hatte um nach dem Hans zu sehen und Hans rief ihm entgegen: »Denk dir, ich kegele besser, als die sechs Kerle, welche die Nacht hier waren; heute sind sie mir mein Geld schuldig geblieben, aber die kommende Nacht müssen sie mir's auszahlen, ich lasse sie nicht eher fort. Bleib doch mit hier, es ist gar zu schön und mager sind die Bursche, daß ihnen der Mond durch den Leib scheint, es ist als hätten sie kein Fleisch an ihren Knochen.« Da überlief es den Glöckner heiß und kalt. »Um Alles in der Welt bleibe ich nicht da«, sprach er und lief zum Pfarrer zurück, dem er Alles meldete. »Laß ihn gehn«, sprach der Pfarrer, »er bekommt doch seinen Lohn für solche Verwegenheit.«

In der dritten Nacht lag Hans wieder auf seiner Bank, da rappelte es und er sah neun Männer, welche mit drei Kugeln nach den Todtenkegeln warfen. »Potz Wetter, das ist ja nicht anzusehn!« schrie er, als sie nie trafen; »her den Klotz.« Da schmiß er die Kugel, daß sie in Stücke brach und alle neun Kegel sanken. »So wirft man und nun thut mir's nach!« rief er, »ich will derweil aufsetzen.« Also ging das Spiel fort bis es ein Uhr schlug, da rafften die Männer Alles zusammen und gingen. »Heut schenke ich euch mein sauer verdientes Geld nicht«, sprach Hans, und faßte den letzten am Mantel, als er eben unter den Stein schlupfen wollte, aber da wich der Stein und Hans fiel in ein großes Gewölbe, die Männer waren aber weg. »Ei ihr Lumpen« rief er, da klopfte ihm Jemand auf die Schulter und als er sich umschaute, stand ein weißer Mann hinter ihm, der war ganz mit Schlüsseln behängt. »Ich sehe dir an, du gehörst nicht zu den schlechten Burschen, die mich um mein Geld betrogen haben«, sprach Hans, »aber was willst du denn?« »Dich reich machen auf Lebenszeit«, sprach der Mann. »Dreh dich einmal um und schau vor dich hin. Da liegen drei Haufen Gold, wie du siehst. Der eine Haufen ist dein, der andere dem Glöckner und der dritte dem Pfarrer, daß er ihn für die Kirche verwende und an die Armen austheile.« Als er das gesagt hatte, war der Mann verschwunden; Hans aber freute sich, daß er nicht umsonst die Kegel aufgesetzt habe.

Als der Glöckner am folgenden Morgen in die Kirche kam, rief Hans ihm entgegen: »Du bring mal einen Sack, ich habe ein Malter Geld für dich.« »Da haben wir's, der Bub ist närrisch geworden«, sagte der Glöckner und lief fort. Dem Hans dauerte es zu lange, bis er wiederkehrte, er ging darum nach Hause und holte sich selber drei Säcke, füllte das Geld hinein und trug den einen in des Glöckners Haus. Da warf er ihn auf den Tisch, daß die Stempel brachen, Tisch und Sack auf die Erde fielen und die blanken Thaler in der Stube herumrollten, und schalt: »Muß ich euch faulem Volk den Dreck auch noch ins Haus tragen? Warum konntet ihr ihn nicht selber holen?« Ebenso machte er es beim Pfarrer, nahm dann seinen Sack auf den Rücken und marschirte in die Welt hinaus.

Als er bei der Hauptstadt anlangte und die Schildwache am Thore sah, gefiel sie ihm so gut, daß er sprach: »Du gib mir den Blanken von deiner Seite und das Knalleisen von deiner Schulter, ich gebe dir meinen Sack Geld dafür.« »Das thäte ich gern«, erwiederte der Soldat, »aber ich darf nicht, gehe zum Hauptmann, der thut's wohl.« Hans ging zum Hauptmann und sprach: »Gib mir auch so einen Blanken und ein Knalleisen, wie die andern Soldaten haben, ich gebe dir meinen Sack Geld dafür.« »Das thäte ich gern, mein Sohn, aber ich darf es nicht«, sagte der Hauptmann; »gehe zum König, der thut es gern.« Da ging Hans zum König und sprach: »Gib mir auch so einen Blanken und ein Knalleisen, wie deine Soldaten haben, ich gebe dir meinen Sack voll Geld dafür.« »Das soll geschehn, mein Sohn«, sagte der König, in dessen Schatzkammer gerade viel Platz für Geldsäcke war, und ließ den Hans sogleich in eine Uniform stecken und ihm Gewehr und Säbel geben. Das war eine Freude für den Hans; er lief sogleich fort und auf den Platz, wo die Soldaten exercirten. Da sollte er sich als Rekrut einüben lassen, aber er sprach: »Das verstehe ich Alles schon. Hab ich doch besser gekegelt, als drei Mann und sechs Mann und neun Mann und soll nicht einmal mit dem Ding umzugehn wissen.« Da stellte ihn der Hauptmann mit den alten Soldaten, die schon drei und vier Jahre gedient hatten, in Reih und Glied. Als er sah, daß sie alle das Gewehr bei Fuß hatten, schrie er sogleich: »Ei ihr faulen Lümmel, wollt ihr gleich das Gewehr auf die Schulter nehmen!« »Gemach«, sprach der Hauptmann, »das kommt sogleich. Schultert's Gewehr!« Da schulterten sie alle, aber der Hans warf sein Gewehr auf die Schulter. »Hans, du machst es nicht recht, das kommt sogleich«, sprach der Hauptmann. »Achtung! Gewehr über!« Da warf Hans sein Gewehr über die Schulter hinaus, daß es seinen Hintermännern ihre Szakos mitnahm und noch mehr als fünfzig Schritte weit flog. »Ei Hans, was machst du?« fragte der Hauptmann. »Ich mache was recht ist und die andern sind alle faule Kerle und Esel, die nichts vom Dienst verstehn«, antwortete Hans. Auf diese Weise trieb er es fort und zwar so bunt, daß der Hauptmann endlich seinen Rapport an den König machte und schrieb, er könne es länger nicht mit Hans aushalten.

Der König steckte ihn in ein anderes Regiment, aber da ging es noch schlimmer. Als er zum ersten Mal exerciren sollte und der Major ihm einen Verweis gab, rief er: »Du verstehst nichts davon, Alter, komm gib mir mal dein Pferd und deinen Blanken und laß mich mal schreien, ich kann das besser«, warf Gewehr und Säbel fort und ging auf den Major zu. Der rief: »Hans bleib mir vom Leibe, oder ich steche dich todt.« »So weit sind wir noch nicht« sprach Hans, riß ihn vom Pferde, ehe er sich's versah, nahm ihm den Degen, zog seinen Majorsrock an und sprang auf das Pferd. So ritt er die Front

entlang und schrie immerfort: »Schultert's Gewehr! Präsentirt's Gewehr! Marsch! Bataillon rechts, links schwenkt
Marsch!« so daß die Soldaten nicht folgen konnten und Alles
durcheinander gerieth. Da wollte Hans sich todtlachen und
rief: »So recht, ihr Kinder, das ist schön, nun geht nach
Hause, ihr exercirt morgen wieder und heut bekommt ihr
doppelte Löhnung.« Da lachten die Soldaten mit, denn sie
gönnten das dem Major, weil er so hart und streng gegen
sie war.

Als der König sah, daß mit Hans nichts anzufangen sei,
dachte er darauf, wie er ihn wieder los werden könne. In der
Nähe der Hauptstadt lag im Walde ein Schloß, darin wagte
Niemand zu übernachten, weil es immer da spukte. Der
König ließ den Hans kommen und sprach: »Hans, wenn du
das Schloß erlösest, gebe ich dir meine Tochter zur Frau.«
Er dachte aber, Hans werde da umkommen. Hans sprach:
»Gib mir das schriftlich, dann will ich es thun.« Der König
gab ihm die Verschreibung. »So, nun muß ich noch Tabak
und einen Blanken haben«, sagte Hans und als er das bekommen hatte, machte er sich auf den Weg und zündete sich, da
es gegen Abend ging und kalt war, in einem Zimmer Feuer in
dem Kamin an. Gegen zwölf Uhr sprang die Thür des
Zimmers auf und zwölf Männer traten herein, setzten sich
an den Tisch und spielten Karten. Hans stellte sich zu ihnen
und sprach: »Es ist schade daß ich kein Geld habe, ihr Brüder, sonst spielte ich mit euch, aber morgen muß mir der
König welches geben.« Die Männer gaben ihm keine Antwort und spielten weiter. Da merkte Hans, daß einer von
ihnen fautelte, er schlug ihn hinters Ohr und rief: »Ei Spitzbub, ich will dir lehren, deine Kameraden zu betrügen.« Da
schlug es Eins und die Männer waren verschwunden.

Am andern Morgen schickte der König einen Soldaten in
das Schloß, um nachzusehn, ob Hans noch lebe. Als Hans
ihn erblickte, rief er: »Du sage dem König, ich müsse Geld
haben, denn um nichts und wieder nichts kann ich nicht
spielen.« Der König sandte ihm Geld und befahl dem Soldaten, die Nacht gleichfalls im Schloß zu bleiben. Aber der
schüttelte doch bedenklich den Kopf und dachte bei sich:
wie soll das ablaufen! Jetzt war Hans oben drauf. Abends
sprach er zu dem Soldaten: »Mach du jetzt Feuer an, es wird

kalt, ich will derweilen Holz holen.« Er ging und war bald wieder da, aber da lag der Soldat und war steiftodt. Hans glaubte er sei vor Kälte umgefallen und schleppte ihn näher zum Feuer, sprach: »Da wärme dich, Alter, dann kommst du bald zu dir«, stopfte sich ein Pfeifchen und rauchte. Als die zwölf Männer wieder kamen, rief er ihnen schon entgegen: »Hier ist Geld, jetzt können wir spielen ihr Brüder!« Sie antworteten nichts, setzten sich hin und spielten, gaben ihm aber keine Karten. Hans ließ sich das eine Zeitlang gefallen, dann aber kochte es in ihm, er nahm ein brennendes Scheit aus dem Feuer und schlug unter sie, indem er schrie: »Ei euch groben Kerle soll der Himmelsapperloter holen, was ist das für eine Art.« Er schlug aber in leere Luft hinein, denn eben brummte die Uhr Eins und die Männer waren weg.

Als der König am folgenden Morgen vernahm, daß das Schloß schon ein wenig heller sei, als ob's erlöst werden sollte, und daß Hans noch immer lebe, wurde ihm angst und bange, denn er dachte: »Hat er zwei Nächte dort zugebracht, dann kann er es auch die dritte Nacht aushalten.« Hans dagegen war gutes Muthes, denn er freute sich nicht wenig, so wohlfeilen Kaufs eine Prinzessin zur Frau zu bekommen und Prinz zu werden. Er sprang und tanzte den ganzen Tag im Schloß herum Trepp auf, Trepp ab und es war Abend, ehe er es dachte. Um zwölf Uhr kamen die zwölf schwarzen Männer wieder und dießmal war noch ein dreizehnter weißer bei ihnen, der winkte dem Hans, er solle mit ihm gehn. »Ja wohl, ich komme schon, aber die Zwölf müssen mit dir voran gehn« sagte Hans und es geschah. Also gingen sie durch viele Gänge, bis sie an eine Thür kamen, die mit vielen Schlössern verschlossen war. Der Weiße rührte die Schlösser an, da sprangen sie auf, die Thür öffnete sich und da war es ein großes Zimmer, ohne Fenster, darin standen ringsum Fässer mit Gold. »Die ersten Fässer sind für dich«, sprach der Geist, »die dort für den König und die andern für die Soldaten, und jetzt danken wir dir alle schönstens, denn du hast uns erlöst.« »Das ist gern geschehn«, sagte Hans und ging in seine Kammer zurück, denn die Geister waren verschwunden. Da legte er sich auf ein Ohr und schlief, wie ein Prinz.

Am folgenden Tage lief er in aller Frühe zum König, der noch in seinem Bette lag und rief: »Du, gib mir meine Frau, ich habe eine ganze Reihe Fässer voll Geld für dich.« Der König seufzte, stand auf und ging mit Hans, aber da war er doch froh, als er das viele Geld sah und auch merkte, daß der Hans nun einen eben so großen Reichthum besaß wie er selbst. Er sprach: »Gehe mit, Hans, ich führe dich zu der Prinzessin und morgen soll die Hochzeit sein.« So weit war alles gut, als sie aber zu der Prinzessin kamen und sie hörte, was im Spiele sei, da wurde sie blitzböse und sprach, sie möge keinen Bauernlümmel zum Manne. »Das ist mir eins und dasselbe« sagte Hans, »ich will dich aber zur Frau und morgen wirst du mich nehmen, da sind weiter keine Sprünge mehr zu machen.« Und er ließ sie allein und ging wieder in das erlöste Schloß.

Der König war wie zerschlagen, als er seine einzige Tochter so trostlos sah. Da traten seine Räthe zu ihm und sprachen: »Eine Stunde von hier liegt die Mühle, wo der Teufel mit der sieben und siebenzig Ellen langen Nase umgeht. Dahin schicket den Hans und er solle auch die Mühle noch erlösen. Seid versichert er kommt nicht zurück.« Der König ließ den Hans sogleich rufen und sprach: »Vor deiner Hochzeit könntest du mir noch den Gefallen thun, die Mühle draus vor der Stadt zu erlösen.« »Ei herzlich gern«, sagte Hans und ging gegen Abend hin. Da war in der Mühle nichts zu sehn, als ein alter Schraubstock, ein paar Stühle und ein alter Ofen. Hans legte Feuer ein, zündete seine Pfeife an und setzte sich gemüthlich hin. Plötzlich fuhr die Thür auf und da huschte ein langes spitzes Ding herein, das wollte kein Ende nehmen, und legte sich wie ein Seil im Zimmer an den Wänden herum. Endlich sprang ein Teufel herein, dem war das lange Ding überm Maul fest gewachsen und da merkte Hans daß es seine Nase war. »Bruderherz dich möcht ich niesen hören« sagte Hans, aber der Teufel brummte: »Du sollst nicht mehr niesen, denn ich breche dir das Genick.« »Den Freundschaftsdienst kannst du dir ersparen«, sagte Hans, »wenn dir dein eigen Genick lieb ist. Aber höre einmal, du bist so flink mit deiner Nase, kannst sie schlingen und drehen, ob du sie aber so schnell durch den Schraubstock ziehst, daß ich sie nicht festklemmen kann, das steht doch dahin.« »Das wäre auch eine Kunst« lachte der Teufel und machte so ein paarmal mit dem Kopf, da fuhr die Nase wie ein Blitz in der Stube umher, bald oben und bald unten. »Ja du hast recht, aber es käme doch auf den Versuch an«, meinte Hans. »Gelingt mir's so bin ich frei, wo nicht, so bin ich ohne Widerrede dein.« »Wie du willst«, sprach der Teufel und schlingerte die Nase durch den Schraubstock. Hans drehte wohl, ließ ihn aber dießmal durchschlupfen. »Siehst du nun?« lachte der Teufel und Hans machte ein recht betrübtes Gesicht. »Paß auf, jetzt geht's zum zweiten Mal los!« sprach der Teufel und Hans ließ ihn noch einmal durch und schnitt ein noch viel grämlicheres Gesicht. »Und jetzt zum dritten Mal!« rief der Teufel; aber dießmal gelang es ihm nicht mehr, Hans war flinker als er und der Teufel kreischte, daß man es in der Stadt hörte. »Nun bleib du ruhig hier«, sprach Hans, aber da gab ihm der Teufel so lange gute Worte und versprach ihm alles Mögliche, bis Hans ihn losließ.

Jetzt half der Prinzessin nichts in der Welt mehr, sie mußte den Hans nehmen. Nach und nach gewöhnte sie sich an ihn und gewann ihn seines guten Herzens wegen noch sehr lieb.

Eines Tages ging Hans mit der Prinzessin im Walde spazieren, da saß der Teufel mit der langen Nase auf einem Baume und griff mit seinen Klauen nach dem Haarputz der Prinzessin. »Ei willst du wieder in den Schraubstock?« rief Hans, da kreischte er: »Nein, nein!« und ließ sich nie wieder sehn.

DIE DREIZEHN VERWÜNSCHTEN PRINZESSINNEN.

Drei Handwerksbursche waren des Arbeitens müde, ließen sich ihren Lohn auszahlen und gingen auf die Wanderschaft. Vorm Thor standen drei andere Handwerksbursche, welche grade in die Stadt gehn wollten. »Wohinaus ihr Brüder?« frugen sie. »Auf die Wanderschaft, denn in der Stadt ist's schlecht,

Kein Brod im Schrank,
Wasser zum Trank.«

»Dann gehn wir miteinander« sprachen die zweiten Drei und also schlenderten sie die Straße daher. Im nächsten Ort wollten sie doch wissen, ob der Wirth zum grünen Hund noch immer so guten Äpfelwein habe und kehrten ein. Da saßen drei Handwerksbursche in der Stube und ließen die Flügel hängen. »Guten Morgen ihr Brüder!« riefen die Sechs; »wohin des Wegs?« »Wir wissen's nicht«, sprachen die Drei und klagten über die schlechten Zeiten. »Was da, schlechte Zeiten hin, schlechte Zeiten her«, sagten die Sechs, »geht mit uns, wir halten zusammen und theilen Alles, bis die Zeiten wieder gut werden.« So zogen sie ihrer neun dahin und sangen ihre Lieder so lustig, als ob sie statt ihrer alten Kleider lauter Kronenthaler im Tornister hätten. Ein Stück Wegs weiter fanden sie drei Handwerksbursche, die lagen unter einem Baum und schliefen, wie die Säcke. »Das ist ein guter Einfall« sprachen sie, langten ihre Tornister vom Rükken und legten sich auch hin. Die Drei wachten bald nachher auf und machten große Augen, als sie sich in so großer Gesellschaft fanden. Dann aber beschlossen sie kurz und gut, da sie einmal mit den Brüdern zusammen seien, wollten sie auch zusammen bleiben. Das geschah und die Neun waren herzlich froh über den neuen Zuwachs. So ging's nun dahin mit Sang und Klang und je weniger sie hatten um so lustiger waren sie. Sie fanden aber nirgendwo Arbeit, das Fechten konnte auch nicht ewig so fortdauern, darum hielten sie einen Rath und das Ende vom Liede war, daß sie beschlossen, alle zwölf unter die Soldaten zu gehn.

Nun bekamen sie die Flinte noch zum Tornister zu tragen, mußten marschiren Bauch herein Brust heraus Kopf zurück, mußten exerciren aufs Commando eins zwei drei, mußten auch fechten, aber nicht so gemächlich wie früher, sondern mit der schweren Flinte, daß ihnen der Schweiß auf der Stirn stand. Das Alles behagte ihnen schlecht und sie wurden immer trauriger, bis sie endlich wieder einen Rath hielten und beschlossen sammt und sonders zu desertiren. Der Jüngste von ihnen bekam aber Gewissensbisse und verrieth die Sache dem Feldwebel. »Das war recht und schön von dir, mein Sohn, daß du mir das sagtest«, sprach der Feldwebel, »ich danke dir für die Meldung. Wann wollen sie denn durchbrennen?« »Morgen früh.« »Dann sage ihnen, ich wolle mit durchbrennen, denn ich bin auch des Dienstes satt.«

Der Feldwebel hielt sein Wort und damit sie vorerst nicht ohne Geld seien, nahm er das Traktament der ganzen Compagnie mit. Das war nun ein Leben! Sie trieben's wie die Vögel im Hanfsamen, nur schade, daß es nicht lange dauerte. Als ihr Geld fast alle war und der eine und andere schon anfing, sich Sorgen zu machen, wie das enden werde, kamen sie eines Tages in einen großen Wald, der wollte gar kein Ende nehmen. Sie gingen und gingen den ganzen Tag, aber es ließ sich kein Wirthshaus sehn, wo sie ihre letzten Batzen hätten unterbringen können. Müd und matt vor Hunger und Durst schliefen sie am Abend unter einer großen Eiche ein, alle bis auf den Feldwebel. Der konnte nicht einschlafen und stieg aus Langeweile auf den Eichbaum um bei dem schönen Mondschein sich umzuschauen, ob nicht Haus oder Hof in der Nähe seien. Er sah unfern aus einem hohen Kamin Rauch in die Höhe wirbeln und die hellen Funken dazwischen heraus fahren. Wie schnell mein Feldwebel wieder herunter war! So schnell war er nie auf den Feind losgestürmt, als er nach der Gegend hin lief, wo der Rauch aufstieg. Es war aber ein Schloß, das lag in einem Berge und war ganz erleuchtet. Als er hinein und in die Küche trat, da protzelte, kochte und briet und schmorte Alles drunter und drüber; in einem großen Saal war für dreizehn Mann gedeckt, zwölf Messer, Gabeln und Löffeln von Silber und ein Besteck von Gold, im ganzen Schloß war aber keine Seele zu sehn. »Das ist keinem Tauben gepfiffen«, sprach der Feldwebel, trank ein paar Flaschen Wein und schnitt sich einen tüchtigen Fetzen Braten ab, denn als guter Commandant wollte er sich wenn auch mit eigener Lebensgefahr überzeugen, daß die Speisen und Getränke gut seien und kein Gift oder anderes schädliche Wesen sich darin befinde. Davon war er jetzt vollkommen sicher, denn er war so kreuzfidel geworden, daß er seine Mannschaft vor lauter Freude durchprügelte, so daß sie meinten in Räuberhände gefallen zu sein und einer nach dem andern um Pardon und Gnade schrie. Als sie aber ihren Feldwebel erkannten und von seiner Entdeckung hörten, da faßten sie sich zu sechs und sechs in die Arme und zogen den Helden voran in das Schloß hinein. Als sie auf den Schloßhof kamen, rief der Feldwebel: »Rangirt euch!« aber prosit die Mahlzeit, die rangirten sich nicht eher, als bis sie im Saal waren, da exercirten sie mit Messer, Löffel und Gabel, daß es eine Art hatte und hieben in die Rinds- und Hammelsbraten ein, als ob sie die schlimmsten Feinde vor sich hätten. Es war auch eine wahre Lust, zu sehn, wie das Essen heranmarschirt kam; sowie eine Keule verzehrt war, stand schon wieder eine andere auf dem Tisch und war eine Flasche Wein leer, dann standen gleich zwei volle dafür da. Aber die besten Bissen kamen immer vor den Feldwebel, der sie dann stets brüderlich mit den andern theilte. So saßen sie und tafelten und tranken so viel Gesundheiten, bis sie vor lauter Gesundheit nicht mehr wußten, wo ihnen der Kopf stand. Nur der Feldwebel hatte sich als ordentlicher Commandant tapfer gehalten, zwar scharf drein gehauen und manche Flasche ausgeblasen, aber er war bei voller Besinnung, so daß er die ganze Mannschaft in das Schlafzimmer bringen konnte, wo zwölf Betten in einer Reihe standen, recht wie in der Kaserne, nur daß über jedem Bett ein seidener Thronhimmel hing. Dann suchte er sein Kämmerchen auf, denn für ihn war ein Bett in einem besondern Zimmer zurecht gemacht und das war viel schöner, wie die andern. Als er so da stand und sich eben zum Schlaf rüsten wollte trat plötzlich eine schöne Jungfrau herein, die hatte ein goldnes Krönlein auf dem Haupte und trug ein goldgesticktes Kleid. Sie sprach freundlich: »Guten Abend, mein lieber getreuer Johannes Erlöser, ach wie lange habe ich auf dich geharrt! Du und deine zwölf Kameraden ihr sollt mich und zwölf andere Königstöchter erlösen, die alle in diesem Schloß verwünscht sind. Haltet ihr zwölf Jahre treu bei dem Schlosse aus und folgt ihr treulich meinem Rath, dann erlöset und gewinnt ihr uns zu euren Gemahlinnen. Thut ihr es aber nicht, dann steht ihr euch selbst im Licht und es ist euer Verderben. Ihr dürfet hier im Schloß überall herumgehn, auch hinausziehn auf die Jagd und braucht euch keine Freude zu versagen, aber ihr dürft das Schloß nicht verlassen.« Wie war der Feldwebel mit dem Versprechen so flott bei der Hand! Er wollte in seiner Freude darüber, daß er ein Prinz werden solle, der schönen Königstochter um den Hals fallen und sie drücken und herzen und küssen, aber sie wehrte ihm mit der Hand und da war er alsbald mäuschenstill. »Berühren darf uns keiner von euch« sprach sie »sonst ist Alles verloren« und sie grüßte den Feldwebel freundlich und verschwand.

Am folgenden Morgen erzählte der Feldwebel der Mannschaft die ganze Geschichte und das war ein Jubel! Jeder eine Prinzeß, sie hätten sich vor lauter Freude zu Tode lachen und springen mögen. Aber wie die Menschen nun einmal sind, es dauerte nicht lange, da wurde es zweien von der Mannschaft zu langweilig, zwölf Jahre auf die Prinzessinnen zu warten und sie machten zusammen aus, sie wollten desertiren. Da kam am Abend die schöne Königstochter zu dem Feldwebel und sagte ihm den ganzen Plan, damit er ihn vereitle. »Fällt euch die Zeit so lang, dann sage mir«, sprach sie, »wie lange ihr nach eurer Meinung schon hier seid.« »Vierzehn Tage«, antwortete der Feldwebel. »Du irrst sehr«, sagte die Königstochter, »was dir nur vierzehn Tage dünken, sind vier ganzer Jahre.« Am andern Morgen nahm der Feldwebel die Mannschaft vor, warnte sie alle vor der Desertion und sagte ihnen, wie die Zeit so schnell vergangen sei. Da waren sie sämmtlich wieder guter Dinge, aber wiederum nicht für lange Zeit, denn das Menschenherz ist ein sonderbares Ding und nimmer zufrieden mit dem, was es hat. Kaum vierzehn Tage später zogen ihrer sieben auf die Jagd hinaus und unterwegs beschlossen fünf, den andern Morgen allein auszugehn und zu desertiren. Das war wohl sehr heimlich verabredet, doch die Königstochter wußte es im selben Augenblick und sagte es am Abend ihrem lieben getreuen Johannes Erlöser wieder, frug ihn auch, wie lange er nun glaube schon da zu sein. »Etwa vier Wochen« sprach er. »Du irrst sehr«, erwiederte sie, »es geht bereits ins neunte Jahr und denke, ihr habt nur noch so kurze Zeit auszuhalten.« Als der Feldwebel der Mannschaft die Sache vorhielt, war für einen Augenblick wieder Alles gut, bald aber wurden sie wieder rebellisch, gingen zum Feldwebel und sprachen, er könne nicht wissen, ob die Königstochter ihn und sie zu Narren halte; am Ende sei die ganze Geschichte erlogen und statt seiner Prinzessin hätte jeder einen Dreck; sie wollten sich von der Wahrheit überzeugen und ihre künftigen Gemahlinnen sehen. Der Feldwebel mahnte sie davon ab, denn es schwante ihm nichts Gutes, doch sie bestanden darauf, er müsse es der Königstochter sagen und wenn sie nicht ihren Willen thäte dann gingen sie allesammt ihres Weges.

Als der Feldwebel Abends der schönen Jungfrau Alles vortrug, seufzte sie und sprach: »Ach, wenn sie es doch nicht verlangten, da sie aber nicht anders wollen, so sage ihnen, sie sollten morgen Mittag um zwölf Uhr zum Fenster hinaus sehn, dann sähen sie uns in unserer Verwünschung.« Die Mannschaft freute sich, als der Feldwebel ihr das mittheilte und am folgenden Mittag wollte jeder der erste am Fenster sein. Und was sahen sie da? Lauter Löwen, Tiger, Drachen und dergleichen Unthiere sahen sie, so daß sie nichts Eiligeres zu thun hatten, als in das Zimmer zurückzueilen und sie wollten nicht mehr hinausgucken. Statt sich nun zufrieden zu geben, gingen sie am andern Tage zu dem Feldwebel und sprachen, das sei eine schöne Geschichte, daß sie lauter Drachen und grimmige Katzen zu Frauen haben sollten, deren gebe es genug und darum wollten sie keine zwölf Jahre lang in dem Schlosse hocken; wenn sie die Prinzessinnen nicht in menschlicher Gestalt sehen könnten, dann gingen sie alle ihres Weges. Vergebens versuchte der Feldwebel sie davon abzubringen, es half ihm nichts und er war gezwungen, Abends der Jungfrau das Begehren der Mannschaft mitzutheilen. Da seufzte sie tief und auf sprach: »Ach wenn sie es doch nicht verlangten! Da sie aber nicht anders wollen, so sage ihnen, sie würden uns morgen Abend sehen und wir wollten mit ihnen zu Nacht essen; keiner aber dürfe reden und noch weniger eine der Jungfrauen berühren.«

Der Feldwebel sagte der Mannschaft Alles, was die Königstochter ihm gesagt und warnte sie wohl, dem guten Rathe zu folgen und nicht Alles zu verderben. Sie waren mit dem Versprechen rasch bei der Hand, doch vom Versprechen bis zum Halten ist ein großer Schritt. Abends war die Tafel für sechsundzwanzig Personen gedeckt und als das Essen aufgetragen wurde, da kam die schöne Königstochter mit den zwölf Prinzessinnen und es war immer eine schöner als die andere. Sie setzten sich zu Tische jede neben ihren zukünftigen Gemahl. Da war es nun eine schwierige Aufgabe, ganz still zu schweigen und sich nicht zu rühren und Alles hätte gut gegangen, wenn der Jüngste, dem der Wein nach und nach zu Kopfe stieg nicht plötzlich aufgesprungen wäre und seiner Prinzessin einen herzhaften Kuß gegeben hätte. Das war gefehlt, denn nun that es einen Donnerschlag, daß Allen die Besinnung verging, die Lichter erloschen und als die Dreizehn wieder zu sich kamen, waren die Prinzessinnen verschwunden und nichts mehr von ihnen zu hören noch zu sehn. Ach du liebe Zeit, jetzt ging das Jammern an, aber zu spät ist zu spät. Am folgenden Abend kam die schöne Königstochter zum Feldwebel und sprach: »Ach, daß sie es nicht anders gewollt haben! Zehn Jahre hatten sie schon ausgehalten und die Erlösung wäre sogleich vollendet gewesen. Jetzt aber mögen sie nur machen, daß sie fortkommen, so lieb ihnen ihr Leben ist. Jeder mag sich einen zweispännigen Wagen mit Gold nehmen und nur sich hüten, hierher zurück zu kehren.« Dieß verkündigte der Feldwebel ihnen, doch nun wollten sie den Prinzessinnen zum Trotz dableiben. Als es aber zum Mittagsessen ging, da war für den Feldwebel allein gedeckt, für die Zwölfe nicht. Sie hatten Hunger und baten ihn, er möge ihnen etwas vom Seinigen geben. Das that er auch gern, aber was er ihnen auch gab, wurde im selben Augenblick zu Stein. Es blieb ihnen also nichts anderes übrig, als ihre Wagen mit Gold zu beladen und weg zu fahren, was sie auch noch am selben Tage thaten.

So saß der gute Feldwebel allein auf dem einsamen Schloß und sah nur jeden Abend die schöne Königstochter. Mit der

Zeit wurde es ihm jedoch allzu einsam und er wünschte sich wieder in die Welt zurück. Das bemerkte die Jungfrau alsbald und als sie Abends wieder zu ihm kam, sprach sie: »Ich sehe dir an, daß es dir hier nicht mehr gefällt; so gehe denn, wohin es dir beliebt. Zum Dank dafür, daß du so treu ausgehalten hast, schenke ich dir den Mantel, welcher dich hinträgt, wohin du willst und die Geldbörse, welche nie leer wird. Nun leb wohl und vergiß das Wiederkommen nicht.« Der Feldwebel wollte ihr danken, sie war aber schon verschwunden; auf dem Tische lagen der Mantel und die Geldbörse.

Kaum war er am folgenden Morgen aufgestanden, als er auch schon seine Börse in den Sack steckte, den Mantel umhing und sich in die Hauptstadt von Spanien wünschte. Im selben Augenblick flog er durch die Luft daher, daß es rauschte und fünf Minuten drauf stand er vorm Thor der Hauptstadt. Da kief er sich alsbald prächtige Kleider und zog ins erste Wirthshaus der Stadt, welches hart neben dem Schloß des Königs lag. Er nahm Bediente in Menge an, kaufte Wagen und Pferde und führte ein Leben, wie der erste König und Kaiser der Welt.

Die königliche Familie ging täglich auf den Paradeplatz um dem Exerciren der Soldaten zuzusehn, und da war ein Kaufmann, der stellte ihr Stühle vor seine Thür, worauf der König und die Königin nebst der Prinzessin sich setzten, denn der König ritt nicht mehr, weil er zu alt war. Auch mein Feldwebel ritt oder fuhr jetzt alle Tage auf den Platz und das hatte seinen guten Grund: er war in die schöne Prinzessin verliebt. Eines Tages ging er in einen Laden und kaufte Tuch und zwar zwanzig Ellen, jede Elle zu zwanzig Goldstücken. Zufällig kam die Prinzessin dazu und verwunderte sich nicht wenig darüber, daß der Feldwebel so kostbares Tuch kaufte. Wie sie ihn so in der Nähe sah, da gefiel er ihr gar wohl und je länger sie ihn ansah, um so schöner kam er ihr vor. Er war aber auch ein schöner Mann und nun vollends in seiner Prinzenmontur, ach die stand ihm zu gut. Sobald die Prinzessin nach Hause kam, bat sie ihren Vater, er möge den schönen Prinzen doch einmal zur Tafel einladen. Das geschah und kurz und gut, der Feldwebel und die Prinzessin gefielen sich immer besser, bis sie sich endlich heiratheten. Das gab eine Hochzeit! Etwas Schöneres als das Brautkleid ist nie gesehn worden. Daran haben hundert Stickerinnen Jahr und Tag gearbeitet.

Die jungen Eheleute lebten recht glücklich zusammen und der Himmel segnete sie so, daß sie alle Jahr zwei Buben bekamen und im Herbst noch einen Spätling, bis es ihrer zwölf waren. Alle wurden gleich wie sie auf der Welt waren, zu Feldwebeln ernannt und in die Montur gesteckt. Sobald sie laufen konnten, lernten sie exerciren und gingen sie jeden Tag mit auf die Wachtparade, welcher der Feldwebel stets beiwohnte, denn er war Soldat von Kopf bis zu Fuß. Als der neunte Bub eben auf die Welt kam, starb der alte König und die Königin überlebte ihn nicht lange. Der Feldwebel wurde also zum König gekrönt und war bald so geliebt, daß jedermann im Volke sich für ihn hätte todtschlagen lassen.

Als er eines Tages mit seiner Familie wieder auf der Wachtparade war, kam ein Kerl in Lumpen daher und bettelte ihn an. Er gab ihm ein groß Stück Geld, als er ihm dabei aber unter die Augen sah, erkannte er ihn sogleich: es war nämlich einer von seiner alten Mannschaft. Am folgenden Tage kam wieder einer und so ging es fort, bis sie alle zwölf da waren und jeden Tag bettelten. Da ließ er sie zu sich bescheiden und als sie zitternd und zagend vor ihm standen, weil sie nicht anders glaubten, als der König wolle sie wegen ihres Bettelns hernehmen, gab er sich ihnen zu erkennen. Das gab lange Gesichter und große Augen! Nachdem er ihnen erzählt hatte, wie er es bis zum König gebracht, fingen sie auch an zu erzählen, wie sie es von steinreichen Leuten zu elenden Lumpen gebracht und Alles verliederlicht hatten. Endlich verlangten sie von ihm, er müsse sie wieder in das Schloß führen, sie wollten jetzt die Prinzessinnen erlösen. »Dazu rathe ich euch nicht«, sprach er, »es wäre euer Unglück«, denn er hatte keine besondere Lust, sich wieder unter die Kerle zu mischen. Als sie aber so baten, da fiel ihm ein, wie die schöne Königstochter ihn auch zur Wiederkehr ermahnt hatte und er folgte seinem guten Herzen. Er schrieb seiner Gemahlin einen Brief, worin stand, er müsse auf eine Weile weg, um die andern Städte des Königreichs zu besuchen, bald werde er aber wiederum bei ihr sein. Dann setzte er sich mit der alten

Mannschaft auf den Mantel und fort ging's wie der Wind, so daß sie in Zeit von zehn Minuten vor dem Schlosse standen.

Es war Abends und als sie hereintraten fanden sie die Tafel gedeckt, doch kam nur für den Feldwebel, das heißt jetzt für den König Essen auf den Tisch, die andern konnten sich hungrig zu Bette legen und das gefiel ihnen schlecht, aber damit war es noch nicht gethan. Als sie weg waren und der König in sein Kämmerlein trat, da erschien die Königsjungfrau und sprach freundlich: »Schönen guten Abend mein lieber getreuer Johannes Erlöser, du thatest recht daran, wieder zu kommen, die andern aber thaten übel dran und es gereut sie schon. Nimm morgen am Tage die zwölf Karfunkelsteine, welche auf dem Tische liegen und bringe sie deinen zwölf Prinzen, bleibe auch nicht länger hier in dem Schlosse.« Also sprach sie, reichte ihm ihre Hand und verschwand. Der König that, wie sie gesagt; als er aber an dem Thor des Schlosses vorüberflog, da hing die ganze Mannschaft an einem himmelhohen Galgen und grinzte ihn an; die hatten ihre verdiente Strafe.

Was das für eine Freude war, als der König so schnell wieder heimkehrte und die zwölf prachtvollen Karfunkelsteine den Prinzen schenkte! Gleich sollte er sagen, wo er dieselben her habe, es wurde ihm keine Ruhe gelassen und da platzte er zuletzt heraus. Nun hatten die Prinzen keine Ruhe und wollten alle zwölf auch in das verwünschte Schloß, doch das wollte er nicht zugeben, denn er mußte unaufhörlich daran denken, wie die Mannschaft an dem Galgen baumelte und ihn angrinzte. Da träumte ihm dreimal, die schöne Königstochter stehe vor seinem Bette und bäte ihn mit Thränen, er möge doch die zwölf Prinzen in das Schloß bringen, das sei ja ihre Erlösung. Als er es trotzdem immer nicht that, da träumte ihm in der vierten Nacht, die Thür seines Schlafzimmers öffne sich und die zwölf Prinzessinnen kämen mit der schönen Königsjungfrau herein, fielen vor ihm auf die Kniee nieder und bäten ihn alle, doch ihrer Erlösung nicht im Wege stehen zu wollen; den Prinzen geschehe nichts, im Gegentheil, sie würden glücklich auf Lebenszeit. Da wurde ihm das Herz weich, er sagte Alles seiner Gemahlin, setzte sich mit seinen Söhnen auf den Mantel und stand vorm Schloß.

Als sie eintraten, war die Tafel prächtig gedeckt, viel schöner als ehemals für die Mannschaft, alles blitzte und glitzerte von purem Gold. Des Abends, als die Prinzen zu Bette waren, flog des Königs Thüre auf und die schöne Jungfrau trat mit freudelachenden Blicken herein und sprach: »Schönen Dank, mein lieber getreuer Johannes Erlöser, daß du kommst. Unsere Erlösung ist nahe, morgen essen wir alle mit euch an Einem Tische und schlafen mit euch in denselben Betten, doch darf keiner mit uns sprechen und keiner uns berühren. Thuet so wie ich sage und wir alle sind glücklich auf ewige Zeiten.« Der König versprach es mit Freuden und schärfte am Morgen seinen Söhnen wohl ein, wie sie sich zu verhalten hätten. Mittags war die Tafel für sechsundzwanzig Personen gedeckt und zur bestimmten Zeit traten die Jungfrauen ein, grüßten stumm sich verneigend die Prinzen und setzten sich mit ihnen zu Tische, die Älteste zum Ältesten und so fort bis zur Jüngsten, welche neben dem Jüngsten saß. Die Prinzen thaten jeder, als sei er ganz allein am Tische und sahen kaum die Jungfrauen an und wenn einer oder der Andere etwa einen Blick wagte, dann klopfte der König mit dem Messerstiel auf den Tisch und alsbald sahen sie wieder vor sich. Abends durften sie nicht einmal ihre Kleider ablegen; als sie schon einige Zeit zu Bette gegangen waren, machte der König die Runde und winkte jedem noch einmal mit dem Finger, da lagen sie steif und starr, wie die Bildsäulen. So ging Alles gut bis gegen Morgen. Da knallte es, als wenn zehnmalhunderttausend Kanonen losgeschossen würden, zugleich stürzten die Prinzessinnen den Prinzen um den Hals und küßten sie und begrüßten sie als ihre Erlöser, nur die schönste Jungfrau, welche bei dem Könige lag, küßte ihn nicht sondern reichte ihm bloß ihre Hand und dankte ihm unter bittern Thränen, denn sie liebte ihn so sehr. Jetzt war der Jubel groß und wollte kein Ende nehmen. Während die Prinzen mit ihren Bräuten in dem Schlosse herum gingen, setzte sich der König auf seinen Mantel und flog nach Hause, um seiner Gemahlin Alles zu erzählen, aber ach, da kam er in Jammer und Leid, denn am Tage vorher hatte die Königin ausfahren wollen und war aus dem Wagen gestürzt; die Pferde waren scheu geworden und sie kam unter die Räder, welche ihr über Hals und Brust fuhren. So traf er seine liebe

Frau als Leiche wieder. Er betrauerte sie tief ein ganzes Jahr lang, dann vermählte er sich mit der wunderschönen Königstochter, die er erlöst hatte und die Prinzen heiratheten zugleich ihre zwölf Bräute, deren jede ein Königreich als Mitgabe von ihren Ältern erhielt.

DER PFIFFIGSTE.

Ein Kaufmann hatte einen Sohn, der war sehr verzogen und gewohnt, nur seinem eignen Willen zu folgen. Als er fünfundzwanzig Jahr alt war, schickte sein Vater ihn nach London um dort die Kaufmannschaft noch besser zu lernen, denn dort giebt es viele und überaus reiche Kaufleute. In London ging der Jüngling eines Abends über die Straße, da begegnete ihm ein wohlgekleidetes Mädchen, welches ein Bündel Holz trug; sie war aber so schön, daß ihr Gesicht ordentlich leuchtete und der Jüngling von der glühendsten Liebe zu ihr entbrannte. Er folgte ihr durch viele Straßen bis in ein enges finsteres Gäßchen, da trat sie in ein kleines düsteres Haus. Der Jüngling lauschte am Fenster und sah, wie sie ihr Bündel neben den Heerd hinlegte, ihrer kranken Mutter, die auf einem schlechten Strohsack in der Ecke lag, Arznei gab und das Feuer schürte, daß die Flamme hoch aufschlug. Als die rothe Helle ihr Angesicht beleuchtete, da dünkte es ihm noch viel schöner, er trat in das Haus, bekannte ihr seine Liebe und bat sie um ihre Hand. Da er nun auch gar schön war und sie wohl merkte, daß es ihm Ernst sei, sprach sie: »Ich will dir gerne folgen und dir treu sein ewiglich, wenn ich nur meine Mutter nicht verlassen muß.« »Was dein ist das ist mein«, sprach der Jüngling, »deine Mutter ist meine Mutter und sie soll es gut haben ihr Lebtag.«

Am andern Tage schrieb er seinem Vater Alles, wie es sich zugetragen hatte und der alte Kaufmann mußte wohl einwilligen, obgleich er es nicht allzu gerne that, denn er hatte schon ein reiches Mädchen für seinen Sohn in Aussicht. Die Hochzeit wurde feierlich gehalten, dann fing der Jüngling ein Geschäft für sich an und machte so guten Handel, daß er in kurzer Zeit streinreich wurde.

Die andern Kaufleute, welche nur ums Geld geheirathet und fast alle häßliche Frauen hatten, beneideten ihn aber um seine schöne Frau und konnten gar nicht sehen, daß er so glücklich mit ihr war. Eines Abends sagte einer von ihnen, ein recht schlechter Mensch der zu Allem fähig war, in einer

Gesellschaft, wo die Kaufleute zusammenkamen: »Glaubst du wohl, du hättest deine Frau allein und sie sei dir getreu?« »Ja das glaube ich sicher und fest«, erwiederte er. »Ich wette mein Vermögen gegen das deine«, sprach der Andere, »sie bleibt dir nicht treu, wenn du nur vier Tage auf Reisen gehst.« »Die Wette gilt«, rief der junge Kaufmann lachend, denn er kannte seine Frau, »ich gehe gleich morgen auf Reise und bleibe selbst acht Tage aus.«

Als er seiner jungen Frau zu Hause von der Wette erzählte, lachte sie herzlich mit ihm und sprach: »Dem scheint sein Vermögen leicht feil. Gehe du nur ruhig auf Reise, du hast die Wette schon gewonnen.«

Es war in der Stadt eine Magd, welche früher bei dem jungen Kaufmann gedient hatte und der Frau sehr lieb geworden war; nun diente sie anderswo. Der falsche Kaufmann ging zu ihr und bot ihr tausend Gulden, wenn sie die junge Frau bewege, ihre Kleiderkiste in Verwahr zu nehmen und eine Nacht in ihrem Schlafzimmer stehen zu lassen. Die Magd willigte ein, denn sie sah nichts Schlimmes darin und die tausend Gulden stachen ihr sehr in die Augen. Sie ging zu der Frau und sprach, sie habe all ihre Ersparnisse in ihrer Kiste, wolle jetzt ihren Dienst verlassen und wisse nicht wohin sie die Kiste stelle; ob sie dieselbe nicht auf nur eine Nacht in ihr Schlafzimmer stellen könne. Die arglose Frau war dessen gern zufrieden und sprach: »Bringe sie nur am Abend, ich stelle sie neben mein Bett, da kann Niemand dran.« Als die Magd dieß dem falschen Kaufmann hinterbrachte sprach dieser: »Ich gebe dir jetzt noch einmal tausend Gulden, wenn du mich in die Kiste kriechen läßt und sie am andern Morgen frühe wieder abholst.« »Gott bewahre mich«, rief die Magd, »das thue ich nicht, um keinen Preis.« Da legte er ihr ein Säckchen mit fünfhundert Gulden auf den Tisch. Sie sagte: »Ja wenn ich wüßte, daß nichts Arges dabei wäre, dann wäre das ein Anderes, aber wer weiß, was ihr im Sinne habt.« Jetzt legte er noch fünfhundert Gulden dazu und sagte: »Ich verspreche dir heilig, ich rühre die Frau mit keinem Finger an«, und dann klimperte er mit Geld in der Tasche, als ob er noch mehr geben wolle, wenn sie nicht einwillige. Der Böse hatte aber ihr Herz bereits ganz umstrickt und sie sagte: »Wenn ihr mir das versprecht, dann bin ich dessen zufrieden, aber wer weiß noch ob ihr es auch haltet.« »Ich halte es so wahr wie ich lebe«, sprach der falsche Kaufmann und legte noch eine Handvoll Geld zu den zwei Säcken. »Dann kommt diesen Abend gegen Dunkel und wir machen Alles in Ordnung.«

Und so geschah es auch. Abends brachte die Magd die Kiste und die junge Frau stellte sie dicht neben ihr Bett, damit ja kein Dieb daran gehn könne. Während sie eine Weile hinaus ging, schnitt der falsche Kaufmann mit seinem Messer ein Loch in die Kiste, wodurch er Alles sehen konnte, was im Zimmer vorging. Dadurch sah er, daß die Frau oben am Arm ein kleines Muttermal hatte, und daß ihre kleine Zehe schief war. Als sie aber schlief, stieg er vorsichtig aus der Kiste, nahm einen ihrer Ringe vom Tische und verbarg sich wieder in der Kiste, ohne daß die Frau etwas davon bemerkt hätte. Am folgenden Morgen kam die Magd und holte den Kasten wieder ab und der falsche Mensch triumphirte recht, daß ihm der Streich so wohl gelungen sei und er des Kaufmanns ganzes Vermögen gewonnen habe.

Nach acht Tagen kehrte der Kaufmann zurück und kaum war das ruchbar, als auch bereits eine Einladung des Bösewichts an ihn erging, Abends mit den andern Kaufleuten zu ihm zu kommen. Er ging vergnügt hin, denn er wußte, daß seine Frau ihm treu war und freute sich schon im Voraus, den andern recht beschämt zu sehn. Als er aber in das Zimmer trat, empfingen die andern ihn mit höhnischen Gesichtern, der falsche Mensch kam ihm entgegen und sprach: »Es thut mir leid, aber ich bin Herr in deinem Hause und morgen früh mußt du schon hinaus mit deiner Frau.« »Du bist wohl wahnsinnig?« rief der Kaufmann, »dein Vermögen gehörte mein von Rechtswegen, aber ich will es nicht, du magst es behalten.« Da lachten Alle laut auf und riefen: »Hat deine Frau kein Muttermal oben am Arm und ist ihre kleine Zehe nicht schief?« Und der falsche Kerl frug: »Und kennst du den Ring nicht? Siehe den hat sie mir geschenkt. Das hast du von deiner schönen Frau.« Da lachten Alle ihn boshaft aus und riefen: »Jetzt kannst du deine schöne Frau für Geld sehn lassen. Wie froh sind wir, daß wir häßliche Frauen haben!« und solcher Dinge mehr.

Dem Kaufmann aber war es, als müsse Himmel und Erde über ihm zusammenbrechen. Wie er aus dem Zimmer kam, wußte er selber nicht; er meinte alle bösen Geister der Hölle seien hinter ihm her und stürzte wie wahnsinnig in sein Haus. Dort überhäufte er seine arme Frau mit Vorwürfen und Schimpfwörtern, ohne daß sie ahnte, woher sie dieselben verdiente, schlug sie daß sie für todt daliegen blieb und eilte fort nach Dänemark, wo er als gemeiner Soldat Dienst annahm.

Als die arme Frau wieder zu sich kam, wußte sie in ihrer Verlassenheit Anfangs nicht, was anfangen; hatte sie doch keinen Menschen auf der Welt, der ihr einen Rath gegeben hätte. Endlich entschloß sie sich kurz und gut, ihrem Manne nachzuforschen und nicht zu ruhen, bis sie ihn wiedergefunden habe. Sie packte so viel Geld zusammen, als sie noch vorräthig fand, legte das Kleid hinzu, welches sie an dem Tage getragen, zog statt dessen Männerkleider an und verließ das Haus und die Stadt noch in derselben Nacht.

Unerkannt zog sie also lange umher durch alle Kaiserreiche und Königreiche aber sie fand ihren Mann nicht und fand ihn nicht. Jetzt war nur noch das Königreich Dänemark übrig, dahin wandte sie sich und ließ sich als Arzt bei den Soldaten anstellen, denn sie hatte auf ihren Reisen immer in Büchern gelesen, die von der Arzneikunst handelten und kannte genau alle Kräuter und Steine und welche Kräfte sie haben. Wenige Zeit nachher wurde der General der Dänen krank, alle Ärzte gaben ihn verloren, da kam sie und verschrieb ihm ein Tränklein, das machte ihn Augenblicks gesund so daß er noch am selben Tag kommandiren konnte. Der General kommandirte aber vor allem, daß sie von jetzt an Oberregimentsarzt sei, denn die andern Ärzte seien gegen sie keine faule Bohne werth; zugleich befahl er, daß alle Soldaten vor ihr präsentiren müßten, ritt alsdann vor die Front und führte sein Kommando: rechtsum, linksum, marsch! als ob ihm sein Lebenlang nichts gefehlt hätte.

Der neue Oberregimentsarzt, d.h. die Frau des Kaufmanns, sagte nun zum General, es sei nöthig, daß die ganze Armee untersucht würde und jeder einzelne Soldat müßte jetzt vor ihm erscheinen, denn so lang er Regimentsarzt bleibe, dürfte keiner in der Armee krank werden. Daß der General damit einverstanden war, könnt ihr wohl denken. Solches that die Frau aber, weil sie sehn wollte, ob ihr Mann nicht unter den Soldaten wäre. Sie ließ große Kessel voll ihrer Arznei brauen und als die Soldaten kamen, einer nach dem andern, gab sie jedem, der einen Fehler oder eine Krankheit hatte, ein Fläschchen ihrer Arzenei, ließ es ihn leeren und im selben Augenblick sprangen die Burschen weg, gesund und flott, wie die Fische im Wasser.

Endlich kam auch der Kaufmann, aber wie sah er aus! Es war fast nichts mehr an ihm, wie Haut und Knochen. Ach Gott, wie schlug der armen Frau da das Herz im Leibe! Sie meinte vor lauter Jammer in den Boden zu versinken, und vor lauter Liebe und Freude wäre sie ihm doch zugleich fast um den Hals gefallen. Das war ein harter Stand für sie, aber sie bezwang sich doch, strich sich ihren falschen Schnauzbart ein paarmal, drückte ihren Federhut tiefer ins Gesicht und frug so barsch sie nur konnte, denn dahinter verbarg sie all das Leid und alle die Freude ihres Herzens: »Was fehlt dir denn, du?« »Lieber Herr Oberregimentsarzt«, sprach der Kaufmann, »was mir fehlt, davon könnt ihr mich nicht heilen; ich bin am Herzen krank.« »Ei was, dummes Geschwätz«, sprach sie wieder recht barsch, und sie konnte sich der Thränen kaum erwehren, »ich kann Alles heilen. Und damit ich dich um so besser in die Kur nehmen kann, bleibst du als Bursch und Bedienter bei mir, obschon du ein rechter Schmutzgockel zu sein scheinst; aber das will ich dir schon abgewöhnen.«

So war nun das eine Ziel ihrer Wünsche erreicht, aber es fehlte ihr noch eins, sie mußte ihren Mann noch von ihrer Unschuld und von der Grundlosigkeit seines Verdachtes überzeugen. Nachdem sie das ganze Regiment und darnach auch die ganze Armee des Königs von Dänemark gesund gemacht hatte, bat sie den General um drei Monat Urlaub, was ihr gern bewilligt wurde, denn sie sah plötzlich ganz blaß aus und magerte immer mehr ab vor innerm Herzeleid und Aufregung. Sogleich hieß sie den Burschen, d. h. ihren Mann die Koffer packen, einen ausgenommen, den er nie berühren durfte, denn darin sagte sie, wären ihre gefährlichsten Gifte und wer ihn aufmachte, wäre des Todes. Es lag aber ihr Kleid darin, welches sie getragen hatte, als ihr Mann sie so unbarmherzig geschlagen.

Als nun der Wagen angespannt war und sie fortfahren sollte, frug der Kutscher, wohin der Weg gehe. »Fahre nach

London«, rief sie, »da will ich eine Zeitlang bleiben.« Ach du lieber Gott und Herr, was soll das werden! dachte der Bediente.

In London miethete sie gleich die besten Zimmer im Hause des falschen Kaufmanns, welches früher ihr eigen gewesen war. Gegen mich hat sich Alles verschworen, dachte der Bediente, und wenn der liebe Gott mich nicht stärkt, dann unterliege ich. Dann ging er in die Kirche und betete zum ersten Mal seit dem schrecklichen Tag, wo er aus London geflohen, wieder recht aus Herzensgrund und da kam ein großer Friede und eine stille Heiterkeit über ihn und er sprach zu sich selbst: wer weiß was Gott mit mir vor hat und wodurch ich meine Leiden verdient habe; wenn ich nur nicht erkannt werde, dann bin ich gern zufrieden. Mit dem Erkennen hatte es aber keine Noth, denn er war zu sehr verändert und zudem dachte kein Mensch mehr an ihn.

Jetzt hielt der Regimentsarzt jeden Abend große Tafel und der falsche Kaufmann wurde immer dazu eingeladen; so oft er aber kam, drückte sich der Bediente in die Ecken und hielt sich so viel als möglich im Dunkel. So wurde der Arzt immer vertrauter mit dem bösen Menschen und zuletzt sagten sie gar Du zu einander.

Eines Abends ließ der Regimentsarzt von den allerstärksten Weinen auftischen, denn heut sagte er wäre sein Geburtstag. Als nun die Gäste recht lustig waren, sprach er: »Jetzt soll mir jeder zum Angebinde das pfiffigste Stücklein erzählen, welches er in seinem Leben ausgeführt hat.« »Ja das gilt«, rief der falsche Kaufmann »und ich fange an, denn ich wette hundert gegen eins, daß ich das pfiffigste Stück von euch Allen ausgeführt habe.« »Das glaube ich nicht«, sprach der Regimentsarzt, »und ich wette mein Vermögen gegen das deine, daß ich ein noch viel pfiffigeres im Sack habe.« »Ich halte dich beim Wort«, schrie der falsche Mensch und schlug ein, und er glaubte schon, des reichen Doktors Thaler in seine Geldkisten versammeln zu können. Jetzt fing er an zu erzählen, wie er vor Jahren den Kaufmann so listig betrogen und seine Wette mit ihm gewonnen habe. Ei wie da der Bediente die Ohren spitzte, und wie gern wäre er dem falschen Kerl an den Kopf geflogen, aber ehe er das konnte befahl sein Herr ihm, die verschlossene Kiste schnell ins Schlafzimmer zu tragen und im Nebenkämmerchen zu warten, bis er ihn riefe.

»Das war ein sehr pfiffiger Streich«, sprach alsdann der Regimentsarzt, »aber meiner ist noch pfiffiger. Ich muß aber, ehe ich ihn erzähle, etwas in meinem Schlafzimmer holen.« Dann ging er weg, warf Montur und falschen Bart ab und zog wieder die Frauenkleider an und da war sie wieder grade so schön, wie sie vordem gewesen. Als sie damit fertig war, rief sie dem Bedienten. Wie der erstaunte, seine Frau plötzlich vor sich zu sehn, wie er sich zu ihren Füßen, wie sie sich an seine Brust warf, und was das für Freude war, das brauche ich nicht zu sagen. Ebenso kann man sich auch wohl denken, was der falsche Kaufmann für ein Gesicht schnitt, als er sich ertappt sah und bekennen mußte, daß der Streich doch noch pfiffiger sei, wie der seine. Seit dem durfte er sich nicht mehr in London sehen lassen, vor der Frau aber zog Jedermann den Hut ab, und sie lebte noch lange und glücklich mit ihrem Manne und es waren die reichsten Leute in ganz England.

DAS SCHLOSS DES TODES.

Ein armer Mann hatte viel Kinder und demnach auch viel Gevattersleute. Da schenkte ihm seine Frau in seinen alten Tagen noch ein Knäbchen. Er sprach: »Wüßte ich jetzt nur, wen ich zu Gevatter bitten soll!« Die Frau sprach: »Den Ersten Besten, der dir vor der Thür auf der Landstraße begegnet.« Da ging der Mann hinaus, es war noch ganz früh, so daß die Sonne mit ihm herauskam, und schritt auf der Landstraße auf und ab. Kam da ein kleines greisgraues Männchen, das war gar freundlichen Aussehens und fragte den Mann: »Ei warum schon so früh auf den Beinen?« »Ich suche einen Gevatter zu meinem Kinde, wollt ihr mir vielleicht den Gefallen thun?« fragte der Mann und das Männchen sagte: »Von Herzen gern, sagt mir nur, wann die Taufe ist.« »Gleich morgen früh, wenn es euch geliebt.« »Es ist gut, ich habe dann gerade Geschäfte im nächsten Ort und werde zur rechten Zeit bei euch sein.« »Wie heißt ihr denn, Herr Gevatter?« »Ich bin der Tod«, antwortete das Männchen lächelnd, grüßte den armen Mann sehr freundlich und ging weiter. Am folgenden Morgen fand es sich zur rechten Stunde ein und hob das Kind aus der Taufe; dann sprach es: »Wenn das Kind vierzehn Jahr alt ist komme ich wieder und dann braucht ihr nicht weiter für dasselbe zu sorgen, im Gegentheil es wird für euch sorgen.« Da freuten sich die Leute, dankten dem guten Tod und er nahm freundlichen Abschied von ihnen.

Als der Knabe vierzehn Jahre alt war, kam der gute Pathe nahm ihn mit sich in den Wald und sprach: »Jetzt will ich dich zum geschicktesten Arzt in der Welt machen, mein liebes Pathenkind, höre nur fleißig zu, was ich dir sage. Wenn du zu einem Kranken kommst und ich stehe zu Häupten des Bettes, dann sage dreist: Hier ist keine Rettung. Stehe ich aber am Fußende, dann mache einen Trank aus süßer Milch und drei Körnlein Salz und in Zeit von drei Tagen ist der Kranke gesund.« Der Jüngling dankte dem guten Pathen und übte seine neue Kunst sehr eifrig, wurde hochberühmt dadurch und reich dazu. Als des Königs Tochter krank war heilte er sie und bekam Gold, mehr als ein Pferd ziehen kann, und als er der Königin Tod vorhersagte und sie auch wirklich starb, da gab ihm der König doppelt so viel und heirathete acht Tage darauf eine andre.

Als er schon ein blühender Mann war und in seinen besten Jahren stand, kam er eines Tages durch den Wald, da begegnete ihm sein Pathe und die Beiden gingen eine Strecke selbander fort. An einem Kreuzwege sprach der Tod: »Ich gehe nun rechts, gehe du links und es ist dein Glück; bald sehen wir uns wieder.« »Wohin gehst du denn?« fragte der Arzt. »Nach Hause, ich habe da zu thun«, antwortete der Tod. »Dann will ich mit dir gehen, lieber Pathe«, sprach der Arzt: »ich habe ja noch nie gesehn, wo du wohnst.« Der Tod wehrte ihm und bat ihn liebevoll, den andern Weg einzuschlagen, doch der Arzt ließ sich nicht abweisen und flehte den Tod so lange, bis dieser sprach: »Wohlan du kannst mit mir gehn bis an mein Schloß, aber nicht hinein.« Sie kamen bald auf einen breiten, gar glatten und schönen Weg, der sich weithin in den Wald erstreckte; am Ende desselben stand ein schönes Schloß, daran waren alle Läden geschlossen. Als sie am Thore standen, sprach der Tod: »Jetzt laß es genug sein, lieber Sohn, und kehre um; thue mir den Gefallen!« Aber der Arzt war jetzt gerade erst neugierig geworden zu sehn, wie es in des Todes Schloß aussähe, und wie sehr der Tod auch bat, er möge jetzt zurückkehren, er bestand darauf, bis er hinein kam. Da waren alle Zimmer dunkel und voll Lichtchen, eins am andern. »Was ist das?« frug der Arzt erstaunt und der Tod erwiederte: »Das sind die Lebenslichter der Menschen.« »Ach lieber Pathe, wo ist denn meines?« fragte der Arzt und der Tod antwortete: »Darnach frage nicht, das ist dir nicht gut zu wissen.« Da ging es aber wiederum, wie vorher, der Arzt quälte ihn so lange, bis der gute Tod ihm ein ganz kleines Lichtchen zeigte, welches nicht weit vom Verlöschen war. »Nun gehst du mir aber und bleibst keinen Augenblick mehr«, sprach der Tod ernst, »damit ich hier nicht mein Amt an dir üben muß;« und er führte ihn rasch aus dem Schloß und in den Wald zurück.

Der Arzt eilte nach Hause und wurde noch am selben Abend ernstlich krank. Als er in der Nacht einmal erwachte, schaute er sich im Zimmer um, da stand der Tod zu Häupten seines Bettes. Da wandte er sich rasch in dem Bette um und streckte dem Tode die Beine entgegen. Ruhig ging der Tod an das andere Ende des Bettes, doch da wandte sich der Arzt abermals und trieb sein Spiel also fort bis gegen Morgen, so daß der Tod trotz all seiner Güte und Freundlichkeit dessen doch endlich müde wurde. »Mit dir einem habe ich mehr Noth, als mit allen, die ich seit dem Vater Adam geholt habe«, sprach er. »Aber laß uns freundlich scheiden, sage mir, willst du heute noch leben, so gewähre ich es dir gern.« »Nur noch ein Vaterunserlang«, sagte der Arzt. »Das sei dir ge-währt«, sagte der Tod, der Arzt begann: »Vater unser, der du bist — so und jetzt bete ich fünfzig Jahre lang daran.« Da lachte der Tod und sprach: »Ich werde mich hüten, noch einen Doktor meine Kunst zu lehren.«

DER HINKELHIRT.

Es war einmal ein König von Oranien, der war Wittmann und hatte einen einzigen Sohn. Eines Tages sah er das Bildniß der Tochter des Königs von Siebenstern, das gefiel ihm so gut, daß er sie zu heirathen beschloß; er übergab also seinem Sohn die Verwaltung des Reichs und machte sich auf die Brautfahrt, noch in seinen alten Tagen. Als er schon eine gute Zeit unterwegs war, kam er eines Abends spät in ein kleines Wirthshaus am Eingang eines großen, großen Waldes. Er fragte, ob der Weg noch weit sei bis zum Königreich von Siebenstern? Da schlug der Wirth die Hände über dem Kopf zusammen und sprach: »Dahin kommt ihr euer Lebtag nicht, Herr König, sieben Tage lang müßt ihr ziehen, bis ihr wieder aus dem Walde seid und dann kommt ihr erst noch durchs Reich der Menschenfresser. Das sind ungeheure Riesen und stehen am Wege her, erst einer, dann zwei, dann vier, dann acht und so immer fort, und schlagen jeden Fremden mit ihren eisernen Stangen todt.« Da fiel dem König von Oranien das Herz in die Schuh, er ließ seinen Wagen herumdrehn und fuhr wieder heim.

Unterdeß hatte der Sohn das Bildniß der Prinzessin auch gesehen und sich noch viel ärger in sie verliebt als zuvor sein Vater. Als der alte König wieder zurück war, sagte er: »Vater, ich will fortgehn und es auch einmal probiren«, und kein Zureden konnte ihn davon abhalten. Als er in das kleine Wirthshaus kam, erzählte ihm der Wirth wieder von den Gefahren seines Weges, er aber sagte, das habe er schon gewußt, ehe er fortgegangen sei, und machte sich des andern Morgens früh auf den Weg in den großen Wald. Als er lang, lang geritten war und es schon anfing, dunkel zu werden, rief eine Stimme hinter ihm: »Prinz Ferdinand, halt still!« Er drehte sich um, da stand ein klein grau Männchen vor ihm und sprach: »Prinz Ferdinand, wenn du meinem Rathe folgen willst, so wirst du mich erlösen und die Prinzessin von Siebenstern heirathen!« Das wolle er, sagte der Prinz und das Männchen fuhr fort: »Der Wald ist eigentlich noch sieben Tagereisen lang, doch du wirst schon morgen früh herauskommen; an dem ersten Kreuzweg, den du siehst, grabe mit deinem Degen ein Loch, so wirst du drei Stücke finden, eine Kanne, ein Schwert und ein Pfeifchen. Der Wein in der Kanne gibt dir die Kraft das Schwert zu regieren, und das Pfeifchen hebe gut auf, es wird dir nützlich sein.« Wie das Männlein gesagt, so geschah's. Der Königssohn kam mit Tagesanbruch aus dem Wald und an den Kreuzweg, er grub die drei Stücke heraus, trank den Wein, hing das Schwert um und steckte das Pfeifchen in seine Tasche. Gegen Mittag kam er an die Grenze des Riesenreiches, wo der erste Wächter stand. »Was willst du, Erdwurm?« schrie der ihn an und hob die Stange gegen ihn, doch auf den ersten Hieb mit dem Zauberschwert lag er da und war todt. Ebenso ging es mit den Zweien und den Vieren, und als er an die Acht kam, so dachten sie, hat er sieben todtgeschlagen, so schlägt er auch achte todt und liefen was sie laufen konnten und so machten es die folgenden nach, so daß der Prinz ungehindert in das Königreich von Siebenstern gelangte.

Ehe er in die Hauptstadt kam, mußte er aber noch durch einen großen Wald reiten. Die Nacht überfiel ihn und er war noch mitten drin. Da sah er ein Licht, ritt drauf zu und kam in ein wunderschönes Schloß. Das Thor stand offen und oben auf dem Thurme brannte das Licht, das er gesehen hatte, es war aber Niemand zu hören und zu sehen. Er ging in den Stall, da standen die herrlichsten Pferde von allen Farben und neben jedem hing ein gleichfarbiges Geschirr. Dann stieg er hinauf in den Saal, da hingen an der Wand Kleider von allen Farben und Arten, von den köstlichsten bis zu den schlechtesten. Er legte endlich sich schlafen, des andern Morgens aber ließ er sein Pferd im Stalle stehn, zog die schlechtesten Kleider an, die er finden konnte und ging zu Fuß weiter, bis er aus dem Wald und in die Stadt zu dem König von Siebenstern kam. »Herr König«, sagte er, »habt ihr keinen Diener nöthig?« Der König sagte, es fehle ihm in der Haushaltung und dem Hofstaat Niemand als ein Hinkel-hirt, das könne er werden; wenn er aber seine Hinkel nicht alle wieder richtig aus dem Walde mitbringe, so werde ihm der Kopf abgehackt; das sei jetzt schon drei Hinkelhirten hintereinander geschehen.

Des andern Tags fuhr der Königssohn mit seinen Hühnern hinaus in den Wald, wo das wunderbare Schloß stand und konnte nicht widerstehn, einmal nach seinem Pferde zu sehn. Das that er denn, als er aber wiederkam, war die ganze Heerde auseinandergelaufen. Er wußte sich nicht zu rathen und zu helfen, bis ihm das wunderbare Pfeifchen einfiel. Er setzte es an und that einen Pfiff, da kamen von allen Seiten Hinkel geflogen, aber so viele, so viele, daß er sich vor lauter Hinkeln gar nicht mehr zu retten wußte. Er brachte die ganze Heerde wieder mit nach Haus und noch dreimal so viel dazu. Deß freute sich der König gar sehr und sprach: »Du bist mein lieber und getreuer Hinkelhirt und sollst bei mir bleiben bis an dein Ende.«

Der Königssohn hatte schon viele Wochen lang seinen Dienst versehen, da kam große Trauer in die Stadt. Denn hinter der Stadt war ein Berg und in dem Berge wohnte ein Drache, und der Drache hatte drei Köpfe und mußte alle Jahr eine reine Jungfrau fressen; anders that er's nicht, denn es gehörte zu seiner Gesundheit. So waren aber die Jungfrauen erst sehr rar geworden und dann ganz ausgegangen, so daß dießmal des Königs eignes Töchterlein dran sollte.

Als nun der Tag gekommen war, sagte der König am Morgen zu dem Königssohn: »Willst du nicht da bleiben, mein lieber und getreuer Hinkelhirt, und sehen, wie es mit meiner Tochter geht?« »Nein«, sagte der Prinz von Oranien, »das will ich nicht mit ansehen, viel lieber will ich mit meinen Hinkeln ausfahren.«

Als er aber in den Wald kam, ging er in das Schloß und zog schwarze Kleider an und sattelte sich einen schwarzen Gaul und hing sein Zauberschwert um.

Unterdessen war der alte König mit der ganzen Stadt in Trauerkleidern hinaus an den Berg gezogen und hatte seine Tochter gebunden und dem Drachen zum Fraße hingelegt. Das Ungethüm kam langsam herausgekrochen und ließ seine drei rothen Zungen vor Gier armslang aus dem Halse hängen und besann sich nur noch, mit welchem Maul es zuerst anbeißen wollte. Da sprengte auf einmal vom Berg herab ein schwarzer Ritter, hieb mit einem gewaltigen Schlag dem Drachen einen Kopf ab und verschwand eben so schnell wieder, wie er gekommen war. Als der Hinkelhirt nach Hause kam, sprach der König zu ihm: »Ach du mein lieber und getreuer Hinkelhirt, wärst du doch da geblieben, so hättest du den fremden Ritter gesehn, der unserm bösen Drachen einen Kopf abgehauen hat; aber noch zweimal müssen wir die Prinzessin hinausbringen, sonst frißt er die ganze Stadt.«

Als er des andern Morgens wieder hinaustrieb, sagte der König wieder: »Ach du mein lieber und getreuer Hinkelhirt, willst du nicht dableiben und sehen, wie es mit meiner Tochter geht?« »Viel lieber will ich mit meinen Hinkeln ausfahren.« Und dießmal zog er in dem Schlosse rothe Kleider an, nahm sich ein rothes Roß und hieb dem Drachen den zweiten Kopf ab, er sprengte aber wieder so schnell fort, daß ihn Niemand erkennen oder halten konnte. Als er heimkam, sprach der König zu ihm: »Ach du mein lieber und getreuer Hinkelhirt, wärest du doch da geblieben, heut war ein anderer Ritter da und hat dem Drachen noch einen Kopf abgehauen, aber einen hat er immer noch und die Prinzessin muß morgen wieder hinaus.«

Den dritten Tag zog der Hinkelhirt weiße Kleider an und setzte sich auf ein weißes Roß und schlug dem Drachen den dritten und letzten Kopf ab. Nun war die Prinzessin erlöst, Niemand kannte aber den, der es gethan.

Da ließ der König ein großes Turnier anstellen und verkündigen, daß der, welcher den Preis davon trüge, seine Tochter zur Frau bekommen solle und das ganze Königreich dazu. Es galt aber, mit dem Speer einen Ring von einem Querbalken hinwegzunehmen und ihn in vollem Rennen wieder hinzuhängen. Die geschicktesten Reiter fanden sich ein, aber keiner konnte es fertig bringen. Auf einmal sprengte ein kohlschwarzer Ritter mit geschlossenem Visir auf einem schwarzen Gaul in die Schranken und in einem Nu hatte er den Ring hinweggestochen und wieder an seinen Platz gehängt, dann aber sprengte er in einem Rennen zu den Schranken hinaus und fort. Das verdroß den König und sein Töchterlein gar sehr und als der Hinkelhirt Abends heim kam, sprach der König zu ihm: »Ach du mein lieber und getreuer Hinkelhirt, heute hättest du sehen können, was der schwarze Ritter, der unserm Drachen den ersten Kopf abgehauen hat, so schön turnieren und stechen kann. Er ist aber wieder durchgegangen, ich glaube, meine Tochter ist ihm zu schlecht.«

Gerade so ging es den folgenden Tag bei dem zweiten Turnier, nur daß der Hinkelhirt wieder den rothen Gaul und die rothen Kleider hatte.

Den dritten Tag aber befahl der König, wenn wieder ein fremder Ritter komme, so solle man das Thor schließen und ihn fangen, todt oder lebendig.

Dießmal kam der Hinkelhirt wieder in weißen Kleidern und auf dem weißen Pferde. Er stach den Ring noch zierlicher, als die andern Tage, verneigte sich sittsam vor des Königs Töchterlein und wollte wieder fortsprengen. Wie er sah, daß das Thor geschlossen war und des Königs Leute von allen Seiten heranliefen, um ihn zu fangen, setzte er mit einem Satze über das Thor und fort war er. Vorher hatte ihm ein alter Invalid mit dem Spieß ins Bein gestochen, aber die Spitze brach ab und blieb in dem Bein des Ritters stecken, der sich dadurch nicht aufhalten ließ. Des Königs Töchterlein aber fing an zu weinen, weil sie glaubte, jetzt müsse sie immer ledig bleiben.

Als der Hinkelhirt nach Hause kam, sprach der König zu ihm: »Ach du mein lieber und getreuer Hinkelhirt, wärst du da geblieben, so hättest du sehen können, wie der weiße Ritter durchgegangen ist, der unserm Drachen seinen letzten Kopf abgehauen hat. Aber warum blutet denn dein Bein so sehr?« Der Hinkelhirt wollte sich immer noch verstellen, doch der König ließ seinen Leibfeldscheerer rufen, der zog ihm die abgebrochene Spitze aus dem Bein und die paßte genau auf die Lanze des Invaliden. Nun kam es heraus, daß die drei Ritter Niemand anders waren als der Hinkelhirt und immer wieder der Hinkelhirt. Der aber ging in den Wald und zog seine Prinzenuniform an und kam wieder und heirathete die Prinzessin und war jetzt König von Siebenstern. Das Schloß im Wald war nun auch erlöst. Die Pferde waren wieder Grafen, Ritter, Edelleute, Musikanten, Stallknechte und Hirten, und jeder zog seine Kleider an, die in dem Saale hingen und Alle gingen dem Hinkelhirten entgegen und gratulirten ihm.

Der neue König von Siebenstern machte sich nun auch das Riesenreich unterthänig und ließ mitten durch Wald und Feld einen schönen breiten Weg machen; auf dem kam der alte König von Oranien gefahren, als er seinen ersten Enkel aus der Taufe hob.

DAS GRAUE MÄNNCHEN.

Es war einmal ein reicher Bauer. Weil er aber schon alt war und kein Kind hatte, ward er traurig und dachte: »Ich weiß doch nicht, für wen ich eigentlich schaffe.« Er ließ nun die Sachen gehen wie sie wollten und bald war mehr als die Hälfte seines Vermögens fort. Auf einen Tag lud er Holz im Walde ab, da kam ein klein grau Männlein und fragte ihn, warum er so traurig sei? Als er nun erzählte, wie es jeden Tag rückwärts mit ihm gehe und ein Acker um den andern an den Juden komme, da sagte das Männlein, er, der Bauer, habe Etwas im Hause, wenn er ihm das zu eigen gebe, so wolle er ihn wieder so reich machen, als er gewesen und noch einmal so reich dazu. Der Bauer sagte mit Freuden ja, da verkündigte ihm das graue Männchen, seine Frau gehe mit einem Kinde, das sei nun ihm verfallen und er müsse es ihm hier auf den Fleck bringen, sobald es das zwölfte Jahr erreicht hätte. Bis dahin solle er dem Kinde in Allem den Willen thun und ihm nichts befehlen.

Als der Bauer nach Haus kam und seiner Frau Alles erzählte, sagte sie Anfangs, das Männlein habe sich geirrt, doch nach und nach machte sich die Sache und nach drei Vierteljahren genas sie eines schönen Söhnleins. Zugleich mit dem Kinde kam dem Bauern das Glück ins Haus, so daß er bald nach des Männleins Versprechen doppelt so reich war, als er vorher gewesen.

Der Knabe lief den ganzen Tag im Wald umher und als er sechs Jahr alt war, mußte ihm der Vater eine Flinte kaufen, mit der schoß er Alles, was ihm in den Weg kam. Als des Buben zwölfter Geburtstag da war, sagte der Bauer zu ihm, er möge doch morgen einmal mit ins Holz fahren. Des andern Tages setzten sie sich auf den Wagen und fuhren hinaus an die bewußte Stelle. Der Alte fing nun an dürres Holz aufzulesen und allmählig ein Bündelchen daraus zu machen, immer in der Erwartung, daß das graue Männlein kommen sollte. Dem Buben währte aber das Ding bald zu lang und er sagte: »Vater macht fort, sonst bleib ich nicht da!« Der Vater sprach in seinem Sinn: »O gingst du doch!« da er ihn aber nichts heißen durfte, so schwieg er ganz still und sammelte fort, aber noch viel langsamer. »Vater«, sagte jetzt der Bub ärgerlich, »wenn du nicht fortmachst, so geh ich in die weite Welt.« »O wenn du doch gingst!« dachte der Vater und that als wenn er über seiner Arbeit einschlafen wollte. Da warf der Sohn sein Gewehr auf den Buckel und sagte: »Ade Alter«, und fort war er. Der Bauer aber war froh und fuhr heim zu seiner Frau und erzählte ihr die ganze Sache und war viel Jammerns bei ihnen über das verlorne Kind. Der Bub lief unterdessen immer lustig in die Welt hinein, doch als er aus dem Walde gekommen und noch ein paar Stunden gegangen war, kam der Hunger an ihn. Deßwegen ging er zu einem Bauer und verdingte sich als Knecht, that aber nicht lang gut. Er kam bald bei vielen Herrschaften herum und war nirgend viel Rühmens von ihm. Endlich kam er auch wieder einmal zu einer Herrschaft, da sollte er die Schafe hüten. Ehe er zum ersten Male hinaustrieb, nahm ihn die Frau bei Seite und sagte, es wäre Schad' um so ein junges Bürschchen wie Milch und Blut, und er solle sich mit seinen Schafen auf der Weide immer links halten, denn rechts im Walde sei der große Bär, der habe schon drei Schäfer vor ihm geholt. Der Bub dankte der Frau, hing sein Gewehr um und trieb sein Vieh gleich rechts und immer weiter rechts bis an den dunkeln Wald. Gleich kam auch mit fürchterlichem Brummen ein Bär gelaufen so groß wie ein Scheuerthor, mit glühenden Augen, so groß wie ein Paar Suppenteller. Der Bursch besann sich nicht lange und schoß dem Thier gerad ins Gesicht. Da stand mit einem Schlage statt des Bären eine wunderschöne weiße Dame vor ihm, die bedankte sich, daß er sie erlöst habe und sagte, er solle sich dreierlei wünschen. »Fürs Erste«, sprach da der Junge, »wünsche ich mir das Himmelreich dereinst zu erben, fürs Zweite so viel Geld als ich nur immer haben mag und fürs Dritte dich zur Frau.« »Alles sollst du haben«, sagte die Dame, »nur das Dritte kann nicht sein, denn ich bin nicht mehr ledig und habe einen Mann und drei Kinder zu Haus, ich will dir aber statt dessen die Kraft schenken, daß du dich verwandeln kannst, zu was du willst.« Und damit verschwand sie. Der junge Bursch zog seines Weges fort bis er an ein großes Schloß kam, da hieß es unten im Ort, heut über acht Tage sei etwas Großes droben vor. Der König wolle seine drei Töchter neben einander stellen; davon sehe eine aus wie die Andre und wer es riethe, welche die Älteste oder die Jüngste sei, der solle sie haben und das Königreich dazu; wer aber falsch rathe der müsse den Kopf lassen. Da verwandelte er sich in ein goldiges Vöglein und flog in den Schloßgarten, wo die drei Töchter an der Tafel saßen und speisten. Er nahm sich ein Bröcklein und flog damit fort, kam wieder und that, als wenn er immer kecker würde und ließ sich endlich von der Einen mit der Hand fangen. Da liefen sie alle drei in großer Freude ins Schloß und zeigten ihrem Vater das schöne Vöglein und Jede wollte es haben. Die, die es gefangen hatte, that es aber nicht anders, es mußte in einem goldnen Bauer in ihr Schlafzimmer gehängt werden. Als es Nacht war kam das Vöglein heraus, und wie die Königstochter erwachte, stand ein Mann an ihrem Bette. Sie schrie, daß der ganze Hofstaat, den König an der Spitze, gelaufen kam, aber der Vogel war wieder im Käfig, und der Jüngling verschwunden. Der König mit dem Hofe zog wieder ab und war sehr erzürnt, daß man ihn aus dem besten Schlafe geweckt hatte, um Nichts und wider Nichts. Als nun die Prinzessin wieder aufwachte, und der Jüngling wieder an ihrem Bette stand, schrie sie noch ärger denn zuvor. Dießmal aber drohte ihr der König, wenn sie noch einmal einen solchen Lärm anfange, wolle er ihr gewiß und wahrhaftig den Kopf abhauen. Sie getraute sich nicht mehr einzuschlafen und sah nun, wie das Vöglein aus dem Käfig kam und zum schönen Jüngling wurde. Sie erschrak zu Tode und hätte wieder geschrieen, wenn er ihr nicht mit einem Kuß den Mund geschlossen hätte. Sie wurden nun eins mit einander, und sie sagte ihm, sie sei die Jüngste, und daran könne er sie erkennen, daß ihr Taschentuch daumesbreit aus dem Schürzentäschchen herausgucken werde. Hat es denn auch wohl herausgeguckt den andern Tag bei der feierlichen Wahl? Daumesbreit nicht, aber zwei Hände lang sah es heraus, und er bekam sie und war König.

Als er das Regieren ein Wenig satt hatte, ging er wieder wie früher den ganzen Tag auf die Jagd. Er hatte einen großen, großen Forst und darin drei Teiche, einer immer weiter fort als der andre, und an dem ersten stieß er eines Tags auf eine weiße Hirschkuh, die lockte ihn fort bis an den dritten Teich, hier blieb sie stehen. Er schoß — und mit einem Schlage stand statt des Hirsches das graue Männchen da und packte ihn am Kragen. »Ich bin ja der König!« rief er. »Ei was König! ein schlechter Bauernbub bist du, ich hab damals nur keine Zeit gehabt, dich zu holen; jetzt aber bist du mein!« rief das Männchen und damit warf es ihn in den Teich, hundert Klafter tief unter das Wasser.

Als die Königin lange vergeblich auf ihren Gemahl gewartet hatte, rief sie alle Zauberer im Lande zusammen, um ihn wieder herbeizuschaffen. Lange wollte es keiner unternehmen, zuletzt sagte einer, er wolle es thun, er brauche dazu nichts als einen Spiegel und eine Sackuhr. Mit diesen beiden Stücken fuhr er hinaus an den Teich, zog einen Kreis darum und legte die Uhr ans Ufer. Dann fing er an zu beschwören, bis das Männlein heraus kam aus dem Wasser. Es ging in dem Kreise um den Teich herum, bis es an die Uhr kam, da blieb es stehn und fragte, was das sei? Das wäre eine Uhr, sprach der Hexenmeister, darin wäre etwas Lebendiges und man könne immer darauf sehn, welche Zeit es sei. Das Männlein hielt die Uhr ans Ohr und sagte, es wolle sie eintauschen. Der Zauberer erwiederte, für den König könne er sie bekommen; endlich wurden sie einig, daß das Männlein den König nur einmal zeigen und die Uhr dafür kriegen solle. Da fuhr es hinab und brachte den armen König heraus, es ließ ihn aber nur zur Hälfte aus dem Wasser heraussehn, damit es noch Gewalt über ihn hatte, und riß ihn dann schnell wieder hinunter.

Wie er es mit der Uhr gemacht hatte, so machte es der Zauberer nun mit dem Spiegel. Das Männlein freute sich gar sehr über das Glas, worin es sich persönlich sehen konnte und sagte, es hätte nie gedacht, daß es so schön sei. Der Zauberer versprach ihm den Spiegel, wenn es den König noch einmal herausheben und auf seine flache Hand stellen wolle.

Das Männlein willigte ein; wie aber der König auf seiner Hand saß, ward er auf einmal zum goldigen Vöglein und flog fort. Das Wasser schwoll ihm nach, zwei Stockwerk hoch, doch es konnte ihn nicht mehr erreichen. Da zerschlug das Männlein im Zorn den Spiegel und fuhr hinab in den brausenden See. Als aber der Zauberer heim kam, lag der König schon oben am Fenster und hatte sein liebes Ehgemahl im Arme.

DER GETREUE PAUL.

Der König von Spanien ging eines Tages auf die Jagd, aber es war kein Wild zu sehen weit und breit. Da hörte er im Walde etwas jammern und als er hinzu kam, war es ein armes Knäbchen das weinte. Er nahm das Kind in seinen Mantel, trug es mit sich in sein Schloß und ließ es mit seinem eigenen Sohne erziehen. Der hieß Ferdinand, das Knäbchen bekam den Namen Paul. Als die Beiden achtzehn Jahre alt waren und recht stattliche Jünglinge, da wollten sie sich die Welt beschauen und gingen zu Schiffe. Sie waren aber noch nicht weit gekommen, da wurde ihr Schiff von Seeräubern umzingelt und Beide gefangen genommen. Das war wohl sehr hart, aber noch härter, als sie jetzt als Sklaven verkauft wurden und in des Sultans Gärten die niedrigsten Arbeiten verrichten mußten.

Der Sultan hatte eine Tochter, die war sehr schön. Diese ging jeden Tag in dem Garten spazieren, wo die beiden Jünglinge arbeiteten, denn der lag unter ihren Fenstern. Als sie das stolze Wesen der Beiden sah und besonders Ferdinands, da dachte sie, dieselben müßten nicht von geringer Herkunft sein und fragte sie eines Tages, aus welchem Lande sie stammten? Da erzählte Ferdinand ihr Alles und das rührte sie so sehr, daß sie den Jünglingen gut wurde und ihnen manches zukommen ließ. Jetzt mußten sie ihr jeden Tag erzählen und je mehr sie erzählten um so lieber wurden sie ihr und besonders Ferdinand, bis sie endlich erkannte, daß er ihr lieber als Vater und Mutter, ja als alles in der Welt sei. Auch Ferdinand liebte sie von ganzem Herzen und berieth mit Paul, wie er mit ihr fliehen könne. Da gab ihm Paul einen trefflichen Rath, welcher sogleich ausgeführt wurde. Die Prinzessin legte sich zu Bette, sprach sie sei sehr krank. Da kamen alle Ärzte der Hauptstadt, aber keiner konnte finden, was ihr fehlte. Endlich sprach sie: »Laßt mich auf unser Lustschloß ans Meer, vielleicht wird mir da besser«, und ihr Vater ließ sie sogleich dahin bringen. Als sie dort einige Tage war, sprach sie: »Die Gärten gefallen mir nicht, denn die Gärtner verstehen nichts von den edeln Blumen, welche hier wachsen, ich will andere Gärtner.« Da sandte ihr Vater ihr andere, aber die gefielen ihr alle nicht, bis er endlich die beiden Jünglinge hinschickte; da sagte sie: »Die verstehen es.«

Jetzt harrten sie sehnsüchtig auf ein Schiff, welches sie in ihr Vaterland brächte, aber es wollte keins kommen und wollte keins kommen. Endlich sah Paul eines Abends in der Nähe ein Schiff vorbeifahren, worauf die Fahne von Spanien wehte. Schnell rief er Ferdinand zu, dieser der Prinzessin, alle drei setzten sich in einen Nachen und ruderten auf das Schiff zu. Als sie nahe bei demselben waren, rief Paul dem Schiffsherrn zu: »He Landsmann, hier ist der Prinz Ferdinand, rette ihn aus der Gefangenschaft und du sollst großen Lohn haben.« Als der Schiffsherr hörte, daß der Prinz in dem Kahne sei, hielt er sogleich an, nahm alle drei in sein Schiff auf und erwies dem Prinzen große Ehren. Dann befahl er schnell alle Segel aufzuziehn und da der Wind günstig blies, so war das Schiff bald so weit, daß es nicht leicht eingeholt werden konnte. Die beiden Jünglinge verabredeten sich aber, daß jeder eine Nacht in dem Mastkorbe sitzen und Wache halten sollte, damit der Sultan sie nicht überrasche.

Als Paul eines Abends im Mastkorbe saß, da kamen gegen Mitternacht zwei weiße Tauben geflogen, die setzten sich auf den Mast und die eine sprach: »Rucke di guck, wenn die drunten noch zwei Tage fahren, sind sie zu Hause; jetzt schon kann der Sultan sie nicht mehr einholen.« »Rucke di guck, aber zu Lande kann er ihnen schaden« sprach die andre Taube. »Rucke di guck, wie kann er das?« »Rucke di guck, durch einen Gaul, den hat er durch seine Künste in die Hauptstadt gebracht. Wenn der Prinz ihn sieht, will er ihn haben, reitet er aber drauf, so fliegt der Gaul mit ihm in die Türkei zurück.« »Rucke di guck, was ist da zu machen?« »Rucke di guck, Einer muß den Gaul todtstechen, darf aber nicht sagen warum, sonst wird er bis an die Brust zu Sandstein.« »Rucke di guck, ei was du sagst!« Als sie so gesprochen hatten, hoben sie ihre Flügel wieder und flogen weiter. Paul hatte aber Alles verstanden, denn er war im Walde geboren und hatte da den Vöglein fleißig zugehorcht, bis er ihre Sprache verstand. Jetzt dankte er Gott von Herzen für diese Gabe.

Am folgenden Abend wollte Ferdinand in den Mastkorb steigen, aber Paul sprach: »Lasset mich hinein, es ist besser so.« Da gab Ferdinand nach und Paul wachte auch diese Nacht. Gegen Mitternacht kamen abermals die zwei weißen Tauben geflogen, die setzten sich auf den Mast und plauderten zusammen. Die eine sprach: »Rucke di guck, noch einen Tag, dann sind die drunten zu Hause.« »Rucke di guck, der Prinz mag sich zu Hause in Acht nehmen« sprach die andre. »Rucke di guck, wie meinst du das?« »Rucke di guck, der Sultan schickt eine große Kreuzspinne aus, die kriecht an der Decke über den Hochzeitstisch und läßt ihr Gift in Ferdinands Becher fallen, wenn er daraus trinkt, stirbt er auf der Stelle.« »Rucke di guck, was ist da zu machen?« »Rucke di guck, wer's weiß wirft den Becher um, dann verplatzt die Kreuzspinne, sagt er aber warum er's gethan, dann wird er zu einem Salzstein.« »Rucke di guck, ei was du sagst!« Da hoben die Täubchen die Flügel wieder und flogen weg.

Am folgenden Tage landete das Schiff und da war eine große Freude in der Hauptstadt. Sobald es bekannt wurde, der Prinz sei wieder da, zog alles Volk hinaus und begrüßte ihn mit großer Freude. Als er nun seinen festlichen Einzug hielt, da mußte die Sultanstochter zu seiner rechten Seite reiten und Paul zu seiner linken, denn er sprach: »Diesen Beiden verdanke ich meine Freiheit und mein Leben und ich will sie hoch ehren bis zu meinem Tode.« Die alte Königin seine Mutter fuhr in ihrem Wagen hinterdrein. Als sie über den Markt kamen, hielt da ein Mann mit einem wunderschönen Pferde, welches dem Prinzen so sehr gefiel, daß er es sogleich kaufte und sich drauf schwingen wollte. Doch da sprang Paul hinzu, zog sein Schwert und durchstach den Gaul, daß er sogleich todt hinstürzte. Ferdinand schaute ihn erstaunt an und sprach: »Was machst du und warum verdirbst du mir meine Freude?« »Das ist der pure Neid, mein Sohn«, sprach die alte Königin, welche den Paul nie hatte leiden können, und Paul konnte nichts sagen als: »Das mußte so sein, fraget mich nicht weiter.« Da ging der Zug weiter zum Schlosse und am folgenden Tage war schon die Hochzeit. Als nun alle fröhlich an der Tafel saßen, da aß Paul nichts und trank nichts und schaute nur stets nach der Decke. »Siehst du wie er sich ärgert, mein Sohn? Das ist der pure

Neid«, sprach die alte Königin. Da sah Paul wie die Kreuzspinne aus einer Ecke des Zimmers herankroch und sich mit
ihrem schwarzen giftigen Leibe gerade über des Prinzen
Becher hing, auch wie sie das Gift fallen ließ, einen Tropfen
und noch einen und noch einen. Da griff der Prinz zu dem
Becher, aber Paul warf den Becher im selben Augenblicke
um, so daß der Wein über die Tafel floß. »Da siehst du es
deutlich, mein Sohn, daß er vor Neid nicht weiß was er thut«,
sprach die alte Königin. »Ich an deiner Stelle würde ihn
sogleich ins Gefängniß werfen.«

Nach der Tafel rief der Prinz Paul zu sich, ging mit ihm
in den Garten und sprach: »Nun sage mir doch Paul, warum
hast du denn das schöne Pferd erstochen und meinen Becher
umgeworfen?« »Das darf ich nicht sagen, darum zwingt mich
nicht dazu, es wäre mein Unglück und euch brächte es doch
kein Glück«, sprach Paul, doch der Prinz drang in ihn, er
müsse es sagen, damit die alte Königin nicht ferner so schlecht
von ihm denke. Da konnte Paul zuletzt nicht mehr widerstehen und sagte ihm, warum er das Pferd erstochen habe
und sogleich wurde er bis an die Brust zu Salzstein. »Bin ich
soweit zu Stein geworden, dann will ich es auch ganz werden« sprach er und erzählte auch, warum er den Becher umgeworfen habe und zugleich stand er regungslos da.

Da war Ferdinand sehr betrübt und jammerte laut, daß er
eine so große Treue so schlecht belohnt habe. Er ließ den
Salzstein in das Schloß tragen, ging jeden Tag zu ihm und
betrachtete ihn mit betrübten Blicken. Nach Jahresfrist
schenkte seine Frau ihm ein Kind. Da träumte ihm in einer
Nacht der Stein thue den Mund auf und sage: »Du kannst
mich erlösen, wenn du dein Kind schlachtest und mich mit
seinem Blut bestreichst.« Das war doch gar zu hart für ein
Vaterherz, welches eben erst seines Kindes froh zu werden
denkt; darum überredete er sich leicht, der Traum sei eben
nur ein Traum, wie alle andern. In der zweiten Nacht träumte
ihm aber dasselbe und da fing er an, sehr traurig darüber zu
werden. In der dritten Nacht wiederholte sich der Traum
noch einmal und der Salzstein sprach noch dazu: »Wenn du
mich heut nicht erlösest, dann bin ich für ewig zum Stein
verwünscht.« Da dachte der Prinz, er dürfe nun nicht zögern
und müsse Treue mit Treue lohnen. Er stand mit Tagesan-

bruch auf, nahm das Kind aus der Wiege, seinen Hirschfänger von der Wand und ging in die Stube, wo der Salzstein stand. Da küßte er das arme Kind noch einmal und hob das Mordmesser, um es zu schlachten, doch da war der Stein plötzlich lebendig und Paul hielt ihm den Arm, ehe noch dem Kinde ein Leides geschah. Jetzt war die Freude erst groß! Im ganzen Schloß kehrte ein anderes Leben ein, denn alle Leute hatten den getreuen Paul nun doppelt so lieb. Der Prinz aber schenkte ihm eine Grafschaft in der Nähe von der Hauptstadt und es verging kein Tag, wo die Beiden sich nicht gesehen hätten.

DER SCHÄFERSSOHN UND DIE ZAUBERISCHE KÖNIGSTOCHTER.

Es war einmal ein Schäfer, der hütete seine Schafe Tag für Tag auf einer Wiese vor einem verhexten Walde, in den er sich nie zu gehen getraute. Eines Tags war ihm seine Pfeife ausgegangen, und da er Feuer schlagen wollte, merkte er, daß er seinen Stahl verloren hatte. Zugleich sah er, daß vor ihm der ganze Wald in Flammen stand. Nach Hause laufen konnte er nicht und Feuer mußte er haben, also faßte er sich ein Herz und ging auf den Brand zu, um sich seine Pfeife anzustecken. Er war aber kaum daran, so hörte er sich ganz aus der Nähe bei Namen rufen. Er blieb stehen und sah sich um, da rief es noch einmal, es war aber Niemand da. Endlich, als es zum dritten Male rief, sah er vor sich auf der Erde eine große Schlange, die kam aus dem Feuer hergekrochen und sagte, sie wolle ihn glücklich machen auf sein Lebtag, wenn er mit ihr in den Wald gehen wolle. Der Schäfer war ein armer Kerl und sagte ja. Nun kroch das Gewürm vor ihm her, gerade in den Wald hinein; das Feuer war fort, denn es war nur ein Blendwerk gewesen, um ihn anzulocken. Sie kamen immer tiefer in den Forst hinein, endlich hielt die Schlange bei einem Haselbusch und hieß ihn eine Gerte brechen. Als er es gethan hatte, kroch sie wieder vorwärts, und der Wald ward immer dichter und dunkler. Sie kamen noch an zwei andere Haselbüsche: bei jedem hieß ihn die Schlange still halten und eine Gerte brechen, und an jede Gerte mußte er sich ein besonderes Zeichen machen, um sie nicht mit den andern zu verwechslen. Endlich, als der Wald so dicht war, daß man fast nicht mehr hindurch konnte, und der Schäfer so müd, daß ihn die Beine nicht mehr tragen wollten, standen sie vor einem hohen Schloß mit einem großen starken Thor. Da hieß ihn die Schlange mit der ersten Gerte dawiderschlagen, und alsbald sprang es auf. Sie kamen durch einen langen

dunklen Gang in einen Hof, darin stand ein anderes Schloß
mit einem noch stärkeren Thor. Er mußte mit der zweiten
Gerte dawiderschlagen, und es ging wieder durch einen
dunklen Gang in einen schönen Hof, worin ein Schloß mit
einem noch viel stärkeren Thor stand. Das mußte er mit der
dritten Gerte aufmachen. Jetzt führte ihn die Schlange trepp-
auf, treppab, bis in ein wunderschönes Zimmer. »Dein Glück
ist halb vollbracht«, sprach sie, »um es ganz zu vollbringen,
mußt du sieben Jahr lang hier in dieser Kammer bleiben und
nicht vor die Thür gehen. Auf deinem Tisch wirst du immer
Alles finden, was du nur brauchen und wünschen kannst. Das
Geschirr von deinem Essen und Alles, was du nicht bei dir
behalten willst, mußt du zum Fenster hinauswerfen, nie aber
darfst du nachsehn, wo es hinfällt.« Als sie das gesagt hatte,
machte sie sich fort zur Thür hinaus und der Schäfer wünschte
sich gleich einen ganzen Tisch voll Essen und Trinken. Er aß
und trank sich satt und warf dann das Geschirr zum Fenster
hinaus, kümmerte sich auch sehr wenig darum, wo es hinfiel.

So lebte er fort bei drei Jahre, da war die Langeweile so
groß geworden, daß er gar nicht mehr wußte, was er nur thun
sollte. Er fing an sich Gedanken darüber zu machen, was für
ein großer Haufen von zerbrochnem Geschirr wohl jetzt
unter seinem Fenster liegen müsse. Zuletzt konnte er sich
nicht mehr enthalten, und als er wieder einen Pack Teller
hinunter geworfen hatte, legte er sich hinaus und schaute
hinab. Da sah er freilich keinen Geschirrhaufen, wohl aber
einen ganzen Hof voll großer Thiere, eines immer seltsamer
und erschrecklicher anzusehn als das andere, welche die
Teller und Schüsseln mit den Mäulern auffingen und fort-
schleppten. Er machte schnell das Fenster zu, doch da klopfte
es schon an der Thür und ob er gleich nicht »herein« sagte, so
kam die Schlange doch und war sehr bös und sagte, jetzt
hätte er die Wahl, ob er gleich auf der Stelle sterben oder die
sieben Jahre noch einmal von Vorn anfangen wolle. In seiner
Angst versprach er's gern und war nur froh, daß er das Leben
behalten sollte. Da er jetzt wußte, wo das Geschirr hinkam,
kam er in keine Versuchung mehr, zum Fenster hinaus zu
sehn, und so hielt er denn die sieben Jahre richtig aus.

Als die Zeit um war, klopfte es wieder. Dießmal rief er
herzhaft: »Herein!« die Thür ging auf und herein kam ein

König mit einer goldnen Krone und hinter ihm sein ganzer Hofstaat. Das waren alle die häßlichen Thiere, die seine Teller fortgetragen hatten und jetzt erlöst waren. Sie bedankten sich gar sehr bei ihm, der König aber sprach: »Nun kannst du unter drei Stücken dir eines wählen, das du willst. Willst du ein goldnes Hemd, oder ein eisernes Schwert oder eine goldne Krone?« »Das eiserne Schwert!« rief der Schäfer, und der König sagte: »Du hast zu meinem und zu deinem Vortheil gewählt. Hättest du die Krone verlangt, so wärst du statt meiner König geworden; hättest du das Hemd verlangt, so hätte es mir und dir nichts genützt. So aber bist du durch das Schwert unüberwindlich gemacht, und ich ernenne dich zu meinem obersten General.«

Der König konnte auch einen guten General brauchen, denn sein Nachbarkönig sah kaum, daß er wieder erlöst war, so fing er auch schon Krieg mit ihm an. Das war aber sein eigner Schaden, denn er durfte so viel Soldaten hinausschikken, als er nur wollte, der Schäfer mit seinem Zauberschwert schlug sie alle todt. Der fremde König hatte aber eine gar kluge Tochter, der klagte er seine Noth, und das Mägdlein sagte, er solle sie nur gehn lassen, sie wolle es schon machen. Als es dunkel wurde, lief sie hinüber in das feindliche Lager und ließ sich fangen, und als sie vor den obersten General gebracht wurde, verliebte sich der gleich so in sie, daß er sie nicht mehr von sich ließ und sie mit sich in sein Zelt nahm. Die Nacht aber, als er schlief, stand die falsche Prinzessin auf, nahm sein Schwert das an der Zeltwand hing und lief damit hinüber zu ihrem Vater. Des andern Tages wurde das ganze Heer des Schäfers todtgeschlagen und er selber gefangen vor den feindlichen König gebracht. Der ließ ihn mit dem Beil zerhacken und packte die Stücke in eine Schachtel; die schickte er seinem Nachbar und ließ ihm einen schönen Gruß sagen, da hätte er seinen General!

Da gab es großes Wehklagen im ganzen Lande, der König aber gab die Hoffnung nicht auf, er ließ die ganze Zaubererzunft zusammenkommen und befahl ihnen, den General wieder zusammen zu setzen. Da legten die Zaubergesellen die Stücke auf einem Tisch zurecht, setzten sie aneinander und bestrichen sie mit Wundersalbe, daß sie wieder zusammenwuchsen. Nun war der General fertig bis auf das Leben, und das gab ihm der Zaubermeister. Zugleich schenkte er ihm die Gabe, sich zu verwandeln in was er wollte. Das war dem Schäfer recht. Er verwandelte sich in ein wunderschönes Pferd und ließ sich von einem Juden in das feindliche Land führen. Bald sprach Alles von dem schönen Pferde; der König sagte, das dürfe Niemand haben, als er, und kaufte es dem Juden für schweres Geld ab.

Als aber das Thier im Stalle stand und des Königs kluge Tochter es besehen hatte, sprach sie zu ihrem Vater: »Das Pferd kann ich nicht dulden, der Schinder muß ihm den Kopf abhacken!« Das hörte des Königs Köchin, die war dem schönen Thiere gut und ging zu ihm in den Stall und streichelte es und sprach dabei: »Wie dauerst du mich, daß du sterben mußt, der Schinder wird kommen und dir den Kopf abhakken.« Da hob das Pferd seinen Kopf in die Höhe und sprach: »Wenn mir der Schinder den Kopf abhackt, so sollen drei Tropfen Blut an deine Schürze springen, die mußt du mir zu liebe unter die Dachtraufe vergraben, es soll dir nicht vergessen sein.«

Wie das Pferd gesprochen, so geschah es; die Köchin begrub die Schürze mit den drei Blutstropfen unter der Dachtraufe, und des andern Morgens war ein wunderschöner Weißkirschbaum voll der schönsten Kirschen daraus hervorgewachsen. Als die Prinzessin aus ihrem Schlafgemach herunterkam, sah sie den Baum. Da ging sie zu ihrem Vater und sprach: »Den Baum im Hofe leid ich nicht, der Zimmermann muß kommen und ihn mit dem Beil umhauen.« Die Köchin hatte es aber wieder gehört und ging hinab und sprach: »Ach armer Baum, du thust mir leid, der Zimmermann soll kommen und dich mit dem Beil umhauen.« Da sprach der Baum: »Und wenn der Zimmermann kommt und mich mit dem Beil umhaut, so mußt du mir zu lieb drei Späne von mir nehmen und sie in den Teich der Prinzessin werfen.« Wie der Baum gesprochen, so geschah es; die Köchin warf die drei Späne in den Teich der Prinzessin und des andern Morgens schwammen drei goldene Enten darauf. Als die kluge Königstochter in den Garten kam und die Enten sah, so sprach sie: »Die Enten leid ich nicht.« Sie nahm ihren Bogen und schoß zweie davon todt, die dritte aber gefiel ihr so gut, daß sie sich in einen Kahn setzte und ihr nachruderte, bis sie sie gefangen hatte. Des Abends nahm sie die Ente mit in ihre Schlafkammer, wo auch das gestohlne Schwert an der Wand hing. Das that gut bis um Mitternacht, da packte die Ente das Schwert auf und flog damit fort bis in das Nachbarland. Hier wurde sie wieder zum General, der ging zu seinem König und zeigte ihm das wiedergefundene Schwert. Da gab es große Freude im Schloß und des andern Tags zog der Schäfer wieder gegen den Feind. Als die feindlichen Soldaten todt waren, eroberte er die Hauptstadt und machte den König mit seiner ganzen Familie nieder, die gute Köchin aber nahm er zur Frau und sie waren König und Königin und hielten gute Nachbarschaft mit dem andern König und wenn sie nicht gestorben sind, leben sie heute noch.

VOM RÄUBERHAUPTMANN HANS KÜHSTOCK.

Ein armer Bauersmann hatte einen Sohn. Als dieser etwa fünfzehn Jahre alt war, schickte er ihn in die Stadt, da solle er sich einen Dienst suchen und ein Handwerk lernen. Der Junge ging seines Wegs daher, als ihm ein feiner Herr begegnete und ihn fragte: »Wohin geht die Reise?« »In die Stadt, wo ich mir einen Meister suchen soll«, sprach der Junge. »So gehe mit mir, ich lehre dir ein Handwerk, das seinen Mann ernährt«, sagte der Herr und der Junge folgte ihm. Sie kamen in einen Wald und zu einer Höhle, da saßen elf Räuber und der feine Herr war der zwölfte. Er zeigte dem Jungen große Haufen von Gold und Silber, welche in der Höhle lagen und fragte ihn: »Wie gefällt dir das? So reich möchtest du auch wohl werden nicht wahr?« »Ihr versteht das schönste Handwerk auf der Welt und das einen goldnen Boden hat« sprach der Junge. »Bei euch gehe ich gern in die Lehre.« Jetzt aßen und tranken sie zusammen und waren guter Dinge bis es Abend wurde. Da gab ihm der Räuber einen Stock, vor dem alle Thüren sprangen und sprach: »Nun geh und arbeite, ob du etwas verdienst.« Da ging der Junge und arbeitete in andrer Leute Geldbeutel so lange bis er zweihundert Thaler zusammen hatte, und dabei bekam er keine Schwielen in die Hände, denn alle Schlösser öffneten sich ihm, sobald er sie nur mit dem Stock berührte. Als er in die Höhle zurückkam und seinen Verdienst auf den Tisch zählte, sprach der eine Räuber: »Viel ist's zwar nicht, aber immer doch etwas, morgen mußt du fleißiger sein.« In der folgenden Nacht brachte er dreihundert Thaler mit und der Räuber sagte: »Dießmal geht's schon besser, aber man merkt dir noch immer an, daß du ein Anfänger bist.« Da kam er in der dritten Nacht mit vierhundert Thalern wieder. »Du machst schon Fortschritte«, sprach der Räuber, »und von heut an bist du Geselle. Du kannst aber die Nacht noch Meister werden, wenn du Muth hast. Heute ist einer von uns gegangen, um einen Ochsen zu stehlen, wenn du ihm den unterwegs nimmst, dann bist du unser Mann.« »Es kommt auf einen Versuch an«, sprach der Junge, »laßt mich mir nur etwas aussuchen, was ich dazu nöthig habe.« Da ging er tiefer in die Höhle, nahm sich eine silberne Säbelscheide, verkleidete sich in einen Bettler und machte sich auf den Weg. Im Walde setzte er sich an die Landstraße hin und legte die Scheide neben sich. Bald kam der Räuber mit dem Ochsen daher; als er die Säbelscheide sah, blieb er stehn und fragte: »Ei was hast du da? wie kommst du zu der prächtigen Scheide?« »Ich fand sie im Walde«, erwiederte der Bettler. »Wo die Scheide lag muß auch der Säbel sich finden«, sagte der Räuber. »Halte mir den Ochsen auf ein paar Augenblicke, ich will doch sehn ob ich ihn nicht finde.« Und er eilte in den Wald um zu suchen, unterdessen trieb der Junge den Ochsen der Höhle zu, wo ihn die Räuber als ihren Meister begrüßten und ihn sogleich zum Hauptmann der Bande ernannten. Da er das Handwerk so schnell gelernt hatte, stieg ihm der Stolz zu Kopfe und am folgenden Morgen sprach er: »Ich gehe einmal zu meinem Vater und bleibe zwei Tage aus, in der Zeit darf jeder von euch thun was er will; wenn ich wiederkomme, bringe ich Arbeit für euch mit.« Er ließ sich sein Pferd satteln, schwang sich in schönen Kleidern drauf und ritt nach Hause zu. Sein Vater traute seinen Augen nicht, als er ihn sah und fragte erstaunt: »Wie kommst du zu dem Reichthum?« »Durch meinen Eifer und meine Arbeitsamkeit«, sprach der Junge. »Ich bin schon Meister und arbeite mit zwölf Gesellen Nacht und Tag, was gibst du, was hast du.« »Ei seht mir doch den Jungen an, was schaffst du denn?« »Leere Beutel, lieber Vater.« »Also bist du ein Spitzbub?« rief der Alte entsetzt; »dann mach nur daß du mir aus dem Hause kommst, sonst überliefere ich dich selbst dem Gericht.« »Wie ihr wollt, ade Vater«, sprach Hans, saß wieder auf sein Roß und ritt weiter, nachdem er noch einen Beutel voll Geld auf den Tisch geworfen hatte.

Unterwegs kehrte er in ein Wirthshaus ein, ließ sich einen Schnaps geben und fragte: »Was Neues?« »Nicht viel« sagte der Wirth, »außer daß gestern zwölf Räuber gefangen worden sind; das sollen aber nur die Gesellen sein, dem Hauptmann sind die Soldaten auf der Fährte, der heißt Hans Kühstock.«

»Heißt der so, dann weiß ich wo er ist und wir wollen ihn bald haben«, sprach Hans. »Gestern hat er mir erst im Walde die Taschen geleert. Gebt mir nur schlechte Kleider und einen Esel, dann locke ich ihn in euer Haus.« Der Wirth that es mit Freuden und Hans zog weiter, kaufte auf dem nächsten Bauernhof zwei Körbe mit Eiern Käse und Butter und trieb damit zur Hauptstadt. Da kam er an dem Thurm vorbei, worin die zwölf Kerle gefangen saßen und sah, wie sie an den Gitterfenstern lagen und Trübsal nach Noten bliesen. Er hielt seinen Esel an, guckte hinauf und rief: »Gelt, ihr habt gestohlen? Was seid ihr für dumme Teufel! Wißt ihr denn nicht, daß ehrlich am längsten währt?« Da ärgerten sich die Spitzbuben, er aber lachte sie aus und verspottete sie, bis sie vor Zorn vom Fenster wegliefen. Das that er ihnen aber darum, weil sie ihn verrathen hatten.

Vor der Stadt wohnte ein Leinweber, der war blutarm und nagte am Hungertuch. Hans Kühstock, der das wußte, ging zu ihm und schenkte ihm die Eier und den Käse. »Hör 'mal Bruderherz« sagte Hans, der das Stehlen nun einmal nicht lassen konnte; »ich bin arm und du bist arm und der König hat Geld mehr als zu viel; wie wäre es, wenn wir ihm ein paar Taschen voll davon abnähmen? Ihm thut's nichts und uns thut's sehr viel.« »Ach du scheinst mir einer von denen zu sein, die nur glühend Eisen und Mühlsteine liegen lassen«, sprach der Leinweber, »aber ich bin's zufrieden; ehrlich bin ich lang genug gewesen und habe es zu nichts gebracht; da werde ich einmal zur Abwechslung Spitzbub. Wie kommen wir aber in die Schatzkammer?« »Dafür laß mich sorgen« antwortete Hans.

Abends gingen Beide an den Thurm, wo die Schatzkammer war; an der Erde hatte sie ein Fenster, das war mit drei eisernen Läden verschlossen. Hans hielt seinen Stock daran, da sprangen sie alle auf und Beide stiegen hinein. Hans nahm eine gute Hand voll Geld, der Leinweber stopfte sich aber beide Taschen voll; dann gingen sie ruhig wieder nach Hause. Als der König Morgens in die Schatzkammer kam und den Diebstahl bemerkte aber alle Fenster und Thüren geschlossen sah, ließ er die zwölf Spitzbuben zu sich kommen und fragte sie, wie der Dieb wohl in die Kammer gelangt sein könne? Die untersuchten die Fenster und sahen gleich, wo der Fehler war. »Hans Kühstock ist hier gewesen« sprachen sie, »und durch dieß Fenster gestiegen.« Der König versprach ihnen die Freiheit, wenn sie ihn fingen; da legten sie Fallen und Schlingen an das Fenster und versicherten den König, morgen würde Hans Kühstock in seinen Händen sein.

Als es gegen Abend ging, sprach der Leinweber: »Das eine Mal war nicht der Mühe werth, komm laß uns mehr holen.« Da gingen sie zu dem Thurm, Hans Kühstock hielt seinen Stock an das Fenster und es sprang auf. »Laß mich zuerst hinein«, sprach er zu dem Leinweber, »es möchte drin nicht richtig sein und du verstehst dich noch schlecht aufs Handwerk.« »Weg da, ich will dir beweisen, daß ich Muth habe«, sagte der Leinweber und ging in die Falle. »Da siehst du wer Recht hatte«, sprach Hans Kühstock. »Aber wart ich helfe uns Beiden, drehe nur den Kopf einmal herum.« Der Leinweber that's und ritsch schnitt der Räuber ihm den Kopf ab, nahm sich die Taschen voll Geld und ging mit dem Kopfe seiner Wege zu des Leinwebers Haus zurück. Am Morgen kam der König in die Schatzkammer, da lag der blutige Leichnam. Er ließ die Räuber kommen, welche die Leiche untersuchten. »Das ist er nicht«, sprachen sie, »aber wenn man die Leiche an den Galgen hängt, dann kann man ihn fangen, denn er wird trachten, dieselbe zu stehlen; darum muß eine starke Wache dabei aufgestellt werden.«

Dieß geschah, aber Hans Kühstock lachte den König heimlich aus und dachte, so gescheit sei ein guter Spitzbub wohl, daß er nicht in diese dumme Falle gehe. Er zog des Leinwebers alte Kleider an, kaufte sich zwei kleine Fäßchen mit Branntwein, worein er starken Schlaftrunk goß, und lud sie auf seinen Esel; dann ließ er vom Schneider zwölf Pfarrersröcke machen, packte sie ein und lud sie zu den Fäßchen; also zog er als es dunkel wurde dem Galgen zu, indem er schrie: »Lebenstrank! Wer kauft Lebenstrank?« Als die Soldaten, deren zwölf auf Wache standen ihn sahen, riefen sie ihm zu und ließen sich einschenken und der Branntwein schmeckte ihnen so gut, daß das Fäßchen bald leer wurde. Da sanken sie einer nach dem andern um und schliefen wie die Klötze. »Jetzt ist die Reihe wieder an mir«, sprach Hans Kühstock, zog ihnen ihre Montur aus und lud sie nebst den Gewehren, Säbeln und dem Leichnam auf seinen Esel, dann zog er ihnen die Pfarrersröcke an und trieb dem Leinewebers-häuschen zu.

Morgens wachten die Soldaten auf und da kann man sich denken, was sie für Augen machten. Anfangs wollten sie alle desertiren, aber da sprach einer von ihnen, der ein durchtriebener Pfiffikus war: »Bleibt ruhig hier, ich mache Alles gut.« Er ging in seinem Pfarrersrock zum König, warf sich ihm zu Füßen und sprach: »Herr König, ach schenket mir und meinen Mitbrüdern das Leben! Wir haben es nicht verdient, aber wir hoffen, ihr werdet uns gnädig sein.« Der König war sehr erstaunt und sprach: »Herr Pfarrer, ich schenke es euch gern, weiß aber nicht, was ihr verbrochen haben könnt.« Da stand der Soldat auf und erzählte Alles. Der König lachte zwar über den neuen Streich des Räubers, aber innerlich ärgerte er sich doch, ließ die zwölf Spitzbuben kommen und drohte ihnen, sie würden sofort Alle an den Galgen gehängt, wenn sie ihm nicht ein sicheres Mittel sagten, den Hans Kühstock zu fangen. Da riethen sie, der König solle die ganze Gegend umzingeln und alle Häuser durchsuchen lassen, wenn man ihn dann nicht finde, dann müßten sie sich in ihr Schicksal ergeben. Der König ließ alsbald seine Befehle ergehn und alle Leute wurden den zwölf Spitzbuben vorgeführt und alle Häuser durchsucht. Aber Hans Kühstock fand sich nicht, der war längst über alle Berge, um anderswo seine Kunst zu betreiben; wo er aber sein Nest gehabt hatte, das erfuhr der König, als man des Leinwebers Haus durchsuchte. Am folgenden Tage mußten die zwölf Spitzbuben baumeln.

DAS BESTE ESSEN
VON DER WELT.

Es wurde einmal vor Alters in einem Dorfe erzählt, der Pfarrer habe am Sonntage in der Predigt gesagt, weiße Rüben und Hammelfleisch wäre das beste Essen auf der Welt. Das hörten denn auch drei Männer aus dem Ort, die hießen Christoph, Max und Caspar, und die nahmen sich vor, sie wollten einmal sehn, ob das auch mit dem Essen die Wahrheit wäre. Weil sie aber keinen Acker und auch keine Schafe hatten, so sollte in der nächsten Nacht der Christoph, der ein starker Mann war, ins Feld gehn und einen Sack voll weiße Rüben langen, und der Max und der Caspar wollten unter der Zeit an den Pferch gehn und einen Hammel stehlen. Auf dem Kirchhof an der Kirchenthür wollten sie darnach wieder zusammenkommen. Wie verabredet, so ist's auch geschehen. Der Christoph ging, wie es Nacht geworden war, mit seinem Sack auf einen Weiße-Rüben-Acker, und die zwei Andern machten sich auf den Weg nach dem Pferch. Da mußten sie aber an einem Sumpf vorbei, und wie sie daran kamen, so quakste just ein Frosch. »Hörst Du's?« sagte der Max zum Caspar und war ihm angst, »der Schäfer ist wach und ruft: Max! Max! Ich kann jetzt nicht mitgehn, der Schäfer kennt mich. Geh du lieber allein hin! Dich kennt er, scheint's, nicht und hat dich auch nicht gesehn.« Damit kehrte der Max um, ging ein wenig zurück und wollte da warten, bis dann der Caspar mit dem Hammel käme. Der Caspar hergegen ging allein fort und kam bis nahe an den Pferch. Da hustete aber gerade ein altes Schaf und das hat gelautet, als wenn eins gerufen hätte: Casper! Wer da fortlief, das war der Caspar, und er sprang so flink, daß er bald zu dem Max kam. »Max!« sagte er zu dem und war außer Odem und schnaufte, »denk dir einmal an, der Schäfer hat auch mich gekannt, denn er hat mir ganz laut Casper zugerufen. Wir können den Hammel nicht langen, der Schäfer kennt uns alle beide. Wir müssen uns jetzt an den Christoph machen, daß der hingeht.«

Das war der Max zufrieden und so gingen sie fort an die Kirchenthür. Der Christoph war schon da mit seinem Sack und sie erzählten ihm die ganze Geschichte, wie sie den Hammel nicht brächten, weil der Schäfer sie kenne und ihnen mit ihren Namen zugerufen habe. Dann redeten sie dem Christoph zu, er wäre noch nicht lang in dem Orte, der Schäfer kenne ihn noch nicht, und er solle auch nach dem Hammel gehn. Der Christoph war im Anfange böse, daß sie ihre Sache nicht ausgeführt hatten; er habe gethan, was er zu thun gehabt hätte, und er lange den Hammel nicht. Sie aber redeten ihm noch mehr zu, und sagten, sie wollten derweil, bis er den Hammel brächte, die weißen Rüben schälen. Nun, der Christoph ist ein guter Mann gewesen und ging fort. Jetzt setzten sich die Zwei an die Kirchenthür und machten sich an das Schälen. Unter der Zeit wird es Morgens vier Uhr, wo zu Tag geläutet werden muß. Da kommt der Schulmeister und will läuten. Wie er aber an der Kirchenthür die Zwei sieht, so wird's ihm angst, denn er glaubt, es wären Geister von den Todten und läuft ans Pfarrhaus und klopft, was er klopfen kann. Endlich erwacht die Köchin und macht ihm die Thür auf. Er weckt nun den Pfarrer und sagt in einer Hast: »Herr Pfarrer, Sie müssen mit mir! Vor der Kirchenthür sind zwei Geister, die lassen mich nicht in den Thurm, daß ich zu vier Uhr läuten kann. Sie müssen mit und müssen die Geister vertreiben.« Der Pfarrer aber, der das Podagra hatte und nicht fort konnte, gab zur Antwort: »Wie kannst du mir nur zumuthen, daß ich mit dir gehn soll! Ich bin ein armer gebrechlicher Mann und kann nicht fort. Du mußt sehn, wie du's allein fertig bringst, ich kann dir nicht helfen.« Doch der Schulmeister, der nach der alten Observanz zu Morgen läuten wollte, setzte dem lahmen Mann hart zu und sagte: »Nein, Sie müssen mit, Herr Pfarrer! Sie müssen mit! Wenn Sie nicht gehn können, so hängen Sie sich auf meinen Rücken, dann will ich Sie auf den Kirchhof hockeln.« Da nun der Schulmeister nicht von der Stelle ging und dem Pfarrer immer mehr zusetzte, so stieg der endlich auf, that sich an, und hing sich dem Schulmeister auf den Rücken. So ging's dann bis auf den Kirchhof. Die Zwei, die an der Kirchenthür saßen und noch weiße Rüben schälten und die Schalen hüben und drüben hinaus warfen, sahen in der Dunkelheit, daß da einer mit einer Last auf dem Rücken kam und glaubten nicht anders, als das wäre der Christoph mit dem Hammel. Da rief gleich der eine: »Hast ihn?« und der andere: »Nun, so bring ihn her, dann wollen wir ihm gleich den Hals abschneiden!« Als das der Schulmeister hörte, so wurde es dem so angst, daß er den Pfarrer von seinem Rücken herunterwarf und lief, was er nur laufen konnte. Der Pfarrer aber, dem es gerade so angst war, vergaß sein Podagra, machte sich geschwind auf die Beine, lief hinter dem Schulmeister drein und wäre schiernächst vor ihm gekommen. Nicht lang darnach kam der Christoph wirklich mit dem Hammel und sie haben sich auf den Mittag die weiße Rüben und Hammelfleisch zurecht gemacht und nach der Mahlzeit gesagt, ja, das wär das beste Essen auf der Welt.

FÜRCHTEN LERNEN.

In einem Dorf war ein Mann, der war nur ein Bauer, aber Geld hatte er genug und einen einzigen Buben dazu. Auf den hielt er große Stücke und dachte, er wolle ihn was Rechtes lernen lassen für sein Geld, damit er einen gelehrten Sohn an ihm bekäme. Also ging er zum Schulmeister und ward einig mit ihm über das Lehrgeld, daß der Peter außer der gewöhnlichen Schule noch alle Tage seine Extra-Stunden haben und selber auf den Schulmeister studiren sollte.

Von Stund an saß der Junge vom frühen Morgen bis in die Nacht hinein in dem Schulhaus und alle Samstag bekam er ein Zeugnis mit nach Hause, wie viel er's schon weiter gebracht hätte, also daß der Alte ganz zufrieden damit war. Auf einen Abend aber schickte ihn der Bauer noch hinaus auf den Acker, ein Bündel Klee holen, das aus Versehen war liegen geblieben. Als nun der Junge draußen das Bündel aufheben wollte, war es ihm zu schwer und sah er sich um, ob Keiner da wäre, der ihm dazu helfen wollte. Mit einem Male stand ein dunkler Mann neben ihm, hob ihm das Bündel auf den Kopf und frug dabei — es war schon recht dunkel — ob er sich denn nicht fürchte, so allein auf dem Feld? »Fürchten?« — der Peter hatte noch nichts davon gehört und wußte nicht was es heißen sollte, also gab er dem Mann keine Antwort und ging ruhig heim. Bei dem Alten aber erzählte er die Geschichte und frug ihn, was denn der Mann wohl damit habe sagen wollen? »Weißt du denn nicht, was Fürchten ist?« sprach der Bauer. »Nein« sagte der Peter, da schlug der Alte die Hände über dem Kopf zusammen und rief: »Der Schulmeister muß mir mein Geld wiedergeben! Schon ein Jahr geht der Bube zu ihm und weiß noch nicht was Fürchten ist!«

Des andern Morgens in aller Früh kam er mit seinem Peter an der Hand ins Schulhaus und »wenn ihr ihn bis morgen nicht gelehrt habt was Fürchten heißt« sprach er zum Schulmeister, »so müßt ihr mir mein Geld wiedergeben!« »Gebt euch zufrieden« sprach der Lehrer, »bis morgen früh soll er's aus dem Fundament verstehn.«

Da es nun gegen die Nacht ging, führte er den Peter in die Kirche und schloß das große Thor hinter ihm zu. Dadrinnen konnte einer das Fürchten freilich lernen wenn er gesund wieder davon kam, denn es war von Alters her nicht richtig in der Kirche. Der Peter nun stieg wohlgemuth auf die Emporbühne, legte sein Wamms unter den Kopf und fing an zu schlafen — aber nicht lange; denn auf einmal fing es in der alten Kirche zu krachen, zu tappen und zu rumpeln an, als wenn alle Kirchenstühle wären lebendig geworden, dann stiegen drei schwarze Männer hinter dem Altar hervor und kamen hinauf auf die Emporbühne zum Peter. Der Junge hob sich auf dem Ellenbogen in die Höh und war neugierig, was die drei Kerls denn eigentlich wollten — da stellten sie ein Kegelspiel hin, fingen an zu schieben, und Einer rief: »Junger Knabe setz uns die Kegel auf!«

»Meinetwegen!« sprach der Peter, stand auf und that wie ihm geheißen, als aber die Dreie ihre Kugeln alle hinuntergeschoben hatten, rief er: »Wer aufsetzt darf auch kegeln, jetzt bin ich an der Reihe!« Dabei nahm er die Kugeln und warf eine nach der andern hinauf, den Männern zwischen die Beine, dann erwischte er die Kegel und fing an, sie den Geistern auf die Köpfe zu schleudern, zuerst den König, dann die andern. Sie warteten aber den neunten nicht ab, sondern machten sich aus dem Staub, und nun konnte der Peter ruhig weiter schlafen, bis der helle Morgen zum Kirchenfenster hereinschien.

Da kam denn auch der Schulmeister um den Tag anzuläuten und war ganz begierig, nachzusehn, ob denn dem Jungen das Genick nicht abgedreht sei. Der Peter aber gähnte ihn recht faul und verdrießlich an, und als ihn der Lehrer frug: ob er jetzt wisse was es mit dem Fürchten zu bedeuten habe? »Nein« sprach der Bube »es waren so ein paar schwarze Kerls da und haben mich geheißen die Kegel aufsetzen, aber von dem Fürchten hat Keiner was zu mir gesprochen.« Da hieß ihn der Schulmeister einen vernagelten Dummkopf, tröstete aber den alten Bauern, als der hinzukam, er solle sich nur zufrieden geben und es abwarten bis zum andern Tag, er wollte es noch weiter versuchen mit dem Jungen.

Sobald es dunkel ward, mußte mein Peter wieder allein in der Kirche bleiben. »Dießmal sollen sie mich in Frieden lassen« sprach er und stieg hinauf, ganz oben auf die Orgel, damit er seine ordentliche Nachtruhe hätte. Es hatte aber kaum eilf Uhr auf dem Thurm geschlagen, so ging das Getös wieder los, nur dießmal viel ärger als in der vorigen Nacht, und auf einmal kam eine pechschwarze Dame mit einem großen feuerfarbenen Umhängetuch hinter dem Altar vor und ließ sich auf die Kniee fallen, gleich als ob sie eifrig beten wollte. »Zu unserm Herrgott betet die gewiß nicht« sprach zu sich selber der Peter, »aber das goldige Umhängetuch sollte meiner Schwester auch nicht schlecht stehen, wenn sie Sonntags darin spazieren ginge.« Wie er nun trotz seiner Bequemlichkeit doch eigentlich ein naseweiser Bursch war, kletterte er leise von seiner Orgel herab und schlich sich von hinten herbei an das knieende Weibsbild, riß ihr auch in einem Nu das Tuch von den Schultern herab und sprang wie ein Eichhorn wieder hinauf auf sein Plätzchen. Gar jämmerlich bat ihn da die Dame, er solle ihr doch das Tuch wieder herabwerfen, sie hätte ja kein anderes mehr, aber hinauf konnte sie nicht und dort unten redete sie dem Peter lange gut. Er legte sich wieder ruhig aufs Ohr bis zum anderen Morgen, und als der Alte mit dem Lehrer hineinkam hatten sie wohl Mühe ihn droben zu finden und aufzuwecken, aber im Fürchten hatte er es noch um kein Haar breit weiter gebracht. Dießmal war der Schulmeister fuchswild und sprach es sei an dem Bengel Hopfen und Malz verloren; aber zum dritten Male sollte es denn doch noch mit dem dummen Peter probirt werden.

In der dritten Nacht war es dem Jungen doch nicht so ganz einerlei und es kam ihm beinahe vor, als wenn er doch vielleicht etwas von dem Fürchten lernen könnte. »Ich will mich in des Herrn Pfarrers Stuhl setzen« sprach er, »dadrinnen bin ich sicher, wenn mich das Weibsbild auf der Orgel sucht.« Gesagt, gethan; er schlief auch bald wieder ein, aber da that es auf einmal einen Schlag, daß alle Fenster zitterten und ein gelber Schein fuhr von oben herunter. »Man meint, der Teufel wolle selber kommen und Kirche halten« dachte der Peter und so war es auch ungefähr, denn der Teufel fuhr herab in leibhaftiger Gestalt und setzte sich dicht neben den Peter, in den Stuhl bei dem Pfarrsitz. Der Junge war so still wie eine Maus, der Böse aber langte in seinen Rocksack, brachte einen Pack Papier heraus und fing an, darin herumzublättern. Das waren lauter Handschriften von vornehmen und geringen Leuten, die sich dem Teufel sündhaft verschrieben hatten. Wie er nun so damit handthierte und sie nachzählte, ließ er aus Versehen ein paar davon auf den Boden fallen. Das merkte sich der Peter; eh es der Schwarze gewahr wurde, hatte er sie aufgerafft und eingesteckt und der Böse fuhr wieder hinaus, ohne ihn gesehn zu haben. Als aber am Morgen der Schulmeister kam, erzählte er ihm alles: die Papiere da hätte er sich aufgelesen, und des Herrn Schulmeisters Name stehe ja auch darauf.

Da riß ihm der Lehrer in großem Zorne die Handschrift weg und sprach zu dem alten Bauern: er wolle ihm das Lehrgeld für seinen ungerathenen Sohn wiedergeben, für den Jungen wisse er ihm aber keinen andern Rath mehr, als daß er ihn fortschicke in die weite Welt, denn alle Mühe und Weisheit sei an ihm verloren, wenn ihm nicht in der Fremde ein Licht im Kopf aufginge. Also gab der Alte dem Buben zweihundert Gulden und hieß ihn nicht eher wiederkommen, als bis er ein gescheiter Mann wäre.

Der Peter verwunderte sich selber, daß ein Mensch so dumm sein könnte wie er, war deßhalb Alles zufrieden, nahm sein Geld und ging. Als er über drei Feldwege gegangen war, kam ihm ein Junge mit einer Heerde Schweine entgegengefahren. »Geh mit mir in die Welt« sprach der Peter, »was brauchst du die Schweine zu hüten, ich habe so viel Geld, daß es gar nicht all werden kann!« Der junge Schweinehirt sagte zwar anfangs, er müsse heim zu seinem Brodherrn, ließ sich aber bald überreden und ging mit.

So marschirten denn die Zweie einträchtiglich in die Welt hinein, bis es Abend wurde und sie Hunger bekamen. Da war ringsum nichts mehr als Wald und Wald! Endlich kamen sie an ein Schloß, und weil die Thür offen stand, gingen sie auch hinein und betrachteten sich Alles. Keine lebendige Seele war darin zu finden, nur in dem Hofe lief Geflügel von jeder Art herum: Gänse, Hinkel und welsche Hühner. Mein Peter, nicht faul, hob Steine auf und warf ein paar Stück von dem Federvieh todt. »Nun haben wir zu essen« sprach er, ging mit dem Schweinehirten in die Schloßküche und machte sich ein Feuer an. Dann stellten sie einen Kessel bei, rupften das Geflügel und fingen an, es zu kochen.

Wie es aber in dem Kessel kochte, daß es ein Vergnügen war, kam der Schloßherr nach Haus und das war Niemand anderes als der Teufel selber. Schon in dem Hofe fing er an zu riechen und zu schnuffeln, und als der Peter gerade mit der Gabel in den Kessel fuhr, um sich etwas herauszulangen, stand mit einemmale der Schwarze dabei und sprach: »Da will ich mitessen.«

»Geh erst hinaus und werf dir was von dem Federvieh todt, sonst kannst du's nicht kochen« sprach der Peter »und wenn du nichts zu kochen hast, hast du nichts zu essen, denn wenn du was von mir kriegst, will ich mein Lebenlang ein dummer Kerl bleiben.« Also machte sich der Teufel wieder hinunter in den Hof und fing an zu werfen aus Leibeskräften, weil er großen Hunger hatte, kam aber bald wieder hinauf und sprach: »Ich kann nichts treffen.« »Das kommt von deinen dicken Klauen« sagte der Junge, »aber geh hin und hol mir den Schraubstock dort, ich will dir aus Gefälligkeit die Nägel schneiden.« Da hatte der dumme Teufel nichts Eiligeres zu thun, als wirklich den Schraubstock herzubringen und seine schwarzen Pfoten hineinzulegen. »Halt still« sprach der Peter, drehte zu mit allen Kräften und der Böse war gefangen, die beiden Jungen aber griffen nach ihren Stecken und prügelten auf ihn hinein, wie auf einen störrigen Esel. »Laßt mich heraus!« schrie der Böse »so will ich euch geben was ihr nur haben wollt!« Lange half ihm kein Heulen und kein Schreien, endlich sprach der Peter, er wolle ihn loslassen, wenn er ihm die Verschreibung geben wolle über das ganze Schloß, daß es sein eigen wäre mit Allem, was er drin fände. Der Böse war es zufrieden, und gleich lag auch schon die Handschrift auf dem Tisch. Da wollte der Schweinehirt den Schraubstock aufdrehen, aber »Halt!« rief der Peter »ich will erst sehn ob es seine Richtigkeit hat; ich kann Geschriebenes lesen und bin nicht umsonst beim Schulmeister in der Lehre gewesen.« Also las er die Verschreibung nach und fand, daß der Böse ihn hatte betrügen wollen, denn die Handschrift lautete nur auf die Scheuer und den Seitenbau, nicht aber auf das ganze Schloß. »So gescheit wie du sind wir auch noch« sprach der Peter »aber die Schläge sind noch nicht all« und damit fingen sie von neuem zu prügeln an, so daß nur der Teufel es bei lebendigem Leibe abhalten konnte und ließen nicht eher nach, bis er ihnen die richtigen Verschreibungen herausgegeben hatte, über das ganze Schloß und alle Äcker, die dabei lagen und den Wald der dazu gehörte. Als sie alle Papiere richtig hatten sagte der Peter: »Dafür sollst du herauskommen, aber nicht gleich, sondern morgen bei lichtem Tag, wenn du keine Gewalt über uns hast; wir wollen einstweilen die Zimmer nachsehen, ob Alles richtig ist.« Somit gingen sie im ganzen Schloß mit Licht herum und mit dem Schlüsselbund, den ihnen der Böse auch hatte geben müssen und schlossen an allen Zimmern die Thüren auf. Als sie aber in das letzte Gemach kamen, traten ihnen drei kohlschwarze Damen entgegen, erzählten ihnen, sie seien drei Prinzessinnen die der Teufel also hierher verwünscht hätte, und da sie hörten, wie Alles zugegangen, baten sie gar sehr die beiden Jungen, sie möchten doch dem Bösen noch ein wenig besser zusetzen, auf daß er sie wieder weiß machen müßte, wie sie zuvor gewesen. Das ließ sich der Peter nicht zweimal sagen, und die letzten Schläge wurden die besten. Je mehr aber der Böse schrie und jammerte, desto mehr verlor sich an den Damen die schwarze Farbe vom Leib und von dem Angesicht, und bald standen statt der drei schwarzen Weibsleute drei wunderschöne, strahlende Prinzessinnen da. Sie bedankten sich gar sehr bei den Beiden, baten sie aber, den Teufel jetzt loszulassen, weil es schon heller Morgen war. Der Peter hatte den Schraubstock aber noch nicht halb aufgedreht, so riß sich der Böse schon heraus, ließ die Haut und die Nägel von den Krallen darin hängen und fuhr hinaus in seinen Wald. Denn so dumm er war, hatte er den Peter doch angeführt und hatte sich die Verschreibung über ein kleines Stück von dem Walde zurückbehalten.

Der Peter und der Schweinehirt wurden nun bald einig mit den drei Prinzessinnen, also daß sie die beiden ältesten heiratheten und die dritte als Magd im Schlosse blieb. So lebten sie miteinander in Lust und Vergnügen, aßen und tranken gut und gingen zur Unterhaltung auf die Jagd. Eines Tages aber begab es sich, daß der Peter einen Hasen angeschossen hatte und mit dem Schweinehirten eifrig hinter drein lief, bis in das Stück Wald hinein, das der Teufel noch in seiner Gewalt hatte. Das kam dem Bösen recht! Er hatte schon lange dagesessen und gewartet. Nun kam er mit großen

Schritten herangegangen und frug den Peter: »Was machst du hier in meinem Walde?« Da stellte der Peter seinen Kameraden den Schweinehirten auf den Kopf, faßte seine Beine mit den Händen und klappte sie auf und zu wie einen Schraubstock: »Willst du wieder hinein?« Da entsetzte sich der Teufel so sehr, daß er fortlief, so schnell er konnte und ist nimmer wieder gekommen.

DES GOCKELS HOCHZEIT.

Als der Weltschluß geschlossen war und alle Thiere ge-
schaffen waren, da paarten sie sich und der Gockel hielt
Hochzeit mit dem Hinkel. Er hatte aber viel Gäste dazu
geladen, alle Hinkel von fern und nahe. Als das Gastmahl
vorüber war, führten die jungen Eheleute ihre Gäste in ihre
Gärten und Wälder und der Gockel sprach stolz: »Das Alles
gehört mein.« Gretchen das Hinkel aber sagte: »Wir sind
junge Anfänger und der Winter droht hart zu werden, darum
könntet ihr alle uns helfen Eicheln lesen, damit wir einen
kleinen Vorrath bekommen.« Als sie nun so dahingingen
und sammelten, kam plötzlich aus der Ferne der Fuchs ge-
schlichen und alle Hinkel wurden ängstlich und drängten sich
um den Gockel. Der sprach: »Gretchen geh du nach Hause
und sorge fürs Abendessen, ihr andern seid unbesorgt.« Da
ging Gretchen, aber kaum war sie aus dem Walde, als ein
Stoßvogel niederschoß, die arme junge Frau packte und mit
sich wegtrug, ohne daß eins von den andern etwas davon
ahnte.

Unterdessen kam der Fuchs den andern immer näher und
die Hinkel schlichen sich weg, eins hierhin eins dorthin bis
zuletzt der Gockel ganz allein stand, dem erlaubte es nämlich
sein Stolz nicht, so feig durchzugehn. Als der Fuchs ihm
ganz nahe war, schnappte er nach dem guten Gockel, faßte
ihn an den Flügeln und lief mit ihm vor seine Höhle. Da rief
der Gockel: »Wie kannst du dich unterstehn, einen ehrlichen
Mann so gewaltsam von seinem Eigenthum wegzuschleppen
und was willst du von mir?« »Ich will dich fressen«, sprach
der Fuchs, »darum mach dich zum Tod bereit, aber kurz,
denn ich habe Hunger.« »Mich fressen und ohne daß du zuvor betest?« fragte der Hahn. »Da sind wir doch frömmer
wie ihr; sieh nur wie die Hinkel gackern, wenn sie ein Körnchen Essen finden und wie sie die Köpfe so fromm heben,
wenn sie trinken.« »Wie soll ich denn beten?« fragte der
Fuchs. Da breitete der Gockel die Flügel auseinander, stellte
die Beine dicht beisammen, bückte den Kopf und drückte die

Augen zu; »so macht man das« sprach er. »Lehre es mich, dann lasse ich dich noch so lange leben« sagte der Fuchs und der Gockel rückte des Fuchses Beine zusammen, drückte seinen Schwanz gegen die Erde, den Kopf nieder, bis die Schnauze den Boden berührte und sagte: »Jetzt sprich mir nach A B C und«, da flog der Gockel auf einen Baum und rief »—D, jetzt bin ich in der Höh.« Der Fuchs merkte jetzt, daß er geprellt war und wenn auch alle Thiere beten, bevor sie essen, der Fuchs thut's nicht.

Der gute Gockel fand sein Gretchen natürlich nicht als er nach Hause kam. Er glaubte sie habe sich verirrt und das glaubt er noch, darum ruft er jeden Morgen allen Vogeln bei Tagesanbruch schon zu: »Grüß mir die Gretl!«

DER TRAUM DES WOLFES.

Der Wolf lag in einer Nacht in seinem Loche, da klang es ihm im linken Ohr. »Das bedeutet eine hochzeitliche Speise« sprach er, ließ morgens alle Brocken liegen, welche er noch übrig hatte und marschirte weg. Da kam er auf eine Wiese, wo zwei Widder weideten; er ging zu ihnen und sprach: »Einen von euch muß ich fressen.« »Herr wie du willt«, sprach der älteste von den Widdern, »wir können gegen dich nichts ausrichten, aber du bist ein guter Landmesser und könntest vorher die Weide abmessen, wie viel jedem von uns gehört, dann gibt es keine Erbstreitigkeiten.« »Das soll geschehn« sprach der Wolf, dem dieß schmeichelte, und er lief die Nase an der Erde rund um die Wiese herum und stellte sich dann in die Mitte. »Stellt euch auf die beiden Ecken«, rief der Wolf, »du dahin, du dorthin und laufet auf mich zu, dann werdet ihr finden, daß ich recht gemessen habe.« Das geschah, die Widder liefen auf ihn zu und stießen ihn so unsanft mit den Hörnern, daß ihm der Appetit nach ihnen verging und er für todt liegen blieb.

Als er wieder zu sich kam, sprach er: »Die Schmerzen achte ich nicht, ich traue auf mein Ohr«, und er ging weiter und kam an eine andere Wiese, da weidete ein Pferd mit einem Füllen. »Eins von euch muß ich fressen« rief er. Das Pferd sprach: »Herr wie du willt, du bist der Stärkere, aber ich habe mir einen Dorn in den Fuß getreten, frißt du mir mein Füllen, dann habe ich Niemand, der mir den Dorn aus dem Fuße zieht; darum bitte ich dich, thu mir zuvor den Liebesdienst, du bist als ein geschickter Feldscheerer bekannt.« »Das soll geschehn«, sprach der Wolf, dem der Mund nach dem jungen Füllenfleisch wässerte, und dem das Lob außerdem wohl that. »Heb nur den Fuß auf und sage mir, wo der Dorn steckt, ich hole ihn eins zwei drei heraus.« Das Pferd hob einen Hinterhuf, der Wolf trat hinzu; als er aber recht genau zuguckte, schlug ihn das Pferd vor den Kopf, daß ihm grün und gelb vor den Augen wurde und er für todt liegen blieb.

Als er wieder zur Besinnung kam, sprach er: »Die Schmerzen achte ich nicht, ich traue meinem Ohr und muß meine hochzeitliche Speise finden.« Er schritt, Anfangs matt, dann immer rüstiger weiter und kam an ein Dorf. Vor dem Dorf stand der Backofen und glühte und vor dem Backofen stand eine alte Geiß mit sieben jungen Geißchen, die meckerten, daß es eine Art hatte. Der Wolf lief auf sie zu und rief: »Eins von euch muß ich fressen.« »Muß ist ein bitter Kraut«, sprach die Geiß, »aber Herr wie du willt, denn du bist der Stärkere. Nur könntest du uns zuvor noch einen Gefallen thun.« »Was ist das?« frug der Wolf. »Wir sangen so eben das Lied ›Eine feste Burg‹ aber die Melodie will nicht recht heraus; da du ein so guter Sänger bist, könntest du sie uns einmal vorsingen, dann magst du sogleich eins von meinen Geißerchen fressen und kannst es dir aussuchen.« Das schmeichelte dem Wolf nicht wenig, denn er hörte sich gar zu gern loben. Er setzte sich auf seine Hinterbeine, fegte mit den Vorderpfoten in der Luft herum als schlüge er den Takt und hub an zu heulen, daß alle Bauern im Dorfe zusammenliefen und ihm das Fell so zergerbten, daß ihm die Lust nach Geißenfleisch ganz und gar verging.

Da schlich er betrübt und hungrig in den Wald, legte sich unter einen Eichbaum und rief: »Ach was bin ich doch für ein dummer Kerl! Ach Gott, wirf dein scharfes Schwert von deinem elfenbeinernen Thurm und strafe mich um meiner Dummheit willen, daß ich meinem linken Ohr so viel getraut habe!« Nun saß auf der Eiche ein Bauer, der mit seinem Beil im Walde gearbeitet hatte und als er den Wolf kommen sah auf den Baum geklettert war. Als der den Wolf also rufen hörte, faßte er das Beil und warf es ihm grade zwischen die Ohren. »Uh«, schrie der Wolf, »die Stätte ist gar zu heilig, da wird jede Bitte allzubald erhört« und er schleppte sich schachmatt und halbtodt zu seiner Höhle. Da fand er kein Bröcklein mehr von seinem Vorrath und er sprach trostlos zu sich selbst: »Mein Vater war kein Landmesser, drum kann ich auch keiner sein; mein Vater war kein Feldscheerer, drum kann ich auch keiner sein; mein Vater war kein Sänger, drum kann ich auch keiner sein und kann mir mein Brod nicht verdienen.« Und darüber quälte er sich so, daß er sich hinlegte und starb.

ODENWÄLDER LÜGENMÄRCHEN.

Mein Gickel, mein Hahn,
Das Märchen fängt an.
Geh ich einen hohen Berg hinauf,
    stehen drei stolze Eichbäume drauf;

der erste hat keinen Wipfel, der andre hat keinen Ast, der dritte hat keine Wurzel. Nun weiß ich nicht, auf welchen ich steigen soll; steig ich auf den der keinen Ast hat. Wie ich hinauf komm,

    seh ich ein kleines Löchelein,
    da schlupf ich hinein;
    steht ein Ständer mit Buttermilch drein

mit Heu und Haberstroh eingebrockt. Jetzt weiß ich nicht, womit ich essen soll. Da erwisch ich eine Heugabel und esse mich so satt und so dick, daß ich nicht weiß, wie ich wieder 'rauskommen soll. Schick ich in meines Herren Haus, laß mir ein Beil holen und hau das Löchlein größer. Da fällt das Beil und als ich komm herunter, ist der Helm verschwunden.
    Da hab ich den Stiel verkauft und mir Steckbohnen dafür gekauft.

    Die Bohnen hab ich gesteckt
    und mich dazugelegt.

Als ich erwachte, war der Bohnenstock so groß, daß ich nicht darüber hinwegsehen konnte. Schick ich in meines Herren Haus und laß mir eine Leiter holen.

    Steig ich hinauf,
    steht ein papiernes Kirchlein drauf.
    Geh ich hinein,
    ist ein hölzerner Pfarrer drein
    und ein hainbuchenes Schulmeisterlein.
    Ruft der Pfarrer: Heut ist Fest!
    Der Schulmeister: Halt ihn fest.

Spring ich zur Thür, stoß meine Ferse dran,
Daß meine Zehen fangen zu bluten an.
Wie ich herunter kumm,
schlagen sich die Bettelbuben mit den Bettel-
säcken herum;

weiß ich nicht, womit ich mich herumschlagen soll. Zieh ich
meine Schuh und Strümpf aus und schlag mich auch mit
herum. Wie ich meine Schuh und Strümpf verschlagen hab,
weiß ich nicht was ich anfangen soll; schau ich auf das pa-
pierne Kirchlein, sitzt ein kleines Vöglein drauf, werf ich
einen Stein hinauf, fällt ein Centner Federn und ein Pfund
Fleisch herunter. Hab ich meinen Centner Federn und mein
Pfund Fleisch verkauft und mir neue Strümpf und Schuh
gekauft,

da kam die Katz mit der Maus,
mein Märchen ist aus.

DAS UNGLAUBLICHE.

Es war ein Edelmann, der fuhr nicht anders, als mit vier Pferden aus und that dabei so stolz, als ob er der König oder gar der Kaiser von Deutschland wär. Das ärgerte einen Bauern, welcher neben dem Edelhof wohnte und sechs Pferde hatte. Als der Edelmann es ihm zu bunt machte, spannte er seine Sechs an seinen großen Heuwagen und fuhr stets hinter dem Edelmann drein, zwei Knechte vorn, er in der Mitte und vier Knechte hinter ihm. Das erste Mal that der Edelmann, als bemerke er das nicht, das zweite Mal warf er dem Bauern nur einen giftigen Blick zu, das dritte Mal rief er, wenn das noch einmal geschehe, dann ... Was er weiter sagte konnte kein Mensch verstehn, denn sobald der Edelmann anfing zu sprechen, gab der Bauer den Knechten ein Zeichen und sie knallten mit ihren Peitschen, als ob das wilde Heer heranführe. Am folgenden Morgen verklagte der Edelmann ihn beim Richter. Der setzte seine Brille auf und schlug alle seine Bücher auf, aber ein solcher Fall stand nicht darin. Endlich entschied er also: »Wer von euch Beiden eine Lüge erfindet, die so groß ist, daß der Andre sie nicht glauben kann, der darf mit allen seinen Pferden ausfahren, der Andre muß zu Hause bleiben.«

Da rieb sich der Edelmann die Hände und dachte, jetzt sei der Bauer verloren, denn der sei keinesfalls so pfiffig wie er. Er zog ein Restchen Brod aus seiner Jagdtasche, hub an zu lügen und sprach: »Gestern haben meine Tagelöhner bis neun Uhr Abends Korn gedroschen, das habe ich säen lassen; es war um elf Uhr reif, um zwei Uhr gemahlen und hier ist das Brod davon.« »Das glaube ich gern«, sprach der Bauer. »Ich habe gestern Abend Eicheln gelesen und gesäet, die hatten heute Morgen schon gekeimt; da habe ich mir aus ihrem Holz eine Leiter gemacht, die legte ich an den Himmel an und stieg hinauf. Der Erste, dem ich da begegnete, denkt Herr Edelmann, das war euer Großvater, der saß als Säuhirt hinter der Thüre.« »Das ist gelogen« schrie der Edelmann zornig; der Richter aber sprach: »Und darum sollt ihr mit euren Pferden daheim bleiben, der Bauer aber darf mit Sechsen ausfahren.«

VOM STIEFELPUTZER
HINKELBRÜHE.

Ein Handwerksbursche konnte nirgendwo Arbeit finden, da ging er endlich in das Schloß und verdingte sich dem König als Stiefelputzer. Der König frug ihn: »Wie heißt du denn?« »Ich heiße Vorgestern« sprach er. »Das ist ein sonderbarer Name« sprach der König.

Als er den folgenden Morgen der Prinzessin ihre Schuhe blank gewichst brachte, frug sie ihn: »Wie heißt du denn?« »Ich heiße Hinkelbrühe« sprach er. Da lachte sie laut auf und rief: »Ach was ist das ein wunderlicher Name!«

Im Lauf des Tages begegnete er der Königin im Garten. Als sie den neuen Diener sah, frug sie: »Wie heißt du denn?« »Ich heiße Gestern« sprach er. »Das ist ein sonderbarer Name« sprach die Königin.

Die andern Bedienten hätten auch gern seinen Namen gewußt und frugen ihn: »Wie heißt du denn?« »Ich heiße Heute« sprach er und sie lachten ihn aus, daß er einen so sonderbaren Namen habe.

Ein Handwerksbursch weiß auch, was lieben ist, das kann man alle Tage hören, wenn sie aus dem Thore ziehen und ihre Abschiedslieder an die Schätze singen, die klingen oft gar betrübt. Der Stiefelwichser wußte das nicht minder, als seine Kameraden und verliebte sich in niemand Geringeres, als in die Königstochter. Mit seinem Lieben allein war ihm aber nicht gedient, die Prinzessin sollte ihn auch wieder lieben und das schien sie nicht zu wollen, denn wenn er meinte, das Herz müsse ihm vor lauter Liebe brechen und oft ein recht betrübtes Gesicht machte, dann frug sie noch nicht einmal: »Was fehlt dir Hinkelbrühe?« Das trug er eine Zeitlang, aber endlich wurde es ihm zu arg und er sprach zu sich selbst: »Was ich mit Güte nicht erlangen kann, das will ich schon mit List und Gewalt bekommen.«

Eines Tages sah er in der Küche, wie die Köchin vom Schlosse Hinkel schlachtete und sie in den Kessel warf, um für die Prinzessin Suppe davon zu kochen. »Merkst du, Hinkelbrüh? Sie will dich haben«, sprach er zu sich selbst, und als es gegen Abend ging, da war sein Plan schon gemacht. Er ging zum Kutscher und sprach: »Du, die Prinzessin hat mir befohlen, ihre Kammerjungfer um zwölf Uhr über die Grenze zu schaffen, denn die ist plötzlich narrig geworden, und du sollst uns fahren.« Dasselbe sagte er später auch den andern Bedienten, welche ihn darüber verspotteten und sprachen: »Ein Narr wird den andern wohl fortbringen.«

Als es gegen zwölf Uhr ging, schlich sich mein Stiefelputzer in das Zimmer der Prinzessin, stopfte seine Taschen voll Gold und Geld, faßte dann rasch das arme Mädchen in ihren Decken und lief mit ihr Hals über Kopf die Treppe hinab auf den Hof, wo der Wagen schon stand. Ehe er aber noch aus dem Schlafzimmer war, rief die Prinzessin: »Hülfe, Mutter, Hülfe!« »Was ist dir mein Kind?« frug die Königin erschrocken. »Ach, Hinkelbrüh, Hinkelbrüh!« schrie die Prinzessin. »Die kann es nicht sein«, sprach die Königin, »die Hinkelbrühe war kräftig und ist dir gesund«, denn sie dachte an die Hinkelbrühe, welche am Mittag gegessen worden war. Als sie aber aufstand und in das Schlafzimmer der Prinzessin kam, war das Bett leer. Sie lief ans Fenster, da sah sie wie der Stiefelputzer ihre Tochter in den Wagen legte und dem Kutscher winkte fortzufahren. »Hülfe« schrie sie, »Gestern hat die Prinzessin geraubt.« »Was tobst du nur«, rief der König, der jetzt auch erwachte, »gestern war sie ja bei uns bis spät Abends.« Als er aber aufstand und ans Fenster zu seiner Frau trat, da schrie er gleichfalls: »Herbei, zu Hülfe, Vorgestern hat meine Tochter entführt!« Da stürzten die Diener hinzu, liefen Treppen auf, Treppen ab und suchten den Vorgestern. Auf dem Hof wünschten sie dem Heute noch eine gute Reise mit der narrigen Kammerjungfer, denn je mehr die Prinzessin sich sträubte und schrie, um so mehr lachten sie über ihn und sprachen: »Seht nur, wie narrig sie ist, der wird Noth mit ihr haben.« Mein Stiefelputzer fuhr aber was gibst du, was hast du auf der Landstraße dahin und ruhte nicht, bis er jenseits der Grenze war. Dort miethete er sich ein prächtiges Haus, kaufte sich und der Prinzessin herrliche Kleider und wußte sich bald so bei ihr in Gunst zu setzen, daß sie meinte, sie könne nicht ohne ihn leben.

Der König und die Königin grämten sich unterdessen sehr um ihre einzige Tochter und ließen dem Stiefelputzer große Summen anbieten, wenn er sie zurück nach Hause lassen wolle; er ließ ihnen aber wieder sagen, sie käme nur heim, wenn sie ihn heirathe. Was blieb da übrig? Die Ältern gaben ihre Einwilligung nothgezwungen, die Prinzessin aber von Herzen gern, denn sie gewann ihn mit jedem Tage lieber und zudem hätte sie ja schwerlich noch einen Prinzen zum Manne bekommen, nachdem sie so lange bei dem Stiefel- putzer gelebt hatte.

VON EINEM PFARRER, DER ALLZU KRÄFTIG PREDIGTE.

Es war einmal ein Bauer, der war so dumm, daß er sein eignes Haus im Orte nur daran kannte, daß ein Kirschbaum vor der Thür stand. Jeden Morgen, wenn er aufs Feld zur Arbeit ging, gab seine Frau ihm ein Stück Brod, damit mußte er umspringen bis zum Abend. Kam einmal ein armer Handwerksbursche daher und bat ihn um ein Almosen: »Ich habe nur ein Stück Brod, da ist es«, sprach der Bauer, »aber im Orte steht ein Haus und davor ein Kirschbaum, da wohne ich; gehe dahin und laß dir mehr geben, meine Frau ist zu Hause.« Der Handwerksbursche, welcher ein Schneider seines Zeichens war, ging in das Dorf, suchte das Haus und sagte der Frau, ihr Mann habe ihn zu ihr geschickt und sie solle ihm etwas geben. Da gab sie ihm vollauf, denn er war ein schöner Mensch und gefiel ihr. Sie klagte ihm, wie sie mit ihrem dummen Manne so übel dran sei und von Herzen wünsche, von ihm erlöst zu werden. »Ei das ist nichts leichter«, sprach der Schneider, »wenn du mich heirathen willst, will ich alles Übrige schon in Ordnung machen.« Das garstige Weib freute sich zu sehr, als es das hörte, fiel dem Schneider um den Hals und rief ein über das anderemal: »Ach was bin ich für eine glückliche Frau!« »Gib mir vor allem die Säge«, sprach der Schneider, »und geh mit vor die Hausthür.« Das geschah und da sägten sie den Kirschbaum unten an der Wurzel ab und schleiften ihn in die Scheune. »Jetzt sind wir geborgen«, sprach der Schneider, »nun laß uns lustig leben.« Da hausten die Beiden mit des Bauern sauer verdientem Geld, daß es eine Schande war; Wein und Braten konnte nicht alle werden.

Als der Bauer auf dem Felde mit seiner Arbeit fertig war, trieb er mit seinen Kühen nach dem Dorfe zurück. Da suchte er die Straße hinauf, die Straße hinab nach dem Haus mit dem

Kirschbaum davor, aber er fand es nicht und fand es nicht. Die Beiden standen am Fenster, sahen, wie der arme Bauer suchte und lachten. Endlich sprach der Schneider, der doch kein so ganz verdorbenes Herz hatte, wie das Weib: »Wir wollen ihn doch die Nacht noch einmal bei uns logiren lassen. Morgen mag er sehn, wie er sich forthilft.« Er trat an die Thür und als der Bauer wieder vorbeikam und ein recht betrübtes Gesicht machte, rief er ihm zu und sprach: »Was fehlt euch denn?« »Ach ich suche mein Haus, davor ein Kirschbaum steht, und kann es nicht finden und habe doch die letzte Nacht darin geschlafen. Sagt mir doch, wo ich mein Haus mit dem Kirschbaum finde«, bat der Bauer und der Schneider sprach: »Lieber Freund, ich bin in dem Ort geboren und erzogen, aber ein Haus mit einem Kirschbaum habe ich nie hier gesehn. Ihr müßt in einem andern Ort zu Hause sein. Da es aber schon spät ist, so geht mit mir und übernachtet bei mir.« »Gott lohn's euch!« sagte der Bauer und bot ihm treuherzig die Hand, dann trieb er seine Kühe durch das Hofthor in den Stall und der Schneider ging mit. Im Stalle schaute der Bauer sich um und sprach: »Wenn der Stall nicht euch gehörte, weiß der Himmel, ich möchte drauf schwören, es sei mein Stall.« »Was sind das für Redensarten? Ihr werdet doch nicht denken, ich hätte euren Stall genommen?« frug der Schneider. »Bewahre, bewahre, lieber Freund«, antwortete der Bauer. »Ein Stall kann ja aber dem andern gleichen.« Nachdem die Thiere versorgt waren, sagte der Schneider: »Nun kommt herein und eßt mit uns zu Nacht.« »Von Herzen gern, ich habe großen Hunger«, sprach der Bauer und folgte dem Schneider. Als sie in die Stube kamen, saß das Weib da und strickte. Der Bauer schaute sich um, guckte das Weib an und sprach: »Wie es einem doch so kurios gehen kann! Wenn ich nicht wüßte, daß ich in eurem Hause bin, wollte ich drauf schwören, das sei meine Stube und dort sitze meine Frau.« »Was muß ich da hören?« rief der Schneider. »Zuvor sagtet ihr, daß es euch scheine, mein Stall sei euer, und jetzt wollt ihr gar behaupten, mein Haus und meine Frau seien euer.« »Bewahre, lieber Freund«, sprach der Bauer, »aber ein Haus und eine Frau können einander gleichen. Es schien mir nur so.« Sie setzten sich jetzt zu Tische und aßen, dann legten sie sich alle schlafen. Da berieth der Schneider mit dem Weibe, was sie jetzt weiter machen sollten. »Halt ich hab's!« rief er endlich. »Ich sah in deinem Kleiderschrank vorhin ein schwarzes Kleid hängen, daraus mache ich ihm einen Pfarrersrock und ein Pfarrer-käppchen. Für das Übrige laß mich nur sorgen.« Sie holte rasch das Kleid und Zwirn, Nadel und Scheere dazu, mein Schneider sprang auf den Tisch und nähte tapfer drauf los, so daß er vor Tagesanbruch mit dem Anzuge fertig war; den legte er dem Bauern vor sein Bett.

Als der Bauer Morgens erwachte und sich anziehen wollte und den Pfarrersrock mit dem Pfarrerkäppchen fand, war er gar verdutzt und sprach zu sich selber: »Hab ich doch ge-meint, ich sei ein Bauer und bin doch ein Pfarrer. Was man sich nicht Alles einbilden kann!« Er zog sich an und ging in die große Stube, da stand der Schneider und das Weib ehr-erbietig auf und grüßten ihn: »Guten Morgen, lieber Herr Pfarrer.« Der Bauer schüttelte den Kopf und fragte sich selber aufs Gewissen noch einmal: »Bin ich's, oder bin ich's nicht?« Da sprach der Schneider: »Wollen Sie denn so früh schon weiter ziehen, Herr Pfarrer?« und das Weib: »Ich will Ihnen vorher noch einen guten Kaffee kochen, Herr Pfarrer.« »Ich bin's nicht, ich bin der Pfarrer«, sagte jetzt der Bauer zu sich selbst, denn so große Falschheit hielt er in seiner Treu-herzigkeit nicht für möglich. »Ich nehme den Kaffee mit Dank an«, antwortete er alsdann, trank und aß und reiste weiter, während der Schneider und das Weib ins Fäustchen lachten.

Gegen Mittag kam er an ein Dorf, da war der Pfarrer ge-storben und die Bauern suchten einen neuen Pfarrer. Da kam ihnen der Bauer gerade recht und er wurde sogleich ins Pfarrhaus geführt und am folgenden Tage, der ein Sonntag war, sollte er zuerst predigen. »Wem Gott ein Amt gibt, dem gibt er auch Verstand«, dachte der Bauer und ging Nachmit-tags aus, um einen Text zu seiner Predigt zu suchen. Da kam er an ein Wasser, worauf ein Korb schwamm und er sprach: »Halt, da habe ich schon eins, das ist *Corpum*.« Dann kam er an eine Wiese, worauf eine Kuh Klee fraß. »Es geht gut«, sprach er, »das ist also *Corpum Kuhkleeum*.« Dann kam er auf den Weg, wo eine alte Frau saß. »Jetzt hab ich den Text«, sprach er; »*Corpum Kuhkleeum diealta Mameum*.« Ging nach Hause zurück, ließ vier Zimmerleute kommen, die mußten den andern Morgen vor der Predigt auf den Boden gehn jeder mit einer Axt. Was sie da zu thun hatten, sagte er ihnen ins Ohr.

Morgens als die Gemeinde in der Kirche saß, bestieg er die Kanzel und sprach: »Meine lieben Zuhörer, jetzt fange ich meine Predigt an, deren Text ist schon so kräftig, daß Holz und Stein in der Kirche sich darüber erbarmen und krachen und bersten vor lauter Rührung und ihr alle werdet weinen und jammern, als wenn das jüngste Gericht anbräche.« »Ah das ist einmal ein Prediger für uns« sagten die Bauern einer zum andern, als sie husteten und sich schneuzten. »Der versteht's.« Jetzt fuhr der Pfarrer fort: »Mein Text lautet aber also: *Corpum Kuhkleeum.*« Da schlugen zwei Zimmerleute mit ihren Äxten wider die Decke, daß es Kalk und Lehm regnete. *»Die alta Mameum!«* schrie der Pfarrer weiter und da handhabten sie die Äxte alle vier, so daß große Stücke von der Decke herniederfielen und die Bauern alle aus der Kirche flohen, denn sie glaubten nicht anders als sie stürze ein. Er aber ging zufrieden nach Hause.

Da kam der Bürgermeister mit dem Gemeinderath zu ihm und sprach: »Lieber Herr Pfarrer, unsere Kirche ist nicht für so kräftige Predigten gebaut. Da wir aber einen Mann wie euch um alles in der Welt als Pfarrer behalten wollen, so bitten wir euch um Erlaubniß, euch noch einen Pfarrgehülfen geben zu dürfen.« »Daran thut wie euch gefällt, liebe Pfarrkinder«, sprach der Pfarrer. Er bekam jetzt einen Gehülfen, brauchte nicht mehr zu predigen und hatte gute Tage bis an sein Ende.

DAS ALLZEIT ZUFRIEDENE KNÄBCHEN.

Zwei Bauersleute hatten ein Kind und wie es denn in der Welt geht, wo nur eins ist, da wird's verzogen. Die Ältern hatten aber kein Auge für die Fehler des Bübchens und nannten es immer nur ihr allzeit zufriedenes Kind. Eines Tages war eine Hochzeit im Ort, dazu waren die Bauersleute auch eingeladen und da sie nirgendwo allein hingingen, so nahmen sie auch ihr allzeit zufriedenes Kind mit. Als das Essen vorbei war, kamen Birnen, Nüsse und Anisgebackenes auf den Tisch, von jedem hohe Teller voll. Die Gäste ließen es sich wohl schmecken und der Bräutigam gab den Kindern von allem so viel wie sie haben wollten. Als die Gäste aufstehn und zum Tanze gehn wollten, kam das allzeit zufriedene Kind, stellte sich neben den Bräutigam und weinte bitterlich. Sogleich sprangen die Ältern von ihrer Bank herbei, um zu sehn, was das sei. Der Bräutigam frug das Knäbchen, was ihm fehle, aber es weinte immer bitterlicher und endlich weinte seine Mutter mit und es verschlug kein Haar, dann hätte der Vater auch geweint. Da frug der Bräutigam wieder: »Hast du denn Hunger?« und das Kind schrie: »Ach ich bin ja schon satt.« »Das dachte ich mir, ach mein Kind ist ja immer so gern zufrieden« schluchzte die Mutter. Der Bräutigam sprach: »Dann komm her, ich stopfe dir die Hosentasche voll Anisgebackenes«, aber das Kind schrie noch ärger: »Sie sind ja schon Beide voll!« »Dachte ich mir's nicht«, schluchzte die Mutter, »unser Kind ist so gern zufrieden, es muß ihm etwas andres fehlen.« Der Bräutigam sprach: »Dann gehe nach Hause, leere sie aus und komm wieder, dann bekommst du mehr.« Da schrie das Kind noch viel ärger: »Ich war ja schon dreimal zu Hause.« »Nein das ist es auch noch nicht, unser Kind ist so bald zufriedengestellt, Kindeshand ist bald gestillt, es muß ihm etwas andres fehlen«, schluchzte die Mutter und weinte bittere Thränen. »Dann geh nach Hause und komm noch einmal wieder«, sprach der Bräutigam; doch da schrie das Kind, wie verzweifelt: »Wenn ich wieder komme, haben die Andern alles gegessen.« »Wir heben dir Alles auf und essen nichts mehr« sagte der Bräutigam und da lachte das Kind ihn an und lief weg. Die Mutter rief aber: »Ach es ist doch rührend, wie unser Kind ein allzeit zufriedenes Ge-müth hat.« »Ja das weiß der Himmel«, sprach der Vater, »so gibt's keines mehr.«

WIE DER TEUFEL
AUF DER FLÖTE
BLIES.

Dem Teufel fiel einmal in der Hölle die Zeit lang und er
wollte eine Lustfahrt auf die Erde machen. Damit er aber
nicht allein sei (denn das ist seine Leidenschaft nicht, er liebt
die Gesellschaft sehr) nahm er sein jüngstes Söhnchen mit,
ein kleines, schwarzes, neugieriges Nestquackelchen. Sie
fuhren durch eine Felsenhöhle heraus und kamen in einen
Wald. Da gefiel es dem kleinen Teufelchen gar nicht übel, es
sprang herum, kletterte auf die Bäume, hing sich an sein
Schwänzchen, wie die Meerkatzen thun und trieb allerlei
närrisches Zeug. Sie kamen unter eine große Eiche, wo ein
Mann in grünem Rock und grüner Mütze lag und schlief;
neben ihm hing eine Tasche am Baum, daraus guckten allerlei
Gethier, Hasen, Schnepfen und wilde Enten und neben der
Tasche stand ein Gewehr. Das Teufelchen lief hinzu und
beschaute Alles recht genau, nahm das Gewehr und frug
seinen Vater, was das für ein Ding sei. Der alte Teufel legte
die Stirn in Falten und sprach: »Das ist eine Flöte mein Sohn,
wenn die Menschen darauf spielen, dann läuft das wilde
Gethier zu ihnen und sie brauchen es nur zu fangen.« »Das
muß ich sehen«, rief das Teufelchen, »und du sollst mir eins
aufspielen.« »Dazu gehören ihrer zwei, mein Sohn, einer der
bläst und der andre, der fingert.« »Dann blase du und ich
will fingern«, sprach der Nestquackel und der Alte mußte das
Rohr an den Mund legen, er mochte wollen oder nicht,
denn er hatte den kleinen Kerl sehr verzogen. Der Alte blies
und der Nestquackel fingerte und fingerte, aber es wollte
kein Ton kommen. »Du mußt auf die Klappen drücken,
dummer Junge« rief der Alte. Das Teufelchen drückte auf
den Hahn, da that es einen Schlag, daß der Alte zu Boden
stürzte, denn die ganze Ladung Schrot war ihm in den Hals
gefahren; der junge aber lief weg vor Schrecken. Der Alte

erholte sich bald wieder und lief seinem Buben nach, denn
der Mann war erwacht von dem Knall des Gewehres. »Das
war kein schöner Ton« sprach der Nestquackel. »Du hast
auf die unrechte Klappe gedrückt«, sagte der Alte, »und die
Flöte war staubig, da ist mir all der Staub in den Hals gefahren.«

DOSSIER.

JOHANN WILHELM WOLF.

Wolf wurde am 23. April 1817 in Köln geboren und wuchs
dort in streng katholischem Milieu auf. Viele Anregungen
verdankte der Knabe dem »Herrn Stamm«, wie Wolf ihn in
seinen Erinnerungen nennt, einem erzählfreudigen alten
Kaufherrn, der bis zu seinem Tod im Haus der Eltern logierte.
Über Wolfs weiteren Bildungsgang, seine Gymnasialzeit,
Ort und Art seiner Universitätsstudien ist nichts Bestimmtes
bekannt.

Sicher scheint, daß Wolf, vielleicht auf Drängen seines
Vaters, eine Tätigkeit im kaufmännischen Fach ergriff, deren
Eintönigkeit ihm aber schon bald so unerträglich wurde, daß
er sich ihr durch eine Flucht nach Brüssel entzog. Über diesen
Abschnitt seines Lebens, in dem er auch mit dem katholischen
Glauben brach, schrieb er selbst später, nachdem er sich dem
Katholizismus wieder zugewendet hatte, es sei die Zeit gewe-
sen, »wo ich des frommen Geistes, der uns einst umwehte,
ganz vergessen hatte und in den irren Wüsten der Welt, dem
lieben Gott fern, umherfuhr«.

In Brüssel begann Wolf, der schon in seiner Schulzeit
mancherlei gesammelt hatte (vgl. den Auszug aus seinen
Kindheitserinnerungen in diesem Dossier), ernsthaft mit dem
Studium und der Sammlung volkstümlicher flämischer Überlieferungen, und 1843 erschien der Band *Niederländische Sagen,*
sein Erstlingswerk. Um diese Zeit siedelte Wolf von Brüssel
in das Zentrum flämisch-nationaler Bestrebungen, nach Gent
über.

Von Gent ging Wolf zurück nach Köln, wo er sich an-
scheinend mit seiner Familie aussöhnte. Um das Jahr 1846
heiratete er Marie von Ploennies, eine Tochter der Dichterin
Luise von Ploennies und eines großherzoglich hessischen
Medizinalrates dieses Namens, und zog Ende 1847 mit ihr
nach Darmstadt. Wie er zusammen mit seinem Schwager,
dem in Darmstadt stationierten Lieutenant Wilhelm von
Ploennies, auf Streifzügen im Odenwald und durch systema-
tisches Befragen der Soldaten aus dessen Kompanie das

323

Material zu dem 1851 erstmals erschienenen Band *Deutsche Hausmärchen* zusammentrug, der hier unter dem Titel *Verschollene Märchen* neu vorgelegt wird, hat Johann Wilhelm Wolf in seiner Vorrede selbst geschildert.

Im Jahre 1853 folgte ein Band mit *Hessischen Sagen,* und seither macht sich in seinen Schriften und den Einleitungen zu seinen Textsammlungen die Neigung zu einem mystisch-spekulativen Katholizismus immer deutlicher bemerkbar. Dies gilt nicht nur für eine Reihe von Aufsätzen über die traditionelle Marienverehrung oder die 1852 von ihm begründete Schriftenreihe *Katholische Trösteinsamkeit,* als deren ersten Band Wolf unter dem Pseudonym Johannes Laicus seine Kindheitserinnerungen veröffentlichte. Es gilt ebenso für seine volkskundlichen Studien und Sammlungen. So erweist er sich in seiner *Deutschen Götterlehre* von 1852 zwar auch als ein getreuer Anhänger und Popularisierer der Forschungen von Jacob Grimm, aber anders als dieser verknüpft er das Interesse am germanischen Altertum mit einem romantischen Katholizismus. Zwischen dem ultramontanen Streben nach einer Stärkung des Katholizismus und dem Bemühen, die heidnisch-germanische Vergangenheit für die Stärkung eines deutschen Nationalbewußtseins in Dienst zu nehmen, vermochte dieser »ideale Schwärmer«, wie man ihn genannt hat, keinen Gegensatz zu sehen.

Johann Wilhelm Wolf starb vom 28. auf den 29. Juni 1855 im hessischen Hofheim.

FRÜHE SAMMLUNGEN*.

Zwischen den Schulstunden war uns Kindern morgens eine Viertelstunde zum Spielen freigegeben, und diese verbrachten wir in dem Rest des Kreuzganges, der von dem ehemaligen Kloster noch übrig war. Die anderen tobten und sprangen herum, aber ich machte nicht mit, da ich sie noch nicht kannte und mir auch zudem ganz andere Gedanken im Kopfe herumgingen. Von dem Kloster und dem Kreuzgang hatte der Pater mir oft erzählt, wie er dort einen seiner Freunde besucht und wie schön das alles gewesen, wie prächtig die Kirche gestrahlt habe. Ach, die herrliche Kirche war verschwunden, keine Spur mehr von ihr übrig, alles, was noch vom Kloster zeugte, war der Kreuzgang und einige Zimmer. Als nun einer der Knaben kam, um mich zum Spiel abzuholen, erzählte ich ihm, was ich von dem Kloster wußte, bald kam ein zweiter und ein dritter hinzu, und zuletzt war fast die ganze Schule um mich versammelt, und jeder sagte, was er von dem Ort wußte. Nur allzu rasch war die Viertelstunde vorüber.

Am folgenden Tag baten mich ein paar Knaben, wieder so zu erzählen wie gestern, und so ging das jeden Tag, und ich kramte all meine Wissenschaft vor ihnen aus, wie ich sie vom alten Herrn Stamm, vom Pater und anderen übernommen hatte. Durch diese meine Vorträge wurde ich um vieles bereichert, denn die Knaben erzählten das Gehörte zu Hause wieder und erfuhren durch das darüber sich entspinnende Gespräch wieder manches von ihren Eltern, was sie am folgenden Tag im Kreuzgang berichteten. In wildem Ärger ließen wir uns jetzt oft über die aus, welche die heiligen Hallen niedergeworfen hatten, den Kreuzgang aber betrachteten wir, die wir also zusammenhielten, mit großer Ehrfurcht und suchten auf dem Hof und anderswo herum nach Spuren von dem alten Bau, glücklich, wenn wir irgendwo den Rest der Arbeit eines Tünchers erblickten.

* Johannes Laicus (d. i. Johann Wilhelm Wolf), *Aus meiner Kindheit. Erinnerungen,* (1852) hrsg. von Hubert Schiel, Basel, Freiburg, Wien: Herder 1959, S. 102–106. Der Schauplatz ist Köln, Anfang der 30er Jahre des 19. Jahrhunderts.

Diese Forschungen dehnten wir bald auch auf die Pfarr-
kirche aus, und es dauerte nicht lange, so legten wir, wie
denn der Sammelgeist bei Kindern besonders leicht geweckt
ist, eine »Sammlung von Altertümern« an. Welcher Art sie
war, kann man sich schon denken. Stücke von Steinen genüg-
ten, wenn auch die Spur des Meißels kaum sichtbar an denselben war, und über jedes Stück kam mit der Zeit ein Zettel,
welcher seine Nummer und die Angabe des Fundortes ent-
hielt. Sie wurden zu Hause in der sehr geräumigen und
hohen sogenannten Soldatenkammer, welche gewöhnlich nur
für Einquartierung diente, untergebracht, und mit der Zeit
wuchs ihre Anzahl so sehr, daß der Vater Protest erhob, weil
er, und mit Recht, für das alte Haus fürchtete. War doch
unter ihnen ein Stein, den wir zu acht die Wendeltreppe hinauf
in den dritten Stock geschleppt hatten.

Unzufriedenheit mit dem Lehrer trieb mehrere Familien
dazu, ihre Kinder aus der Pfarrschule zurückzuziehen und sie
in jene der Pfarre Mariä zum Kapitol zu schicken. Auch ich
wurde dahin übersiedelt und so auf einen Augenblick aus
meinem Kreise junger Altertumsfreunde herausgeworfen. Es
dauerte jedoch nicht lange, so hatte ich mir dort einen anderen
ähnlichen Kreis gebildet, und jetzt gingen wir schon einen
großen Schritt weiter. Wir legten eine Bibliothek an, das
heißt, was wir von Büchern auftreiben konnten, wurde in das
Museum der Soldatenkammer zusammengetragen, dort aufgestellt und numeriert. Ich wurde Konservator und Biblio-
thekar. Als wir zuerst unsere Schätze zählten, hatten wir an
die dreißig Bücher und über fünfzig Steine. Unter den
ersteren machte sich die Kosmographie von Sebastian Mün-
ster und der zweite Band einer Quartausgabe von Drexelius'
Sämtlichen Werken besonders breit: sie waren unser Stolz,
die Zierden der Sammlung. Jetzt kam auch ein Blatt Papier
auf die stets sorgfältig verschlossene Tür mit der Aufschrift:
»Verbotener Eingang«, und nur gegen Vorzeigung von Karten wurden Nichtbeteiligte eingelassen.

Unter den Unterrichtsgegenständen figurierte auch die
Naturgeschichte, welche der Lehrer, dessen Lieblingsfach sie
war, besonders lebendig vortrug. Er brachte sein Herbarium,
seine Stein- und Schmetterlingssammlung mit in die Schule
und zeigte sie uns. Das schlug ein, und der Gedanke, die

große Soldatenkammer noch mit anderen Sammlungen zu bevölkern, brach sich mit jeder Lehrstunde in diesem Fach mehr Bahn. Zuerst wurden Steine gesammelt, wozu wir am Rhein Gelegenheit genug fanden; dann wurden alle Insekten, deren wir nur irgend habhaft werden konnten, an die Wände gespießt; zuletzt ging das Pflanzensammeln an, bei dem Münsterus und Drexelius im Pressen treffliche Dienste leisteten. Ich hatte alle Hände voll zu tun, um die Sachen auf dem Boden und in der Tiefe der Soldatenbettstelle zu ordnen, die anderen klebten Kästchen zusammen, führten Buch oder halfen auf sonstige Weise.

Als wir eben recht mit diesen Sammlungen im Zuge waren, erhoben meine Vereinsgenossen von der früheren Pfarrschule Ansprüche auf die Sammlung von Altertümern. Der neue Verein gab nicht viel auf die kostbaren Steine und Kalkstücke, aber mit ihnen wäre mir ein Stück vom Herzen gerissen worden; hatte ich doch die meisten zusammengetragen und sie mit so viel Mühe gewaschen, geputzt und gepflegt. Schon waren beide Vereine einig, die Steine zu teilen, als ich den Vorschlag machte, die Vereine zu verschmelzen, der auch nach einigen Debatten durchging, und zwar zum allgemeinen Besten. Denn der alte Verein sammelte nun mit einer Art von Leidenschaft auch für unsere neuen Sammlungen, so zwar, daß wir von manchen Steinarten Körbe voll aufweisen konnten und das Museum der Soldatenkammer anfing, sich zu füllen.

Unterdessen führte mein guter Stern mich oft zu einem Nachbarn und Hausfreund, der alte Gemälde, Schnitzwerk, Becher, Rüstungen und ähnliches sammelte. Begeistert erzählte ich meinen Kameraden von dessen Zimmern, in welchen gar nichts neu sei, alles alt; von seinem großen Saal und den prächtigen Bildern und Geräten. »Ach, wenn wir das nur einmal sehen könnten!« war der allgemeine Ausruf. Ich versprach meine Vermittlung.

Als ich dem guten Herrn von unsern Sammlungen erzählte, freute er sich über die Maßen und versprach baldigen Besuch des Museums. Dieser erfolgte auch, und zwar in Gegenwart beider Vereine. Als ich die Tür öffnete und er die Sammlungen sah, zog er rasch das Taschentuch und hielt es vor den Mund; es kostete ihm gewaltige Mühe, ernsthaft zu bleiben.

Dann aber nahm er einige Reste gotischen Steinwerks, betrachtete sie und legte sie, uns belobend, wieder hin. Das hob unsern Mut und Stolz, denn der Herr G. war ein hochgeachteter Mann. Noch mehr aber schwoll uns der Kamm, als er uns dankte, daß wir ihm unser Museum gezeigt hätten und uns alle einlud, nun auch das seine zu sehen. Das war ein Jubel ohne Ende! Und als er nun erst das Versprechen erfüllte und ich die ganze Sippschaft die breite Treppe seines Hauses hinan und in die Säle führte, in die das Licht durch alte gemalte Fenster fiel, das Entzücken war unbeschreiblich.

Unserer Sammellust aber war damit ein neuer Gegenstand geboten, wir wollten jetzt auch Bilder haben und die Soldatenkammer altertümlich einrichten. Einen Anhaltspunkt hatten wir schon an der Soldatenbettstelle, die, wenn auch nicht so schön geschnitzt wie die des Herrn G., wenigstens mit einigen Schnörkeln verziert war. Das Lokal ließ nichts zu wünschen übrig: graue, staubige Wände und kleine Fenster mit in Blei gefaßten Scheiben. Bald ersetzten ein paar Bogen rotes und gelbes, mit Öl getränktes Papier die bunten Scheiben, recht bitterbös bemalte, ölgetränkte Bilderbogen die Figuren, alte Fetzen bunter Frauenkleider die gestickten und gewirkten Vorhänge, und andere Bilderbogen, mit gelben Papierstreifen eingefaßt, die an die Wände genagelt wurden, die Bilder in goldenen Rahmen, kurz, die Herrlichkeit der Soldatenkammer war gar nicht auszusprechen, und trunken schwelgten wir im Anschauen unserer Werke.

BIBLIOGRAPHIE DER SCHRIFTEN VON JOHANN WILHELM WOLF.

Niederländische Sagen, Leipzig: Brockhaus 1843.

Deutsche Märchen und Sagen, Leipzig: Brockhaus 1845.

Die Burg Tannenberg und ihre Ausgrabungen (zus. mit J. Hefner), 1850.

Deutsche Hausmärchen, Göttingen: Dieterich, Leipzig: Vogel 1851.

Märchen, Sagen und Lieder aus Hessen, Darmstadt 1851.

Maiglocken zur Feier des Marienmonats, Mainz 1851.

Die deutsche Götterlehre, Leipzig 1852.

Beiträge zur Deutschen Mythologie, 2 Bde., Leipzig, Göttingen 1852–1857.

Johannes Laicus, *Aus meiner Kindheit. Erinnerungen,* Göttingen 1852; Neuausgabe, hrsg. v. Hubert Schiel, Basel, Freiburg, Wien: Herder 1959.

Hessische Sagen, Göttingen: Dieterich, Leipzig: Vogel 1853; Nachdruck, Walluf bei Wiesbaden: Sändig 1972.

Johannes Laicus, *Schatzkästlein für Arme im Geist,* Mainz: Kirchheim 1864 (2. Aufl.).

INHALTSVERZEICHNIS.

* Die mit einem * bezeichneten Stücke sind von Wilhelm von Ploennies ausgearbeitet, die übrigen von mir.

** Von Herrn Dr. Weigand in Gießen.

Die VERSCHOLLENEN MÄRCHEN, gesammelt von Johann Wilhelm Wolf, sind im Januar 1988 als siebenunddreißigster Band der ANDEREN BIBLIOTHEK bei der Greno Verlagsgesellschaft m. b. H. in Nördlingen erschienen.

Der Text folgt in Wortlaut und Schreibung der ersten Ausgabe der DEUTSCHEN HAUSMÄRCHEN, herausgegeben von Johann Wilhelm Wolf, die 1851 bei der Dieterich'schen Buchhandlung in Göttingen und bei Fr. Chr. Wilh. Vogel in Leipzig erschien.

Sie sind am Ende der Lektüre einer ERFOLGSAUSGABE der ANDEREN BIBLIOTHEK angelangt. Diese ERFOLGS-AUSGABE wurde auf modernen Produktionsanlagen hergestellt und unterscheidet sich deutlich vom Erstdruck.

✧⚞ *Was ist die* ANDERE BIBLIOTHEK?

Die ANDERE BIBLIOTHEK ist, wie die Frankfurter Allgemeine Zeitung schrieb, »eine Buchreihe, die ihresgleichen sucht«. In ihr erscheinen seit Anfang 1985 »ebenso gute wie schöne Bücher«, Monat für Monat ein Band; ausgewählt und herausgegeben von Hans Magnus Enzensberger unter dem Motto: »Wir drucken nur Bücher, die wir selber lesen möchten.«

In der ANDEREN BIBLIOTHEK wurden bedeutende literarische Entdeckungen wie der Roman »Die letzte Welt« von Christoph Ransmayr oder die Erzählungen »Fromme Lügen« von Irene Dische vorgestellt. Isaak Babels berühmte Erzählungen sind hier ebenso zu finden wie die frivolen »Blitzlichter« der Brüder Goncourt oder Seumes »Spaziergang nach Syrakus im Jahre 1802«. Es gibt sogar eine »Andere Bibel« und ein ganz ungewöhnliches »Grammatisches Varieté« in der ANDEREN BIBLIOTHEK zu besichtigen.

✧⚞

Die ANDERE BIBLIOTHEK ist längst auch zum Liebhaberobjekt für Sammler, Bibliophile und leidenschaftliche Leser geworden. Sie wird von Franz Greno kunstvoll ausgestattet und in der handwerklichen Tradition Gutenbergs nach den Regeln der ›Schwarzen Kunst‹ in der Nördlinger Buchdruck-Werkstatt gedruckt. Jeder Band bietet individuelle Typographie. Es wird eigens für die ANDERE BIBLIOTHEK entwickeltes holz- und säurefreies Papier der Papierfabrik Niefern verwendet.

Jeder Band der ANDEREN BIBLIOTHEK wird im Buchdruckverfahren vom Original-Monotype Bleisatz auf der Condor-Schnellpresse gedruckt; wenn die Erstauflage fertiggestellt ist, wird der Bleisatz eingeschmolzen.

Die limitierte Buchdruck-Ausgabe der ANDEREN BIBLIOTHEK ist in zwei Varianten erhältlich:

1. Normalausgabe

Hiervon werden in der Regel zwischen acht- und zwölftausend Exemplare aufgelegt.

Ausstattung: Solider, schöner Einband mit eigens gefertigten Überzugspapieren, bewährter Fadenheftung, Lesebändchen, Rückenschild mit goldener, geprägter Schrift. Die Buchbindearbeiten besorgt G. Lachenmaier in Reutlingen.

2. Leder-Vorzugsausgabe

Die Leder-Vorzugsausgabe ist numeriert und auf 999 Exemplare limitiert.

Ausstattung: Flexibler Einband aus dunkelrotem, rein pflanzlich gegerbtem, ostindischem Ziegenleder – von Hand ausgeführt bei G. Lachenmaier in Reutlingen. Fadenheftung, Lesebändchen, Rückenschild mit goldener, geprägter Schrift. Im Kolophon numeriert.

Die Bände beider Ausgaben sind sowohl einzeln als auch im noch preiswerteren Abonnement in jeder guten Buchhandlung erhältlich.
Der Verlag erteilt gern weitere Auskunft:
Eichborn Verlag, Hanauer Landstraße 175,
D-6000 Frankfurt am Main, Tel. 069/40 58 78-0.
FAX 069/40 58 78-30.

Von folgenden (in der limitierten Erstausgabe vergriffenen) Bänden der ANDEREN BIBLIOTHEK sind Erfolgsausgaben lieferbar:

Die Andere Bibel
Ediert von Alfred Pfabigan

Mohamed Choukri
Das nackte Brot

Irene Dische
Fromme Lügen
Sieben Erzählungen

Europa in Ruinen
Augenzeugenberichte aus den Jahren 1944–1948

Edmond & Jules Goncourt
Blitzlichter aus dem
19. Jahrhundert

Ryszard Kapuściński
Der Fußballkrieg
Berichte aus der Dritten Welt

R. W. B. McCormack
Tief in Bayern
Eine Ethnographie

Nancy Mitford
Englische Liebschaften
Roman

Nancy Mitford
Liebe unter kaltem Himmel
Roman

Gustav Radbruch und Heinrich Gwinner
Geschichte des Verbrechens

Christoph Ransmayr
Die letzte Welt
Roman

Johann Gottfried Seume
Spaziergang nach Syrakus im Jahre 1802

Isaac B. Singer
Wahnsinnsgeschichten

Wasserzeichen der Poesie
oder Die Kunst und
das Vergnügen,
Gedichte zu lesen

Rolf Vollmann
Shakespeares Arche
Ein Alphabet von Mord und Schönheit

Johann Wilhelm Wolf
Verschollene Märchen

Walter
Viktorianische
Ausschweifungen

**Ausführliches Gesamtverzeichnis der ANDEREN BIBLIOTHEK bitte beim Verlag anfordern: Die ANDERE BIBLIOTHEK.
Eichborn Verlag · Hanauer Landstraße 175 · D-6000 Frankfurt/M.
Telefon (0 69) 40 58 78-0 · Fax (0 69) 40 58 78-30**